F

Pour le Mérite

Stefan Scheil

POLENS ZWISCHENKRIEG

Der Weg der Zweiten Republik von Versailles nach Gleiwitz

Pour le Mérite

Bibliographische Information der Deutschen Bibliothek
Die Deutsche Bibliothek verzeichnet diese Publikation in der Deutschen Nationalbibliographie; detaillierte bibliographische Daten sind im Internet über www.dnb.de abrufbar.

1. Auflage Mai 2022
2. Auflage November 2022
3. Auflage Mai 2025

ISBN 978-3-932381-82-9

Pour le Mérite – Verlag für Militärgeschichte
Postfach 52, D-24236 Selent

Gedruckt in der Europäischen Union

Vorwort

„Die Tatsache, daß das wahre Ziel der herrschenden polnischen Klasse keineswegs nationalistisch, sondern imperialistisch war, daß es die Herrschaft Polens über große Bevölkerungsgruppen fremder Abstammung einschloß, ist in Westeuropa niemals genügend verstanden worden."

Hugh Seton-Watson [1]

„Der Kommandant hat zu seiner Zeit Schwierigkeiten vorausgesehen, die aus ungesunden Romanzen mit den Deutschen entstehen werden. Jedoch war er der Meinung, daß wir keinen vernünftigen Zustand mit den Ländern Westeuropas erreichen, wenn wir nicht – zumindest eine Zeitlang – eine eigene deutsch-polnische Politik zustande bringen."

Josef Beck [2]

Diesem Buch ging eine langjährige Beschäftigung mit der Zweiten Polnischen Republik voraus. Sie war Teil der Recherche für eine ganze Reihe von Veröffentlichungen über die Vorgeschichte, den Ausbruch und die Eskalation des Zweiten Weltkriegs. Darin war Polen immer präsent, stand aber nicht im Mittelpunkt. Das hatte seinen Grund in dem multiperspektivischen Ansatz, der die Basis meiner Veröffentlichungen über die Weltkriegsära war und ist. Im Gesamtbild lassen sich vor allem die entscheidenden Jahre 1938–1941 nur aus der Zusammenwirkung der Politik mehrerer Länder und verschiedener Personengruppen innerhalb dieser Länder verstehen. Eine Einzelverantwortung eines bestimmten Landes für den Ausbruch des Zweiten Weltkrieges hat es zweifelsfrei nicht gegeben.

Zu den wesentlichen Staaten in dieser Geschichte gehört für die Jahre bis 1939 die Republik Polen. Auch dies ist an sich zweifelsfrei der Fall, und dennoch ist es weitgehend unbekannt. Den Lesern wie auch dem Fachpublikum nicht nur in Deutschland wird die polnische Geschichte der ersten Hälfte des zwanzigsten Jahrhunderts und besonders des Zweiten Weltkriegs häufig fast ohne Vorgeschichte prä-

[1] Hugh Seton-Watson (1916–1984), britischer Historiker, Diplomat und Geheimagent, Osteuropaspezialist, hier zit. n. Hugh Seton-Watson, Eastern Europe, S. 320.

[2] Josef Beck (1894–1944), 1932–39 polnischer Außenminister. Vgl. PDD, 1939, I, S. 592, hier übersetzt und zit. n. Kornat, Polen S. 77.

sentiert. Viele Darstellungen, auch solche mit wissenschaftlichem Anspruch, setzen mit dem programmatisch als „Überfall" bezeichneten deutschen Angriff vom 1. September 1939 ein.[3] Schon die Wortwahl legt nahe, dieser Angriff hätte überraschend und anlaßlos stattgefunden, so daß seine Vorgeschichte in den Darstellungen vom Publikum kaum vermißt wird. Wenn die internationale Vorkriegspolitik aber dennoch zur Sprache kommt, dann fehlen oft zentrale Informationen über die Zielsetzung der damaligen polnischen Politik und deren langjährige Vorgeschichte.

Insgesamt hat sich mit der Zeit herauskristallisiert, daß eine neue Darstellung der internationalen Politik der Zwischenkriegszeit mit dem Fokus auf Polen notwendig ist. Zu viele Themen bleiben andernorts liegen, zu viele Zusammenhänge werden sonst nicht klar. Der Zeitpunkt der Erkenntnis, daß man ein solches Vorhaben selbst in die Hand nehmen muß, weil es sonst wahrscheinlich auf absehbare Zeit niemand tun wird, ist kein leichter Moment gewesen. Er hat 2012 zunächst zu dem kleineren Band über „Polen 1939" geführt.[4] Was hier nun im weiteren vorgelegt wird, ist ein umfangreicheres Stück Nationalgeschichte eines anderen Landes, die zu schreiben stets zu den ambitionierteren Vorhaben des Historikers gehört. Ich hoffe und glaube, dies erfolgreich umgesetzt zu haben und wünsche dem Buch ein gutes Schicksal.

Vielleicht noch eine Nachbemerkung: Gerade im Bereich der deutsch-polnischen Zeitgeschichte wird im Rahmen von geschichtswissenschaftlichen Veröffentlichungen oder bei der Würdigung einzelner Historiker häufig darauf verwiesen, dieses oder jenes Werk oder sein Autor hätten sich „um die Aussöhnung verdient" gemacht. Das kann meiner Ansicht nach allenfalls ein Nebenprodukt von zeitgeschichtlicher Forschung sein und nicht ihr Ziel. Ob die Ermittlung und Feststellung historischer Tatsachen auf den Leser und die Öffentlichkeit allgemein versöhnlich oder aufreizend wirken, hat der Autor in jedem Fall nur sehr begrenzt in der Hand.

Immerhin möchte ich an dieser Stelle die Hoffnung ausdrücken, daß der künftige Stand der deutsch-polnischen Beziehungen dauerhaft eine gemeinsame Zusammenarbeit ermöglichen wird. Die hier im folgenden ausgebreiteten Erkenntnisse sollten dem nicht im Weg stehen. Mir ist allerdings bewußt, daß polnische Regierungsstellen

[3] Das gilt zum Beispiel für Veröffentlichungen des Deutschen Historischen Instituts wie etwa Jochen Böhlers Dissertation über den deutschen Polenfeldzug als „Auftakt zum Vernichtungskrieg".

[4] Stefan Scheil. Polen 1939: Kriegskalkül, Vorbereitung, Vollzug, Schnellroda 2012.

wie das Generalkonsulat der Republik Polen in Köln bereits Einfluß genommen haben, um deren Verbreitung zu untergraben. Besonders augenfällig wurde dies Anfang 2020, als ich vom rheinland-pfälzischen Wissenschaftsminister nach einer Intervention des polnischen Generalkonsuls Jakub Wawrzyniak aus dem Kuratorium der Landeszentrale für politische Bildung in Rheinland-Pfalz abberufen wurde. So etwas fällt nun allerdings in den Bereich jener Unsitten, an denen die tatsachengerechte Zeitgeschichtsforschung seit Jahrzehnten krankt und die es zu überwinden gilt.

Stefan Scheil

Einleitung

Im folgenden wird bewußt „Polens Zwischenkrieg" in den Jahren 1918 bis 1939 dargestellt und nicht „Polens Zwischenkriegszeit". Der Grund für diese Wortwahl besteht in einer Beobachtung, die an vielen Stellen der damaligen europäischen Politik und eben besonders auch in Polen zu machen war. Diese Jahre wurden zeitgenössisch häufig nicht als möglicher Beginn einer dauernden Friedensperiode betrachtet, die sich erst im nachhinein als Zwischenkriegszeit herausgestellt hätte. Der Zwischenkrieg entstand durch die Annahme, daß die Friedensverträge in den Pariser Vororten von Versailles und St. Germain keine Grundlage für einen dauerhaften Frieden boten. Schon ihrer Anlage nach mußten sie statt dessen zu einer Fortsetzung des Konflikts führen. Dieser Zwischenkrieg wurde in der Regel mit anderen Methoden geführt (zu denen zwar im Fall Polen auch der gelegentliche Griff zu den Waffen gehörte), aber zu fast jeder Zeit in der Erwartung eines weiteren großen Umbruchs in der europäischen Staatenwelt. Die Fristen bis zu diesem Zeitpunkt wurden unterschiedlich angesetzt. Der französische General Ferdinand Foch landete gewissermaßen einen Zufallstreffer und sprach im Jahr 1919 von einem „Waffenstillstand für zwanzig Jahre". In Großbritannien wurde die Rüstungspolitik seit August 1919 nach dem allgemeinen Grundsatz ausgerichtet, daß in den nächsten zehn Jahren kein Krieg zu erwarten sei – mit Blick auf die Zukunft einigermaßen pünktlich wurde diese Regel 1932 aufgehoben. Die prägende Person Polens in diesen Jahren, Josef Pilsudski, fuhr dagegen auf Sicht und dachte jeweils nur wenige Jahre voraus. In der Regel nannte er fünf Jahre, so zum Beispiel unmittelbar nach seinem Staatsstreich von 1926, der aus Polen endgültig das Pilsudskische Zwischenkriegspolen machte.[5] Sich für den Umbruch zu rüsten, der nach Ablauf solcher Fristen mit Sicherheit kommen sollte und dafür sowohl wirtschaftlich wie militärisch vorbereitet zu sein, vor allem aber politisch, gehörte jedenfalls zu den zentralen Prinzipien der polnischen Politik dieser Zeit.

[5] Konsequenterweise setzt der Bericht des von ihm eingesetzten Außenministers mit dieser Äußerung ein. Vgl. Beck, Report, S. 1.

Einen Grund für die in Europa nach 1919 weitverbreitete Gewißheit, daß die internationalen Verhältnisse so nicht bleiben würden, lieferten wie gesagt die geschlossenen Verträge selbst. Sie waren nicht als abschließende Vereinbarungen geschlossen worden, sondern sollten als Grundlage für eine langfristig angelegte Politik gegen die Verlierer des Weltkriegs dienen. Darüber hinaus waren die in Versailles und St. Germain formulierten Regelungen allzu radikal und widersprüchlich. Sie mißachteten die selbst aufgestellten Prinzipien nationaler Selbstbestimmung. Sie beruhten auf offenkundig unwahren Behauptungen über die Verantwortung für den Krieg, den sie beenden sollten, und sie stellten auf ganz praktischer Ebene eine Rangordnung innerhalb der Staatenwelt her, die nicht aufrechtzuerhalten war. Mit der Sowjetunion und den Vereinigten Staaten lehnten zwei der größten Staaten der Welt den Völkerbund und seine Rechtsordnung ab, sie waren kein Teil davon. Auch von Deutschland, dessen Unterschrift unter den Versailler Vertrag den Völkerbund überhaupt erst förmlich gegründet hatte, obwohl der Vertrag selbst ihm gleichzeitig den Beitritt verwehrte, erwartete eigentlich niemand, daß es dauerhaft in dieser Rolle des Entrechteten gehalten werden könnte. Entweder gelang der westlichen, vor allem der französischen Politik die Abspaltung weiterer Teile Deutschlands westlich des Rheins und von Teilen Süddeutschlands, oder es würde einen deutschen Wiederaufstieg geben.

Für die Republik Polen bedeutete der in Versailles erreichte Status unter diesen Umständen zunächst einmal bestenfalls einen Teilerfolg. Den polnischen Forderungen nach den Grenzen des 18. Jahrhunderts war dort nicht nachgekommen worden. Immerhin wies das Ergebnis wenigstens an der polnisch-deutschen Grenze gewisse Ähnlichkeiten mit den Grenzen von 1772 auf. Das galt beispielsweise für den polnischen „Korridor" in Richtung Ostsee, der das deutsche Staatsgebiet in zwei Teile spaltete. Er wäre kaum entstanden, hätte es im betroffenen Gebiet eine Volksabstimmung über den Verbleib bei Deutschland gegeben.[6]

Eine wesentliche Ursache für die kommende Entwicklung lag in dem Staatsverständnis der Zweiten Polnischen Republik. Das neugegründete Polen erhob den Anspruch, über andere Völker und Ethnien

[6] Die letzten Reichstagswahlen im Jahr 1912 zeigten die ethnischen Verhältnisse vor Ort recht gut und ergaben bei großen regionalen Unterschieden insgesamt eine deutsche Mehrheit. Trotzdem konnte die Polenpartei durch Wahlbündnisse mit der deutschen Sozialdemokratie in diesem Jahr zum ersten und einzigen Mal tatsächlich einen „Korridor" an Mandaten von der Provinz Posen bis an die Ostsee gewinnen. Das hatte dann auch Auswirkungen auf die spätere Grenzziehung.

herrschen zu können. Man verstand sich als Kulturbringer und als überlegene Nation, der mindestens in Mittelosteuropa ein Führungsanspruch zustand, wenn nicht noch darüber hinaus. Dieser Anspruch wurde innerhalb der Staatsgrenzen auch konsequent umgesetzt. Ethnisch gesehen ein Pole zu sein, gehörte zur Grundvoraussetzung, um in der Zweiten Republik auf politischer Ebene etwas werden zu können. In den zwanzig Jahren ihrer Existenz schaffte es nicht ein einziges Mitglied einer nichtpolnischen Volksgruppe, ein Amt als Minister, Wojewode[7] oder wenigstens Starost[8] zu erreichen.[9] Für einen Staat, in dem die Polen selbst lediglich eine knappe Mehrheit der Bevölkerung stellten, bedeutete dies eine radikale Alltagspraxis, an der sich im Gang der Zeiten und der verschiedenen Regierungen, Verfassungen und Regierungssysteme bis 1939 durchgehend nichts änderte. Der polnische Nationalismus blieb eine Konstante des täglichen Lebens.

Ergänzt wurde er durch die steigende Wertschätzung der Geschichte des eigenen Unabhängigkeitskampfs in den Jahren vor 1919. Pole zu sein gehörte zur Grundvoraussetzung für höhere politische Ämter. Noch besser war es, in der Polnischen Legion des Ersten Weltkriegs gedient zu haben. Wer sich an den militärischen Aktivitäten zur Erreichung der Unabhängigkeit beteiligt hatte, wurde seit der Staatsgründung bei der Vergabe staatlicher Posten bevorzugt. 1937 schlug sich dies in einem förmlichen Gesetz nieder, das noch einmal für einen Einstellungsschub von mehr als zehntausend Personen sorgte.[10] Die Kombination sämtlicher Maßnahmen in dieser Richtung wirkte sich so nachhaltig aus, daß schließlich die entscheidenden Ämter der unmittelbaren Vorkriegszeit fast sämtlich mit ehemaligen polnischen Legionären besetzt waren, also den Veteranen des Ersten Weltkriegs.

Zurück zum polnischen Führungsanspruch in Osteuropa. Er stieß sich sowohl theoretisch mit dem gerade 1919 als internationaler Standard proklamierten „Selbstbestimmungsrecht der Völker", als auch praktisch mit einer langen Reihe politischer Interessen anderer Staaten. Das polnische Imperium der Zwischenkriegszeit stellte unter diesem Aspekt einen Anachronismus dar. Es mußte „seinen Platz in Europa" erst noch finden. Die Geschichte der Republik Polen bis 1939

---

7 Politisches Oberhaupt eines etwa bundeslandgroßen Gebietes.

8 Grob gesagt: Landrat.

9 Vgl. Schenke, Nationalstaat, S. 14 f.

10 Vgl. Gröschel, Antisemitismus, S. 301 f. Im März 1939 folgte ein Antrag, dieses Privileg auch auf die Witwen und Waisen auszudehnen.

ist in gewisser Weise die Geschichte dieses Versuchs, woraus sich ergibt, daß in ihrer Darstellung letztlich der Primat der Außenpolitik gelten muß. Was immer sich in der Warschauer Innen-, Wirtschafts-, Justiz-, Schul- und Kulturpolitik tat, läßt sich kaum ohne den steten Blick über die Grenzen verstehen. Mögliche Bedrohungen der Republik sollten ausgeschaltet werden. Die Handlungsfähigkeit in kommenden Krisen mußte sichergestellt sein. Dazu gehörte die Förderung der noch nicht verwirklichten nationalen Einheit, die man beispielsweise nur durch die faktische Eliminierung der existierenden ethnischen Minderheiten auf dem Weg von Integrations- und Verdrängungsmaßnahmen auch dauerhaft sicherstellen zu können glaubte.

Zugleich entwickelten sich die in der Teilungszeit seit hundert Jahren begründeten Denkschulen weiter, die auf eine als „Wiedergewinnung verlorener Gebiete" verstandene territoriale Revisionspolitik gegenüber verschiedenen Nachbarstaaten drängten. Insofern wird die folgende Darstellung sowohl das grundlegende polnische „Nation building" als auch die Sphäre der praktischen innenpolitischen und letztlich – als dem eigentlichen Schwerpunkt – der außenpolitischen Entwicklungen in den Blick nehmen. Der Endpunkt wird schließlich in der Darstellung der polnischen Bündnispolitik der Jahre 1938/39 liegen, in der diese verschiedenen Entwicklungen zusammenliefen.

Zu den Grundvoraussetzungen einer friedlichen internationalen Staatenwelt gehört, wie bereits angedeutet, die Frage, ob die in verantwortlichen Positionen befindlichen Personen noch an ihre Stabilität glauben. Ist das nicht der Fall und werden statt dessen große politische Veränderungen oder sogar gewaltsam herbeigeführte Modifikationen erwartet, dann kann und wird diese Erwartungshaltung die Politik beeinflussen. Jede Krise ist auch immer eine Chance, und die Annahme, daß die Gegenseite auf Chancen lauert, verstärkt die Neigung der anderen Seite, dies ebenfalls zu tun, dafür Vorbereitungen zu treffen, zu rüsten, Bündnisse zu schließen, vielleicht auch schon erste geheime Verträge, in denen Land neu verteilt wurde. Im Europa vor 1945 bedeutete eine solche Situation in letzter Konsequenz, daß schließlich der Krieg in einem Klima des Mißtrauens allgemein erwartet wurde.

„Polens Zwischenkrieg" war ein Kampf um die Neugründung des polnischen Staates, um seine Grenzen und um seine Selbstbehauptung auf dem internationalen Parkett. Dieser Krieg fand zwischen 1918 und 1939 permanent statt, zum Teil als heißer Krieg, in manchen

Phasen auch als kalter Krieg. Er hatte für Polen existentielle Bedeutung, denn die Daseinsberechtigung der neuen Republik war durchaus umstritten. Sie hatte sowohl mit grundsätzlichen und bewußten Gegnern zu kämpfen, als auch mit einer Gleichgültigkeit in vielen europäischen Hauptstädten. Dort nahm man Polens wiedergewonnene Existenz zwar oft als interessante Neuigkeit zur Kenntnis, konnte sich aber noch an Zeiten erinnern, als Europa ohne die polnische Republik auskam. Aus der Perspektive der zwanziger und dreißiger Jahre des zwanzigsten Jahrhunderts mochten dies in den Augen von vielen die besseren Zeiten gewesen sein, nämlich jene vor 1914. Polen war im Krieg und durch Krieg wiedergegründet worden, diese Erinnerung begleitete die Republik während ihrer ganzen zwanzigjährigen Existenz, sowohl im In- wie im Ausland.

Schließen wir dieses Kapitel mit einem Blick auf die Forschung, die sich seit vielen Jahren zwischen erfrischenden Ansätzen und der ewig gleichen Wiederholung der veralteten Ansichten nicht wirklich entscheiden kann. So gehört es zu den Widersprüchen der Zeitgeschichtsforschung – deren Schwerpunkte ich weiter unten auf den Seiten 20 ff. darstelle –, wenn dort immer wieder viel über polnische „Westforschung" oder deutsche „Ostforschung" vor 1939 debattiert wurde und die expansiven Ziele der polnischen Seite in Richtung Deutschland dabei scharf herausgearbeitet wurden; dies aber dennoch keine nachhaltige Wirkung auf eine andere Darstellung des 1. September 1939 gehabt hat, als die eines deutschen „Überfalls" auf Polen. Ein polnisches Kalkül auf einen deutsch-polnischen militärischen Schlagabtausch gibt es für das Jahr 1939 in der Vorstellungswelt der zeitgeschichtlichen Forschung trotz aller grundsätzlichen Erkenntnisse oft nicht, obwohl dies eine völlig unzutreffende Ansicht ist. Dies wird im weiteren deutlich werden. Versuchen wir aber zunächst, den polnischen Staat insgesamt zu charakterisieren und der Frage nachzugehen, wie das neugegründete Polen unter den ideologisch geprägten Staaten im Europa vor 1945 zu verorten ist.

Nation und Imperium

Nationalismus, Faschismus, Pilsudskismus – Moralische Diktatur

War das Zwischenkriegspolen ein faschistischer Staat? Das ist angesichts der historischen Belastung des Begriffs eine heikle Frage. Die Besonderheiten dieses osteuropäischen Regimes sind häufig beschrieben worden, und die „Nationalismusforschung" hat sich des Phänomens Polen vor allem in den ersten Jahren des 21. Jahrhunderts wiederholt angenommen. Vor einer klaren Zuordnung des Pilsudski-Polen zur faschistischen Ideologie sind die Autoren dennoch häufig zurückgeschreckt. Sehen wir uns also zunächst selbst an, inwiefern diese Zuordnung gerechtfertigt sein könnte. Als Merkmale faschistischer Regime gelten üblicherweise:

- Militarismus
- Antikommunismus[11]
- Antisemitismus
- Anti-Parlamentarismus
- Expansionismus
- Nationalismus, inklusive einer Vision nationaler Neugeburt[12]
- Diktatur
- Fehlender Rechtsstaat
- Charismatische Herrschaft
- Uniformierte Massenaufmärsche als politische Demonstration
- Einheitspartei

Fraglos erfüllte die Zweite Republik diese Kategorien bis auf den letzten Punkt in großem Umfang und in etlichen Punkten sogar mustergültig. Eine Einheitspartei gab es allerdings nicht, schon die enormen Differenzen zwischen den drei früheren Teilungsgebieten

[11] So Professor Ernst Noltes Auffassung vom Faschismus als Antikommunismus, der im undurchbrechbaren Rahmen nationaler Selbstbehauptung stattfinde. Vgl. Ernst Nolte, Der Faschismus in seiner Epoche, München 1963.

[12] Diese Auffassung vertritt vor allem der britische Historiker Roger Griffin, der den Faschismus definiert als eine „politische Ideologie, deren mystischer Kern in verschiedenen Formen die Neugeburt eines populistischen Ultra-Nationalismus darstellt." Vgl. Roger Griffin, Fascism, Oxford 1995.

und die Bedingungen des Vielvölkerstaates verhinderten dies. Es existierte statt dessen auf der Seite der Diktatur ein „Block" mit wechselnder Zusammensetzung und Bezeichnung. Allgemein wurde für ihn bis 1939 an der Bezeichnung „Sanacja" festgehalten, als Ausdruck seines allgemeinen Anspruchs, der nationalen Gesundung zu dienen. Eine Organisation im engeren Sinn schufen die Pilsudskisten sich erst zwei Jahre nach der Machtergreifung in Zusammenhang mit den Wahlen von 1928 im sogenannten „BBWR". Diese Bezeichnung drückte indirekt noch einmal die grundlegende Verachtung von Parteien aus, die den Pilsudskisten eigen war und die mit zum Putsch von 1926 geführt hatte: „Bezpartyjny Blok Współpracy z Rządem" – Parteiloser Block für die Zusammenarbeit mit der Regierung. Damit es diesem Block auch nicht an Möglichkeiten der politischen Wirkung fehlte, wurden die Wahlen, die seiner Gründung folgten, zusätzlich unter Einsatz der Behörden vor Ort gefälscht. Der Grund war klar:

> *„Nachdem die Sanacja den Entschluß gefaßt hatte, am Anschein eines parlamentarischen Systems festzuhalten, konnte sie auf ein Minimum an regimetreuen Abgeordneten nicht verzichten. Auch in anderen Wojewodschaften hatten Wojewoden und Starosten dafür Sorge zu tragen, daß der im Vorfeld der Wahlen ad hoc geschaffene BBWR eine ausreichende Zahl von Stimmen erhielt. Pilsudski selbst hatte sich dafür ausgesprochen, die Anzahl der parlamentarischen Vertreter der Minderheiten zu verringern."*[13]

Den mit diesen Methoden hergestellten Mehrheiten stand eine zugelassene nationalistische Opposition in Gestalt der polnischen Nationaldemokratie auf der anderen Seite gegenüber. Diese beiden Gruppen stellten die wesentlichen *partei*politischen Kräfte, obwohl es auch noch weitere Parteiorganisationen gab.[14] Die sonstigen politischen Organisationen, auf die der „Moralische Diktator" Pilsudski setzte, das waren neben den Streitkräften die von ihm geführten Ordens- und Veteranenverbindungen, zu denen etwa zwanzigtausend Personen gehörten und deren Verleihungspraxis nach manchen Auffassungen in der Tat eine kaderbildende Funktion zukommen sollte. Des weiteren kann eine Analyse der Funktionsweise des politischen Apparates nicht ohne den Hinweis auf die konspirativen Strukturen auskommen, die zum Leben auch der neugegründeten

[13] Zit. n. Schenke, Nationalstaat, S. 256.

[14] Als enges „Anhängsel" der Nationaldemokraten fungierte etwa die „Chadecja" (Stronnictwo Chrześcijańskiej Demokracij = Christdemokratische Partei) mit der gleichen Ausrichtung auf Antisemitismus und Antikommunismus. Vgl. Gröschel, Antisemitismus, S. 69.

Republik noch gehörten. Ihre besondere Rolle ergab sich notwendigerweise aus der Teilungszeit, als zur Vorbereitung der kommenden Unabhängigkeit und der Pflege polnischer Traditionen an der Gründung von mehr oder weniger geheimen Organisationen kein Weg vorbeiführte. Der Keim des polnischen Untergrundstaates existierte bereits vor 1914, und er konnte nach 1939 auch deshalb wieder aktiviert werden, weil seine Institutionen nie ganz aufgegeben worden waren.

Blicken wir auf einige Beispiele. In militärischer Hinsicht ist dabei die 1904 gegründete „Organizacja Bojowa" PPS zu nennen, die von Josef Pilsudski geleitet wurde. Sie wurde 1908 in Lemberg durch einige Mitglieder der Organizacja Bojowa wie Kazimierz Sosnkowski um den „Związek Walki Czynnej" für weitere militärische Schulungszwecke ergänzt und bekam auch ein öffentlich-legales Aushängeschild, den „Związek Strzelecki". Schließlich wurde zu Beginn des Ersten Weltkriegs als weitere Untergrundorganisation noch die Polska Organizacja Wojskowa (POW) geschaffen, in der Pilsudski neben seinem offen auftretenden Legionärsverband die wesentliche Stütze des Einsatzes für das neue Polen sah.[15]

Dies sei hier im wesentlichen deshalb erwähnt, weil die aus diesen Tätigkeiten und Organisationsformen resultierende Neigung zu konspirativen Organisationsformen und zugleich das ebenfalls dadurch mitverursachte Elitenbewußtsein der Beteiligten zu bedeutenden Elementen der polnischen Politik auch der Zwischenkriegszeit wurden.[16] Die POW etwa hatte eigens zwei Unterorganisationen gegründet, die sogenannten „Konvente A und B", deren Aufgabe es war, geeignete Personen an den Spitzen der Parteien des gesamten politischen Spektrums zu plazieren. Sie sollten mit anderen Worten also unterwandert und einer indirekten Steuerung durch Pilsudski unterworfen sein.[17] In der gängigen Literatur kommen solche Aktivitäten kaum vor, was auch der naturgemäß schwierigen Quellen-

[15] Vgl. Kozlowski, Gruppierungen, S. 127 f. unter Berufung auf die Erinnerungsliteratur verschiedener Mitglieder.

[16] Die Konspirationsfreude ging nach dem Putsch vom Mai 1926 weiter. So wurde danach als weitere verborgene Organisation innerhalb des Pilsudski-Lagers der Zakon Nieznanego Żołnierza gegründet, dem ausschließlich junge Mitglieder angehörten, sowie der Zakon Dobre i Honoru Polski. Letzter hatte sich „allgemeines Studium der Probleme" auf die Fahnen geschrieben und wurde nach Pilsudskis Tod im Beisein von Oberst Sławek und Staatspräsident Mościcki aufgelöst. Vgl. Kozlowski, Gruppierungen, S. 129 f. unter Berufung auf die Memoiren des Mitglieds W. Drymmer.

[17] Antony Polonsky traut sich das Gesamturteil zu, diese Strategie sei auf der Linken im allgemeinen erfolgreicher gewesen als auf der Rechten. Vgl. Polonsky, Crisis, S. 64 f.

lage geschuldet ist.[18] Die leitenden Personen behielten ihre entsprechenden Gewohnheiten bei. Pilsudski etwa fertigte niemals Aufzeichnungen über seine Gedanken und Pläne an. Er besprach allenfalls Teile davon persönlich mit einzelnen Vertrauten.[19] Auch systematische Aufzeichnungen über ein Theoriegebäude existieren von ihm nicht. Josef Beck, der Außenminister der Jahre 1932–1939, wurde so später der einzige, der von sich behauptete, im Bereich der Außenpolitik ein geschlossenes Konzept Pilsudskis zu kennen und in der Praxis umzusetzen. Diesen Umsetzungsversuch werden wir im Detail kennenlernen.

Nach Pilsudskis Tod traten neben der Beibehaltung des oben skizzierten Kurses auch Umstellungen ein, die etwas mehr in Richtung Staatspartei deuteten. Der BBWR wurde Ende 1935 aufgelöst. Bis dahin wurde er von Walery Sławek geleitet, einem langjährigen engen Vertrauten Pilsudskis, der eigentlich sogar von vielen als der angemessene Pilsudski-Nachfolger angesehen worden war. Er erwies sich aber dann für diese Rolle als politisch zu schwach und blieb dauerhaft in der zweiten Reihe. Im Frühjahr 1939 beging Sławek schließlich Selbstmord, als in Warschau endgültig die Entscheidung für den Konfrontationskurs gegen Deutschland gefallen war. Es gab in und außerhalb Polens nicht wenige, die das als symbolischen Vorboten kommenden Unheils angesehen haben.

Zurück zur Formierung der polnischen politischen Massenbewegungen. Im Februar 1937 fand unter dem Namen „Lager der nationalen Einheit“ (Obóz Zjednoczenia Narodowego, abgekürzt OZN) die Gründung einer Nachfolgeorganisation für BBWR statt. Das Programm des OZN reklamierte für sich, Pilsudskis Ideen und Politik weiterzuführen und allgemein den Kurs mit der Behauptung zu halten, es gebe immer noch Nachhol- und Revanchebedarf für die Teilungszeit.[20] Das stieß zwar auf Widerspruch bei manch früheren BBWR-Beteiligten, die diese Nachfolge lieber für sich selbst in Anspruch nahmen. Eine wesentliche Änderung zum Pilsudskischen Erbe stellte beispielsweise auch der neue antisemitische Kurs des

---

[18] Eine kurze Erwähnung findet sich etwa bei einem Zeitzeugen und Kenner der Materie wie Graf Hutten-Czapski in dem lapidaren Satz als Erklärung für die auffällig organisierte Aufsässigkeit der polnischen Legionen im Sommer 1917: „Die Legionsregimenter wurden von geheimen Organisationen beherrscht.“ Vgl. Hutten-Czapski, Politik, II, S. 400.

[19] Vgl. Watt, Glory, S. 269.

[20] In der programmatischen Erklärung des OZN hieß es: „Die Wiedergutmachung der in wirtschaftlicher und zivilisatorischer Hinsicht immer noch fortbestehenden Schäden, die uns von den Teilungsmächten zugefügt wurden“, gehöre zu den Aufgaben der heutigen Generation. Vgl. Declaracja ideowo-politycna OZN, S. 77, hier n. Schenke, Nationalstaat, S. 412.

OZN dar, der sich stark der Programmatik der Nationaldemokraten näherte.[21] Das OZN wurde aber offenbar weitgehend akzeptiert – berücksichtigt man den zahlenmäßigen Erfolg als Ausdruck einer Abstimmung mit den Füßen. Es sollen zwei Millionen Anmeldungen in der ersten Woche eingegangen sein.[22] Die Massenorganisation als mögliche Basis für „Faschismus" war damit gegründet.

Was die „charismatische Herrschaft" betraf, die auch hier wieder zum Ausdruck kam, so kann Pilsudskis Fähigkeit, das politische Leben in Polen über weite Phasen immer wieder ohne Amt zu dominieren und dann nach Wunsch wieder ins Amt zurückzukehren, geradezu als ein Musterbeispiel für diese Form der Autorität gelten. Dem „Marschall" (oder für seine engeren Mitarbeiter: „Kommandanten") „zuarbeiten", ihn zu unterstützen und laut zu bekunden, seinen Willen zu erfüllen, das galt in der Zweiten Republik bis in ihre letzten Tage als höchstes Ziel und nach außen vorgehaltene Legitimitätsbegründung, selbst dann noch, als Pilsudski schon Jahre lang verstorben war. Er galt als Symbol der Nation, so daß es im Vorfeld des Staatsstreichs von 1926 zu Szenen wie folgender kam. Obwohl Pilsudski und sein Umfeld den politischen Feind darstellten, verkörperte er zugleich den „elder statesman" für alle:

> *„Es war im Jahr 1925, der Kommandant (d.h. Pilsudski) lebte in Sulewojek. Am europäischen Horizont zogen dunkle Wolken hoch. In jenen Tagen machte mir im privaten Gespräch einer der hervorragendsten Vertreter der damals herrschenden Sejmokratie ein um das andere Mal Eröffnungen über wichtige staatliche Geheimnisse, die die polnische Situation beleuchteten. Ich fragte ihn: ‚Warum sagen Sie das mir, dem Vertreter der schärfsten Opposition?' Er antwortete: ‚Ich sage Ihnen das deswegen, weil ich eine Art inneren Zwang empfinde, daß der Marschall davon wissen müßte. Ich bekenne Ihnen offen, daß ich ruhiger sein würde, wenn ich die Gewißheit hätte, daß er davon Kenntnis erhält."*[23]

Gelegentlich scheint Pilsudski selbst die Gefahren dieser Situation gesehen zu haben. Sie konnte zu Entscheidungsschwäche für den Fall führen, daß er selbst einmal ausfallen sollte. Anfang der 1930er Jahre

---

[21] Vgl. Polonsky, Crisis, S. 466.

[22] Vgl. Kozlowski, Gruppierungen, S. 46. Kozlowski bezweifelt diese Zahl als „etwas zu hoch", nennt allerdings keine andere. Auch etwas weniger als zwei Millionen wären – bei einer Gesamtbevölkerung von rund 35 Millionen – in jedem Fall eine deutliche politische Aussage gewesen.

[23] Aus einer Rede des damaligen Chefredakteurs der ‚Gazeta Polska', Bogusław Miedziński aus dem Jahr 1935, hier zit. n. Koitz, Tagebuch, S. 122 f.

zwang ihn nachlassende Gesundheit zu langen Aufenthalten in Madeira und Ägypten. In Polen blieb derweil vieles unerledigt, und so beklagte er im April 1931 im engen Kreis seiner Anhänger Beck, Prystor, Sławek und Świtalski: „Der Schatten, den ich über das polnische Leben werfe, ist zu groß. Alles hängt an mir und muß von mir entschieden werden; das ist keine gesunde Situation."[24]

Pilsudski regierte praktisch als Diktator. Die Diktatur funktionierte als Netzwerk von Personen, denen er vertraute und vertrauen konnte. Auf ganz praktischer Ebene wurde der Opposition der mögliche Weg an die Regierung vollständig versperrt. Der Pilsudskismus galt als die Gesinnung des guten Polen. Als Staatspräsident fungierte nach Pilsudskis Rücktritt seit 1926 Ignacy Mościcki,[25] der dies auch bis 1939 bleiben sollte. Das Amt erhielt Anfang der 1930er Jahre umfassende Vollmachten. So konnte der Präsident die Regierung einsetzen und abberufen, jede Gesetzesvorlage zurückweisen und sogar den Staatshaushalt selbst verabschieden, falls das Parlament die entsprechende Frist versäumte. Er war Oberbefehlshaber der Streitkräfte, konnte dies aber an einen von ihm ernannten Oberkommandierenden delegieren. Zum gewählten Parlament konnte der Staatspräsident eine problemlose Distanz wahren. Mißtrauenserklärungen des Parlaments gegen die Regierung durfte er zur Kenntnis nehmen, politische Schlußfolgerungen mußte er daraus nicht ziehen. Schließlich und endlich hatte er auch ein Vorschlagsrecht für seinen Nachfolger, den er aber nicht auch noch ernennen, sondern durch einen Wahlausschuß aus Parlament und Senat bestätigen lassen mußte. Verfassungsrechtlich ließen sich diese Zustände noch am ehesten mit einer konstitutionellen Monarchie vergleichen, in der das Parlament und eventuelle Wahlkämpfe eine Art Blitzableiter für mögliche Unruhe im Land darstellten, aber keine Quelle von politischem Einfluß werden konnten.

Der polnische Senat erhielt einen eigenen Wahlmodus, der den angestrebten Charakter des Staates als Kriegerstaat in Pilsudskischer Tradition besonders deutlich zeigte. Ein Drittel der Senatoren wurde ernannt – vom Staatspräsidenten. Zwei Drittel der Senatoren wurde gewählt – von ausgesuchten Ordensträgern und damit Pilsudskisti-

[24] Vgl. Polonsky, Crisis, S. 334.

[25] Ignacy Mościcki (1867–1946), von Beruf Chemiker; seit 1912–1926 Professor in Lemberg; im zaristischen Rußland Mitglied der Untergrundpartei „Proletariat", dafür zu Haft verurteilt, später in Pilsudskis PPS; 1892 emigriert; als Polens Präsident 1939 zusammen mit der übrigen Regierung nach Rumänien geflohen und durch Frankreich am 30. September 1939 zum Rücktritt gezwungen.

schen Würdenträgern. Wahlberechtigt waren die Träger des „Unabhängigkeitskreuzes“ und des Ordens „Virtuti militari“. Die Zahl der „Virtuti militari“-Träger betrug bis 1939 etwa achttausend, überwiegend Kämpfer aus dem Ersten Weltkrieg und dem Angriff auf die Sowjetunion im Jahr 1920. Das „Unabhängigkeitskreuz“ wurde seit der Machtübernahme Pilsudkis im Jahr 1926 verliehen und ging bis zum Zeitpunkt der Verfassungsreform an etwa sechzehntausend Männer. Großmeister beider Orden: Marschall Pilsudski.

Diese etwa zweiundzwanzigtausend Personen sollten den politischen Willen der neuen Elite des Staates ausdrücken. Den Kern dieser polnischen Elite, die das Land in die Zukunft führen sollte, bildete die Erfahrung des gemeinsamen Kampfs, dessen Methoden auch die Politik prägen sollten, wie Pilsudski das einmal folgendermaßen auf den Punkt gebracht hatte:

> *„Mein politisches Programm? Ich habe keins, und ich kann keins haben. Man sagt von mir, daß ich eine legendäre Figur bin. Die Legende und die Geschichte sind aber zweierlei. Diese steht fest, weil sie auf Tatsachen beruht, jene ist ihrem Wesen nach beweglich, weil sie ein Erzeugnis der Volksphantasie ist. Jeder legt sie nach seinem Temperament aus und ändert sie nach seinem Belieben. Unter achtundzwanzig Millionen Polen gibt es achtundzwanzig Millionen verschiedene Vorstellungen von Marschall Pilsudski, und jeder meiner Landsleute erwartet von mir das Gegenteil dessen, was sein Nachbar verlangt. Man muß List anwenden, lavieren und verbergen, was man denkt. Man erwartet mich rechts: ich schlage mich nach links. Man erwartet mich links: schnell gehe ich nach rechts herüber und falle über den Gegner her. Das ist ein Spiel, keine Politik, sondern* Krieg.“[26]

Bald nach Ende des Krieges von 1939 und noch Jahrzehnte nach 1945 wurden die Debatten über das Geschehen von Stellungnahmen zu der Frage befeuert, was Josef Pilsudski 1939 getan hätte, hätte er noch gelebt. Ob er nicht Alternativen zu dem politisch wenig raffinierten Konfrontationskurs gegen Deutschland gefunden hätte. Ob er das britisch-französische Spiel mit der 1939 gegebenen „Beistands-Garantie“ nicht durchschaut hätte, an die sich beide Staaten zu keinem Zeitpunkt halten wollten?[27]

[26] Zit. n. Sieburg, Polen, S. 40 f., Hervorhebung im Original.

[27] Vgl. Kornat, Polen, S. 176. Kornat bringt dort einige Beispiele aus der jahrzehntelangen argumentativen Auseinandersetzung, darunter das letzte Interview des Politikers und Journalisten Jerzy Giedroyc (1906–2000) aus dem Juni seines Todesjahrs, das ebenfalls um diese Frage kreiste. Giedroyc war überzeugt davon, daß Pilsudski 1939 gegenüber Deutschland konzessionsbereit gewesen wäre.

Zu den wichtigen Nebenaspekten dieser Spekulationen über mögliche Auswege gehört sicher die weitere Frage, ob es im Polen des Jahres 1939 eine Person gab, die dies an Stelle des nun einmal verstorbenen Pilsudski in der faktisch gegebenen Situation wirklich hätte tun können. Die vom Westen demonstrativ unabhängige, eigenständige Verbindung mit der deutschen Politik genoß in Polen zu keiner Zeit viel Ansehen. Josef Beck, der sie sicher in grundsätzlicher Übereinstimmung mit den Zielen Pilsudskis ausführte, stand vielfach unter dem „Verdacht" der zu großen Deutschlandorientierung. Vom Rang einer nationalen Identifikationsfigur, die den öffentlichen Zorn über endgültige materielle Zugeständnisse Polens an Deutschland hätte überbrücken können, war er weit entfernt. Wie es scheint, galt das auch für die übrigen verfügbaren Personen, die solches in den maßgebenden Ämtern zu entscheiden gehabt hätten.

„Moralische Diktatur" und „charismatische Herrschaft" lassen sich vor diesem Hintergrund als weitgehend deckungsgleicher Ausdruck der Überzeugung betrachten, es sei die angemessene Antwort auf die Probleme der Zeit in den Gedanken und Taten einer einzelnen Person zu finden, nicht in den Debatten, Ausschußsitzungen und Abstimmungen des parlamentarischen Betriebs oder der Öffentlichkeit. Mit dieser Haltung befand sich Polen auf der zeitgenössischen Linie vieler europäischer Staaten. Einigermaßen außergewöhnlich fielen dann jedoch die Rückwirkungen dieser Haltung auf die spezielle polnische Situation des neu proklamierten Staates aus, zu denen schließlich die Frage gehören sollte, was der den Staat prägende Charismatiker zu Lebzeiten getan hätte, hätten sie bis zum eingetretenen Ende gedauert.

Diese Situation hatte ihre weiteren Besonderheiten. Daß die real existierende Nation in ihrer gegenwärtigen Form eher einen noch unvollkommenen Anfang und zu verbessernden Ansatz darstellte, gehörte in Polen wie in den allgemein anerkannt faschistischen Staaten zu den Leitgedanken. Territoriale Expansionspläne, Antikommunismus, fehlende Rechtsstaatlichkeit und der hohe Rang des Militärs nicht nur als Macht auf dem Schlachtfeld, sondern als charakterbildende Kraft, dazu politisierte Aufmärsche als Erinnerungs- und Mobilisierungsmaßnahme, das alles waren im Zwischenkriegspolen stete Fakten und tägliche Anknüpfungspunkte. Unter diesen vielen Aspekten und damit letztlich insgesamt läßt sich Polens Zweite Republik – wenn man auf eine allgemeine schematische Etikettierung der politischen Verhältnisse Wert legt – als faschistischer Staat bezeichnen. Es dürfte allerdings der einzige faschistische Staat gewesen sein, in dem einem dementsprechend politisch orientierten Machtapparat außerdem noch eine große und einflußreiche, ebenfalls nationalistisch-antisemitisch und auch sonst in vielfach gleicher Weise ausgerichtete Oppositionspartei gegenüberstand. Dieses Zusammentreffen und die in der zweiten Hälfte der 1930er Jahre zunehmende Einigkeit von Regierung und Opposition gaben dem Polen der unmittelbaren Vorkriegszeit seine besondere Prägung.[28]

In jüngerer Zeit ist der moderne polnische Nationalismus, der dieser Entwicklung zugrunde lag, ins Blickfeld der internationalen Forschung geraten. Die Ergründung seiner Spielarten wurde in Deutschland ein beliebtes Dissertationsthema. So veröffentlichte etwa Werner Benecke seine Promotion über die Polonisierungspolitik in den Ostgebieten der Zweiten Polnischen Republik zwischen 1919 und 1939.[29] Ein Jahr später deutete Brian Porter den polnischen Nationalismus des 19. Jahrhunderts als Extrembeispiel und Vorreiter für eine europäische Entwicklung: Sein Werk „Als der Nationalismus zu hassen begann" erschien in der Oxford University Press. 2004 folgte Cornelia Schenkes Dissertation über „Nationalstaat und nationale Frage", die sich – kurz gesagt – damit befaßte, wie der polnische Nationalismus in den Jahren 1921–1939 in den ukrainischen Gebieten der Republik einen vorher nicht vorhandenen ukrainischen Nationalismus erzeugte. Stephanie Zloch schilderte ebenfalls im Rahmen einer Doktoratsthese die Kreation des polnischen Nationalismus in der Zwischenkriegszeit – allerdings sehr dem modischen Ansatz verhaftet, alles sei eine Frage der „Konstruktion" und unter Ausblendung der polnischen Politik gegenüber den nationalen Minderheiten.[30]

Die Entwicklung polnischer Expansionsgedanken in Richtung Osten bis 1918 untersuchte jüngst Alexandra Schweiger.[31] Markus Krzoska widmete dem polnischen Mediaevisten Zygmunt Wojciechowski ebenfalls eine Doktorarbeit, der in der ersten Hälfte des 20. Jahrhunderts „für ein Polen an Oder und Ostsee" forschte und politisierte.[32]

---

[28] Gelegentlich wurde erst das Zusammenwachsen von Nationaldemokratie und der Sanacja mit ihrer „Ideologie des Marschalls" seit dem Tod Pilsudskis als ein „Prozeß, der auf eine Art polnischen Faschismus hintendierte" bezeichnet. Vgl. Wojciechowski, Beziehungen, S. 230. Das war tatsächlich ein neues Phänomen seit 1935, es hat aber den Charakter des polnischen Staates der Zwischenkriegszeit viel mehr offensichtlich werden lassen, als daß es ihn in eine neue Richtung verändert hätte.

[29] Vgl. Benecke, Ostgebiete, Köln (Diss.) 1999.

[30] Vgl. Zloch, Polnischer Nationalismus, Köln (Diss.) 2010.

[31] Vgl. Schweiger, Polens Zukunft liegt im Osten, Marburg (Diss.) 2014.

[32] Vgl. Krzoska, Wojciechowski, Osnabrück (Diss.) 2003.

Roland Gehrke schließlich widmete in seiner Hamburger Dissertation einem ganz besonderen Aspekt des polnischen Nationalismus den Schwerpunkt: dem sogenannten Westgedanken. Gehrke wollte klären, wie es möglich war, daß im Lauf des 19. Jahrhunderts Teile Deutschlands zum Gegenstand polnischer Ansprüche werden konnten, die entweder niemals oder nur vor Jahrhunderten für kurze Zeit zu Polen gehört hatten. West- und Ostpreußen, Pommern und Schlesien waren die meistgenannten Ziele polnischer Agitation. Aber auch Mecklenburg, Brandenburg, Sachsen-Anhalt, Sachsen und Thüringen gerieten ins Blickfeld, ja vereinzelte Stimmen orteten gar das Rheinland und Schwaben als Bereiche polnischer Tradition.[33] Allein diese Bestandsaufnahme war schon spektakulär und deutete an, in welchem Umfang hier das Reich des Absurden betreten wurde. Wahrscheinlich kann es keine nachvollziehbare Erklärung dafür geben, daß hier mit einer fast beliebigen Mischung aus strategischen, geographischen, wirtschaftlichen, historischen, religiösen, ethnischen und letzten Endes willkürlichen Behauptungen an einem Expansionsprogramm gearbeitet wurde. Anders als bei den räumlich vergleichbar weitgespannten polnischen Ansprüchen in Osteuropa, die sich auf eine Feudaltradition der Frühen Neuzeit beriefen und darauf, daß polnische Truppen mehrmals in Moskau einmarschiert waren, war der Westgedanke eine historisch gesehen vor dem 19. Jahrhundert voraussetzungslose Neuschöpfung.

Zeitlich hing das Aufkommen dieses Westgedankens mit dem Zusammenbruch des alten polnischen Staates zusammen. Noch dessen Verfassung von 1791 hatte zwar Anspruch auf alle Gebiete erhoben, die vor und nach der ersten polnischen Teilung 1772 russisch geworden waren. Sie verzichtete aber auf jede Erwähnung preußischer Landstriche und erkannte Preußens Grenzen daher auch dort an, wo sie östlich der Grenze des Deutschen Reiches lagen. Das änderte sich, als die Adelsrepublik nicht mehr existierte und die polnische Publizistik dem eigenen Adel daran die Schuld gab. Zunächst nicht ohne Ähnlichkeit zur deutschen Romantik wurde auch in Polen das Volk als Träger der Geschichte entdeckt. Gehrke zog solche Parallelen und führte aus, daß beispielsweise Herders Polenbild vom friedlich siedelnden Bauernvolk nachhaltigen Einfluß auf das polnische Selbstverständnis gehabt hat. So hatte man sich selbst zuvor noch nie gesehen. Jetzt allerdings öffnete unter anderem dieses Klischee die Tür zu den Behauptungen, dieses Bauernvolk würde eigentlich immer

33 Vgl. Gehrke, Westgedanke, Marburg (Diss.) 2001.

noch auf dem gesamten Boden Preußens leben und sei dort nur unterdrückt.

Als früheste programmatische Äußerung in diese Richtung machte Gehrke eine Arbeit des Geistlichen und Politikers Hugo Kollataj aus, der 1808 die Oder-Neiße-Grenze als künftige Grenze Polens nannte und bei dem bereits die wesentlichen Elemente des Westgedankens ausgebildet waren. Schlesien sollte zu Polen gehören, da es historisch polnisch sei, außerdem generell alles Land östlich der Oder, weil alle Bevölkerung dort polnisch sei und dazu noch Ost- und Westpreußen, da es dort angeblich eine litauisch-polnische Mischbevölkerung gebe. Deutsche aber könne man dort nicht suchen, „wo es keine gibt und niemals welche gab." Um genau diese Behauptungen sollte der Westgedanke künftig vorwiegend kreisen. Dazu gesellte sich eine charakteristische politische Komponente. Aus eigener Kraft konnte Polen solche Pläne nicht realisieren, und deshalb fehlte schon bei Kollataj nicht der Appell an eine Entscheidung der Großmächte: Napoleon sollte es damals sein, der dem neuen Polen seine Wünsche erfüllte.

Nun dachte Napoleon ebensowenig wie andere Staatsmänner des 19. Jahrhunderts daran, auf diese Anregung einzugehen. Polen geriet samt seinem neu entwickelten Nationalismus für weitere hundert Jahre zwischen die Räder der Großmächte. Die Aufstände gegen Rußland blieben erfolglos. Auch alle Versuche scheiterten, die Autorität der Westmächte für die polnische Sache einzuspannen. Es gab daher Zeit, den Westgedanken in Ruhe weiterzuentwickeln. Insbesondere in dem halben Jahrhundert zwischen dem Scheitern des letzten großen Aufstandsversuchs in Rußland im Jahr 1863 und dem Ausbruch des Ersten Weltkriegs radikalisierten sich die Auffassungen darüber, welchen Umfang ein neues Polen einzunehmen hätte und mit welchen Methoden man es den Teilungsmächten gewissermaßen heimzahlen sollte. Direkte politische Angriffe auf diese Mächte blieben vorerst aus. Es bildete sich das heraus, was in Polen der „Trójloyalizm" genannt wurde, also die scheinbare Hinnahme der Dreiteilung gegenüber allen beteiligten Staaten. Man arbeitete auf kultureller und wirtschaftlicher Ebene und zunächst im Rahmen der jeweils zulässigen politischen Möglichkeiten auf die Zukunft von Nation und Staat hin.

Dabei lief dieser Gedanke parallel zu zeittypischen Entwicklungen an ganz anderer Stelle. Geographische Argumente zur Erklärung politischer Entwicklungen waren Mitte des 19. Jahrhunderts auch in Deutschland in Mode. Als besonders beliebt erwies sich bereits zu dieser Zeit die Spekulation mit dem Gegensatz zwischen Land und

Meer. Der Philosoph und Pastor[34] Georg Funke entwickelte nach Hegelschem Vorbild in diesen Kategorien ein Bild der Zukunft und machte sich beispielsweise 1847 Gedanken über einen seiner Meinung nach „im Osten dereinst unfehlbar ausbrechenden Weltkampf". Die Ursache dafür fand er in den Fehlern der politischen Entwicklung Polens. Polen hatte für ihn seine „weltgeschichtliche Bestimmung" verpaßt. Statt sich den Zugang zum Meer zu sichern, um ein „mächtiges Verbindungsland zwischen Asien und Europa" zu werden und zu diesem Zweck die Elblinie und die Ostseeküste zu erreichen, sei es kontinental erstarrt. Es habe sich der Reformation und der Germanisierung verschlossen und statt dessen „niederen orientalischen Elementen" die Chance gegeben, das Land im Chaos versinken zu lassen.[35] Bei Funke verband sich preußisch-deutsches Sendungsbewußtsein mit Respekt vor den Möglichkeiten Polens, die er allerdings eher in der Vergangenheit verkörpert sah. Die polnischen Teilungen befand er als nicht wieder rückgängig zu machende Tatsachen, aber als auf „naturwidrige Weise" vollzogen. Der kommende Weltkampf würde deshalb über der Frage der Vorherrschaft im Weichselgebiet ausbrechen. Die Entscheidung in dieser Frage sei die Entscheidung darüber, „ob im Osten Europas fortan noch continentale oder nurmehr oceanische Interessen die weltgeschichtliche Entwicklung bestimmen sollen".[36] Funke sah den Trend in Richtung der ozeanischen Interessen ziehen, womit er preußische Interessen meinte.

Wie der Menslager Pastor Funke, so spekulierten in Deutschland zu dieser Zeit viele über den Lauf der Geschichte anhand von angenommenen Zusammenhängen von „Land und Meer" oder „Land und Fluß zum Meer". In den Debatten des aus der einzigen je abgehaltenen gesamtdeutschen Wahl hervorgegangenen Frankfurter Paulskirchen-Parlaments von 1848 und 1849 tauchte neben der Weichsel auch die Donau als deutscher Schicksalsfluß auf, auf dem man sich in den Nahen Osten tragen lassen könnte. Dies trug dazu bei, daß sich die Nationalversammlung nur vergleichsweise schwer entschließen konnte, gedanklich auf den außerhalb des Deutschen Bundes liegenden Teil Österreichs als Teil des Geltungsbereichs Frankfurter Debatten zu verzichten. Es lag insofern nahe, wenn sich auch die innerpolnische Debatte in ähnlichen Bahnen bewegte. Aus der Annahme, Polen habe mit der Aufgabe von Elbe oder Oder als angeblich pol-

[34] In Menslage bei Quakenbrück.

[35] Vgl. Funke, Weltlage, S. 810 ff., hier zit. n. Demandt, Grenzen, S. 45.

[36] Vgl. Funke, Weltlage, S. 820.

nischen Flüssen ein großes Versäumnis begangen, ließen sich auch ganz andere Schlüsse ziehen, als sie in Deutschland gezogen wurden. Dieses sogenannte Versäumnis konnte auch rückgängig gemacht werden.

Die Geographen Wacław Nalkowski und Eugeniusz Romer etwa lieferten seit den 1880er Jahren neue landschaftsbezogene Argumente und brachten originelle Gedanken in die Diskussion ein. So behaupteten sie, daß alle Flüsse bis zur Oder ihre großen Zuflüsse angeblich nur von Osten erhielten und deshalb als Teil einer einzigen großen geographisch-politischen Struktur zu sehen seien. Da wurde die Oder zum natürlichen Grenzfluß. Später wurde auch das angeblich ähnliche Klima zwischen der Oder und dem Dnjepr als verbindendes Element angeführt. Besonders Eugeniusz Romer ist hier als wichtig zu nennen. Er hatte seine Studienabschlüsse letztlich im österreichisch-galizischen Lemberg abgelegt, aber zuvor in Halle an der Saale, Wien und Berlin die deutschen Denkschulen kennengelernt.[37] Insofern stellen seine Arbeiten einen Beleg für die gegenseitige Beeinflussung dar, wenn Romer auch letztlich einen Ansatz entwickelte, der sich aus offensichtlich politischer Zweckorientierung fast völlig von der ethnischen Legitimation staatlicher Grenzziehung löste, zumal im Osten Europas: „Die ethnische Herkunft der Bewohner der Ostgebiete, ihre Sprache, Konfession und ihre nationalpolitischen Forderungen spielten für ihn keine Rolle."[38]

Unter „Polen" verstand Romer letztlich das Gebiet, das ihm aufgrund gemeinsamer geographischer Eigenschaften, wirtschaftlichen und militärischen Erwägungen heraus groß genug schien, um dem polnischen Volk eine bedeutende und dauerhafte politische Größe zu verleihen, also einen Großstaat mindestens in den Grenzen von 1772. Welche Volksgruppen dort sonst noch lebten, war ihm gleich. Er ging davon aus, daß sie in jedem Fall ein stolzes Staatsbürgerbewußtsein als Teil von „Polen" entwickeln müßten. Mit diesen Auffassungen fungierte Romer als „nationalpädagogischer Populisator"[39] und prägte unter anderem die innerpolnischen Erwartungen an die Versailler Friedenskonferenz, wohin ihn die polnische Delegation auch eingeladen hatte. Es gelang der Delegation unter seiner Mitwirkung, die Alliierten bei der Meinungsbildung über die künftige Grenzziehung in Osteuropa zur Verwendung von

[37] Vgl. Schweiger, Ostkonzepte, S. 104 f.

[38] Zit. n. ebd., S. 109 f.

[39] Vgl. ebd., S. 163.

Romers phantasievollen Karten dieser Region zu bewegen. Schließlich mußten Entscheidungen gefällt werden, und andere Karten mit ähnlichem Deutungsanspruch scheinen in Paris überhaupt nicht vorhanden gewesen zu sein.

Über die fehlende Qualität von Romers Karten machten sich die Beteiligten offenbar so wenig Illusionen wie über die polnischen Absichten. Romer persönlich bekam vom US-amerikanischen Kollegen und Vertreter vor Ort, Isaiah Bowman,[40] eines Tages zu hören, daß die USA hier den Plan zur Gründung eines imperialistischen und aggressiven Staates vermuteten und daher in der polnischen Frage nun anders auftreten würden.[41] Doch hatte die polnische Delegation – ähnlich wie die tschechische – monatelang über eine Art Informationsmonopol verfügt, da in westalliierten Regierungskreisen über die Verhältnisse in Mittelosteuropa allenfalls vage Vorstellungen herrschten, deutsche Vertreter generell nicht angehört wurden und ukrainische, litauische und russische Delegierte erst spät im Frühjahr 1919 zu den Verhandlungen erschienen.[42]

Die Faszination der graphisch gedruckten Selbstvergewisserung eigener Größe hielt in Polen auch später an. Romer beeinflußte mit seinen Ausführungen über Polens zivilisationsbringenden „Drang nach Osten“ und der angeblichen Notwendigkeit eines „Polen von Meer zu Meer“, also zwischen Ostsee und Schwarzem Meer, zudem den Horizont des politischen Denkens der Warschauer Verantwortlichen in den 1920er und 30er Jahren. Das Konzept des „Intermarium“ wurde Teil offizieller Politik.

Romers Gedanken kehrten in den zwanziger Jahren nicht nur in den Arbeiten des polnischen Generalstabsoffiziers Henryk Baginski fast wortwörtlich wieder. Sie deuteten auf einen neuen Trend hin: Der Westgedanke und der Plan einer polnischen Ostexpansion waren bisher unterschiedlich begründet worden. Es hatte von den historisch argumentierenden „Ostlern“ auch Kritik an den haltlosen Argumenten des Westgedankens und den damit verbundenen Vertreibungsplänen an Deutschen und Juden gegeben.

Nun begann beides im neuen Konzept eines gigantischen polnischen „Dritten Europa“ zu verschmelzen, das von Berlin bis Borodino und von Riga bis Odessa reichen sollte. Nachhaltige Autonomie für Min-

[40] Isaiah Bowman (1878–1950), US-amerikanischer Geograph und in Versailles enger Vertrauter von Präsident Woodrow Wilson. Später langjähriges Mitglied im Council of Foreign Relations, 1945–49 dessen Vizepräsident.

[41] Vgl. Lundgreen-Nielsen, Conference, S. 286.

[42] Vgl. ebd., S. 253 ff.

derheiten war dort nicht vorgesehen. Die Ukrainer, Litauer und Weißrussen sollten polonisiert, die Deutschen und die Juden möglichst außer Landes getrieben werden. In diesem geistigen Umfeld entstand dann der Madagaskar-Plan, jene „ursprünglich polnische Idee einer Teufelsinsel für die Juden" (Shlomo Aronson)[43]. Dieses Konzept wurde erst nach Neugründung des polnischen Staates vollständig entwikkelt, aber schon nach den Verhandlungen von Versailles seufzte der italienische Außenminister Carlo Sforza, wenn es nach der polnischen Delegation gegangen wäre, so wäre „halb Europa ehemals polnisch gewesen und hätte wieder polnisch werden müssen."[44]

Parallel zur ideologischen Verfestigung wurde gegen Ende des 19. Jahrhunderts verstärkt über politische Konstellationen nachgedacht, in deren Rahmen dies alles verwirklicht werden konnte. Daß dazu eine Erschütterung der internationalen Politik durch einen großen Krieg nötig war, wurde in den entsprechenden politischen Zirkeln Polens bald Allgemeingut. Gestritten wurde aber darüber, ob die polnische Unabhängigkeit besser im Rahmen einer russischen Niederlage gegen Deutschland realisiert werden und Polen sich dann später gegen Westen wenden sollte, oder ob man mit einer Spekulation auf einen russischen Sieg besser fuhr. Danach sei zuerst unter russischer Protektion der Westgedanke zu verwirklichen, und man könne sich dann später, dank der polnischen „kulturellen Überlegenheit" gegenüber den anderen Völkern dort, wieder gegen den Osten orientieren. Roman Dmowski, der Gründer der Nationaldemokraten, vertrat letzteres. Josef Pilsudski, der Sozialist und spätere Diktator, neigte eher zu einem primär rußlandfeindlichen Kurs in Anlehnung an die Mittelmächte, auf deren Seite er im Krieg auch kämpfte. Am Ende behielt Pilsudski mit seiner Prognose vom Juni 1914 recht, Rußland werde von den Mittelmächten geschlagen werden, die danach ihrerseits gegen die Westmächte verlieren würden. Wir werden noch darauf zurückkommen.

Die Vorbereitungen für die geplante Unabhängigkeit liefen bereits Jahre vor dem Ersten Weltkrieg an. Zu ihnen gehörte die verdeckte Schaffung einer Generalstabsschule auf österreichischem Gebiet, aus der bedeutende Teile des späteren polnischen Offizierskorps hervorgingen. Ebenso in Österreich wurden seit 1911 „Schützenvereine" gegründet, die den Grundstock der späteren polnischen Legion des Ersten Weltkriegs darstellten. Während der Balkankriege der Jahre 1911

[43] Vgl. Aronson, Falle, S. 50; Brechtken, Madagaskar, S. 151 ff.

[44] Carlo Sforza, Makers of Modern Europa, New York 1930, S. 375.

und 1912, die zum ersten Mal den Anlaß für den erhofften großen europäischen Krieg zu bilden schienen, sorgte Pilsudski für die Koordination der verschiedenen Unabhängigkeitsparteien. Es gelang ihm auch, vor allem über Spendenaktionen in den USA, die Mittel für einen polnischen Kriegsfonds zu besorgen. Für diesen kommenden Krieg sah er den Gang der Dinge auf eine Weise voraus, die ihm schließlich seinen legendären Ruf eintragen sollte. Es gibt dafür mehrere Berichte, zitieren wir hier die Erinnerungen Viktor M. Chernovs an ein Gespräch mit Pilsudski im Januar 1914:

> *„Pilsudski sah ganz klar einen bald bevorstehenden Österreichisch-Russischen Krieg um den Balkan. Er hatte keinen Zweifel, daß in diesem Fall Deutschland hinter Österreich stehen wird, wenn das nicht schon jetzt im Geheimen sowieso der Fall wäre. Er zeigte sich weiterhin überzeugt davon, daß Frankreich in einem solchen Konflikt nicht die Rolle des Beobachters einnehmen könnte. An dem Tag, an dem sich Deutschland öffentlich an die Seite Österreichs begeben würde, würde Frankreich auf Seiten Rußlands intervenieren. Schließlich, so führte er aus, könnte Großbritannien es sich nicht leisten, Frankreich seinem Schicksal zu überlassen. Sollten aber die vereinten Streitkräfte Frankreichs und England nicht ausreichend sein, würden sie früher oder später Amerika auf ihrer Seite in den Krieg ziehen. Pilsudski betrachtete das militärische Potential all dieser Länder, um das Problem zu lösen: Wie würde sich der Krieg entwickeln? Mit wessen Sieg würde er enden? Seine Antwort lautete wie folgt: Rußland würde von Österreich und Deutschland geschlagen werden und danach würden diese ihrerseits von der englisch-französischen (oder englisch-französisch-amerikanischen) Koalition besiegt werden.“*[45]

Es scheint, als sei Josef Pilsudski in der Tat zur Jahreswende 1913/14 mit dieser Botschaft in den politisierenden Zirkeln Europas aufgetreten. Seine Reisen hatten zwischenzeitlich unfreiwillig nach Sibirien und freiwillig nach Japan geführt. In Tokio unternahm er 1904 zum ersten Mal den Versuch, die mögliche militärische Niederlage einer polnischen Teilungsmacht für den Bau eines neuen Polen zu nutzen. Es fand gerade der Russisch-Japanische Krieg statt. Für den Fall von Waffenlieferungen stellte er seinen japanischen Gesprächspartnern einen Guerillakrieg in Polen in Aussicht, der die russischen Streitkräfte schwächen sollte. Für dieses Mal blieb diese Taktik erfolglos. Eine derartige revolutionäre Intervention in Europa lag außerhalb des po-

[45] Victor Chernov, in: Pered burei (Vor dem Sturm), New York 1953, S. 296 f., hier n. Dziewanowski, Federalist, S. 40.

litischen Horizonts der japanischen Führung und wäre für diese sicher auch nicht ungefährlich gewesen. Obwohl Rußland den Krieg in der Tat verlor und von einer ersten Revolution erschüttert wurde, konnte diese Chance daher für Polen nicht genutzt werden.

In der unmittelbaren Vorkriegszeit sondierte er in Europa und traf 1913 unter anderem auch in Krakau mit Wladimir Iljitsch Lenin zusammen,[46] einem anderen Revolutionär, der sich von kommenden Kriegen den großen Durchbruch erhoffte. Die beiden konnten ein wenig an gemeinsame Vergangenheiten anknüpfen. An dem gleichen Attentatsversuch auf den russischen Zaren Alexander III., für den Lenins älterer Bruder Alexander Uljanow 1887 zum Tode verurteilt und hingerichtet wurde, waren auch Pilsudskis älterer Bruder Bronislaw und am Rand auch Josef Pilsudski selbst beteiligt. Bronislaw kam mit fünfzehn Jahren Haft davon, Josef Pilsudski erhielt fünf Jahre.[47] Er büßte sie in Sibirien ab. Dessen ungeachtet bestanden zu jeder Zeit politische Differenzen. Obwohl Pilsudski phasenweise als „Sozialist“ firmierte, wurde er nie zum Internationalisten, wie dies für Lenin galt. Im Zentrum seines politischen Denkens stand die polnische Nation.

Ob Pilsudkis Pariser Ausführungen über deren Zukunftschancen für den Fall des großen europäischen Krieges tatsächlich den präzisen Umfang einer exakten Vorhersage des späteren Kriegsgeschehens angenommen haben, wie aus der Rückschau behauptet wurde, ist nicht belegbar. Möglicherweise hatte ihn seine Kenntnis der russischen Verhältnisse mit der sicheren Erwartung des russischen Zusammenbruchs ausgestattet, mit dem sonst in Europa eher nicht gerechnet wurde. Daß danach der „Westen“ gegen Deutschland siegen mußte, um den polnischen Erfolg komplett werden zu lassen, ergab sich aus der Natur der Sache und kann auch Wunschdenken zum Zweck der Mobilisierung seiner Anhänger ausgedrückt haben. Immerhin besteht kein Zweifel, daß Pilsudski aus diesen Auftritten einen Teil seines späteren legendären Rufs bezogen hat. Seine Anhänger glaubten nach dem Eintritt der Prognosen an seine Fähigkeiten der vorausschauenden Analyse und an Pilsudski als an denjenigen, der über den Gang der Dinge in Europa Bescheid wußte.

Mit solchen umfassenden und – wie sich später zeigte – erfolgreich angelegten Vorbereitungen gehörte Pilsudski zu den bedeutenden Revolutionären einer Zeit, in der es an Revolutionären nicht fehlte.

---

46 Vgl. Dziewanowski, Federalist, S. 71.

47 Vgl. Lepecki, Sibirien, S. 6 ff.

Allerdings wurde die Revolution auf jeweils eigentümliche nationale Art und Weise geplant. Pilsudski, ursprünglich Medizinstudent, war dann „Sozialist“ in einer polnischen Sozialistenpartei, die in erster Linie ein Vehikel zum Kampf um die polnische Unabhängigkeit sein sollte und internationalistisch eingestellte Sozialisten wie Rosa Luxemburg aus ihren Reihen vergraulte. Man könnte sagen, Pilsudski sei ein nationaler Sozialist gewesen, aber dafür agierte er auf wirtschaftlichem Feld zu unideologisch. Der polnische Sozialismus, den er anstrebte, bestand aus der Vergemeinschaftung der polnischen Nation.

Die tschechische Revolution mußte nach der Erwartung ihrer Anführer um Tomáš Masaryk eine Revolution „von oben“ sein. Sie konnte und mußte nicht durch bewaffneten Kampf erzwungen werden, denn Österreichs Behörden ließen sich schon mit zivileren politischen Methoden zurückdrängen und dies bereits vor 1914. Auch in Deutschland gab es Sozialisten, die auf jenen Krieg warteten, der ihnen endlich Gelegenheit zum Umsturz geben sollte. Während Pilsudski heimlich Waffen sammelte, erklärte der deutsche Sozialistenchef August Bebel gegenüber englischen Kontaktleuten den großen Krieg und die Niederlage Preußen-Deutschlands zur entscheidenden Voraussetzung der deutschen Revolution. Die Internationalisten unter den Revolutionären stellten eigentlich nur in der radikalen Fraktion der russischen Bolschewiken um Lenin das Führungspersonal. Dort arbeitete man nicht nur auf die russische Revolution hin, sondern wollte die Weltrevolution, in Moskau ebenso wie in Berlin oder eben auch in Warschau. In diesem Szenario sticht die polnische Untergrundbewegung durch ihren Umfang heraus. Sie konnte schon vor 1914 bereits so etwas wie einen Untergrundstaat bilden. Besteuerung, Bildung und eben auch Bewaffnung und Logistik wurden bereitgestellt.

Das wird hier auch deshalb etwas ausführlicher geschildert, weil die Umstände ihrer Entstehung und die personelle Kontinuität in der politischen Führung das Selbstverständnis der polnischen Politik der Zwischenkriegszeit und deren Methoden entscheidend beeinflußt haben. Eines der Hauptkennzeichen für den neuen polnischen Nationalismus um die Jahrhundertwende wurde vor diesem Hintergrund schließlich ein allgemeiner Führungsanspruch in Ostmitteleuropa, der nicht nur in Polen mit dem russischen konkurrierte. Es ging der polnischen Nationalbewegung dabei nicht um die bloße Wiederherstellung der politischen Souveränität des polnischen Volks im Zeichen „nationaler Selbstbestimmung“.

Über diese Ambitionen herrschte schließlich weitgehend innenpolitischer Konsens zwischen den sich ansonsten heftig bekämpfenden politischen Lagern. Man kann sagen, daß sich in der damaligen polnischen Politik keine Stimme von Gewicht auch nur einen Moment mit der Option beschäftigt hat, das neue Polen auf die vom US-amerikanischen Präsidenten Woodrow Wilson 1918 in seinem Vierzehn-Punkte-Plan für Polen geforderten „unzweifelhaft polnischen Gebiete" zu beschränken. Der polnische Historiker Marek Kornat hat dies jüngst in die lapidaren Worte gefaßt: „Das Konzept eines ‚ethnischen Polens' wollte aber das polnische Volk nicht akzeptieren."[48]

Ob das für das polnische Volk in seiner Gesamtheit galt, wird sich kaum ermitteln lassen. Für die politische Führungsschicht des Landes galt es ganz sicher. Das Ziel sollte statt dessen die – nach eigener Auffassung – erneute Aufnahme einer zivilisatorischen Mission in Osteuropa sein, im Westen verbunden mit umfassenden Revisionsansprüchen der deutsch-polnischen Grenze, grundsätzlich bis zum Stand des frühen Mittelalters. Mit diesem imperialen Anspruch wurde Polen 1918 neu gegründet; er prägte die Innen- wie die Außenpolitik bis 1939. In einem Zeitalter internationaler Politik, das in Europa vom Schlagwort des „Selbstbestimmungsrechts der Völker" geprägt wurde, war dies jedoch nach außen nicht vermittelbar. Als Konsequenz aus dieser Situation mußte die Republik Polen zwischen 1919 und 1939 eine verschwiegene Politik verfolgen, die sich im Kern nicht in Übereinstimmung mit den Grundsätzen nationaler Selbstbestimmung befand, also einen wesentlichen Grundsatz des damaligen – zumindest in Europa offiziell zur Anwendung kommenden – Völkerrechts ignorierte. Es gelang auch tatsächlich in großem Umfang, die polnische Grundkonzeption in den westlichen Hauptstädten zu verschleiern. Dazu bildeten sich entsprechende Sprachregelungen heraus, denn nach außen hin mußte mit der Zeit gegangen werden. Josef Pilsudski etwa ging vielfach als „Föderalist" in die Geschichtsbücher ein, da er seine Konzeption eines polnischen Großstaats unter Einbeziehung großer Teile der Ukraine und möglichst ganz Litauens gern mit diesem modernen Begriff beschrieb. In einem oft zitierten Brief an seinen engen Mitarbeiter Leon Wasilewski vom 8. April 1919[49] hatte er als Motiv dafür allerdings deutlichen Pragmatismus erkennen lassen. Es sei nun einmal der

[48] Vgl. Kornat, Polen, S. 27. Der Autor ist Professor am Institut für Geschichte der polnischen Akademie der Wissenschaften.

[49] Brief an Leon Wasilewski (1870–1936), von 1918 bis 1919 erster polnischer Außenminister.

Zeitgeist mit dem ganzen Gerede von der Brüderlichkeit unter den Menschen und Nationen, diese amerikanische Doktrin, die rhetorisch bedient werden müßte. Also müsse man sich notwendigerweise in das Lager der „Föderalisten" schlagen.[50] Das wurde dann zur steten Sprachregelung der polnischen Diplomatie, die aus der Zweiten Republik einen „Vorposten der Demokratie in Osteuropa" gegen deutschen „Militarismus" und russischen „Bolschewismus" machte.[51] Wer der polnischen Sache im Ausland dienen, aber nicht die US-amerikanischen, sondern eher die britischen Vorstellungswelten ansprechen wollte, der sprach auch schon einmal vom polnischen „Commonwealth" in Osteuropa, womit dann der dortige Herrschaftsanspruch ebenso ausgesprochen war, wie die Rolle des Kulturbringers angedeutet wurde.[52]

In der Praxis des Jahres 1919 bedeutete dies schließlich, gegenüber den Siegern des Ersten Weltkriegs bei ihrer Tagung in Paris in jeder Himmelsrichtung die maximale Grenzforderung zu erheben, die sich aus ethnischer, geographischer, politischer, wirtschaftlicher, historischer, kultureller oder militärischer Sicht ableiten ließ. Es sollte dafür jeweils das nützlichste, am weitesten zugunsten Polens tragende Argument zum Einsatz kommen. Aus welcher Kategorie es stammte, war gleichgültig. In dieser Hinsicht herrschte zwischen dem Pilsudski- und dem Dmowski-Lager Einigkeit. Die maximalen Ansprüche sollten durchgesetzt werden; ob das dann auf eine Annexion oder einen föderalen Anschluß der jeweiligen Ländereien hinauslaufen würde, war eine später zu klärende, nachrangige Frage.[53] Es ging um Machtfragen.

---

[50] Vgl. Lundgreen-Nielsen, Conference, S. 258. Die rustikale Interpretation moderner Verfassungsgrundsätze durch Pilsudski kam auch zutage, als er dem zweiten Ministerpräsidenten Jedrzej Morazewski – auch ein Veteran der Legion – nach dessen Ernennung am 18. November 1918 befahl: „In einer Woche werden Sie ein Wahlgesetz ausarbeiten, nicht anders, als wenn Sie einen Graben ausheben." Zit. n. Watt, Glory, S. 83.

[51] Den Erfolg konnte das nicht garantieren. Die lange vorbereitete und stationenreiche Amerikareise des damaligen Außenministers Aleksander Skrzyński, auf der dieses Thema als wesentliche Argumentationsstütze ausgiebig zur Sprache kam, endete 1925 dennoch ohne die erhofften US-amerikanischen Zusagen für finanzielle Unterstützung. Vgl. Pease, Stabilization, S. 40 ff. und S. 47.

[52] Für die Geschichtsschreibung kombinierte dies beispielsweise Marian Dziewanowskis Biographie von Pilsudski als „European Federalist" mit Rückbezügen auf das frühere „Polish-Lithuanian-Commonwealth" vor 1792. Wie in vielen angelsächsischen Publikationen hat dann auch die kartographische Darstellung dieses Commonwealth ihre Eigentümlichkeiten. Im Fall Dziewanowski etwa die, daß er das ganze oberschlesische Abstimmungsgebiet von 1922 der Republik Polen zuordnet. Vgl. Dziewanowski, Federalist, „Political Division of Baltic Region".

[53] Vgl. Watt, Glory, S. 68.

Europas Urkatastrophe als Chance – der Erste Weltkrieg aus polnischer Sicht

„Unsere Lage gegenüber den germanischen Staaten ist schwer, aber wir müssen zugeben, daß die Lage der germanischen Staaten gegenüber der polnischen Frage kummervoll ist. Die Unabhängigkeit können sie uns nicht geben, einen Staatsverband aus dem ganzen polnischen Gebiet zu machen, sind sie nicht imstande, und dabei harrt noch das Dilemma folgenden Inhalts seiner Lösung: Gewinnung der unerschütterlichen Freundschaft Polens bei gleichzeitiger Mißachtung der alten Rechte des polnischen Volkes."

Aus der nationaldemokratischen Broschüre „Von Jasna Gora nach Hellberg" vom Sommer 1916[54]

Die Geschichte des wiedererrichteten polnischen Staates beginnt bekanntlich nicht erst 1918. Bereits der Verlauf der Auseinandersetzungen während des Ersten Weltkriegs führte dazu, daß die vorher im Zarenreich Rußland, also im sogenannten Kongreßpolen lebenden Polen eine Gelegenheit erhielten, sich staatlicher Strukturen zu erfreuen. Wie sehr die polnische Frage auf der Tagesordnung stand, zeigte sich schon in den hektischen Tagen des Kriegsausbruchs Ende Juli 1914. Nachdem der deutsche Kaiser Wilhelm II. schließlich verstanden hatte, in welchem Ausmaß er von „Cousin Niki", also dem so von ihm angesprochenen russischen Zaren über dessen Kriegsplanungen mit Unwahrheiten versorgt worden war, dachte er an Revanche. Und diese Revanche sollte nicht zuletzt aus einer entsprechenden Polenpolitik bestehen. Graf Hutten-Czapski, der in den folgenden Jahren eine wichtige Rolle in der deutschen Polenpolitik spielen sollte, schilderte später eine der Szenen, in der das alles seinen Anfang nahm, unter anderem mit der Empörung eines deutschen Kaisers über die russische Hinterlist:

„Ich fand den Kaiser in sehr ernster Stimmung. [...] Niki habe ihn belogen, und er habe die Hoffnung aufgegeben, daß es noch möglich sein werde, den Krieg zu vermeiden. Ich wisse wohl seit Jahren, daß er immer bemüht gewesen sei, ihn zu verhindern, obwohl es an günstigen Gelegenheiten nicht gefehlt hätte. Dann betonte er, daß ich sein volles Vertrauen, insbesondere hinsichtlich der Behandlung der polnischen Frage besäße, und fügte folgende inhaltsvolle Worte hin-

[54] Hier zit. n. Roth, Kongreßpolen, S. 38.

zu: ,Es ist mein Entschluß, falls Gott der Herr unseren Waffen den Sieg verleiht, einen selbständigen polnischen Staat wiederherzustellen, mit welchem im Bunde Deutschland für immer gegen Rußland gesichert sein würde.' Hierbei rechne er auf meine und Likowskis Unterstützung. […] Diese ganz unerwartete Mitteilung bewegte mich tief, denn sie stellte mich plötzlich vor die Erfüllung langjähriger Wünsche und Hoffnungen."[55]

Den Worten sollten und konnten schließlich Taten folgen. Im August 1915 gelang es den deutschen Streitkräften, Warschau einzunehmen und die russische Armee in den folgenden Wochen für den Rest des Krieges aus Kongreßpolen zu vertreiben. Das brachte zunächst zwangsläufig eine deutsche Militärverwaltung über das eroberte Gebiet und die darin lebenden Menschen mit sich. Es gelang – auch dies typischerweise – zu keinem Zeitpunkt eine wirkliche Erschließung des besetzten Gebietes.[56] Ein einheitliches politisches Konzept verband sich damit ebenfalls nicht, obwohl von deutscher Seite aus bereits einige Wochen nach Kriegsbeginn mit den polnischen Unabhängigkeitswünschen spekuliert worden war und entsprechende polnischsprachige Flugblätter in den ersten Kriegswochen behauptet hatten, mit den deutschen und österreichischen Streitkräften komme Polens „Freiheit und Unabhängigkeit".[57] Man forderte die polnische Bevölkerung geradezu zum Aufstand gegen Rußland auf, mit Worten in Richtung Osten, die später noch oft gebraucht werden sollten:

„Wir bringen Euch Freiheit und Unabhängigkeit, für die Eure Väter so viel gelitten haben. Erhebt Euch (Powstańcie), eingedenk Eurer so großen und ruhmreichen Vergangenheit! Vereinigt Euch mit den verbündeten Heeren, mit vereinten Kräften werden wir die asiatischen Horden aus den Grenzen Polens treiben."[58]

Dies waren starke, aber auch deutungsfähige Worte. Sie versuchten nicht nur, einseitig die Loyalität der Bevölkerung zur russischen Teilungsmacht zu untergraben, sondern griffen zugleich das so heikle Wort von den „polnischen Grenzen" auf. Wahrscheinlich hatten die Verantwortlichen im Deutschen Oberkommando keine ganz zutreffende Vorstellung darüber, an welche Grenzen hier in Polen gedacht werden würde. Da auch aus Österreich und aus Rußland in der frühen Kriegsphase propolnische Proklamationen übermittelt

55 Zit. n. Hutten-Czapski, Politik, II, S. 145.

56 Dazu war bereits der Personalbestand von zuletzt etwa dreizehntausend Personen, inklusive aller technischen und der Bürohilfskräfte zu gering. Vgl. Roth, Kongreßpolen, S. 22 f.

57 Vgl. Roth, Kongreßpolen, S. 18.

58 Zit. n. Perdelwitz, Politik, S. 30, dortige Rückübersetzung aus dem Polnischen.

wurden, die russischen mit einem ausgesprochen deutschfeindlichen Inhalt, blieb die polnische Bevölkerung zum überwiegenden Teil neutral.

Jedenfalls geriet der Komplex „Kongreßpolen" bald zu einem Problem, in dem sich neben polnischen, auch ukrainische, weißrussische, litauische, jüdische und die Interessen eingesessener deutscher Bevölkerungsteile kreuzten. Daß innerhalb der ethnischen Grenzen der Bevölkerung auch politische Differenzen existierten, vergrößerte die Schwierigkeiten, zu denen man außerdem noch das stets angespannte deutsch-österreichische Verhältnis zählen muß. Dessen aktueller Stand mußte in Polen sozusagen täglich neu verhandelt werden. Denn die Besetzung Kongreßpolens fand in zwei getrennten Gebieten statt, dem deutschen Generalgouvernement Warschau und seinem österreichischen Pendant in Lublin. Unter diesen Bedingungen irgendeine sinnvolle Art von Herrschaft zu etablieren, war kaum möglich.

Es blieb zudem schwer herauszufinden, wer auf polnischer Seite der gegebene Ansprechpartner sein würde. Gleich am 6. August 1914 hatte Josef Pilsudski den später berühmten Schritt getan und einen ersten Trupp seiner polnischen Legionen über die bisherige Grenze ins russische Polen geführt. Da er dies nicht offiziell auf eigene Initiative tun wollte, aber auch keine Organisation existierte, auf die er sich stützen konnte, überbrückte er die Zeit mit der freien Erfindung einer angeblich in Warschau neu proklamierten, nationalen Geheimregierung. Er selbst schrieb später dazu:

> *„Ich grübelte mehrere Tage darüber nach, unter welcher politischen Färbung ich vorgehen sollte. Schließlich faßte ich den einzig möglichen Plan, nämlich zu versuchen, wenn auch nur für einige Zeit, mich als abhängig von einer überhaupt nicht bestehenden geheimen nationalen Regierung hinzustellen. Als ich aber die Liste derjenigen Personen durchging, die ich vielleicht für diesen Zweck benutzen könnte, ließ ich den Gedanken, eine solche Regierung zu bilden, wieder fallen, weil ich immer mit Leuten zu tun gehabt hatte, die ewig zögerten und bei jeder Gelegenheit den Kopf verlieren würden, so daß ich schließlich doch alles für sie hätte tun müssen und sie wahrscheinlich auch bei den geringsten Kleinigkeiten hätte leiten sollen. Deshalb wollte ich lieber eine kleine, weit von Krakau entfernte Regierung erfinden, als irgend etwas anderes tun. Aus jener Zeit stammt meine langjährige Vereinsamung, die sich in meinem Leben so sehr bemerkbar gemacht hat."*[59]

[59] Vgl. Pilsudski, Poprawki, S. 46, hier n. Perdelwitz, Politik S. 40.

In der Tat präsentierte sich Pilsudski seinen Mitstreitern am 3. August 1914 als Oberbefehlshaber über die Streitkräfte, ernannt von einer Regierung, über deren Zusammensetzung er sich weigerte, nähere Auskunft zu geben. Ob die Mehrheit der Anwesenden diesem Manöver nun tatsächlich aufsaß oder nicht – es scheint in den Erinnerungen bestritten zu werden –, Pilsudski erreichte mit diesem Manöver sein Ziel, sich als Oberbefehlshaber durchzusetzen. Lange dauerte die Regierungsfiktion nicht. Am 16. August konstituierte sich bereits ein Oberstes Nationalkomitee (Naczelny Komitet Narodowy), das nach Verhandlungen bekannter polnischer Politiker mit österreichischen Behörden geschaffen worden war. Pilsudski war gezwungen, sich ihm formal zu unterstellen und behielt zwar keine unabhängige, aber eine herausgehobene Stellung, die er in der Folgezeit noch ausbauen konnte. Der Grenzübertritt der Legion vom 6. August wurde schließlich legendär, und der begleitend frivole Akt von Pilsudskis Regierungserfindung konnte bereits einen Eindruck vermitteln, zu welchen Methoden er auch in Zukunft greifen würde, falls erforderlich.

Es ist hier nicht der Ort, die zahlreichen politisch-gesellschaftlichen Parteien aufzulisten, denen sich die Behörden der Mittelmächte während des Krieges in Polen gegenübersahen. Die Beziehungen zu ihnen waren jederzeit kompliziert. Immerhin wurde von den Besatzern eine breite Palette von Maßnahmen in Gang gesetzt, die auf eine kulturelle und politische Neuentstehung Polens hinarbeiteten. Man gab Pässe mit der Bezeichnung „polnischer Staatsangehöriger" aus, eröffnete polnische Universitäten, benannte russifizierte Orte wieder polnisch um und ordnete freie Wahlen für die Stadträte im Okkupationsgebiet an. Der Warschauer Stadtrat, kaum zusammengetreten, ließ aber keinen Zweifel daran, daß dies alles schön und gut, jedoch zu wenig sei:

> *„Ein unabhängiger polnischer Staat, ausgestattet mit Organen und Mitteln, die seine Unabhängigkeit ausdrücken und sichern – das ist das höchste Ziel der früheren und jetzigen Bemühungen der polnischen Nation. Das ist auch unser heiliges Ziel, nach dem wir streben."*[60]

Zu den Mitteln, die diese Unabhängigkeit sichern sollten, gehörte in jedem Fall eine ansehnliche Streitmacht. In den Folgemonaten nach dieser Erklärung wurde die Forderung nach Aufstellung der polnischen Armee mehrfach an die Mittelmächte gerichtet. Proklamation

[60] Erklärung der Warschauer Stadtrats bei seiner ersten Sitzung am 24. Juli 1916, hier zit. n. Roth, Kongreßpolen, S. 37.

eines polnischen Staates und Schaffung einer polnischen Armee seien ein Schritt, der zugleich zu tun sei.[61] Ebenso mußte sie den Übergang der Verwaltung in polnische Hände mit sich bringen, auch dies war eine von fast allen polnischen Parteien erhobene Forderung.

Die Besatzungsmächte förderten das Streben nach Unabhängigkeit teilweise auf schwer nachvollziehbare Art. So konnte der vom deutschen Sozialdemokraten Matthias Erzberger geförderte Władysław Studnicki[62] die Idee durchsetzen, am 3. Mai 1916 landesweit die 125jährige Wiederkehr des Jahrestags der polnischen Verfassung zu feiern. Dies fand in großem Rahmen statt und befriedigte vordergründig ein bisher ungestilltes Bedürfnis des polnischen Volkes, denn ähnliche Feiern waren zur Zeit der russischen Herrschaft verboten gewesen. Auf der anderen Seite blieb unklar, welches Signal damit gesetzt werden sollte. Nicht nur in Rußland, auch in Deutschland waren polnische Feierlichkeiten am 3. Mai bisher verboten gewesen.[63] Gefeiert wurde hier jetzt trotzdem die Ausrufung einer Adelsrepublik – unter Aufsicht der Beamten zweier König-, bzw. Kaiserreiche, die sich an der dauerhaften Zerschlagung genau dieser Republik beteiligt hatten und noch in diesem Mai 1916 über weite Teile von deren früherem Staatsgebiet herrschten. Das konnte als Signal von Schwäche, Reue und Rückgabebereitschaft gedeutet werden und das wurde es wohl auch, wenn auch nicht gleich laut. „Der 3. Mai bedeutete eine Umwälzung im politischen Leben des Königreichs Polen," stellte Augenzeuge Graf Hutten-Czapski zutreffend fest. Die „Volksmassen" seien jetzt für die Idee der Unabhängigkeit empfänglich. Allerdings verstand man in Polen unter „Unabhängigkeit" auch eine Unabhängigkeit von Deutschland-Österreich, wie sich bald darauf zeigen sollte. Das entsprach

[61] Schließlich erging der Aufruf zur freiwilligen Meldung für polnische Einheiten wenige Tage nach der Proklamation vom 5. November 1916 und wurde kaum befolgt. Es scheiterten auch alle Versuche, die wenigen aufgestellten polnischen Einheiten zu einem Eid zu verpflichten, der eine Zusage zur „Waffenbrüderschaft" mit den Mittelmächten „in diesem Krieg" enthalten sollte. Der Eid wurde flächendeckend verweigert, auch von Josef Pilsudski. Vgl. Hutten-Czapski, Politik, II, S. 311 ff.

[62] Władysław Studnicki (1867–1953) polnischer Politiker, seit 1910 starker Befürworter einer politischen Orientierung Richtung Österreich-Ungarn, später Befürworter eines polnisch-deutschen Bündnisses.

[63] Vgl. Perdelwitz, Politik, S. 77. Im weiteren Verlauf sollte es bald die deutsch-polnischen Beziehungen belasten, daß auch andere antipolnische Maßnahmen während des Krieges unverändert weitergeführt wurden. In den Etatverhandlungen im Januar 1917 bemängelte der polnische Abgeordnete im Reichstag Korfanty, es seien für das neue Jahr in der Höhe unveränderte Mittel zu diesem Zweck vorgesehen, auch bestehe das Enteignungsgesetz ebenso weiter wie das Verbot der polnischen Sprache im amtlichen Verkehr. Ebd. Perdelwitz, S. 174 f.

nun wieder nicht den Interessen der deutschen Stellen, die diese Feier zugelassen hatten, allerdings auch nicht der Absicht des polnischen Ideengebers Studnicki, der von einer notwendigen Deutschlandorientierung Polens ehrlich überzeugt war.

Es folgten Monate des Sommers 1916, in denen von polnischer Seite weitere Taten erwartet wurden, etwa die Ausgliederung der polnischen Streitkräfte aus der Befehlshierarchie der Mittelmächte. Pilsudski begann nach Ausbleiben dieses Schritts erneut eigenmächtig zu handeln, so daß er am 27. September 1916 schließlich seine Entlassung erhielt. Zu dem entscheidenden Schritt einer wirklichen polnischen Unabhängigkeit konnten sich Österreich-Ungarn und Deutschland nicht durchringen. Man plante eine gemeinsame Erklärung, um die polnische Frage zu lösen, und kam auf den Gedanken, es solle eine polnische Delegation zusammengestellt werden, die um eine solche Aktion bitten und die Erklärung entgegennehmen sollte.

Entsprechende Verhandlungen gestalteten sich naturgemäß schwierig, da der Kriegsausgang noch völlig offen war und sich kaum eine polnische Gruppierung durch enge Zusammenarbeit mit der falschen Seite kompromittieren wollte. Erst in der zweiten Hälfte des Oktobers 1916 reiste schließlich eine Gruppe unter Leitung des Warschauer Universitätsrektors Józef Brudziński nach Berlin und Wien. Auch sie legte ausdrücklich Wert auf ihre fehlende Legitimation zu großen Schritten, glaubte aber in aller Zurückhaltung folgende Mindesterwartungen des polnischen Volks an einen neuen polnischen Staat ausdrücken zu dürfen. Seine Grundlagen seien zu legen:

> *„1. durch Ernennung eines Regenten mit allen souveränen Rechten, 2. durch Aufhebung der Grenze zwischen beiden Okkupationsgebieten, 3. durch Bildung eines provisorischen Staatsrats, 4. durch Schaffung einer besonderen Militärabteilung innerhalb des Staatsrats zur Aufstellung der zukünftigen polnischen Armee, deren Kader die vorhandenen polnischen Legionen bilden müßten, 5. durch die Proklamierung eines polnischen Königs und durch die, unabhängig von einem späteren Friedensschluß erfolgende, Festsetzung der Grenzen.“*[64]

Mochte dies aus polnischer Sicht die Mindestforderung sein, für Berlin und Wien war es deutlich zu viel. Am Ende riefen die Mittelmächte nur wenige Tage später, am 5. November 1916, ein Königreich Polen ohne Staatsoberhaupt, ohne feste Grenzen, ohne unabhängige Armee und ohne eigene Verwaltung aus, das „im Anschluß“ an

[64] Vgl. Filasiewicz, Question, S. 53, hier n. Perdelwitz, Politik, S. 89.

Deutschland und Österreich „seine freien Kräfte entfalten“ sollte.[65] Als „geistigen Vater“ dieser Polenproklamation auf polnischer Seite nannte der spätere deutsche Finanzminister Matthias Erzberger erneut den polnischen Publizisten und Politiker Władysław Studnicki.[66] Studnicki gehörte wie gesagt in der Tat zu den wenigen Vordenkern der polnischen Politik, die konsequent in einer Westorientierung in Form einer Anlehnung an Deutschland den wünschenswerten Kurs für Polens Zukunft sahen. Er vertrat diese Ansicht auch später in den 1930er Jahren noch. Die Proklamation von 1916 hob jedenfalls die polnische Frage auf die internationale Tagesordnung und stellte damit einen weiteren großen Fortschritt für die polnische Nationalbewegung dar. Die polnischen Reaktionen auf diesen später sehr kritisierten Akt waren innerhalb des Besatzungsgebiets zumindest offiziell durchaus positiv. Die Vertreter verschiedener Parteien betrachteten ihn als Grundlage für die weitere Entwicklung, wobei das Fehlen jeder Grenzbestimmung in der Proklamation ja auch Gelegenheit zu offensiven Hoffnungen geben konnte. Die polnischen Abgeordneten im russischen Parlament gaben aus diesem Anlaß zu erkennen, was sie wirklich wollten, wie der Nationaldemokrat Mieczysław Harusewicz:

> *„Wir protestieren entschieden gegen diesen deutschen Akt, der die Teilung Polens bestätigt und die historische Notwendigkeit einer polnischen Einigung zu verhindern sucht. Eine solche Einigung ist unmöglich ohne Krakau, Posen, Schlesien und das polnische Meer.“*[67]

Dies lief zusammen auf die Forderung nach der Oder-Neiße-Linie hinaus und war die Folge einer jahrzehntelangen Agitation, die längst ein Stadium erreicht hatte, in dem politische Zugeständnisse das Gegenteil erreichten. Das oben zitierte Dilemma bestand insofern tatsächlich, als diese Forderungen von keiner denkbaren deutschen Regierung je angenommen werden konnten, man sich gleichzeitig aber auch nicht entschließen konnte, die Dinge zu lassen, wie sie waren. Wie später auch, schwankte die deutsche Politik zwischen der Hoffnung auf einen neuen freundlichen Nachbarn und Verbündeten und dem Wunsch nach völligem Verschwinden des polnischen Staates hin und her. Forderungen wie diese polnische bildeten auch den Hintergrund dafür, daß Personen wie der Reichswehrchef Hans von Seeckt später die Existenz eines polnischen Staates für „den Kern des Ostproblems“ und überhaupt mit den deutschen Interessen für unver-

[65] Vgl. die Schilderung von Hutten-Czapski in: Hutten-Czapski, Politik, II, S. 303 f.

[66] Vgl. Schweiger, Ostkonzepte, S. 84.

[67] Zit. n. Roth, Kongreßpolen, S. 44.

einbar hielt.[68] Polen würde solche Forderungen unvermeidlich stellen, so kommentierte Seeckt schon die Proklamation des polnischen Königreichs:

> *„Polenmanifest? Alle Schwierigkeiten sind umgangen und äußerlich unentschieden gelassen. Wann kommt nun wohl der erste Ruf nach dem Anschluß des preußischen Posen? Daß er kommt und bald so stark wird, daß sehr ernste Folgen entstehen, ist unausbleiblich."*[69]

Eine letzte Klärung des Standpunkts fand nicht statt, wofür sich wenigstens ein guter Grund anführen ließ: Letzten Endes war die aktuelle deutsche Politik gegenüber Polen eben nur unter dem Gesichtspunkt wichtig, was sie zu einem Sieg im Weltkrieg beitragen konnte. Da dies unter allen Umständen recht wenig war, erhielt sie entsprechend wenig Aufmerksamkeit. Die Dauer von allem, was zu dieser Zeit weltweit an Königreichen und Republiken verkündet und verteilt wurde, hing vom Kriegsausgang ab.

Die erste russische Revolution in Rußland im Februar 1917 und der immer weitere Vormarsch deutscher Truppen produzierten neue Problemfelder, auf denen sich polnische und deutsche Absichten ausschlossen. Man beabsichtigte in Berlin, die baltischen Länder und vor allem die Ukraine ebenfalls als unabhängige Länder zu etablieren, setzte dies gegenüber der UdSSR im Frühjahr 1918 formal auch durch und griff damit in weitere Gebiete ein, die der polnische Nationalismus eigentlich für sich beanspruchte. Dennoch kam es im April 1918 schließlich zu einer versöhnlichen Note, die hier nicht vergessen werden soll, um den Dingen nicht den Anschein einer zwingenden Notwendigkeit zu geben. Zweifellos auch unter dem Eindruck der deutschen Militärerfolge, die sich ihrem absoluten Höhepunkt näherten, erklärte die inzwischen tatsächlich gebildete polnische Regierung unter Ministerpräsident Jan Kanty Steczkowski sich zu einem Bündnis mit Deutschland unter Bedingungen bereit:

> *„Sie [die Regierung, d. Verf.] gestattet sich jedoch zu bemerken, daß sie nur eine solche Lösung als eine den beiderseitigen Interessen entsprechende betrachten könnte, welche dem polnischen Staate unter Voraus-*

[68] „Polens Existenz ist unerträglich, unvereinbar mit den Lebensbedingungen Deutschlands. Es muß verschwinden und wird verschwinden durch eigene, innere Schwäche und durch Rußland – mit unserer Hilfe. [...] Mit Polen fällt eine der stärksten Säulen des Versailler Friedens, die Vormachtstellung Frankreichs. Dieses Ziel zu erreichen, muß einer der festesten Richtungspunkte der deutschen Politik sein, weil es ein erreichbares ist." Seeckt in einer Aufzeichnung für Walther Rathenau am 11. September 1922, hier zit. n. Meier-Welcker, Seeckt, S. 343.

[69] Brief Seeckts an seine Frau vom 5. November 1916, BA NS. R. 8/59, hier zit. n. Guske, Seeckt, S. 45.

setzung eines Bündnisses mit den Zentralmächten und einer Militärkonvention Unabhängigkeit, Integrität des bisherigen Territoriums Kongreßpolens, eine den strategischen Notwendigkeiten entsprechende Grenzregulierung gegenüber der Ukraine, territoriale Kompensationen in den ethnographisch-polnischen Gebieten, Möglichkeit der Narew-Bober-Njemenlinie für den Verlust der vier nördlichen Kreise des Gouvernements Suwalki, schließlich die Möglichkeit der wirtschaftlichen Entwicklung durch Abschluß eines auch den Zugang zum Meer (freie Schiffahrt auf der Weichsel) gewährleistenden Handelsabkommens sichern würde.“[70]

Auch hier mochte man sich fragen, was im einzelnen mit Kompensationen in den „ethnographisch-polnischen Gebieten“ gemeint war, oder was überhaupt „kompensiert“ werden sollte, wenn die territoriale Integrität Kongreßpolens bereits garantiert worden sei. Aber die Note schlug insgesamt einen ungewöhnlich passiven Tonfall an. Die Westmächte reagierten prompt auf die drohende Möglichkeit einer deutsch-polnischen Aussöhnung und erklärten am 3. Juni 1918 „die Schaffung eines vereinigten und unabhängigen polnischen Staates mit freiem Zugang zum Meer“ zu einer ihrer Bedingungen für Frieden und Recht.[71] Die nationaldemokratische Agitation im Westen hatte insofern zu einem Ergebnis geführt. Aber zunächst einmal galt es, aus diesen pauschalen Zusagen heraus so viel wie möglich in die politische Realität treten zu lassen. Dafür boten die Vorbereitungen der Friedenskonferenz von Versailles und die Verhandlungen dort reichlich Gelegenheit.

70 Note der polnischen Regierung vom 29. April 1918, hier zit. n. Rothe, Kongreßpolen, S. 104.

71 Vgl. Roth, Kongreßpolen S. 106.

Versailles – die Geburt des Zwischenkrieges

„Ein Engländer, ein Deutscher und ein Pole konzipieren jeder eine eigene Abhandlung zum Thema ‚Elefant'. Der Engländer beginnt mit der Beschreibung, wie man einen Elefanten jagt. Der Deutsche beginnt mit der Beschreibung, wie ein Elefant aussieht. Der Pole beginnt mit dem Satz: ‚L'eléphant, c'est une question polonaise'."

Beliebtes Bonmot auf der Konferenz von Versailles[72]

„Was Ihr nehmen werdet, wird Euer sein." *Ignaz Paderewski*[73]

In der Behandlung der Frage, wie weit sich das neue Polen nun tatsächlich ausdehnen sollte und wer soziologisch gesehen die Träger seines politischen Willens waren, schloß sich die polnische Geschichte einem vielerorts zu beobachtenden Phänomen an. Die Erforschung der Kolonialgeschichte hat in vielen Ländern ergeben, daß sich die Geschichte der kolonisierten, also einer Fremdherrschaft unterworfenen Länder in der Regel in verschiedene, voneinander relativ klar unterscheidbare Phasen politischer Willensbildung einteilen lassen. Dies betrifft sowohl die führenden Personen als auch die ideologischen Inhalte. Zu Beginn der Kolonisation sind es offenbar notwendigerweise die hergebrachten führenden Schichten, also etwa die alteingesessenen Monarchen, der Adel und manchmal auch die religiöse Führung, die von außen her entmachtet werden, bis sie und das bisher von ihnen regierte Land ihre Souveränität verlieren. Hat sich dann die Kolonialherrschaft etabliert, werden Aufstände und Widerstände gegen sie über eine lange Phase immer noch im Kern von den alten Eliten getragen. Erst der andauernde Mißerfolg, der Gang der Zeit und die Änderung der sozialen Verhältnisse führen dann zur Bildung von neuen politischen Schichten, die auch unter ganz anderen politisch-ideologischen Vorzeichen gegen die Fremdherrschaft kämpfen.

---

[72] Vgl. Watt, Glory, S. 64.

[73] Antwort Paderewskis auf die im Dezember 1918 in Posen an ihn gerichtete Frage, ob die Westalliierten die Ergebnisse eines polnischen Aufstands in den preußischen Gebieten anerkennen würden. Vgl. Perdelwitz, Politik, S. 248.

Im Fall Polens, das seit den drei polnischen Teilungen zwischen 1772 und 1795 kein Staat mehr war, sondern ein von den Teilungsmächten als Kolonialgebiet betrachteter Bereich, endet die zweite Phase der hier beschriebenen Entwicklung im Januar 1863. Damals mißglückte der bereits dritte bewaffnete Aufstand gegen die russische Herrschaft. Zugleich begann sich zunächst im vorpolitischen Raum, an den Universitäten und in der Literatur ein neuer polnischer Nationalismus durchzusetzen, der dazu neigte, die eigene Vorstellung von polnischer Größe und Vergangenheit neu zu hinterfragen und vor allem dringend die Frage nach den Ursachen des staatlichen Untergangs zu stellen. Im Ergebnis bildeten sich zunächst zwei Denkschulen heraus, eine, die sich vorwiegend an der alten Reichweite polnischer Ambitionen in Richtung Osten orientierte und eine andere, die stärker auf den neu entwickelten Nationalismus zurückgriff und dabei nach Westen gerichtet war. Die erste ist meistens mit dem Namen Josef Pilsudski verbunden worden, die zweite mit Roman Dmowski, dem jahrzehntelang führenden nationaldemokratischen Politiker. Leider wurde dabei häufig übersehen, daß es zwischen beiden Denkrichtungen auch viele Gemeinsamkeiten gab, die sich aus taktischen, im wesentlichen außenpolitischen Gründen nicht sofort entwickeln konnten. Später taten sie das, besonders seit 1935.

Blicken wir auf ein Gebiet der Begriffsgeschichte, auf dem diese Entdeckung und Proklamierung von Gemeinsamkeiten sich vollzogen hat. Im Zusammenhang mit der Formulierung des oben erwähnten neuen, nationalen Kurses erhielt zum Beispiel der Begriff der „Kresy" für die innerpolnische Debatte eine geographisch erweiterte Bedeutung. Inhaltlich entsprach er etwa dem deutschen Begriff der „Mark" als einem nicht eindeutig durchdrungenen Grenzland, während für eine klare Zuordnung das Wort „Grenze" verwendet wurde, das von Polen aus in den deutschen Sprachgebrauch eingegangen war. Unter „Kresy" wurden in Polen ursprünglich die „geraubten Gebiete" im Osten verstanden, die seit 1815 endgültig nicht mehr zum russisch regierten „Königreich Polen" gehörten, sondern auch staatsrechtlich gleich vollständig russisch geworden waren. Etwa um 1900 bildete sich jedoch der Sprachgebrauch heraus, auch im Westen von „Kresy" zu sprechen. Nach Definition des Vordenkers Jan Ludwik Popławski gehörte dazu folgendes:

> *„Als Grenzmarken [d.h. Kresy, d. Verf.] bezeichnen wir diejenigen Provinzen, in denen sich das polnische Element, ob autochthon oder gewöhnlich zugewandert, in einer bedeutenden Minderheit befindet, aber auch jene ethnographisch polnischen Gebiete, wo die Bevölkerung*

nicht im politischen Sinne national bewußt ist. Es sind dies jene Provinzen, die entweder nie zum polnischen Staat gehörten [sic], oder sich schon vor langer Zeit von ihm abspalteten, oder aber in denen die politische und kulturelle Herrschaft des polnischen Elements ernsthaft erschüttert und geschwächt wurde.“[74]

Diese Definition schloß alle Gebiete mit ein, die in ur- und frühgeschichtlicher Zeit in irgendeiner Form als slawisch – und damit „ethnographisch polnisch“ – dargestellt werden konnten. Gemeint waren unter anderem Ostpreußen – dem man vielfach fälschlicherweise eine slawische Vergangenheit unterstellte – und Schlesien. Aber auch Pommern, Mecklenburg, Brandenburg und weite Teile Sachsens oder der preußischen Provinz Sachsen wurden schließlich auf diese Weise reklamiert. Dabei kam es auf historische oder aktuelle Tatsachen über den wirklichen Grad slawisch-polnischer Bevölkerung oder die tatsächliche staatsrechtliche Vergangenheit kaum an.

Wo man Deutsche antreffen könne, müßte es sich prinzipiell um „Zaborczość“, also um die Folge von Gier nach fremdem, slawischen Besitz handeln. Dieser Begriff wurde ebenfalls seit etwa 1900 populär und stellte gewissermaßen das Gegenbild zur deutschen Vorstellung dar, im Osten als „Kulturbringer“ aufgetreten zu sein.[75] Polnische „Westforschung“, die schon vor 1914 vor allem an österreichischen Universitäten einen Standort hatte, wurde nach 1918 staatlich institutionalisiert und gefördert. Sie hatte nun in Posen ihren Hauptsitz und lieferte pseudowissenschaftliche Argumente auf jeder Ebene. Aktuelle politische Willenserklärungen der ortsansässigen Bevölkerung in den beanspruchten Gebieten spielten dabei in der innerpolnischen Diskussion kaum eine Rolle. Selbst als die von den alliierten Siegermächten international überwachte Volksstimmung im südlichen Ostpreußen im Jahr 1920 eine Mehrheit von nicht weniger als 97,9 Prozent[76] für Deutschland er-

[74] Zit. n. Popławski, Grenzmarken, S. 672. Zur Begriffsbildung „Kresy“ vgl. Gehrke, Westgedanke, S. 19 f.

[75] Vgl. etwa die Ausführungen von Leon Wasilewski (1870–1936), einem langjährigen Vertrauten Pilsudskis: „Polen unterwarf sie [d.h. die polnischen Ostgebiete, d. Verf.] mit seiner zivilisatorischen Überlegenheit, die sich einerseits in der höheren Entwicklung seiner Kultur, andererseits in der größeren Fortschrittlichkeit seiner gesellschaftlich-rechtlichen Organisationen äußerte. Indem Polen die mit ihm verbundenen, nicht-polnischen Territorien gegen äußere Feinde verteidigte, beschenkte es sie zugleich mit seinen zivilisatorischen Errungenschaften, deren Träger die Polen, die massenhaft nach Osten zogen, und sich polonisierenden Vertreter der örtlichen Gesellschaften wurden.“ Vgl. Wasilewski, Leon: Die nationalen und kulturellen Verhältnisse im sogenannten Westrußland, Wien 1915, S. VI, hier n. Schweiger, Ostkonzepte, S. 38.

[76] Andreas Kossert. Ostpreußen: Geschichte und Mythos. Berlin 2005, S. 222.

gab (was vermutlich den Weltrekord in einer freien Abstimmung darstellte), legte die polnische Regierung gegen das Ergebnis förmlich Protest ein. Man schob die Schuld am Ergebnis offiziell den angeblich ungenau beschrifteten Wahlzetteln[77] zu. Es folgte eine jahrelange umfangreiche publizistische Agitation, warum der Süden Ostpreußens dennoch polnisch sei.

Auch der polnische Aufstand des Jahres 1918 geriet unter diesen Umständen zu einer sofortigen und gründlichen Attacke auf deutsches Leben in den von Polen beanspruchten Gebieten. In Stadt und Provinz Posen wurden von polnischer Seite nicht nur Waffen beschlagnahmt und die Verwaltung übernommen, sondern sofort auch mit dem Abbau deutscher Symbole und Monumente begonnen. Wo es militärischen deutschen Widerstand gab, folgte diesen Maßnahmen dann augenblicklich die Vertreibung der deutschen Bevölkerung.[78] Gerade die Deutschen im Westen der neu entstehenden polnischen Republik galten nicht nur als unverbesserliche Gefahr für deren territorialen Bestand. Sie würden vermutlich immer die Rückkehr der deutschen Herrschaft wünschen, das vermutete man polnischerseits wohl zu Recht.

Aber darüber hinaus bestritt das Programm des permanenten Aufstands gegen die politischen, gesellschaftlichen und wirtschaftlichen Entwicklungen der letzten Jahrhunderte, wie es die polnischen Nationalisten formulierten, den Deutschen überhaupt das Existenzrecht in der Republik. Sie mußten das Land verlassen. Für Stanisław Grabski, den nationaldemokratischen Vorsitzenden des Auswärtigen Ausschusses im Sejm, stellte die „Provinz Posen ein Beispiel dafür dar, wie der Prozentsatz an Fremden im Land von vierzehn oder sogar zwanzig Prozent auf eineinhalb Prozent gedrückt werden kann. […] Polnisches Land den Polen!“[79] Diese „Fremden“ waren hier die Deutschen gewesen. Später legte Grabski nach, sprach und schrieb vom polnischen Charakter Ostpreußens und vom unvermeidlichen weiteren Kampf mit Deutschland, in dem erst noch gesiegt werden müßte, worauf die weitere Expansion an die Ostseeküste zu folgen habe. Solche Stellungnahmen waren kein Einzelfall und wurden auch auf Regierungsebene ausgesprochen.

---

[77] Ebd.

[78] Vgl. Blanke, Orphans, S. 15 f.

[79] So Stanisław Grabski in seinem im Oktober 1919 formulierten politischen Programm, hier zit. n. Blanke, Orphans, S. 63. Stanisław Grabski (1871–1949), Bruder des zeitweiligen Ministerpräsidenten Władysław Grabski, blieb seinen Zielen treu und arbeitete nach 1945 an der „ethnischen Säuberung“ Nachkriegspolens mit.

Premier Władysław Sikorski forderte 1923 in einer vielbeachteten Äußerung ausdrücklich, die Beschleunigung des Entgermanisierungsprozesses mit allen Mitteln voranzutreiben. Ein probates Mittel schien hier die Enteignung deutschen Besitzes und die Entlassung deutscher Arbeiter und Angestellter zu sein, die den Deutschen ihre wirtschaftlichen Existenzmöglichkeiten nehmen würde. Zusammen mit der Schließung der deutschen Schulen und dem allgemeinen Kulturkampf sollte dies zum gewünschten Ergebnis führen. Zum polnischen Nationalbewußtsein der Zwischenkriegszeit gehörte schließlich das Lebensgefühl, die Geschichte der letzten Jahrhunderte müsse umfassend revidiert werden. Die politischen, wirtschaftlichen und ethnischen Verhältnisse in und außerhalb Polens hätten daher kein Existenzrecht. Polen müßte wieder völlig neu geschaffen werden, schon aus dem ersten Grund, den die polnische Delegation bei Friedensverhandlungen in Versailles formulierte. Es sei ein:

> *„Akt der Gerechtigkeit und der Wiedergutmachung der Teilungsverbrechen."*[80]

Wir haben gesehen, daß Josef Pilsudski den Sprachregelungen der Zeit in Sachen Demokratie oder „Föderalismus" mit großem inneren Abstand gegenüberstand. Das führte zu einem Verhältnis zu den offen vorgetragenen Maßstäben der Zeit, welches man wohl als zynisch bezeichnen kann. Es wäre jedoch verfehlt, diesen Zynismus als etwas spezifisch Polnisches oder aus der Zeit Gefallenes anzusehen – oder als anlaßlos. In den Auseinandersetzungen um die Nachkriegsordnung nach dem Ersten Weltkrieg fiel bekanntlich die begriffliche Wahrheit nicht weniger unter den Tisch als zuvor während des Krieges selbst. Zur Legitimation ihres Krieges und zur Stützung der eigenen Innenpolitik hatten sich die Mächte des bürgerlich-imperialistischen Westens frühzeitig entschlossen, die Kriegsverantwortung ausschließlich dem Gegner anlasten zu wollen. Das führte schließlich zu den entsprechenden Vertragsklauseln in den späteren Friedensverträgen und damit dazu, daß die gesamte internationale Politik nach 1919, inklusive des ebenfalls mit diesen Verträgen begründeten Völkerbunds, auf einer fundamentalen Unwahrheit beruhte, man könnte auch sagen, auf einer Lebenslüge. Diese Phantasiedarstellung konnte zwar mit einigem Erfolg vor der Weltöffentlichkeit präsentiert werden, jedoch den schon vor 1914 aktiven Revolutionären und jetzt in Machtstellungen amtierenden Personen wie Lenin oder eben Pilsudski ganz sicher nicht.

---

[80] Bobrzynski, Dzieje Polski, Bd. III, S. 387.

Die Sowjets hatten aus den Akten des vorrevolutionären, zaristischen Rußland umfangreiches Material veröffentlicht, aus dem die Hauptkriegsverantwortung Rußlands und Frankreichs ebenso zweifelsfrei hervorging, wie die imperial gedachten, an aller „Selbstbestimmung der Völker" vorbei geplanten Landverschiebungen während des Krieges. In dieser Situation mußten Pilsudski – insofern er Polen repräsentierte – und auch der neue Staat sich an die Staaten halten, die zynisch handelten, gleichzeitig von demokratischen Grundsätzen sprachen und vorgaben, völlig andere Maßstäbe in die internationale Politik einführen zu wollten. Für Pilsudski blieb dabei auf Dauer ein ganz grundsätzliches Mißtrauen gegenüber dem Völkerbund und seinen Betreibern bestehen. Zunächst aber sah er sich in der Situation, in Polen vor Ort auf militärischem Weg Entscheidungen vorantreiben zu können, während die polnische Delegation bei den Pariser Friedensverhandlungen lebhaft daran arbeitete, dort an die wiedergutzumachende Vergangenheit zu erinnern.

Die polnischen Teilungen waren bereits im achtzehnten Jahrhundert ein internationaler Skandal gewesen. Die Gründe dafür sind vielschichtig, denn radikale Grenzverschiebungen und auch der Besitzwechsel von Staaten waren unter christlichen Völkern nicht unüblich. In außereuropäischen und heidnischen Gebieten gehörten sie zu dieser Zeit zum allgemein üblichen Standard. Im Fall Polens dürfte die große Aufmerksamkeit eine Rolle gespielt haben, die dem Schicksal des zuletzt als „Republik" verfaßten polnischen Staats im revolutionären Frankreich und allgemein in der europäischen Demokratiebewegung zuteil wurde. Zwar führte das trotzdem nicht zu einem politisch wirksamen Solidarisierungseffekt anderer Länder, aber es zog eine bemerkenswerte Konsequenz nach sich: Die polnische nationale Identität und ihre Wahrnehmung von außen ging eine enge Verbindung mit erlittenem Unrecht ein. Polen wurde sozusagen das Land, dem Unrecht geschehen war. In einer Atmosphäre wie der von 1917–1919, in der spätestens seit dem Eintritt der Vereinigten Staaten in den Ersten Weltkrieg der Krieg als eine moralische Angelegenheit dargestellt wurde, mußte das bedeutende Auswirkungen haben.

Es war deshalb nicht zufällig Polen, dessen Wiedergründung vom amerikanischen Präsidenten in seinen „14 Punkten" ausdrücklich gefordert wurde, während von den übrigen Nationalitäten in dieser Region allenfalls pauschal die Rede war. Die baltischen Länder, Finnland, Weißrußland oder die Ukraine und die Kaukasusstaaten wurden von Woodrow Wilson im Januar 1918 mit keinem Wort erwähnt. Tschechen und Slowaken konnten sich mit „österreichischen Völkern" gemeint fühlen, denen „autonome Entwicklung" zugesagt wurde. Es hätte die ebenfalls betroffene deutsche Regierung stutzig machen können, daß auch Deutschland oder seine Rechte von Wilson ebenfalls mit keinem Wort erwähnt wurden, und es nur eine wohlwollende und – wie sich herausstellte – illusionäre Interpretation war, was man sich in Berlin als in den 14 Punkten angeblich für sich selbst enthaltene Garantien zurechtlegte.

Polen jedenfalls wurde prominent genannt, als Staat, der alle „unzweifelhaft" von Polen bewohnten Gebiete erhalten sollte, außerdem einen Zugang zur See (was als Formulierung bereits klarstellte, daß ein solcher Zugang sich nicht aus der Siedlungsstruktur als „unzweifelhaft polnisch" ohnehin ergab) und eine international garantierte „politische wie wirtschaftliche Unabhängigkeit". Dies war ein luxuriöses Gesamtpaket, mit dem im Gepäck die polnische Delegation sich später im Jahr gemeinsam mit Wilson in Richtung Europa aufmachte – auf die erste europäische Auslandsreise, die ein amerikanischer Präsident je unternommen hatte.

Deutlich bevor der US-Präsident Europa erreichte, hatte Pilsudski dort bereits Tatsachen geschaffen. Ein polnisches Staatsgebiet konnte in einem beachtlichen Umfang als militärisch gesichert gelten. Es folgte ethnisch gesehen in etwa den Wilsonschen Vorstellungen und hatte als Konsequenz daraus zunächst noch keinen Zugang zum Meer. Nun stellte dieses Staatsgebiet in den Augen sämtlicher relevanten politischen Strömungen in Polen nur einen Auftakt dar. Weitere Gebietserwerbungen sollten und mußten folgen, wozu die Versailler Konferenz den ersten guten Anlaß bot. Was dort erfolgreich verhandelt und mit der Macht der Alliierten durchgesetzt werden konnte, mußte die neue Republik ein gutes Stück voranbringen. Um den Auftritt der polnischen Delegation in Frankreich mit ihren spektakulären Forderungen angemessen zu würdigen, muß man dies berücksichtigen.

Zugleich bildete sich die geschilderte Differenz zwischen den „alten", nach Osten gerichteten Imperiumsambitionen und dem „neuen", gegen Deutschland gerichteten Nationalismus, auf bemerkenswerte Weise in der Führung der Delegation ab. Während Pilsudski in Polen selbst in Richtung Osten Tatsachen schaffen konnte, bemühte sich Dmowski in Paris um Verhandlungsergebnisse in Richtung Westen. In den Auseinandersetzungen darüber, welche Richtung den Alliierten denn nun als die gültige polnische präsentiert werden sollte, fand sich ein erster Kompromiß. Pilsudski akzeptierte nach Verhandlungen in Warschau den im Westen allseits bekannten Pianisten Ignacy Jan Paderewski als neuen Regierungschef. Er erkannte ihn und Dmowski formal als Verhandlungsführer in Versailles an. Er gab ihnen allerdings einen ganzen Stab seiner Mitarbeiter zur Kontrolle mit und erreichte seinerseits, daß die bisher im Westen als polnische Regierung verstandene Dmowski-Organisation diesen Rang formell an die Warschauer Behörden abtrat.

Auch wenn Versailles in der Konsequenz eine Konferenz darstellte, auf der Polen mit einiger Sicherheit auf der richtigen Seite stand und daher profitieren würde, symbolisierte die Veranstaltung immer noch eine unangenehme Situation. Es setzten sich dort fremde Mächte zusammen und zogen polnische Grenzen. Damit hatte man historisch gesehen die denkbar schlechtesten Erfahrungen gemacht. Wenn das schon sein mußte, dann sollte Versailles wenigstens die letzte Verhandlung dieser Art sein. So wurde der Pariser Vorort denn auch die Geburtsstätte des obersten Anspruchs polnischer Außenpolitik der nächsten zwanzig Jahre: „Nichts über uns ohne uns".

Vor diesem Hintergrund stellten die polnischen Forderungen, nicht nur den vielbeklagten wie vielbelächelten anachronistischen Machtanspruch dar. „Wenn es nach ihnen gegangen wäre, so wäre halb Europa ehemals polnisch gewesen und hätte wieder polnisch werden müssen", schrieb der damalige italienische Außenminister Graf Sforza in seinem Rückblick aus der Emigration, in die er durch Benito Mussolinis Regierungsantritt getrieben worden war.[81] Diese Ansprüche waren auch der Versuch, im Schutz der Debatte über die gigantischen Forderungen eine Auseinandersetzung über zahlreiche kleinere Zugeständnisse erst gar nicht zuzulassen, sondern sich dort still durchzusetzen. Den größten Erfolg in diesem Zusammenhang stellte wohl das Zugeständnis der Alliierten dar, das auch im Frühjahr 1919 während der Konferenz noch in deutscher Hand befindliche Westpreußen ohne jede Volksabstimmung der Republik Polen zuzuschlagen und damit den gewünschten Zugang zum Meer zu öffnen.

Man kann nicht sagen, daß Josef Pilsudski seine eigenen Pläne oder die möglichen weitreichenden Folgen einer Neugründung des polnischen Staates verschwiegen hatte. Noch in den vergleichsweise bescheidenen Anfängen der polnischen Legion während des Ersten Weltkriegs steckend, meldete er nicht nur den Anspruch auf völlige Unabhängigkeit Polens an, sondern auch Gebietsansprüche an Deutschland, vielleicht nicht gleich und für seine Generation, aber grundsätzlich schon. Harry Graf Kessler, damals Verbindungsoffizier

[81] Zit. n. Höltje, Ostlocarno, S. 167.

in den deutschen Streitkräften, berichtet von einer Begegnung mit Pilsudski Ende Oktober 1915. Auch für ihn gehörte Pilsudski in die Reihe jener Personen, von denen man schon gehört hat und die man nicht ohne den Versuch einer genaueren Beschreibung trifft:

> *„Wir fanden ihn inmitten seiner, sogar an der Front in Erdlöchern und im Walde, phantasievoll uniformierten Polen in Zivil; einen einfachen Mann mit einem wollenen, grauen, gestrickten Sweater, zurückhaltend, nüchtern bis auf einen mystischen Einschlag, wenn von Polen die Rede war. Er schien etwas müde, früh gealtert, unmilitärisch gebückt; hatte aber merkwürdig schöne, tiefe, energische, plötzlich wieder weiche und dann auch junge Augen. Das Gesicht, Schnitt und Ausdruck, erinnerte an Dostojewski, auch an Nietzsche. Er wirkte vergeistigt und fast proletarisch gegenüber dem feinen, strammen, weltmännischen Lasocki."*[82]

In dieser Lage, gestützt von nur wenigen polnischen Legionären und umgeben von deutsch-österreichischen Massenstreitkräften, meldete Pilsudski dennoch weitreichende Ansprüche an, zunächst einmal an das Habsburgische Österreich:

> *„Er bezeichnete die Vereinigung von Galizien und Kongreßpolen als unerläßlich, ja unaufhaltsam, bestritt dagegen jede Absicht auf Westpreußen oder größere Teile von Posen, wenigstens für sich und die ‚jetzige Generation'. Was spätere unternehmen würden, lasse sich nicht voraussagen, ebensowenig versprechen, was geschehen würde, wenn Deutschland unterliege und die Entente Polen Westpreußen etwa anbiete. Für ihn aber sei die Hauptsache, daß Deutsche und Polen ihre alte Feindschaft vergäßen; ja lernten, wie endlich zur Vernunft gekommene Nachbarn freundschaftlich zusammenzuarbeiten."*[83]

Harry Graf Kessler scheint im wesentlichen den letzten Satz registriert zu haben und gehörte in der Folge weiterhin zu denjenigen deutschen Intellektuellen, die sich an der Kunst des deutsch-polnischen Ausgleichs versuchten, unter anderem als der erste Botschafter eines fremden Staates, der später am 21. November 1918 im neugegründeten Polen akkreditiert wurde.[84] Das wurde dann eine der kürzesten Akkreditierungen der Diplomatiegeschichte. Am 15. De-

[82] Vgl. Kessler, Erinnerung, hier zit. n. Hausmann, Mission, S. 234. Graf Lasocki war als Kavalleriekommandeur der österreichischen Armee bei dem Treffen anwesend.

[83] Vgl. Kessler, Erinnerung, hier zit. n. Hausmann, Mission, S. 234.

[84] Die übrige Staatenwelt ließ sich mit diesem Schritt sehr lange Zeit, auch die Verbündeten Polens. So wurde die französische Vertretung in Warschau erst 1924 in den Rang einer Botschaft erhoben, die britische, amerikanische und italienische erst 1929. Vgl. Watt, Glory, S. 249. Ein deutscher Botschafter kehrte mit Ulrich Rauscher bereits nach vier Jahren Unterbrechung im Jahr 1922 nach Polen zurück.

zember 1918 reiste nicht nur Kessler, sondern auch das gesamte deutsche Botschaftspersonal bereits wieder aus Warschau ab. Die Gründe dafür hatten sich im Prinzip seit Jahren bereits abgezeichnet. Es war ein eigentümlicher Begriff von „Freundschaft", wenn Pilsudski schon 1915 angekündigt hatte, man sei von polnischer Seite aus bereit, bedeutende Teile des deutschen Staatsgebiets aus der Hand von Dritten als „Geschenk" (so der von Pilsudski dann 1918 mehrfach verwendete Begriff) anzunehmen. Ganz diesem originellen Freundschaftsbegriff verpflichtet und durchaus konsequent beeilte sich die polnische Politik dann Ende 1918, den deutschen Botschafter schnell wieder loszuwerden, sich von den Alliierten als kriegsführende Macht gegen Deutschland anerkennen zu lassen und somit in der Lage zu sein, das Geschenk nicht nur annehmen zu können, sondern an den Verhandlungen über seinen Umfang beteiligt zu sein.

Naturgemäß stellte dies zugleich einen gewissen Bluff dar, denn dieser Affront traf eine deutsche Delegation, hinter der zumindest theoretisch die immer noch bei weitem schlagkräftigste militärische Macht in Osteuropa stand. Das im Osten als Besatzungsmacht in der Fremde schon notgedrungen zusammenhaltende, immer noch intakte und mehrere hunderttausend Mann starke deutsche Heer stellte zur Jahreswende 1918/19 und noch lange danach einen Faktor dar, gegen den in Osteuropa niemand mit Erfolg hätte auftreten können, auch die zahlenmäßig nur einen Bruchteil umfassenden polnischen Streitkräfte nicht. Falls es aber Pilsudskis Absicht gewesen war, die deutschen Diplomaten durch demonstrativ starkes Auftreten von jedem Gedanken an diese Tatsache abzubringen, hatte er damit Erfolg.

Damit war dann der diplomatische Beginn der Abwicklung der Nachkriegssituation eingeleitet. Pilsudski hatte vor dem Krieg angekündigt, daß womöglich alle drei Teilungsmächte gleichzeitig besiegt werden würden und dann die große Gelegenheit für Polen kommen würde. Diese Umstände konnten am Verhandlungstisch allein nicht vollständig ausgenutzt werden, daher stellte die militärische Option für ihn eine ständige Möglichkeit dar. Auch dies hatte Pilsudski noch während des Krieges in der Haft in der Festung Magdeburg in einem Gespräch mit dem ebenfalls einsitzenden Kazimierz Sosnkowski richtig vorausgesehen:

> *„Der Große Krieg wird nicht nur einen grundsätzlichen Wandel (profound upheaval) in den besiegten Staaten verursachen, sondern tiefe soziale und wirtschaftliche Verwerfungen. Polen, eingequetscht zwischen diesen Staaten in der Krise, wird für das Rennen zu neuen historischen Zielen für einige Jahre mit Rückenwind ausgestattet sein. […]*

Mitten im Nachkriegschaos wird der junge polnische Staat alle Aussichten haben, das Rennen zu gewinnen, eine Großmacht zu werden und als Garant (mainstay) der neuen Ordnung aufzutreten."[85]

Nun war es an der Zeit, dementsprechend zu handeln, in Richtung West wie Ost. Josef Pilsudskis Konzeption einer osteuropäischen Föderation forderte dabei in der Tat die Abspaltung der Ukraine, Weißrußlands und Litauens von Sowjetrußland. Er gab „die Idee einer Aufteilung der UdSSR in Nationalstaaten niemals grundsätzlich auf".[86] Gleichzeitig vergab sich Pilsudksi andererseits nichts, wenn er stets die Möglichkeiten für eine weitere Expansion gegenüber Deutschland auslotete. Innenpolitisch arbeiteten Funktionsträger wie der Wojwode in Oberschlesien, Michal Grazyński später unter seiner Diktatur kompromißlos auf das Ende der deutschen Minderheit hin. Grazyński, ein überzeugter Pilsudskist mit der üblichen Kriegsbiographie als früheres Mitglied der POW, wurde bald nach dem Mai-Staatsstreich 1926 eingesetzt und später trotz aller Proteste ebensowenig abberufen wie andere, die offen die Eroberung nicht nur Ostpreußens, sondern weiterer Teile Ostdeutschlands forderten.

Zu Pilsudskis Überzeugungen zählte aus den bereits teilweise erwähnten Gründen eine Ablehnung allzu diplomatischer Formen. Berühmt wurde sein Auftritt vor dem Völkerbund im Dezember 1927, als er die Diskussionen über das polnische Recht zur andauernden Besetzung der litauischen Hauptstadt Wilna – in deren Nähe Pilsudski geboren und in deren Schulen und Universität er ausgebildet worden war – überdrüssig wurde. Er beendete die ganze Debatte damit, daß er aufstand, schweren Schrittes durch den Saal auf den litauischen Vertreter Augustinas Voldemaras zuging und ihn fragte: „Wollt ihr Krieg oder Frieden?" Voldemaras wollte Frieden – die Debatte war beendet, Wilna blieb bei Polen.[87] Im nächsten Sommer feierten dort dann demonstrativ die Veteranen von Pilsudskis Legion den Jahrestag ihres Ausmarschs.[88]

---

[85] Vgl. Sosnkowski, O Józefie Piłsudskim (Über Josef Pilsudski), London 1961, S. 41; hier n. Dziewanowski, Federalist, S. 74 f.

[86] Zit. n. Roos, Polen, S. 139.

[87] Zu der Episode, die damals die Gemüter sehr stark bewegte, weil vielerorts der Eindruck hängenblieb, der polnische Diktator habe dem Völkerbund seinen Willen aufgezwungen, so auch in Polen. Vgl. Giertych, Frage, S. 20 f., Pietsch, Spiegel, S. 93 bzw. S. 110 und die stark psychologisierende Darstellung bei Oertzen, Polen, S. 57 f. Voldemaras selbst verbrachte nach einem überlebten Attentat und einem Staatsstreich Jahre im Exil und starb 1942 in einem sowjetischen Gefängnis.

[88] Vgl. Koitz, Tagebuch, S. 119.

Der Antisemitismus in der Zweiten Republik

Die Geschichte des modernen Antisemitismus in Mittelost- und Südosteuropa ist teilweise zeitnah mit der Gründung der neuen Staaten verbunden, die seit der zweiten Hälfte des 19. Jahrhunderts erfolgte. Zum Gegenstand internationalen Streits wurde der Antisemitismus zum ersten Mal auf dem Berliner Kongreß von 1878, der den Auftakt für manchen späteren Konflikt bildete. Als die Prominenz der Weltpolitik in der deutschen Hauptstadt über die genaue Ausgestaltung balkanischer Grenzziehungen in den bisher türkischen Gebieten verhandelte, weigerte sich die Regierung des neuen Rumänien, die im Land lebenden Juden als Staatsbürger anzuerkennen. Sie seien ein Fremdkörper aus osmanischer Zeit. Die Gefahr, daß sich Rumänien mit dieser Position durchsetzte, rief die offene Einflußnahme der damals noch mächtigen Bankhäuser wie Rothschild und das in Deutschland mit dem Kanzler Otto von Bismarck eng verbundene Haus Bleichröder auf den Plan. Insbesondere Gerson Bleichröder koordinierte die Anstrengungen, die auf dem Berliner Kongreß 1878 zum Erfolg führten. Rechtliche Diskriminierungen der rumänischen Juden wurden untersagt.[89] Es war ein nicht ungefährlicher Erfolg. In der Folgezeit erlebte Berlin den ersten großen Ausbruch des modernen Antisemitismus in Deutschland, die „Berliner Bewegung".

Auch im neuzugründenden Polen war die Stellung der mehr als drei Millionen im Land lebenden Juden von Anfang an eine umstrittene Angelegenheit. Der Konflikt selbst war deutlich älter als der Staat und hatte schon 1912 seinen Ausdruck in einem landesweiten Boykott jüdischer Händler durch die polnische Nationalbewegung seinen Ausdruck gefunden.[90] Während des Ersten Weltkriegs, als die

[89] Vgl. Stern, Gold und Eisen, S. 520 ff. Stern bilanziert: „Aus der Geschichte des Judentums erhebt sich der Juli 1878 als eine Wendemarke, da aus eigener Kraft, mit eigener Einflußnahme und dank weltweit hochgehaltener Prinzipien das Schicksal der Juden in Ost und West endlich gesichert und geborgen schien." Ebd., S. 527.

[90] Vgl. Gröschel, Antisemitismus, S. 62 f. Gröschel betont den politischen Charakter dieses Boykotts, der nicht von der polnischstämmigen Handelskonkurrenz ausgegangen sei.

deutschen Truppen zum ersten Mal die jüdische Emanzipation mit nach Polen brachten, zeigten sich erneut schnell die Schwierigkeiten eines Interessenausgleichs zwischen den polnischen, ukrainischen und eben jüdischen Organisationen vor Ort.

Der außergewöhnlich hohe Anteil der jüdischen Bevölkerung im Zwischenkriegspolen geriet geradezu zwangsläufig in Konflikt mit den Ansprüchen des polnischen Nationalismus. Genaugenommen gehörte er zu jenen Tatsachen, die diese Ansprüche ad absurdum führten. So wie die Dinge lagen, war die Republik Polen selbst als „Kongreßpolen" ein ethnisch vielfältiger und eben kein rein polnischer Staat. In diesem vielfältigen Staat hatte die polnische Bevölkerung im Rahmen fairer Konkurrenz keine Aussicht, eine kulturell oder wirtschaftlich dominierende Rolle auszuüben. So wie die Strukturen sich seit dem Mittelalter und zuletzt in den hundertzwanzig Jahren der Teilungszeit entwickelt hatten, in denen es keinen polnischen Staat gab, stand die jüdische Bevölkerung in Polen in Handel, Wirtschaft und Kultur einem rein polnischen Anspruch automatisch im Weg. Es gab auch ein durchaus in diesem Sinn entwickeltes jüdisches Selbstbewußtsein. Lewis Namier[91] brachte dies beispielsweise an prominenter Stelle zum Ausdruck, als während der Friedensverhandlungen in Versailles über die Minderheitenrechte in Osteuropa und unter anderem über die künftige Sprache der polnischen Juden debattiert wurde. Ignacy Paderewski, der weltbekannte Pianist, Agitator für die nationale polnische Sache und neuer polnischer Staatspräsident in spe, wollte im neugegründeten Polen nur polnisch gesprochen wissen, auch von Juden.

Namier klärte ihn auf:

> *„Sie wollen, daß sie polnisch sprechen?", fragte ich. „Denken Sie daran", sagte ich dann, „in Deutschland stellen die Juden in etwa ein Prozent einer hochgebildeten Bevölkerung; und dies hat ausgereicht, um ihnen einen machtvollen Einfluß auf die deutsche Literatur, die Wissenschaft, die Presse und das Theater zu sichern. Wenn Sie die polnischen Juden, die zehn Prozent der Bevölkerung ausmachen, zwin-*

[91] Sir Lewis Bernstein Namier (1888–1960). Der Historiker Namier galt als „faszinierendste Figur des Kreises" um den jüdischen Zionistenführer Chaim Weizmann. Er war von „wohlhabender jüdisch-galizischer Herkunft", sehr gut assimiliert und doch mit „starken jüdischen Bindungen, aus […] einem starken, nicht leicht erklärbaren Nationalstolz". Vgl. Goldmann, Leben, S. 216. Namier lebte seit 1907 in England, schloß 1914 sein Studium der Geschichte ab und arbeitete während des Krieges für das britische Außenministerium, in den Abteilungen für Propaganda (1915–1917), Information (1917–1918) und politischen Geheimdienst (1918–1920). 1938–1945 politischer Berater der Jewish Agency Executive in London. Vgl. EZI, S. 821 f. Nach dem Krieg Verfasser einer umfangreichen Darstellung der politischen Vorgeschichte des Zweiten Weltkriegs.

gen, Jiddish aufzugeben und Polnisch zu lernen, dann werden Sie ihnen Bildung ermöglichen müssen. Und dann werden Sie es sein, die eine andere Sprache annehmen müssen, wenn Sie noch eigene Gedanken denken wollen."[92]

Angesichts dieser Aussichten habe Paderewski geschluckt und das Thema nicht weiterverfolgt, notierte Namier. Er vermutete, Paderewski überzeugt zu haben. Wie viel diese und ähnliche Drohungen aus jüdischen Kreisen über die angeblich einschneidenden Folgen einer jüdischen Integration für das geistig-kulturelle Leben einer Nation zum Aufkommen von politisch organisiertem Antisemitismus beigetragen haben, wird niemand je quantifizieren können. Den organisierten polnischen Antisemitismus gab es bereits im Polen der russischen Zeit. Er wurde auf eigentümliche Art ein Teil der nationalen Unabhängigkeitsbewegung und war in allen großen Parteien zu finden, bis er schließlich in den regierungsamtlichen Wunsch mündete, die polnischen Juden möglichst vollständig aus dem Land zu vertreiben.

Auch diese Entwicklung zeichnete sich bereits in Versailles ab. Die Entstehung der „Minderheitenschutzklauseln", die Polen schließlich unterschreiben mußte, verdankte sich nicht zuletzt den in der unmittelbaren Nachkriegszeit 1918/19 einsetzenden antijüdischen Pogromen und der Berichterstattung darüber. Israel Cohen, „Special Commissioner of the Zionist Organization", veröffentlichte in der *Times* und anderen britischen Zeitungen eine Artikelserie zum Thema, die starke Eindrücke hinterließ.[93] Auf Nachfrage der amerikanischen Delegation beim prominenten polnischen Delegationsmitglied Roman Dmowski, was es damit auf sich habe, blieb dieser die Antwort nicht schuldig:

„Juden bilden zehn Prozent unserer Bevölkerung, und das sind meiner Meinung nach mindestens acht Prozent zu viel. Wo es nur kleine Gruppen von Juden gibt, sogar dort, wo sie dann wie so oft hauptsächlich im Handel oder im Geldverleih tätig sind, läuft alles rund; aber wenn mehr dazu kommen, und es kommen immer mehr dazu, da gibt

[92] Zit. n. Rose, Namier, S. 20. Namiers offenbar recht ausgeprägte Neigung zur Selbstdarstellung ließ ihn auch persönlich in Anspruch nehmen, als Berater der englischen Regierung für den Zusammenbruch Österreich-Ungarns gesorgt zu haben, nachdem Österreich bereits Frieden angeboten hatte. „Ich sagte zu Headlam-Morley: ‚Warten', Headlam-Morley sagte zu Balfour: ‚Warten', Balfour sagte zu Lloyd George: ‚Warten', Lloyd George sagte zu Wilson: ‚Warten'. Und während sie noch warteten, brach Österreich-Ungarn auseinander. Ich darf sagen, ich habe es mit eigenen Händen in Teile zerrissen." Zit. n. Berlin, Impressions, S. 75.

[93] Vgl. Watt, Glory, S. 75.

es Ärger und ab und zu kleine Pogrome. [...] Wenn nicht entsprechende Richtlinien geschaffen werden, sind bald alle unsere Rechtsanwälte, Ärzte und Kleinhändler ausschließlich Juden."[94]

Die Großmächte reagierten auf diese und andere Ausführungen mit diplomatischem Druck, und dies so lange, bis Polen schließlich gezwungen war, entsprechende Minderheitenschutzabkommen zu unterzeichnen. Das änderte nichts daran, daß sich etwa die Zahl der Deutschen dort wegen der Polonisierungskampagne der Warschauer Regierung zwischen der 1910 erhobenen Statistik und der von 1931 von 1.100.000 auf 298.000 Menschen reduzierte.[95] Deren Lage sollte sich dann weiter verschlechtern, als die polnische Regierung am 13. September 1934 den Minderheitenschutzvertrag des Völkerbundes kündigte[96] und damit eines jener politischen Geschäfte vollzog, mit denen die internationale Organisation das Vertrauen in die Seriosität ihrer Grundsätze und Verfahren seit Jahren Stück für Stück abgebaut hatte. Nach dem Beitritt der UdSSR zum Völkerbund – als ständiges Ratsmitglied – war der Republik Polen als Ausgleich für ihre Zustimmung zu diesem Schritt eine Kompensation angeboten worden. Sie konnte wählen zwischen einem eigenen ständigen Ratssitz oder einem „Zugeständnis" in der Minderheitenfrage, wie sich der damalige Genfer Vertreter Raczynski erinnerte.[97]

Die polnische Regierung schätzte in diesem Fall den praktischen Schritt höher ein als die symbolische Gleichrangigkeit mit der UdSSR und beseitigte bei dieser Gelegenheit den Minderheitenschutz gleich ganz, diese „ungerechten Verpflichtungen" (invidious obligations) des Völkerbundvertrags.[98] Die innere Debatte darüber hatte man schon 1932 geführt, und sie hatte dazu beigetragen, den Wechsel von August Zaleski zu Josef Beck im Amt des Außenministers zu be-

[94] Vgl. Bonsal, Nations, S. 124, hier zit. n. Watt, Glory, S. 75.

[95] Vgl. Heike, Minderheit, S. 162 f.

[96] Außenminister Beck setzte den Vertrag außer Kraft, als er an diesem Tag in Genf die weitere Zusammenarbeit mit den Überwachungsinstanzen ablehnte. Vgl. League of Nations Official Journal, Sonderanhänge, Nr. 125 und Nr. 130, Genf 1934. Erst drei Jahre später wurde für diesen verlorenen multinationalen Schutz durch die deutsch-polnische Minderheitenerklärung vom 5. November 1937 ein gewisser bilateraler Ersatz geschaffen. Eine Überwachung war aber weiterhin nicht vorgesehen. Vgl. den Text der Erklärung in ADAP, D, V, Dok. 18, S. 21 ff.

[97] Vgl. Raczynski, London, S. 2. Edward Raczynski (1891–1993), Diplomat seit 1919; Mitarbeiter der polnischen Vertretung in London 1922–26; Botschafter beim Völkerbund 1932–34; ab 1. November 1934 Botschafter in London, blieb dort im Exil, nachdem die britische Regierung die auch von ihm mit unterzeichneten Verträge 1944 gebrochen hatte, verschiedene Funktionen in der Exilregierung, 1979–86 Staatspräsident der polnischen Exilregierung.

[98] Ebd., Raczynski, London, S. 2.

schleunigen. Josef Pilsudski sah mit dem polnischen Ratssitz beim Völkerbund eher Probleme verbunden als Vorteile. Er wußte, Polens Politik verstieß eindeutig – und aus seiner Sicht völlig notwendig – permanent gegen die in den Genfer Völkerbundsitzungen hochgehaltenen Prinzipien. Zugleich fehlte Polen das Prestige der großen imperialen Mächte, die ihre eigenen Verstöße souverän aus diesen Debatten verbannen konnten. Was Polen also mit diesem Sitz eigentlich anfangen sollte, wurde auch Gegenstand einer Diskussion im inneren Zirkel, als 1932 die Kandidatur Polens für diese Position anstand. Josef Beck hat über sie berichtet:

> *„,Warum wollen Sie diesen Sitz im Rat der Liga haben?', fragte der Marschall Herrn Zaleski. ,Haben Sie keine Bedenken, Teil dieser Organisation zu sein, in der wir zwangsläufig dazu gezwungen sein werden, uns mit einer Reihe von Fragen zu beschäftigen, an denen wir überhaupt nicht interessiert sind – und dabei unvermeidlich Zufallsfreunde und -feinde sammeln werden? Herr Zaleski schien von dieser Art der Fragestellung eher schockiert zu sein und bestand darauf, dies sei eine Prestigefrage. Das verstand ich nicht, da unser wirkliches Prestige durch diese ganzen Genfer Verhandlungen und Prozesse viel mehr Schaden genommen hatte, als es durch das zweifelhafte Privileg eines Ratssitzes gestiegen war. ,Nun gut – so sei es denn' – schloß der Marschall diese Debatte mit reichlich wenig Enthusiasmus."*[99]

Pilsudskis Bedenken waren substantiell. Zaleski wurde bald darauf abgelöst und Beck sein Nachfolger.[100] Als dieser verstand sich Beck in diesem Fall einmal mehr als Sachwalter der Pilsudskischen Bedenken und nutzte kaum zwei Jahre später die erste Gelegenheit, um – mit Billigung des Marschalls – auf den Ratssitz zu verzichten und als Gegenleistung die Minderheitenabkommen außer Kraft zu setzen – und die mit ihnen verbundene internationale Aufmerksamkeit für das, was in Polen im Rahmen des selbstverordneten nationalen Aufbaus als Verstoß gegen die in Genf proklamierten nationalen Selbstbestimmungsrechte anderer Ethnien ständig geschah.

In der Praxis hatten die Minderheitenschutzabkommen[101] in der Zwischenzeit vor allem zahlreiche Protestnoten und Verhandlungen

[99] Zit. n. Beck, Report, S. 16.

[100] Den als Ersatz für das Außenministerium angebotenen Posten als Botschafter in London lehnte Zaleski ab und zog sich vorerst ganz aus der äußeren Politik zurück. Erst nach der Septemberkatastrophe des Jahres 1939 wurde er reaktiviert.

[101] Sie wurden am 28. Juni 1919 zwischen den fünf alliierten Großmächten und Polen geschlossen. Darin enthalten waren neben allgemeinen rechtlichen Diskriminierungsverboten auch ausdrücklich die freie Religionsausübung und die Wahl einer Sprache im Amtsverkehr, die den Bedürfnissen der Minderheiten entgegenkam.

vor den Genfer Völkerbundgremien produziert, ob und wann diese Abkommen von Polen verletzt worden seien. Ein wirklicher Schutz ging allerdings kaum von ihnen aus. Um zu diesem Punkt zurückzukommen: Die Forderung nach Richtlinien und Begrenzungen für die Präsenz von Juden an Universitäten und im Gewerbe blieb beispielsweise stets aktuell. Entsprechende Maßnahmen wurden teilweise Praxis.

Die Lage der jüdischen Bevölkerung im Polen der dreißiger Jahre war gekennzeichnet durch theoretische juristische Gleichberechtigung, aber alltäglichen Terror und gestaltete sich damit deutlich unterschiedlich im Vergleich zu Deutschland. So wurden allein 1935/36 bei gewalttätigen Angriffen in mehr als 150 Ortschaften insgesamt 1.289 Juden verletzt oder getötet. Zu dieser Zeit wurde das Fehlen von Gewalt gelegentlich als der Hauptunterschied des deutschen im Vergleich zum polnischen Antisemitismus gesehen, da der deutsche Antisemitismus von oben verordnet sei und bei der Bevölkerung wenig Resonanz finde, während der polnische aus der Bevölkerung selbst komme.[102] Allerdings wurde er seit Mitte der 1930er Jahre immer wieder durch Behördenmaßnahmen ergänzt.

Anders als im Falle Deutschlands, wo die Bevölkerung dem organisierten Antisemitismus angesichts der gesellschaftlich integrierten Stellung der deutschen Juden in großer Mehrheit ratlos und ablehnend gegenüberstand, pflegte das polnische Judentum vielfach tatsächlich seine eigene, deutlich unterscheidbare Kultur. Es gehörte zu den in Polen gängigen Klischees, daß diese Kultur und die wirtschaftliche Stellung des Judentums ein Problem seien, das die Entwicklung der polnischen Wirtschaft behindern würde. Tatsächlich gingen diese Verhältnisse vorwiegend auf die antijüdische Gesetzgebung des russischen Zarenreichs zurück. Nach einer vergleichsweise liberalen Ära war sie seit 1882 wieder erheblich verschärft worden. Sie verbot Juden den Kauf von Land außerhalb der Städte; sie gestattete ihre Ansiedlung nur innerhalb von Städten und nur in einem westlichen „Grenzrayon", also der Ukraine, Polen und Weißrußland. Bereits entstandene ländliche jüdische Siedlungen mußten wieder aufgelöst werden. Übrig blieben nur wenige, unter anderem stammte Leo Trotzki aus einer solchen Siedlung.[103] Als Folge dieser Gesetzgebung

[102] Vgl. Weiss, Juden, S. 116 u. S. 124. Anlässe für solche Ausschreitungen konnten vielfältiger Art sein. International bekannt wurde 1936 das „Pogrom von Prytyk", das drei Tote und mehrere Schwerverletzte forderte. Anlaß scheint der Streit um einen Standplatz auf dem Wochenmarkt gewesen zu sein. Vgl. Gröschel, Antisemitismus, S. 245 f.

[103] Vgl. Zechlin, Politik, S. 103.

entstand zwangsläufig eine extreme Verstädterung des russischen, also später zum Großteil im neuen Polen lebenden Judentums, die angesichts der vorindustriellen Verhältnisse vor Ort zu einer dauernden Verarmung und Proletarisierung führte. So entstand das, was Jahrzehnte später als „jüdisches Problem" interpretiert wurde, und was der französische Botschafter in Warschau, Leon Noël folgendermaßen schilderte:

> *„Wer nicht zwischen den beiden Kriegen das polnische Land der früheren russischen und österreichischen Provinzen durchstreift hat, wer nicht in jedem ein wenig bedeutenden Dorf, in jedem Flecken, in jeder Stadt diese zahllosen Juden, mehr oder weniger vermischt mit der christlichen Bevölkerung und von ihr lebend, wimmeln gesehen hat, unsauber, struppig, abgezehrt, bald eifrig, um etwas Geld zu verdienen, bald auf der Schwelle ihres Ladens oder ihres Wohnloches hokkend, vertieft in irgendeinen messianischen oder händlerischen Traum, der wird niemals verstehen, was das jüdische Problem für Europa bedeutet, und wie sehr es die großen Mächte an Voraussicht haben fehlen lassen, sich mit diesem Problem nicht zur rechten Zeit beschäftigt zu haben."*[104]

Noël deutet nicht an, wie er sich eine Antwort auf dieses von ihm beschriebene „Problem" vorgestellt hätte. Die Juden Osteuropas existierten, hatten eigene Wertvorstellungen, kulturelle Traditionen und vieles andere mehr, was sie als Gruppe sowohl in der eigenen Wahrnehmung wie in der Wahrnehmung ihrer Umwelt von anderen Gruppen unterschied. Was der französische Botschafter an dieser Stelle und in den folgenden Ausführungen schrieb, enthielt die wesentlichen Klischees, die über das osteuropäische Judentum zeitgenössisch in Umlauf waren. Juden monopolisierten angeblich den Handel, lebten „von" der christlichen Bevölkerung, verweigerten sich jeder Integration, seien schmutzig und insgesamt eben ein Phänomen, das in irgendeiner Form die Aufmerksamkeit der großen europäischen Politik mit dem Ziel seiner Entfernung zu beanspruchen hätte. Doch beruhte das angebliche Problem nicht auf „völkischen" oder „rassischen" Eigenschaften, sondern ließ sich als Spätfolge einer konkreten Politik des russischen Zarenreichs beschreiben.

Für die polnische Außenpolitik, um die es uns hier letztlich gehen muß, bedeuteten diese Zustände unvermeidlich eine gewisse Versuchung, als das nationalsozialistische Deutschland seinerseits begann, das deutsche Judentum anzugreifen und außer Landes drän-

[104] Zit. n. Noël, Angriff, S. 36.

gen zu wollen. Die „jüdische Frage" stand damit in neuer Weise auf der Tagesordnung internationaler Verhandlungen. Die polnische Republik griff dieses Thema auf und nutzte den Streit um die nationalsozialistische Politik unter anderem dazu, die im Versailler Vertrag festgelegten Schutzbestimmungen für in Polen lebende Minderheiten abzuschaffen. Das richtete sich zu dieser Zeit vor allem gegen die polnischen Juden. Einen Zusammenhang mit der deutschen Politik stellte Minister Beck gegenüber Nachum Goldmann ausdrücklich her:

> *„Vor dem letzten Weltkrieg hatte ich Kontakt zur polnischen Regierung, die sich offen zum Antisemitismus bekannte, und dies insbesondere durch ihren Außenminister Josef Beck. Als ich ihm sagte, daß Polen seinen Juden mehr wirtschaftliche Erleichterungen gewähren sollte, antwortete er zynisch: ‚Im Gegenteil, wir denken sogar daran, vielleicht eine Entsprechung der Nürnberger Gesetze einzuführen.' Und er erklärte weiter: ‚Wir brauchen Devisen, Dollars zum Beispiel. Nun, seitdem die Juden in Deutschland verfolgt werden, schicken ihnen Ihre Organisationen große Summen. Wir haben drei Millionen Juden in Polen, Deutschland hat seinerseits nur siebenhundertfünfzigtausend. Also wird man uns drei- bis viermal mehr Geld schicken!'"*[105]

Abgesehen von dieser Art Zynismus stellte Becks Antisemitismus allerdings einen Teil seiner stets nach Gelegenheiten suchenden Außenpolitik dar. Er machte es zu seiner Aufgabe, das polnische Judentum aus dem Land zu drücken, aber wie in anderen Fragen auch war Beck sich hier darüber im Klaren, daß dies nur durch Vorbereitungen auf der internationalen Bühne zu erreichen sein würde. Letztlich würde dafür, ebenso wie für einen Krieg gegen Deutschland oder eine Auflösung der Sowjetunion, die Billigung und die aktive Mithilfe der Westmächte nötig sein. Sie allein verfügten über das Land, das dafür nach den Vorstellungen der polnischen Regierung etwa in Madagaskar[106] oder anderswo nötig sein würde. Schon aus diesem Grund konnte der polnische Antisemitismus auch kein Anlaß für eine gemeinsame deutsch-

---

105 Zit. n. Goldmann, Paradox, S. 206 f. Eine vergleichbare Szene des Ausdrucks von Judenfeindschaft und gleichzeitiger Faszination von „jüdischem Geld" hatte sich bereits 1918 bei den Vorbereitungen der Versailler Konferenz in den USA abgespielt. Die Kontrahenten waren damals Louis Marshall, der Chef des American Jewish Committee, und Roman Dmowski als politischer Kopf des polnischen Exils. Dmowski machte im Gespräch mit Marshall aus seiner Judenfeindschaft keinen Hehl, wollte am polnischen Boykott des jüdischen Handels festhalten und unterstellte den Juden auf dem von Polen beanspruchten Gebiet grundsätzlich Illoyalität und Neigung zu Deutschfreundlichkeit. Aber schließlich zeigte er Marshall eine Karte des angedachten „neuen, reichen Polen" und forderte ihn auf, jüdisches Kapital zu dessen Entwicklung bereitzustellen. Vgl. Lundgreen-Nielsen, Conference, S. 43 f.

106 Ministerstwo Spraw Zagranicznych (MSZ) 9583, Emigracja Zydowska Zagadenienia Koloniale, 1936.

polnische antisemitische Politik werden. Wie in anderen Politikfeldern auch, nutzte Beck hier lediglich die deutschen Fehler ebenso wie die deutsche Dynamik, um eigene Ziele voranzutreiben, aber ohne sich verbindlich an die deutsche Seite begeben zu wollen.

Was die Gründe für diese antijüdische Haltung waren, so sprach Beck sie in seinen Erinnerungsschriften ausführlich an. Das sei hier in Auszügen zitiert, da in diesen Formulierungen sowohl der militante Zeitgeist erkennbar, aber auch die Unterschiede zwischen dem polnischen Regierungsantisemitismus und der nationalsozialistischen Rassenlehre deutlich sichtbar werden. Unter der amtlichen Auswanderungspolitik wollte Beck zunächst einmal einen Lösungsansatz für die wirtschaftlichen Probleme und den Rohstoffmangel Polens verstanden wissen:

> *„Zunächst einmal galt für uns der Grundsatz einer ‚Politik der offenen Tür' für polnische Auswanderer, die, wie die Erfahrung gezeigt hatte, in ihrem Einwanderungsland stets ein kreatives und belebendes Element darstellten. Zur gleichen Zeit versuchte ich unter dem Deckmantel der Emigrationspolitik eine humane und sensible Lösung für das jüdische Problem zu finden.*
>
> *Die größten Schwierigkeiten auf diesem Feld waren sicherlich dem Umstand geschuldet, daß die Führung der international tätigen jüdischen Kreise faktisch nur in den Händen westlicher Juden lag. Soweit es Europa betraf, hatten diese Juden die ursprüngliche Fühlung mit den Massen des östlichen Judentums verloren. Wir hatten in Polen sehr unterschiedliche Gruppen von ihnen im Lande leben. Man konnte sie nicht über einen Kamm scheren. Die Unterschiede lagen im Charakter der Juden selbst und in den unterschiedlichen Zeitpunkten begründet, in denen sie Polen erreicht hatten. Es gab einen gewaltigen Unterschied zwischen den orthodoxen Juden, deren Vorfahren zu Zeiten Kasimirs des Großen (polnischer König im 14. Jhdt.) eingewandert waren und dem sogenannten ‚Litwak'. Das war der übelste Typ Jude, der mit Gewalt aus Rußland in dessen polnische Provinzen vertrieben worden war und der in Wilna oder Bialystok polnische Ohren mit seinem russischen Kauderwelsch beleidigte.*[107]
>
> *Noch etwas anderes stellte die alte Gruppe der jüdischen Assimilationisten des 19. Jahrhunderts dar, die mit unserer Nation tief verbunden waren und ganz offensichtlich der falsche Adressat war für die modische*

[107] Diese Argumentation, mit der die in Polen lebenden Juden und Deutschen mehrheitlich faktisch zu nichtintegrierbaren Kollateralschäden der polnischen Teilungen erklärt wurden, präsentierte der spätere Vorkämpfer der Europaidee und Bilderberger-Gründer Josef Retinger der englischsprachigen Welt 1940/41 auch in seinem Handbuch „All about Poland". Eine Lösung hatte er an dieser Stelle nur für die Juden: umfassende Auswanderung. Vgl. Retinger, Poland, S. 65 f. bzw. S. 69.

Eliminationsbewegung (the eliminating movement so fashionable) in den letzten Jahren vor 1939. Noch ein weiteres, eigenes Problem bildeten die jüdischen Intellektuellen, ein anderes wiederum die Vertreter verschiedener Internationalen, die in unserem Land eine privilegierte Stellung erreichen wollten. Letzteres wurde vor allem auf finanziellem und literarischem Gebiet sichtbar. Darüber hinaus mußten aus unserer Sicht alle gesondert behandelt werden, die sich am Unabhängigkeitskampf beteiligt hatten. Jenseits jeder rassischen, religiösen oder sonstigen Einschränkung mußten sie in jedem Fall das Recht haben, die Bürgerschaft unseres Landes zu erhalten. Besonders wer sie mit der Waffe in der Hand erworben hatte (nicht hinter dem Ladentisch), dem stand sie zu.“[108]

Der Rang des Veteranen überbrückte im Zwischenkriegspolen der Pilsudskisten nun einmal alles – jedenfalls fast alles. Das 1937 neugegründete politische Lager der nationalen Einheit (OZN) nahm, wie sein „Generalstabschef“ Oberst Jan Kowalewski der Presse sagte, keine Juden auf, ausdrücklich auch nicht solche, die mit der Waffe in der Hand gekämpft hatten.[109] Die Nationaldemokraten und das OZN hatten in dieser Frage eine Annäherung gefunden, die dann tatsächlich in den letzten Vorkriegsjahren eine „modische eliminatorische Bewegung“ begründete. Auf Basis dieser Analyse betrieb Beck jedenfalls nach seinen Angaben eine Politik, die das hinderliche Element unter den drei Millionen polnischen Juden nach und nach entfernen sollte:

„Soweit es also diese Masse von drei Millionen Menschen betraf und ihre Schwierigkeit, sich den neuen Bedingungen anzupassen, konnte es nur die Lösung geben, einen Teil von ihnen zu entfernen, insbesondere die Jüngeren und sie in einem anderen Land anzusiedeln. Das war der Grund für das polnische Interesse an der Palästina-Frage und allen anderen Möglichkeiten für jüdische Auswanderung.“[110]

Beck brachte diese Themen in der Tat aktiv auf der internationalen Bühne vor. Er erwähnt selbst Verhandlungen mit Repräsentanten des jüdischen Weltkongresses wie Chaim Weizmann und Joseph Schechtman und „freundlichen koloniebesitzenden Ländern“. In den Organen des Völkerbunds brachte Polen im Oktober 1936 die von Beck formulierte Judenfrage als dringendes Problem mehrfach auf die Tagesordnung und ließ starke Unterstützung für die zionistischen For-

[108] Zit. n. Beck, Report, S. 134 f.

[109] „Wir respektieren diese Seite ihres Lebens, die ihren guten Bürgersinn beweist, ebenso wie wir das respektieren, was sie nicht verstecken, ihre jüdische Nationalität. Es ist offensichtlich, daß sie nicht zum Lager der Nationalen Einheit gehören können.“ Vgl. Gazeta Polska, 22. April 1937, hier n. Polonsky, Crisis, S. 427.

[110] Zit. n. Beck, Report, S. 135.

derungen nach Auswanderung Richtung Palästina erkennen. Der polnische Delegierte Tytus Komarnicki betonte die jüdischen Rechte dort, forderte aber eben auch die Mitarbeit der Kolonialmächte an anderer Stelle.[111]

Beck gab schließlich rückblickend an, wenig Verständnis gefunden zu haben, besonders nicht öffentlich, wo etwa der französische Regierungschef Leon Blum hinter den Kulissen Verständnis signalisiert, sich dann aber öffentlich doch der Verurteilung von Becks Politik angeschlossen habe. Ebenso habe er darauf achten müssen, mit der polnischen Judenpolitik nicht die Schwierigkeiten der britischen Verwaltung im Nahen Osten und Palästina mit den arabisch-jüdischen Auseinandersetzungen zu verstärken.[112] So war auch dieses Beck'sche Projekt eng mit der Gewohnheit verbunden, den Spielraum auszuloten, den die Politik anderer Länder für grundsätzliche Fragen eröffnen würde.

Im Vorfeld der Anbahnungen besserer Beziehungen mit den Vereinigten Staaten und darüber hinaus mit dem Westen spielte die jüdische Frage ebenfalls eine wichtige Rolle. Schon im November 1937, kurz bevor der britische Außenminister Halifax sein damals geheimnisumwittertes Treffen mit Hitler anging und nachdem Hitler seinerseits Anfang des Monats über die Gefahr eines jederzeit möglichen polnischen Angriffs auf Deutschland sinniert hatte,[113] machten auch die USA in dieser Hinsicht Europapolitik. Beck bekam die Gelegenheit, „Dollars" einzulösen. William C. Bullitt reiste als Sondergesandter seines Präsidenten Roosevelt vom 14. bis 17. November nach Warschau. Er bot Polen dort eine polnisch-amerikanische Zusammenarbeit gegen die – nach 1933/34 – scheinbar erneut drohende Viermächtekonstellation aus Großbritannien, Frankreich, Italien und Deutschland an. Außerdem stellte er gleich 50 Millionen Dollar in Aussicht, mit denen die jüdische Auswanderung aus Polen unterstützt werden sollte.[114] Diese damals gewaltige Summe hatten der Präsident und sein Finanzberater Bernard Baruch persönlich ins Spiel gebracht. Insofern schien Becks Kalkül mit der finanziellen Wirkung der jüdischen Auswanderung aufzugehen.

---

[111] Vgl. Polonsky, Crisis, S. 468.

[112] Vgl. Beck, Report, S. 136.

[113] „Unsere Abmachungen mit Polen behielten nur so lange Geltung, als Deutschlands Stärke unerschüttert sei, bei deutschen Rückschlägen müsse ein Vorgehen Polens gegen Ostpreußen, vielleicht auch gegen Pommern und Schlesien in Rechnung gestellt werden." Vgl. ADAP, Serie D, Bd. I, Dok., S. 30 (Hoßbach-Protokoll).

[114] Vgl. Szembek, Journal, S. 253–254, vgl. auch Roos, Polen, S. 290 f.

Die sogenannte Judenfrage stand immer im Hintergrund der europäischen Politik in den dreißiger Jahren, das galt ganz besonders auch für die Republik Polen, die mehr jüdische Einwohner hatte als jedes andere europäische Land mit Ausnahme der UdSSR. Ihre Lösung gehörte zum Programm des „Lagers der nationalen Einheit", jenem „empörenden Sammelsurium chauvinistischer, antisemitischer und einer auf den polnischen Hausgebrauch zugeschnittenen Abart autoritärer Gedankengänge".[115] Gegenüber den polnischen Juden verfolgte die Warschauer Administration eine Linie, die Außenminister Beck auf der Evian-Konferenz 1938 offen vertreten hatte: Die polnischen Juden hatten Polen in großem Umfang zu verlassen, und da so viele Millionen Menschen nicht alle nach Palästina auswandern konnten, sollten sie irgendwo in den europäischen Kolonialreichen in Afrika untergebracht werden.[116] Vor dem Völkerbund verlangte die polnische Delegation die Durchführung internationaler Maßnahmen, um die Juden in jährlichen Kontingenten von 100.000 Menschen aus Polen zu entfernen.[117] Der bekannte Madagaskar-Plan, „jene ursprünglich polnische Idee einer Teufelsinsel für die Juden" (Shlomo Aronson), stammte aus Warschau und wurde in der polnischen Öffentlichkeit über Jahre diskutiert.[118] Das Lager der Nationalen Einheit ergänzte dies innenpolitisch durch eine Plakatserie mit den Titeln:

„Kauft nur bei Polen!"
„Jeder neue polnische Laden ist ein Vorposten unseres Kampfes!"
„Ein judenfreies Polen ist ein freies Polen!"[119]

Immer wieder ergänzten Gesetze und Verordnungen diese latenten Drohungen, indem sie das jüdische Geschäftsleben erschwerten oder gleich ganz unmöglich machten. 1937 traf es beispielsweise

[115] Zit. n. Sharp, Polen, S. 129.

[116] Eine entsprechende Erklärung gab Beck im Januar 1936 vor dem Sejm ab, womit er den sofortigen Protest der Vereinigung polnischer Juden in den USA hervorrief. Es folgten zahlreiche gleichlautende offizielle und inoffizielle Erklärungen polnischer Regierungsvertreter. Vgl. Pawel Korzec, Documents on the Jewish Problem in Poland on the Eve of World War II, in: Michael (Tel Aviv) 6, 1980, 115–148, zum Protest vgl. YIVO archives, American Jewish Congress, Federation of Polish Jews in USA, 7. Februar 1936, hier zit. n. Jansen, Madagaskar, S. 143 ff. Auch den englischen Botschafter in Warschau Howard Kennard hatte man davon überzeugt, daß es für die Lösung der Judenfrage in Polen keine Alternative zur Auswanderung gäbe, so schrieb er am 20. Oktober 1936 an Anthony Eden. Vgl. PRO FO 371/19964.

[117] Vgl. Sharp, Polen, S. 142. Die jüdischen Zwangsauswanderer sollten nach den Vorstellungen der polnischen Regierung ihr Geld im Land zurücklassen müssen.

[118] Vgl. Aronson, Falle, S. 50, bzw. Brechtken, Madagaskar, S. 151 ff. Die polnischen Vorstellungen über die möglichen Zahlen jüdischer Auswanderung auf die Insel schwankten stark zwischen einigen Tausend Familien und bis zu einer halben Million.

[119] Zit. n. Watt, Glory, S. 362.

Nad Wisłą.

Syrena warszawska. — Nie zdusisz mnie, potworze! Wciągnę się i utopię w tych szarych falach, których bronię od wieków.

Beispiel für antisemitische Karikaturen: „Am Ufer der Weichsel. Warschauer Syrene – ‚Du wirst mich nicht erwürgen, du Ungeheuer! Ich werde nur einatmen und dann werde ich dich in diesen schäumenden Wellen, die ich schon viele Jahrhunderte lang verteidige, ertränken.'"

den Tabakwarenhandel, als die Regierung auf einen Streich sämtliche Lizenzen in diesem Bereich für ungültig erklärte und neue nur an christliche Polen ausgab. Betroffen waren dreißigtausend jüdische Händler, die plötzlich vor dem Nichts standen.[120] Es waren im Grunde ähnliche Methoden wie die, mit denen gegen die

[120] Vgl. ebd., S. 363.

im Lande lebenden ethnischen Deutschen vorgegangen wurde und die der Wojewode von Schlesien, Michał Grażyński, einmal mit einem lapidaren „Deutsche ausrotten" zusammengefaßt hatte.[121]

Ministerpräsident Felicjan Slawoj-Skladkowski wies im Januar 1939 in einer Antwort auf eine entsprechende Anfrage aus den Reihen der eigenen Partei darauf hin, die Regierung tue alles, um die jüdische Auswanderung „zu beschleunigen und zu vergrößern". Es sei schließlich sie selbst gewesen, die im Jahr 1936 dafür gesorgt habe, daß „Polen als erstes Land auf internationalem Gebiet das Problem der jüdischen Auswanderung als eines der wichtigsten aufgerollt" habe.[122] Einige Wochen zuvor war ein von Landwirtschaftsminister Juliusz Poniatowski inspirierter Gesetzesentwurf öffentlich geworden, der die jüdische Auswanderung durch eine Abstammungsgesetzgebung, Berufsverbote und Steuerhöhungen für jüdische Betriebe beschleunigen wollte. Als Jude solle gelten, wer einmal in seinem Leben Jude gewesen sei oder von Eltern abstamme, die einmal in ihrem Leben zur jüdischen Bekenntnisgemeinschaft gehört hatten.

Man erwartete demnach eine Abwanderung der Hälfte aller Juden in Polen innerhalb von zehn Jahren. Bei Nichterreichung dieser Quote sollten die Steuern weiter erhöht werden. Zudem wurde eine Mindestzahl an nichtjüdischen Angestellten in jüdischen Betrieben vorgeschrieben, Prokura für Nichtjuden und anderes mehr.[123] Der nationaldemokratischen Opposition war dies noch nicht genug. Es sei ein „Antisemitismus der Worte", wo ein „Antisemitismus der Tat" nötig sei.[124]

In diesen Fragen ließ die Aktivität der polnischen Regierung auch während des dramatischen Jahres 1939 nicht nach. Kurz nach dem öffentlichen Bruch mit Deutschland versprach Slawoj-Skladkowski dem Parlament im Frühjahr, die 1928 erfolgte Einbürgerung von

[121] Vgl. Szembek, Journal, S. 62–64 (Deutsch im Original), sowie Roos, Polen und Europa, S. 226. Grażyńskis Amtsantritt in Ostoberschlesien im September 1926 gehörte zeitlich mit zu den Folgen des Staatsstreichs von Pilsudski. Er begann seine Amtszeit unter anderem damit, von den etwa 8.500 in dortigen deutschen Minderheitenschulen angemeldeten Kindern 7.114 den weiteren Schulbesuch zu untersagen, weil ihre Eltern keine Deutschen seien.

[122] Vgl. Ostland, 1939, S. 54, Bericht über die Rede Slawoj-Skladkowskis vor dem Sejm am 23. Januar 1939.

[123] Vgl. Ostland, 1939, S. 14 f., 1. Januar 1939. Da diese Ereignisse noch in die optimistische Phase deutsch-polnischer Beziehungen fielen, kommentierte Ostland diese Pläne durchaus wohlwollend.

[124] Vgl. Joseph, Jews, S. 417.

sechshunderttausend Juden aufzuheben. Knapp eine Woche vor Kriegsbeginn startete der Staatsrat für Import-Export-Angelegenheiten noch eine Umfrage nach den Namen der in Polen an solchen Geschäften beteiligten Personen, sowie deren nationalem und religiösem Hintergrund, mit dem ausdrücklichen Ziel, Juden vom Importhandel auszuschließen.[125] Mitte Februar 1939, also während dieser ganzen Ereignisse, empfing Josef Beck in Warschau den deutschen SS-Chef Heinrich Himmler, der ihm Unterstützung in der von Slawoj-Skladkowski skizzierten polnischen Judenpolitik zusagte. Deutschland werde Polen helfen, die polnischen Juden zur Auswanderung zu zwingen.

Mit diesen Fakten hat die heutige polnische Geschichtsschreibung nicht unerwartet ein Problem. Professor Marek Kornat etwa präsentiert diesen Besuch Himmlers als einen Versuch, Polen mit in den Holocaust zu verwickeln und leitet daraus ab, bereits deshalb seien alle anderen deutschen Angebote nach Ausgleich schon zwingend abzulehnen gewesen, denn nur so sei Polen diese Beteiligung am Massenmord letzten Endes erspart geblieben. Kornat erweckt mit seiner Formulierung, „Himmler sprach bereits damals deutlich ‚von der Notwendigkeit, die Juden loszuwerden',“[126] allerdings den Eindruck, als sei Himmler mit diesem Anliegen in Warschau wie ein Fremdkörper aufgetaucht. Statt dessen gab der Deutsche mit seinen Worten in erster Linie die polnische Regierungslinie wieder, so wie sie 1939 und schon Jahre vorher deutlich und öffentlich formuliert worden war und wie sie Josef Beck auch später in seinen Memoiren noch einmal erläutern sollte.[127]

Als der deutsche Diktator dem polnischen Botschafter im Land, Josef Lipski, im September 1938 eine Zusammenarbeit in dieser Frage der jüdischen Auswanderung in Aussicht stellte, hatte dieser mit der

[125] Vgl. Joseph, Jews, S. 417.

[126] Vgl. Kornat, Polen, S. 177 f., Die Gesprächsnotiz Beck-Himmler vom 18.2.1939 in PDD, 1939, I, S. 103, Dok. 52. Diese Notiz wurde aus nicht bekannten Gründen nicht in die PDFP übernommen.

[127] Die polnische Notiz legt Himmler praktisch vollständig die Worte in den Mund, mit denen – wie oben bereits dargestellt – später Beck seine Position erklären sollte. In Polen sei „das Problem komplizierter als in Deutschland. Einerseits haben wir zugewandertes jüdisches Element (meistens aus Rußland), das eigentlich nichts Gemeinsames mit diesem Land hat und welches man zuerst loswerden sollte, andererseits gibt es hier viele Orthodoxe, deren Leben neben uns, aber nicht mit uns verläuft. Darüber hinaus gibt es natürlich andere Kategorien der Juden, man muß aber feststellen, daß solche zugewanderten Gruppen oder Personen, wie dies in Westeuropa oder in Amerika der Fall ist, Polen weder hatte noch hat.“ Zit. n. Kornat, Polen, S. 177 f. Eine Erklärung dafür, und dafür, daß diese Äußerungen nicht in die englischsprachige Ausgabe übernommen wurden, könnte sein, daß diese zitierte Passage tatsächlich nicht Himmlers, sondern Becks Ausführungen wiedergibt.

später berühmt und berüchtigt gewordenen Formulierung geantwortet, man werde Hitler dafür ein Denkmal in Warschau errichten.[128] Es ist mit großer Sicherheit der düsterste Treppenwitz der Weltgeschichte, daß sich die polnischen Bestrebungen für ein Ende des Judentums im Land in den Jahren zwischen 1939 und 1945 durch den nationalsozialistischen Judenmord – wenngleich anders als gedacht – erfüllten und in dessen Schatten zugleich praktisch vollständig im Vergessen verschwanden.

Zwei Wochen nach Himmlers Besuch im Frühjahr 1939 kündigte Josef Beck dann auch der britischen Regierung noch einmal an, mit ihr über „Kolonien, Juden und Danzig" reden zu wollen, also unter anderem über den polnischen Plan einer jüdischen Massenauswanderung.[129] Man hielt dies in Warschau für ein international salonfähiges Thema, und das nicht ganz zu Unrecht. Im Vorjahr 1938 hatte die US-Regierung mit der Einberufung der internationalen Konferenz von Evian,[130] auf der über die Steuerung jüdischer Wanderungsbewegungen verhandelt wurde, diesen Ansatz verstärkt. Diese Konferenz war denn auch von Anfang an umstritten, da mit der Einberufung einer multinationalen Konferenz über jüdische Problematik unvermeidlich der von vielen Seiten bestrittene Eindruck entstehen konnte, daß es überhaupt eine jüdische Problematik gab.

Um dies zu vermeiden, wollte US-Präsident Roosevelt bei der internationalen Konferenz in Evian 1938 ursprünglich nur über die deutschen und österreichischen Juden debattiert wissen, um damit indirekt die deutsche Regierung und deren antijüdische Politik als Verursacher eines sonst nichtexistenten Problems zu brandmarken.[131] Er mußte aber erkennen, daß eine größere Auseinandersetzung auch über das Schicksal der Juden in ganz Osteuropa gefordert wurde. Gefordert wurde sie vor allem von der polnischen Regierung, die in Gestalt von Außenminister Beck hier die Chance sah, ihre langjährig verkündeten Ziele international zu präsentieren. Die Anwesenheit von zweiunddreißig Regierungen aus der ganzen Welt bedeutete die Gelegenheit dazu. Getreu seinem Grundsatz: „In der Politik zählt nur der, der Schwierigkeiten macht", durchkreuzte

[128] Vgl. Lipski, Diplomat, S, 411, Bericht vom 20. September 1938.

[129] Vgl. DBFP, III. Series, Vol. IV, Doc. 175, S. 181, 4. März 1939, Telegramm Kennard an Halifax.

[130] Konferenz in Evian in der Schweiz, vom 6. bis 15. Juli 1938. Auf US-amerikanische Anregung einberufene Zusammenkunft zur Erörterung verschiedener Fragen jüdischer Zwangsmigration und Verfolgung.

[131] Vgl. Weiss, Juden, S. 159 f.

Beck hier die amerikanischen und westeuropäischen Pläne für diese Konferenz und stellte sich an einem der heikelsten Punkte der internationalen Politik praktisch an die Seite des deutschen Antisemitismus.

Dieser Geste folgten Taten, die dann erneut der Maxime zu folgen schienen, Schwierigkeiten um jeden Preis zu machen, auf dem gleichen Politikfeld, aber diesmal gegen Deutschland. Beck war noch nicht lange von der Konferenz zurück, als die polnische Regierung im Herbst 1938 einen drastischen Schritt unternahm und am 15. Oktober eine Verordnung veröffentlichte, die polnischen Staatsbürgern ab dem 29. Oktober die Rückkehr nach Polen unter bestimmten Umständen verweigerte.[132] Gemeint waren in erster Linie die siebzigtausend in Deutschland lebenden Juden, wie das deutsche Außenministerium vermutete und wie die polnische Regierung auf Anfrage bestätigte, obwohl eine Ausbürgerung nach dieser Auskunft nicht beabsichtigt sei:

> *„Schließlich betonte der (polnische) Geschäftsträger, daß es sich um ein Mißverständnis handeln müsse. Der Zweck der polnischen Verordnung sei ein ausschließlich einmaliger, nämlich der, die Pässe aller polnischen Juden im Ausland zu kontrollieren. Wenn diese einmalige Aktion abgeschlossen sei, werde der alte Zustand wiederhergestellt werden. Ich habe geantwortet, daß sich dies aus dem Wortlaut der Verordnung nicht ergäbe."*[133]

Was sich die polnische Regierung bei dieser Maßnahme im einzelnen gedacht hatte, läßt sich nicht rekonstruieren. Deutschland gegenüber kann sie kaum anders denn als Provokation gedeutet werden. Das NS-Regime war nicht der Partner, der durch eine Änderung polnischer Paßgesetze den dauerhaften Aufenthalt von weiteren siebzigtausend Juden zusätzlich in Deutschland dulden würde. Diesen Umstand konnte die Warschauer Regierung eigentlich kaum übersehen haben. So begann Heinrich Himmler am 26. Oktober die Ausreise dieser Menschen zu erzwingen, die aber auch schon in diesen Tagen vor dem 29. Oktober trotz ihrer noch gültigen polnischen Pässe an der polnischen Grenze abgewiesen wurden. Es folgte jenes Flüchtlingselend im deutsch-polnischen Niemandsland, von dem auch die Eltern von jenem Herschel Grynszpan betroffen waren, der aus Verzweiflung darüber einige Tage später ausgerechnet den deutschen Geschäftsträger in Paris

[132] Vgl. ADAP, D, V, Dok. 84, S. 93.

[133] Zit. n. ADAP, D, V, Dok. 89, S. 98.

ermordete und damit den Anlaß für die „Reichskristallnacht" lieferte.[134] Die polnische Regierung ihrerseits konterte die deutschen Maßnahmen damit, daß in Polen lebende Deutsche ausgewiesen wurden – weshalb die deutsche Abschiebungsaktion sehr schnell eingestellt wurde.[135]

So warf die ganze Affäre ein Schlaglicht auf zwei schwere Probleme des deutsch-polnischen Verhältnisses: Die deutsche Minderheit in Polen konnte jederzeit als Erpressungsmittel gegen Deutschland verwendet werden, während es ein vergleichbares Druckmittel für Deutschland nicht gab. Und auch der scheinbar gemeinsame Antisemitismus war kein Bindeglied zwischen beiden Regierungen, sondern eher ein Grund zum Streit. Der polnische Antisemitismus hatte seine Ursachen nicht in rassistischen Motiven biologischer Art, sondern wurde durch einen Nationalismus getragen, der sich auch gegen die anderen nationalen Minderheiten wie die Ukrainer, die Litauer und die Deutschen richtete. Insofern wurden die Deutschen in Polen das Ziel ähnlich motivierter Gewalt wie die Juden, und dies mußte zu deutsch-polnischen Konflikten führen, zumal dann, als sich die Gewalt gegen Deutsche seit dem Frühjahr 1939 immer mehr verstärkte und am Ende zu jenen Pogromen führte, denen nach dem 1. September 1939 mehr als fünftausend Deutsche in ganz Polen zum Opfer fielen.[136] Die große ethnische Säuberung Osteuropas machte vor keiner Nation halt. Ein weiteres Element kam hinzu, das eine deutsch-polnische Koalition in Sachen Antisemitismus verhinderte: Das NS-Regime konnte der polnischen Regierung aus einem ganz banalen Grund nicht dabei helfen, ihre jüdischen Mitbürger aus dem Land zu treiben, da es die Frage nach dem „Wohin?" auch nicht beantworten konnte. Das konnten nur die Kolonialmächte, die über das nötige Aufnahmegebiet verfügten.[137] Die englisch-polnische Annäherung des Frühjahrs 1939 hatte viele Ursachen.

Auch gab es noch einen weiteren Aspekt, der England und Frankreich so überaus interessant erscheinen ließ: Vielleicht gelang es über

[134] Vgl. ADAP, D, V, Dok. 107, S. 115.

[135] Zit. n. ADAP, D, V, Dok. 92, S. 100, Vermerk Woermann, Gespräch mit dem polnischen Geschäftsträger Scheliha. Man einigte sich darauf, daß die an der Grenze wartenden Juden nach Polen einreisen dürften, daß aber in Zukunft nur noch etwa einhundert im Monat folgen sollten. Am 3. Februar 1939 meldete Himmler dann, es würden ungefähr 7.000–8.000 polnische Juden in Deutschland bleiben, denen die Warschauer Regierung die Staatsbürgerschaft vor einer Ausreise aberkennen werde. Vgl. ADAP, D, V, Dok. 127, S. 141.

[136] Vgl. de Zayas, Wehrmachtuntersuchungsstelle, S. 37.

[137] Zur Notwendigkeit einer Zusammenarbeit mit den Westmächten in dieser Frage vgl. Aronson, Falle, S. 50.

ein Bündnis mit den Westmächten sogar, endlich den polnischen Einfluß nach Übersee zu tragen und Sonderrechte in der Verwaltung einzelner Kolonien zu übernehmen, bevorzugt in den ehemaligen deutschen Überseegebieten, wie es von polnischer Seite bereits frühzeitig in London bekanntgegeben worden war.[138] Dies wurde offenbar als Preis für das Bündnis mit England gesehen, und als Außenminister Beck seinen Besuch in London im März 1939 vorbereitete, ließ er deshalb – wie schon weiter oben erwähnt – über den britischen Botschafter in Warschau seinen englischen Kollegen Halifax wissen, er wünsche über „Kolonien, Juden und Danzig" zu reden. Ohne England in Verlegenheit bringen zu wollen, wolle er doch den polnischen Standpunkt zur Kolonialfrage zum Ausdruck bringen. Halifax fiel angesichts dieser Begegnung mit der Vorstellungswelt der regierenden polnischen Klasse offenbar aus allen Wolken, obwohl er durchaus darüber hätte informiert sein können. Er gab Botschafter Kennard den Auftrag, Beck eine möglichst schnelle und deutliche Absage zu erteilen:

> *„Was die Diskussionsthemen betrifft, gehört die Kolonialfrage nicht zu den Punkten, über die ich mit Herrn Beck bereit bin zu sprechen. Finden Sie eine Gelegenheit, um ihn möglichst diskret aber auch so schnell wie möglich wissen zu lassen, daß es zwischen dem Vereinigten Königreich und Polen keine Kolonialfrage gibt und daher, soweit ich weiß, es auch nichts zu diskutieren gibt."*[139]

So einfach gab Beck aber nicht auf und ließ zwei Tage später wissen, er habe nicht die Absicht, die Gesprächsthemen auf diese Weise abgrenzen zu lassen. Judenfrage und Kolonialfrage seien ohnehin miteinander verbunden, gab sein Kabinettschef Łubienski dem britischen Botschafter bekannt:

> *„Herr Łubienski sagte etwas zerknirscht, die Kampagne für Kolonien würde die polnische Regierung in Verlegenheit bringen, obwohl sie wenigstens noch besser sei als jede antijüdische Kampagne. Herr Beck hatte nie die Absicht, koloniale Ansprüche zu stellen oder sich auf die Seite der Habenichtse zu schlagen. Aber er möchte der Regierung seiner Majestät Polens Haltung in Fragen der Rohstoffe und der Auswanderung erläutern. Bevor diese Dinge mit der Regierung seiner*

[138] Nach dem Ersten Weltkrieg war von den führenden polnischen Parteien erklärt worden, daß Polen als Siegermacht auch Anspruch auf Teile der deutschen Kolonien habe. Seit 1936 drängte Polen zu diesem Zweck darauf, in der Mandatskommission des Völkerbundes vertreten zu sein. Vgl. Jansen, Madagaskar, S. 144 und S. 158. Für die Forderungen von 1939 vgl. DBFP, III., Vol. IV, Doc. 175, Doc. 189 u. Doc. 306.

[139] Zit. n. DBFP, III. Series, Vol. IV, Doc. 189, S. 205, 8. März 1939. Halifax an Kennard.

Majestät besprochen seien, möchte er sie nicht einmal dem eigenen Kabinett vorlegen."[140]

Auch diese Verschränkung von Judenfrage und polnischem Kolonialanspruch konnte in London durchaus bekannt sein (in Berlin war sie es),[141] sie war seit Jahren Gegenstand von Diskussionen und Erklärungen der großen polnischen Parteien gewesen. Sowohl die Nationaldemokraten als auch das Lager der nationalen Einheit forderten die Auswanderung aller Juden nach Übersee.[142] Bei Becks Besuch in England sollten diese Fragen dann angesprochen werden, aber nicht unter dem Stichwort ‚Kolonien', sondern unter der Rubrik ‚Allgemeines'. Auf diesen Kompromiß einigten sich die Londoner und Warschauer Regierungen. Offensichtlich darum bemüht, die scharfe Ablehnung seiner ersten Antwort zu mildern, schob Außenminister Halifax die Schuld an diesem diskreten Vorgehen der sensiblen englischen Öffentlichkeit zu, die es schlecht aufnehmen würde, wenn bei Becks Besuch über Kolonialfragen gesprochen werden sollte. Was die jüdische Auswanderung angehe, so wisse er sehr gut, wie wichtig dieser Punkt für die polnische Regierung sei.[143]

[140] Zit. n. DBFP, III. Series, Vol. IV, Doc. 196, S. 217, 10. März 1939.

[141] Vgl. Botschafter Moltkes Bericht aus Polen in: ADAP, D, V, Dok. 119, 5. Januar 1939.

[142] Vgl. Jansen, Madagaskar, S. 146 ff., der dort einen summarischen Überblick über diese Form des polnischen Antisemitismus bringt.

[143] Vgl. DBFP, III. Series, Vol. IV, Doc. 306, S. 290, 17. März 1939. Am Ende nahm das offizielle Kommuniqué nur auf die Frage der jüdischen Auswanderung Bezug, und es wurde auf englischen Wunsch eine getrennte Erklärung zu diesem Thema abgegeben, damit öffentlich kein Bezug zum gerade geschlossenen Bündnisvertrag sichtbar würde. Vgl. DBFP, III. Series, Vol. V, Doc. 10, S. 36, 5. April 1939. Beck war auch von der rumänischen Regierung autorisiert worden, in London wegen der Auswanderung rumänischer Juden vorzusprechen. DBFP, III., IV, Doc. 182, S. 183, 6. März 1939.

Polens Rundumschlag: Litauen, Rußland, Deutschland

Litauen – der entfremdete Föderationspartner

Mit dem nach dem Ersten Weltkrieg ebenfalls neugegründeten Litauen gab es zwei Jahrzehnte lang einen Konflikt um die von beiden Seiten beanspruchte Stadt Wilna, der einzige Streitpunkt dieser Art, den die Republik Polen schließlich 1938 aus eigener Kraft faktisch und juristisch zu ihren Gunsten entscheiden konnte. Auch hier stand am Anfang der Auseinandersetzung die Neigung des Pilsudski-Polens, unter den offenen Verhältnissen der unmittelbaren Nachkriegszeit möglichst schnell Tatsachen zu schaffen. Im Fall Litauens standen diesen Wünschen im Frühjahr 1919 die bereits während des Krieges geschaffenen Fakten entgegen. Litauen verfügte über eine politische Organisation und wünschte, als selbständige politische Einheit anerkannt zu werden. Das verdankte sich unter anderem der deutschen Politik während des Krieges, solche Wünsche in gewissem Ausmaß zu fördern.

Im Frühjahr 1919 erkannte Polens Parlament den litauischen Wunsch im Prinzip an, forderte aber die Regierung trotzdem auf, möglichst auf eine enge Verbindung beider Länder hinzuarbeiten. International gesehen gehörte dies zu Pilsudskis „Föderations"-Projekt. Es traf insofern auf das Wohlwollen der westlichen Siegerstaaten, als im Versailler Vertrag ein Teil von Deutschland samt dessen östlichster Hafenstadt zur Verfügung gestellt wurde: Memel, nebst dem gleichnamigen Umland am gleichnamigen Fluß. Dies geschah formal ohne besonderen Grund und zunächst lediglich als internationales Gebiet. Faktisch stand als politisches Motiv die Planung der dort vorgesehenen polnisch-litauischen Föderation im Hintergrund. Damit hätte die Föderation hier auf einen ansehnlichen Ostsee-Hafen zurückgreifen können. Dies sollte am Ende an der politischen Willensbildung in Litauen scheitern. Ein Aufruf Pilsudskis an die „Einwohner des früheren Großherzogtums Litauen", sich an frühere gemeinsame Zeiten zu erinnern, fand wenig Echo. Pilsudski ließ zur Tat schreiten. Nach dem Rückzug der deutschen Streitkräfte war Wilna von Einheiten der

Roten Armee besetzt worden. Am 20./21. April 1919 griff eine kleine polnische Kavallerie-Einheit ein und konnte die Stadt und ihre Umgebung schließlich in Besitz bringen. Dabei sollte es fast zwanzig Jahre lang bleiben, gegen den litauischen Protest, dem die militärischen Möglichkeiten fehlten. Litauen hielt sich seinerseits am deutschen Memelland schadlos, das schließlich gegen deutschen Protest litauisch besetzt und annektiert wurde. Auch dies für etwa zwanzig Jahre, bis zum März 1939. Das Kalkül Pilsudskis, die Alliierten würden solche geschaffenen Tatsachen in Osteuropa aus weitgehendem Desinteresse schließlich hinnehmen, ging in diesem Fall auf.

Gegenüber Litauen vertrat das polnische nationale Lager wie zu zahlreichen anderen Gebieten fremder Nationen eine Art „Einverleibungstheorie".[144] Daher gehörte umfangreiches litauisches Gebiet auch zu den Dingen, die Nationaldemokrat Roman Dmowski den Alliierten während des Ersten Weltkriegs beizeiten abhandeln wollte. Nach seinem Programm, das in mehreren Denkschriften den alliierten Regierungen übergeben wurde, sollte das ganze spätere Nachkriegslitauen zu Polen gehören, und außerdem noch einiges mehr. Er erhob auch Anspruch auf den ostpreußischen Kreis Tilsit sowie auf Libau, Dünaburg, Mitau, Plock, Minsk, Bobruisk, Borisow, Sluck, Starokonstantinow, Ploskirow und Kamenez Podolsk.

Die Methoden, mit denen von polnischer Seite gegen die litauische Unabhängigkeit agitiert wurde, umfaßten das übliche Spektrum: historisch begründete Zweitklassigkeit Litauens, mangelnder Einsatzwille und natürlich das Vorhandensein angeblicher „polnischer Minderheiten". Jedrzej Giertych etwa rechnete das Wahlergebnis der polnischen Partei bei den litauischen Parlamentswahlen von 9,99 Prozent flugs zu „ausgedehnten Sprachinseln" hoch, zog vom Ergebnis der Hauptstadt Kowno unbekümmert die 32 Prozent jüdischen Stimmen ab, „die man schwer als gleichberechtigte Hausherren einer christlichen Stadt anerkennen kann"[145] und kam so auf polnische Mehrheiten. Radikale im polnischen nationalen Lager forderten 1938 von Litauen nicht nur die Annahme eines Ultimatums zur Hauptstadtfrage, sondern dessen Umwandlung in ein Protektorat, das „dauernd innerhalb unseres politischen Systems bleiben muß".[146]

Solches imperiale Ausgreifen war zu radikal, um 1938 umgesetzt werden zu können. Immerhin konnte damals der polnische Wilna-

---

144 Vgl. Giertych, Frage, S. 11.

145 Zit. n. ebd., S. 17.

146 Vgl. ebd., S. 26.

Standpunkt endlich durchgesetzt werden. Anderes blieb Wunschdenken. Über die dauerhafte litauische Verweigerungshaltung in Sachen Föderation empört, hatte Pilsudski 1919 neben den bereits genannten Aktionen sogar mit einem Staatsstreich in Litauen geliebäugelt. Mit Leon Wasilewski und Walery Sławek als Leiter der Operation erhielten zwei enge Mitarbeiter Pilsudskis mehrere Millionen deutsche Mark zur Verfügung gestellt, um zusammen mit der litauischen Opposition und den im Land ansässigen Polen das litauische Regime zu stürzen und ein genehmeres, föderationsgeneigtes einzusetzen. Die am 27. August 1919 schließlich trotzdem recht unorganisiert lancierten Umsturzversuche scheiterten allerdings und vertieften die polnisch-litauischen Differenzen über die staatliche Gestaltung zu einer echten Feindschaft.[147] Die an Abenteuern nicht arme Politik Pilsudskis war um ein gescheitertes Abenteuer reicher. Umlagert von deutschen, polnischen und schließlich sowjetischen Versuchen, den litauischen Nationalismus zu untergraben, mutierte dieser schließlich in den Kriegsjahren ab 1941 seinerseits zu einem der radikalsten Phänomene in Ostmitteleuropa.

Der polnisch-sowjetische Krieg

Dem Umstand, einstweilen nichts gegen Deutschland unternehmen zu können und gegenüber Litauen nicht recht weiterzukommen, trug Pilsudski Rechnung, indem er statt eines Angriffs nach Westen einen Angriff nach Osten startete – auf die UdSSR. Es hat Versuche gegeben, diesen Krieg als Präventivkrieg gegen sowjetische Angriffsabsichten darzustellen. Daran ist als allgemeine Beobachtung sicher die grundsätzliche Absicht der noch von Lenin geführten Bolschewiki richtig gesehen, ihre russische Revolution nach Europa hin auszudehnen und zu diesem Zweck in Richtung Deutschland auch durch Polen zu marschieren.

Tatsächlich steckten die Sowjets im Jahr 1920 aber noch tief im russischen Bürgerkrieg und waren zu Offensivaktionen nur schwer in der Lage. Pilsudski half ihnen während seines Ostfeldzugs teilweise sogar gegen die innerrussischen Gegner wie den General Anton Denikin, bei dem er zu Recht großrussische Ambitionen vermutete, die sich mit den eigenen Vorstellungen einer imperialen polnisch-litauisch-ukrainischen Föderation nicht vereinbaren lie-

[147] Vgl. Dziewanowski, Federalist, S. 166 ff.

ßen. Die Sowjets dagegen hatten auf die umfassende Liste jener früheren internationalen Abkommen, die sie seit der Oktoberrevolution nicht mehr anerkennen wollten, auch die polnischen Teilungsabkommen und die Ergebnisse des Wiener Kongresses gesetzt. Das war eine international einzigartige Zugabe an die polnische Position, und darüber hinaus bot man Pilsudski mehrfach eine großzügige Grenzziehung an. Zwar fiel das Zugeständnis nicht so umfassend aus wie ein Jahr zuvor gegenüber Deutschland, dem Revolutionsführer Lenin auf der Höhe der deutschen Stärke im Frieden von Brest-Litowsk selbst die Ukraine überlassen mußte. Aber auch die polnische Führung hätte mit dem zugestandenen Status quo in der Ukraine (Galizien einschließlich Lemberg war unter polnischer Kontrolle) plus „freier Hand" in Litauen und einem Plebiszit in Weißrußland über dessen Verbleib durchaus einverstanden sein können. Allerdings hatte Pilsudski zudem noch Forderungen auf Teile Lettlands einschließlich der Stadt Dünaburg erhoben und ein allgemeines sowjetisches Desinteresse an der ganzen Ukraine für notwendig erachtet.

Die polnische Antwort fiel deshalb negativ aus. Pilsudski hielt sich für militärisch überlegen und peilte an, Polen auf eine Ebene mit „den größten Mächten der Welt" zu heben, wie er im Januar 1920 öffentlich verkündete. Diese blumige Formel mochte er wohl selbst kaum ernst nehmen, aber sie gab jedenfalls den eigenen Ordnungsanspruch in Osteuropa wieder. Getreu dem Vorhaben, die unmittelbaren Nachkriegswirren zur maximalen Hebung der polnischen Größe zu nutzen, mußte eine Auseinandersetzung darüber mit Rußland eigentlich jetzt gesucht werden. Die Voraussetzungen auf der Ebene der internationalen Politik waren nicht eindeutig günstig, sprachen zugleich aber nicht unbedingt gegen diesen Schritt. In Frankreich gab es einflußreiche Kreise, die durch einen polnischen Krieg in Rußland die Rückzahlung der – von den Sowjets allerdings nicht anerkannten – vor 1914 vergebenen Vorkriegskredite gefährdet sahen. In Großbritannien sprach sich der damalige Kriegsminister Winston Churchill eher zugunsten einer polnisch dominierten Ukraine aus, der stets polenkritische Premier Lloyd George eher dagegen.[148] Eher negativ fiel auch die Reaktion in den Vereinigten Staaten aus, wo aus Regierungskreisen die Befürchtung geäußert wurde, dem bolschewistischen Regime würde aus einem Krieg gegen Polen patriotisch-russische Unterstützung erwachsen. Jedwede finanzielle oder materielle Unter-

[148] Vgl. ebd., S. 281 ff.

stützung wollte Washington nur für einen von polnischer Seite streng defensiv geführten Krieg leisten.[149]

Ein solcher Krieg war allerdings nicht geplant. Am 25. April 1920 begann statt dessen schließlich eine große polnische Offensive, die bereits am 8. Mai zur Eroberung Kiews führte. Die Begrüßung durch die Bevölkerung dort sei überaus freundlich gewesen, notierten ausländische Beobachter. Auch die nationale Einheit Polens war unter dem Eindruck des Erfolgs gegeben wie selten in den vorangegangenen Jahren, so daß sich für den Moment ein Erfolg von Pilsudskis Ostkonzeption abzeichnete. Bereits Anfang Juni folgte jedoch die sowjetische Gegenoffensive, die von der Roten Armee nun tatsächlich mit umfangreicher Unterstützung zaristischer Offiziere und unter der Parole der Rettung des Vaterlands geführt werden konnte. Wenn es aber auf polnischer Seite darüber hinausreichende Weltmachtambitionen gegeben haben sollte – auch auf der Gegenseite fehlten sie nicht. In einem Brief an Lenin vom 12. Juni 1920 erörterte Josef Stalin bereits die Problematik der künftigen Außenbeziehungen zwischen der Sowjetunion und „Sowjetpolen", „Sowjetungarn" und „Sowjetdeutschland".[150] Im Juli sahen sich die polnischen Delegierten auf der internationalen Konferenz im belgischen Spa, die eigentlich nur die Höhe von deutschen Entschädigungszahlungen festlegen sollte, scharfer Kritik für die Politik ihrer Regierung ausgesetzt. Die Republik Polen hatte sich international isoliert.

Wenn die sowjetische Gegenoffensive in Richtung Warschau und vielleicht Berlin tatsächlich völlig erfolgreich verlaufen sollte, würde Deutschland als Zahler genauso ausfallen wie Rußland und die Versailler Ordnung vollständig in Frage stehen. In jedem Fall konnte Deutschland in der gegenwärtigen Situation theoretisch Maßnahmen ergreifen, um eine Revisionspolitik gegenüber den bisher in bezug auf Polen gefallenen Entscheidungen zu betreiben. Militärische Mittel, reguläre wie irreguläre, standen dafür noch zur Verfügung. Polens Existenz war in diesem Szenario unmittelbar gefährdet, zumal in ebendiesem Juni 1920 die deutschen Reichstagswahlen zu einer Abwahl der „Weimarer Koalition" geführt hatten. Liberale, Sozialdemokraten und Christdemokraten (Zentrum) hatten ihre gemeinsame Mehrheit verloren. Die deutsche Revolutionskonstellation der Jahre 1918/19 war damit vorbei. Ob dies etwas und gegebenenfalls was

[149] Vgl. Pease, Stabilization, S. 9.

[150] Stalin, Werke, Moskau 1953, Bd. IV, S. 349, hier n. Dziewanowski, Federalist, S. 295.

dies für die deutsche Außenpolitik bedeutete, ließ sich noch für niemanden absehen.

Der weitere Verlauf dieses Krieges muß an dieser Stelle im wesentlichen nur unter zwei Aspekten interessieren, und zwar unter der dabei sichtbar werdenden Rolle Polens innerhalb der westlichen Diplomatie und unter den innerpolnischen Folgen des letztlichen Kriegsverlaufs. Was den ersten Punkt anging, so mußten die polnischen Vertreter in Spa und andernorts erleben, wie ihnen die gewünschte direkte Hilfe in Form von Waffen, Geld und militärischer Unterstützung weitgehend verweigert wurde. Frankreich schickte immerhin Militärberater, Großbritannien nur seinen Berliner Botschafter Lord D'Abernon, um Einfluß auf polnische Regierungsentscheidungen nehmen zu können. Ein Signal der Anerkennung polnischer Ambitionen auf Großmachtebene stellte beides nicht dar. Was den Kriegsverlauf anging, so gab das „Wunder an der Weichsel", also die Niederlage der fast schon in Polens Hauptstadt Warschau eingedrungenen Roten Armee, letztlich den Ausschlag für das polnische Geschichtsbild in dieser Sache. Dieses Bild enthielt eine religiöse wie eine militärische Komponente. Zum einen wurde vom „Wunder" gesprochen, weil landesweite Gebete den am Morgen der Entscheidung herrschenden Nebel begünstigt haben sollen. Bis die sowjetischen Truppen am 15. August 1920 den polnischen Gegner bemerkten, waren sie schon geschlagen. Zugleich traten Personen ins nationale Bewußtsein, die später die Hoffnungen auf ähnliche Ereignisse im Jahr 1939 beleben sollten. In vorderster Linie gehörte dazu der General Edward Rydz-Śmigły.[151]

Polen rettete sich schließlich im März 1921 durch französische Unterstützung in den „Frieden von Riga", der lediglich Teile der Ukraine und Weißrußlands bei der polnischen Republik beließ. Dies genügte den eigenen Ansprüchen nicht. Die Grenzziehungen im östlichen Mitteleuropa blieben nicht nur aus Warschauer Sicht überall vorläufig. Man sah sich in der Folgezeit während der ganzen 1920er Jahre auch einer agilen deutschen Öffentlichkeitsarbeit gegenüber. Es gelang ihr, besonders den Verlust Westpreußens in der Welt-

[151] Edward Rydz-Smigly (1886–1941) polnischer Politiker, studierter Künstler und Militär, zuletzt „Marschall von Polen". Konspirative Tätigkeit in der polnischen Nationalbewegung seit 1907, 1914 Leutnant der österreichischen Armee, seit August 1914 Offizier der polnischen Legion, November 1918 Kriegsminister, 1920 Kommandeur in der Schlacht von Warschau, 1926 an Pilsudskis Staatsstreich beteiligt, seit 1935 Generalinspekteur der Streitkräfte und „Marschall von Polen", 1939 mitverantwortlich für den polnischen Kriegskurs. Berühmt für seine scharfe Rede am Tag der Legionen, dem 6. August 1939, in der er Hitler zum Staatsfeind erklärte und vor 150.000 Zuhörern zum Kampf aufrief.

öffentlichkeit als ungerecht aufzuzeigen und als „Korridorproblem“ ins Bewußtsein einzuprägen. Das deutsche Auswärtige Amt erkannte die Grenzen von Versailles gegenüber Polen in keinem weiteren Abkommen an. Die polnische Republik geriet hier phasenweise in eine Defensive, die allerdings außenpolitisch entsprechend beantwortet wurde. Innenpolitisch fand sie ihre Ergänzung durch eine ganze Kette von Maßnahmen, die der in Polen noch ortsansässigen deutschen Bevölkerung die Existenz unmöglich machte. Dazu gehörte alltägliche Gewalt ebenso wie die Entlassung deutscher Arbeiter und Angestellter, die sukzessive Enteignung durch ein Vorkaufsrecht im Erbfall oder die Schließung deutscher Schulen. Das fand in anderen Staaten teilweise aufrichtige Bewunderung und diente als Vorbild für Kommendes. Man müsse es machen wie die Polen, die nach 1919 mehr als eineinhalb Millionen Deutsche „hinausgeworfen“ hätten, wurde etwa dem tschechoslowakischen Präsidenten Eduard Benesch von seinen Beratern vorgeschlagen. Daß „die polnischen Brüder“ imstande seien, „drei Millionen von ihnen totzuschlagen wie auf einem Schlachthof“, erregte aber nur widerwillige Bewunderung. Man wollte von der Ermordung absehen und zur Umerziehung greifen.[152]

Letztlich blieb Pilsudskis Projekt eines unmittelbar aus dem Ersten Weltkrieg hervorgehenden polnischen Imperiums jedoch unvollendet. Das Schlagwort vom „Intermarium“, also einem Polen vom Schwarzen Meer bis zur Ostsee, blieb eine Vision, die noch seine Nachfolger beschäftigte. Der polnische Zugang zum Meer blieb vorerst auf den schmalen Küstenstreifen Westpreußens beschränkt, nachdem sich auch Litauen keiner polnischen Oberhoheit unterwerfen wollte. Pilsudski ließ zwar die proklamierte litauische Hauptstadt Wilna besetzen, ging aber nicht weiter vor. Das Memelland, jener schmale Streifen von Deutschland, den die Alliierten ohne weiteres Nachfragen bei der betroffenen Bevölkerung von Ostpreußen abgetrennt und als Verkehrsweg- und Hafengeschenk für die projektierte litauisch-polnische Union vorgesehen hatten, hatte keine direkte Landverbindung zu Polen. Es wurde schließlich von Litauen okkupiert. Die Republik Polen aber blieb auch ohne die Föderation mit Litauen ein Staat, der sich so gut wie überall über das ethnisch gesehen polnische Gebiet hinaus in andere Länder hinein ausdehnte und in dem die Polen insgesamt nur eine knappe Mehrheit stellten.

[152] So Bretislav Palkovsky in einem Schreiben an Benesch vom 7. November 1940. Vgl. Brandes, Weg, S. 84.

Polen und Deutschland

> *„Ich hatte viel Zeit zum Nachdenken, und ich machte mir die Theorie zurecht, daß den Deutschen die Rolle des historischen Mohren zufällt, das heißt die Rolle einer Nation, welche für andere die ‚Schwarze Arbeit' verrichtet. Bei Sadowa gaben sie den Völkern Österreichs und Ungarns eine Ära der Freiheit, bei Sedan den Franzosen die Republik und den Italienern Rom. In diesem Krieg befreiten sie die Polen von der Herrschaft Rußlands und diesem selbst brachten sie die Revolution, die so viele russische und polnische Geschlechter nicht hatten zustande bringen können. Und weil andere aus diesen Siegen den Nutzen haben und die Deutschen verwünschen, darum eben sind sie die Mohren der Geschichte."*
>
> *Tadeusz Hołówko*[153]

Besonders konfliktträchtig wurde unter den beiden oben genannten Aspekten des internationalen Rechts und der Herrschaft über andere Völker das polnische Verhältnis zu Deutschland nach 1918. Absichten und Taten der polnischen Republik gegen den deutschen Staat und die deutschstämmige Bevölkerung in Polen selbst verstießen ebenso grundsätzlich gegen das Selbstbestimmungsrecht, wie sie politisch für jede deutsche Regierung inakzeptabel waren.

Polens in der Literatur oft als „Neutralität zwischen den beiden großen Nachbarstaaten" angesprochene Haltung zu Rußland und Deutschland hatte insofern eigentümliche Ursachen. Im Fall Rußlands arbeitete die Warschauer Führung unter dem Stichwort des „Prometheismus" an nichts weniger als an der Auflösung des russischen Großstaats und konkret an der Abspaltung der Ukraine, Weißrußlands und der Kaukasusstaaten. Man hoffte auf diese Weise, Rußland um seinen Status als osteuropäische Großmacht bringen zu können und diesen Status dann selbst einzunehmen.[154] Solche Gedankengänge finden sich bis in die späte Kriegszeit der vierziger Jahre an prominenter Stelle. Das polnische Exil-Außenministerium forderte im November 1943 beispielsweise in einem Positionspapier die Auflösung Rußlands und außerdem eine Erweiterung Polens nach Osten über die Vorkriegsgrenzen von 1939 hinaus: „Wir stellen nicht über-

---

[153] Tadeusz Hołówko (1889–1931), polnischer Politiker und Diplomat, enger Mitarbeiter Josef Pilsudskis und Mitglied in dessen Militärorganisation POW, hier in einer Äußerung aus: „Z wspomnień germanofila", Warschau 1925, Bd. I, zitiert nach der Übersetzung von Perdelwitz, Politik, S. 273.

[154] Vgl. Schenke, Nationalstaat, S. 51.

eilt Postulate zur Zergliederung Rußlands auf, aber im Falle der Entstehung solcher Möglichkeiten unterstützen wir die Unabhängigkeit der Ukraine und des kaukasischen Bundes. Wir streben die Umbildung des allrussischen Imperiums in Nationalstaaten an. [...] Im Osten reflektieren wir im Falle einer Umbildung Rußlands auf eine Abrundung, die Kamieniec und Minsk umfaßt. Litauen muß mit Polen eine Staatseinheit bilden, wobei wir bereit sind, den Litauern vollste Gleichberechtigung zu geben. Außerdem haben wir winzige Grenzkorrekturen von seiten Rumäniens und evtl. Lettlands im Auge."[155]

Im Fall Deutschlands hegten bedeutende Teile der polnischen Politik die Absicht, bedeutende Teile Ostdeutschlands unter dem Stichwort „Wiedergewinnung der Westgebiete" entweder direkt zu erobern oder teilweise, wie im Fall des nördlichen Ostpreußen, ebenfalls abzuspalten. In beiden Fällen sollte das aber ohne die Unterstützung Rußlands (gegen Deutschland) oder Deutschlands (gegen Rußland) geschehen, damit allein Polen von der geplanten Entwicklung profitieren konnte. Dieses Kunststück, je nach Lage zuerst einen der beiden „großen Nachbarn" zu zerlegen, ohne daß sich der jeweils andere dafür interessieren oder dabei profitieren würde, unter dem Stichwort „Neutralität" zusammenzufassen, war ein Euphemismus der besonderen Art. Besonders im Westen – und später in der westlichen Geschichtsschreibung – erkannte man diese Strategie nicht. Es läßt sich kaum sagen, daß man sie nicht begriff, man erkannte sie gar nicht als solche. Das Selbstverständnis Zwischenkriegspolens als imperiale Macht lag außerhalb der Denkwelten westlicher Beobachter.

Im öffentlichen Raum wurde diese Strategie naturgemäß auch deutlich zurückhaltender zur Sprache gebracht. Es wäre einfach unmöglich und ein schädlicher diplomatischer Skandal gewesen, hätten polnische Regierungsstellen amtliche Forderungen auf deutsches oder russisches Territorium in dem Maß aufgestellt, wie man sich dies eigentlich vorstellte. Zwar gab es gelegentlich solche Äußerungen, denn wenn den Deutschen in der Republik Polen schon vom Ministerpräsidenten das Existenzrecht abgesprochen wurde und die polnische Regierung ganz offiziell gegen ihre 97,5-Prozent-Abstimmungsniederlage im südlichen Ostpreußen Protest einlegte, kam die Unbegrenztheit dieser Gedankenwelt mehr als nur andeutungsweise zum Ausdruck. Neben der „Neutralität" wurden zu ihrer noch akzeptablen Formulierung die „Kultur" oder die „Zivilisation" ins Spiel

[155] Zit. n. Gelberg, Entstehung, S. 36.

gebracht. Josef Pilsudski als der seit 1926 starke Mann Polens sprach in diesem Zusammenhang einmal von der „zivilisatorischen Mission" Polens, die nicht durch eine „Unterordnung Polens" unter einen der beiden großen Nachbarstaaten verhindert werden dürfte.

Das polnische nationale Lager stellte vor diesem Hintergrund ein „Junktim" zwischen der Rückkehr Österreichs zu Deutschland und der sogenannten „Ostpreußen-Frage" auf. Die Nationaldemokraten wie Dmowski und Co. wollten den Anschluß Österreichs zulassen, wenn dafür Ostpreußen an Polen „angeschlossen" worden wäre.[156] Es waren Projekte dieser Art, die Pilsudski gegenüber deutschen Gesprächspartnern wie Gustav Stresemann für „närrisch" erklärte, zumal wenn sie wie üblich auf dem offenen Markt gehandelt wurden.

[156] Vgl. Giertych, Frage, S. 23, bzw. Laeuen, Zwischenspiel, S. 12.

Skizzen eines selbstgemachten Dilemmas: Imperium oder Untergang

Vordenker

„Das Großmachtstreben war der Fluch unserer politischen Linie. [...] Die polnische Großmachtpolitik verzichtete nicht auf Konzepte für eine Abtrennung der Ukraine und des Kaukasus von Rußland und formulierte weiterhin das Ziel, sich Danzig, wenn nicht gar Ostpreußen einzuverleiben. Gewisse Aktivitäten in dieser Richtung, die sich am besten als Eiertanz bezeichnen lassen, wurden durchaus von staatlichen Stellen oder von staatlich finanzierten Institutionen unternommen. Die Öffentlichkeit war darauf unglaublich stolz und sehr zufrieden damit."

Michal Łubienski,
Kanzleichef des polnischen Außenministers[157]

Es wurde bereits angedeutet, welches Ausmaß die politischen Zielsetzungen der polnischen Zwischenkriegsrepublik angenommen haben. Im folgenden soll dies anhand einer Auswahl von Publikationen und Illustrationen verdeutlicht werden. Auf die vielen radikalen Äußerungen aus Politik und Publizistik, in denen polnische Ansprüche formuliert wurden, kann dabei nur in begrenztem Umfang eingegangen werden. Die folgende Auswahl der genannten Theoretiker, Politiker, Publizisten und Militärs versucht eine Balance zu halten zwischen rein auf Polnisch publizierten Texten, solchen, die durch offizielle Übersetzung und Publikation den Weg ins Ausland fanden, und solchen, die „für den Dienstgebrauch" beispielsweise ins Deutsche übersetzt wurden. Man registrierte in Berlin über Jahre hinweg systematisch die innerpolnische Diskussion, was dann wiederum für die Beantwortung der Frage interessant ist, inwieweit die Visionen vom polnischen Imperium Einfluß auf politische Entscheidungen im außenpolitischen Tagesgeschäft gehabt haben.

157 Aufzeichnung aus den Jahren 1940/41, hier zit. n. Łubienski, Polen, S. 79.

Henryk Baginski

In einer Denkschrift des polnischen Auswärtigen Amts war beispielsweise 1931 die Oder-Neiße-Linie als Ziel der polnischen Expansion genannt worden.[158] Solche Gedanken genossen in der polnischen Öffentlichkeit und im Generalstab durchaus Popularität. Ein Buch des polnischen Generalstabsoffiziers Baginski von 1927, in dem solche Gedanken öffentlich vertreten wurden, erlebte mehrere Neuauflagen. Man konnte dort Feststellungen wie diese lesen:

> *„Es wird niemals Frieden in Europa geben, bis Preußen ausradiert ist und die deutsche Hauptstadt von Berlin nach Frankfurt am Main verlegt wurde, da Berlin auf slawischem Land steht. Nur mit einer Revision der slawischen Niederlage kann Deutschland sicher niedergehalten werden."*[159]

Bemerkenswert hierbei war die Karriere des Autors, der erst in den polnischen Generalstab versetzt wurde und bis 1939 dessen Mitglied blieb,[160] nachdem er öffentlich die Eroberung Ostpreußens und die Verlegung der deutschen Hauptstadt gefordert hatte. Es war ein deutliches Signal, einen Offizier mit derart aggressiven Ansichten während der Vorkriegsjahre in den Generalstab zu berufen. Bemerkenswert war zudem, daß Baginski seine Forderungen auf Basis der Theorie des „Dritten Europa" oder „Intermarium" erhoben hatte, die unter der Leitung von Außenminister Josef Beck in den dreißiger Jahren das Leitmotiv der polnischen Außenpolitik werden sollte. Nach dieser Theorie diente Polen analog zu Frankreich (Atlantik–Mittelmeer) und Deutschland (Nordsee–Adria) als dritte europäische Verbindung zweier Meere (Ostsee–Schwarzes Meer).[161] Damit waren die polnischen Gebietsansprüche deutlich bezeichnet, auch deswegen, weil die Mündung der Oder üblicherweise als westliches Ende dieser Verbindungslinie galt, so auch bei Baginski. In einer später auf Englisch erschienenen Ausgabe von „Polens Freiheit zur See" nannte er dann gar noch die Elbe einen „großen slawischen Fluß" und gab eine Karte bei, auf der Polens „historische Grenzen" kurz vor Braunschweig en-

[158] Dies nach Aussage von Kurt Gräbe, 1922–1936 ethnisch-deutscher Abgeordneter des polnischen Parlaments und 1931 Mitglied in dessen auswärtigem Ausschuß. Vgl. Neumeyer, Westpreußen, S. 400.

[159] Zit. n. Baginski, Poland, S. 86.

[160] Marian Kukiel hob in seinem Vorwort zu „Poland's Freedom of the Sea" hervor, Baginski sei einer derjenigen gewesen, die in den Jahren vor dem Krieg die Basis für die Zukunft der polnischen bewaffneten Streitkräfte gelegt hätten. Vgl. Baginski, Freedom, S. III.

[161] Vgl. Baginski, Freedom, S. 10 ff. u. Scheil, Logik, S. 106 ff.

deten.[162] Möglicherweise aus Bescheidenheit verzichtete er darauf, den Rhein als slawischen Fluß zu bezeichnen, gab aber einen Hinweis, mit dem dies nach den Richtlinien seiner sonstigen Argumente sehr wohl gerechtfertigt gewesen wäre, denn „der Großteil des heutigen Deutschland, bis hin zum Rhein, war vor zweieinhalbtausend Jahren slawisch besiedelt".[163] Es sei möglich, diesen Zustand wiederherzustellen:

> *„Wenn die Iren zur keltischen Tradition und Sprache zurückkehren können, wenn Juden in Palästina wieder Hebräer werden können, dann gibt es keinen Grund, warum die Bevölkerung östlich der Elbe nicht wieder zu ihrer slavischen Tradition zurückkehren könnte. Alles in allem wäre die Polonisierung von ‚Halb-Deutschen' für Europa viel weniger gefährlich als die Germanisierung von Polen und würde nebenbei eher dem geschichtlichen Trend folgen, da die Slawen die höhere Vitalität besitzen."*[164]

Es gab auch im Europa des nationalistischen Zeitalters kaum einen vergleichbaren Anspruch eines nationalistischen Programms an eine andere Nation.

Adolf Bochenski

> *„Ich war 1940 in Warschau. Dort wandten sich Vertreter konspirativer wissenschaftlicher Kreise aus Posen – Zygmunt Wojciechowski, Leon Calka und andere – an mich und machten den Vorschlag, aus geographischer Sicht die zukünftige polnisch-deutsche Grenze zu überdenken. Die Forderung nach einer Grenzziehung an Oder und Neiße war schon früher von der Posener Gruppe gestellt worden, und unter den konspirativen Arbeitsbedingungen wurden in den Jahren 1941/42 darüber heftige Diskussionen geführt."*
>
> *Maria Kiełczewska-Zaleska* [165]

Zu denjenigen polnischen Historikern, die politisierende Basisarbeit leisteten, wenn es um das Verhältnis der Republik Polen zu ihrer Außenwelt ging, gehörte Adolf Bochenski. Er ließ Mitte der 30er

[162] Vgl. Baginski, Freedom, S. 28, Karte 6. Praktisch das gesamte Gebiet der späteren sowjetischen Besatzungszone in Deutschland gehörte danach „historisch" zu Polen. Dies galt auch für die ganze Ukraine, für Rußland bis Borodino, also bis etwa 100 km vor Moskau; und auch das ganze Baltikum, mit Ausnahme eines kleinen Landstreifens vor der estnischen Hauptstadt Reval, teilte dieses Schicksal.

[163] Ebd., S. 28.

[164] Zit. n. ebd., S. 71 f.

[165] Zit. n. Kortus, Westgedanke, S. 254.

Jahre eine ganze Reihe programmatischer Schriften zu diesem Thema erscheinen, darunter 1937 einen längeren Essay über Polens Lage mit dem Titel „Zwischen Deutschland und Rußland". Der blieb in Deutschland nicht unbemerkt und wurde für wichtig genug gehalten, um „nur für den Dienstgebrauch" ins Deutsche übersetzt zu werden. In seiner Schrift erging sich Bochenski ausführlich über die deutsch-polnischen Beziehungen. Er sah sie wie so viele andere polnische Publizisten als unrettbar vergiftet an. Obwohl geographische Gegebenheiten seiner Ansicht nach nicht zur Begründung staatlicher Politik herangezogen werden könnten, sei das Verhältnis zwischen diesen beiden Staaten durch die Versailler Grenzziehung unrettbar beschädigt. Man wisse dies in Polen zum Glück.

> *„Die Zahl der Polen, die sich einbilden, daß bei den jetzigen territorialen Verhältnissen die Haltung Deutschlands Polen gegenüber dieselbe sein wird, wie zum Beispiel die Schwedens Dänemark oder Frankreichs Spanien gegenüber, ist so gering, daß wir keinen Grund haben, uns mit diesem Problem zu beschäftigen."*[166]

Nicht einmal Studnicki, einer der wenigen Vertreter deutsch-polnischer Zusammenarbeit überhaupt, sei dieser Ansicht.[167] In jedem Fall müsse man, so Bochenski weiter, mit einer Verschlechterung der Beziehungen Polens sowohl zu Deutschland als auch zu Rußland rechnen und als Folge dessen mit einer Zusammenarbeit beider Staaten in diesen Fragen.[168] Eine Strategie für diesen Fall zu entwickeln, war sein Anliegen. Bisher sei der Gegensatz zwischen beiden Staaten, wie er seit dem Regierungsantritt Hitlers bestehe, die Ursache für die „günstige politische Konjunktur" der letzten Jahre, repräsentiert durch die Amtszeit Josef Becks im Brühlschen Palais.[169] Das könne sich wie gesagt ändern, wobei Bochenski bemerkenswerterweise ausdrücklich betonte, Staatsräson stehe überall vor ideologischer Gemeinsamkeit.

> *„Den schönen Augen des Antisemitismus und Antiliberalismus Polens kann Hitler sehr viel opfern, aber nichts vom nationalen Interesse Deutschlands."*[170]

[166] Zit. n. Bochenksi, Deutschland, S. 7.

[167] Merkwürdigerweise stand Bochenski gelegentlich selbst im Ruf, „germanophil" zu denken. Dafür genügte es damals offenbar bereits, das deutsch-polnische Verhältnis gedanklich als Wechselbeziehung aufzufassen, in der beide Seiten manchmal nachvollziehbare Handlungsmotive hatten. Vgl. Lawaty, Ende, S. 86.

[168] Vgl. Bochenski, Deutschland, S. 10.

[169] Vgl. ebd., S. 14.

[170] Zit. n. ebd., S. 20.

Um Pomerellen wiederzugewinnen, werde man in Berlin auch Dschugaschwili (Stalin) die Hand reichen. Die aktuelle Politik Polens habe demnach zwar die Aufgabe, den deutsch-russischen Gegensatz nach Möglichkeit zu fördern, sich aber langfristig auf dessen Überwindung einzustellen. Daraus folge, Polen müsse sich als „revisionistischer Staat" verstehen, denn nur die Überwindung der Versailler Ordnung durch zusätzlichen Machterwerb könnte die Machtverhältnisse im Dreieck Deutschland–Polen–Rußland so verändern, daß Polen gesichert sei.[171] Hier sah Bochenski als „positiven Weg" den Imperialismus, „etwa durch die Annexion von Minsk, Königsberg oder Uzhorod."[172] Man müsse der Sache aber ein Ziel geben und sich für eine Richtung entscheiden und nicht etwa den Ausführungen Giertychs folgen, der „Minsk, Dünaburg und Königsberg zugleich haben möchte".[173] Eine weitere Möglichkeit sei der „Relativismus", also die Aufteilung der Nachbarstaaten in kleinere politische Einheiten, wodurch die Macht Polens „relativ" anwachsen würde. Bochenski neigte zu diesem Relativismus und wollte ihn wegen der Stärke der nationalen Idee gegen Sowjetrußland richten. Er diskutierte vor diesem Hintergrund ausführlich die Probleme einer ukrainischen Unabhängigkeit und entschied sich nur knapp dafür, darin mehr gute als schlechte Seiten zu sehen.

In einem Kapitel unter der Überschrift „Auf dem Weg zu einem neuen Sadowa", nannte Bochenski in Polen die Politiker Stanisław Stroński und Władysław Sikorski als Exponenten eines profranzösischen Lagers, das diesem Bündnis alles andere opfern wolle.[174] Das sah man in Paris ganz ähnlich, und in der Tat wurden nach dem Zusammenbruch der Zweiten Polnischen Republik 1939 diese beiden Politiker von Frankreich unter die künftigen Repräsentanten der polnischen Exilregierung gewählt, auf deren Zusammensetzung die beiden Westmächte massiven Einfluß nahmen. Bochenski erkannte vor dem Krieg sentimentale Gründe für diese profranzösische Einstellung von Stroński und Sikorski, aber auch hier könne der letzte Sinn eines solchen Bündnisses nur in der Aufteilung der UdSSR liegen. Bochenski meinte treffend, daß für Frankreich eigent-

[171] Vgl. ebd., S. 22.

[172] Vgl. ebd., S. 22. Uzhorod (Uschhorod/Ungwar) gehörte seit 1919 mit der Karpatenukraine zur neugegründeten Tschechoslowakei.

[173] Vgl. Bochenski, Deutschland, S. 22.

[174] Vgl. ebd., S. 49.

lich das Bündnis mit Rußland wertvoller sei als das mit Polen.[175] Letztlich stellte er drei Grundsätze einer „polnischen Monroedoktrin“ auf:[176]

- kein Quadratmeter Boden der polnischen Republik nach den Verträgen von Versailles und Riga darf aufgegeben werden;
- die Republik Polen darf den Erhalt ihrer Integrität in keinem Fall der Hilfe eines ihrer Nachbarn verdanken;
- die Aufsaugung der kleinen Staaten und Völker durch die großen Imperialismen steht im Widerspruch zum Interesse der Republik.

Nach diesem Versuch, den Grundsatz „teile und herrsche“ in neuem Gewand zu präsentieren, folgte die im Text hervorgehobene Schlußfolgerung:

> *„Wenn unsere Generation etwas wirklich Großes in der Geschichte der Republik vollbringen will, wenn unsere Generation nicht nur die von Pilsudski geleistete Wiederherstellung des 18. Jahrhunderts, sondern auch das 17. Jahrhundert wiederherstellen will, so muß sie erkennen, daß sie zu großen Ergebnissen nur durch Opfer gelangen kann.“*[177]

In dieser Forderung nach Opfer und Größe und der Tonlage, in der hier Großmachtarithmetik vorgetragen wurde, lag wohl auch das Hauptziel des Buchs verborgen, das sich ansonsten zu keiner wirklichen These durchringen konnte. Es erschöpfte sich in Nationalismus und widersprach sich ansonsten des öfteren. Die Schlußfolgerungen von Bochenskis „Monroe-Doktrin“ waren ebenso unrealistisch wie theoretisch unbedarft, die im Text immer wieder hervorgehobene Notwendigkeit einer „radikalen Veränderung der territorialen Konfiguration Mitteleuropas“[178] zugunsten Polens wurde hier weder stimmig begründet, noch wurde ein Weg dorthin aufgezeigt. Interessant ist, daß Bochenski ausdrücklich forderte, für die Verteidigung der Tschechoslowakei oder Rußlands keinen Finger zu rühren, und daß er mehrfach die Politik Josef Becks gegenüber Deutschland lobte.

Bochenski erwähnte Jedrzej Giertych, der in der Tat zu den ganz radikalen Denkern gehörte, wenn es um die mögliche territoriale Expansion der polnischen Republik ging. In einer Artikelserie in der „Polityka Narodowa“, die schließlich 1939 vom Krieg unter-

[175] Vgl. ebd., S. 62.

[176] So der Begriff von Bochenski, vgl. ebd., S. 98 f.

[177] Vgl. ebd., S. 105.

[178] Vgl. ebd., S. 99.

brochen werden sollte, ging Giertych so weit „darzulegen, daß unsere natürliche Westgrenze an den Sudeten, an den Lausitzer Sümpfen und an der unteren Oder liegt, daß wir danach streben müßten, diese Linie zu erreichen, zum Beispiel in der Form einer Okkupation und einer Kette von Pufferstaaten".[179] Giertych betonte, dies sei „kein neuer Gedanke" von ihm, sondern bereits „im März oder April 1939" vom Vorsitzenden der Nationalen Partei Kazimierz Kowalski „in seiner berühmten Rede" ausgesprochen worden. Kowalski wurde später während der deutschen Besatzung erschossen, hatte aber im Frühjahr 1939 in der Tat die Idee gehabt, in einer Rede nicht nur die Oder-Neiße-Grenze zu fordern, sondern diese Ausführungen auch drucken zu lassen. Für Polen sei ein Stand an der Oder so existentiell wie für Frankreich die Rheinlinie.[180] Allerdings habe man, so behauptete Giertych später nach dem Krieg, damals 1939 nur an eine Okkupation und eine Gründung von Pufferstaaten denken können und eine Umsiedlung der Bevölkerung angeblich noch nicht andenken können.[181] Es bereitete ihm trotz dieses Eingeständnisses keine Schwierigkeit, das Polen des Jahres 1939 dennoch als den „überfallenen" Staat zu beschreiben.[182]

Zygmunt Wojciechowski

In die Reihe der akademischen Vordenker einer polnischen Expansion an die Oder gehört der Mediävist Zygmunt Wojciechowski. Seine zahlreichen Veröffentlichungen zu diesem Zweck setzen in der Vorkriegszeit ein und wurden nach 1945 zunächst bruchlos fortgeführt, als es die auf der Potsdamer Konferenz neu erreichte Oder-Neiße-Linie zu verteidigen und langfristig zu sichern galt. Geboren im Jahr 1900 im nach 1919 ostpolnischen, zuvor im österreichischen Galizien gelegenen Stryj in der Nähe von Lemberg, ge-

179 Zit. n. Giertych, Gebiete, S. 42. Offener Brief an den Schriftleiter Stanisław Mackiewicz der Wochenschrift „Lemberg und Wilna" vom 14. November 1946. Mackiewicz hatte sich in einem Artikel über Stanisław Mikołajczyk gegen den in manchen polnischen Kreisen herrschenden „Maximalismus nach allen Himmelrichtungen" gewandt, der sowohl Stettin als auch Lemberg und Wilna einverleiben wolle. Giertych fühlte sich – zu Recht – getroffen und verteidigte diese Position energisch.

180 Vgl. Kowalski, Polska, S. 12.

181 Vgl. Giertych, Gebiete, S. 42. Als Argument diente Giertych auch die Zahl der polnischen Wanderarbeiter in Vorkriegs-Ostdeutschland, die nur „für die drei Wintermonate" nach Polen zurückgekehrt seien und dadurch von ihren Familien getrennt moralischen Schaden erlitten hätten, sowie die angebliche Ostflucht der Deutschen in Richtung Westdeutschland. Ebd., S. 14 f.

182 Ebd. Giertych, Gebiete, S. 5.

hörte Wojciechowski zu den „verhinderten" Legionären des Ersten Weltkriegs. Seine freiwillige Meldung im Jahr 1917 führte nicht zu einem Fronteinsatz.[183] Das verhinderte nicht seine politische Radikalisierung, sondern mag sie vielleicht sogar beschleunigt haben. Der besondere Nationalismus in den Jahrgängen, die für den Großen Krieg bereit, aber knapp zu jung gewesen waren, ist in Deutschland belegt.[184] Dies dürfte in Polen kaum wesentlich anders gewesen sein.

Politisch gesehen neigte Wojciechowski den polnischen Nationaldemokraten und dem streng antideutsch-westlich ausgerichteten Programm Roman Dmowskis zu, den er persönlich gut kannte und bei dem er häufiger Gast war. Der kultischen Verehrung Josef Pilsudskis stand er deshalb skeptisch gegenüber. Wenn Pilsudski nach eigener Aussage nur das Polen des 17. Jahrhunderts wiederherstellen wollte, also ein gewaltiges Ostimperium, das Rußland fast völlig aus Europa abdrängen würde, dann war dies in den Augen Wojciechowskis in Richtung Westen zu wenig und ein geradezu „konservatives" Programm.[185] Mitte der 1930er vollzog Wojciechowski dann wie so viele Nationaldemokraten den intellektuellen, in diesem Fall auch den organisatorischen Schritt ins Lager der nationalen Einheit (OZN).[186] An dem engen Zusammenhang zwischen historischer Pseudowissenschaft und politisch aggressiver Programmentwicklung besteht in seinem Fall kein Zweifel.

Wojciechowskis Schrifttum und seine Wirkungsgeschichte sind mehrfach Gegenstand eingehender Untersuchungen geworden. Beides kann beispielsweise durch seine intellektuelle Biographie von Markus Krzoska, unter dem Titel „Für ein Polen an Oder und Ostsee" verfaßt, als einigermaßen erschlossen gelten. Krzoska kommentierte Wojciechowskis Eifertum und seine Manipulationen gelegentlich mit Ironie. Krude etymologische Mutmaßungen und abenteuerliche Schlußfolgerungen führten den polnischen Historiker doch immer wieder zielsicher zu dem gleichen Schluß, daß östlich von Oder und Neiße eigentlich alles polnisch sei und wieder dem polnischen Staat zugeführt werden müsse. Auch in Vorträgen mit scheinbar abgelegenen Themen fehlte nicht der allgemein politische Bezug, so etwa in

[183] Vgl. Brier, Westgedanke, S. 16.

[184] Der Historiker Michael Wildt hat für diesen Personenkreis den Begriff der „Generation des Unbedingten" geprägt, vgl. ders., Generation des Unbedingten: Das Führungskorps des Reichssicherheitshauptamtes. Hamburg 2002.

[185] Vgl. Brier, Westgedanke, S. 60.

[186] Ebd., S. 17.

einer in Danzig gehaltenen Rede zu „Pommern und der Begriff Polens zur Zeit der Piasten“:

> *„Wir erinnern uns daran, daß die preußischen Könige, nachdem sie die Odermündung und Stettin im Jahre 1721 erhalten hatten, im Jahre 1742 Schlesien besetzten. Wir erinnern uns auch, daß Preußen, nachdem es in der ersten Teilung die Weichselmündung erhalten hatte, in der zweiten und dritten Teilung flußaufwärts ging.“*[187]

Aus Sicht dieser Variante der in der Republik Polen allgegenwärtigen Fluß- und Meeresagitation mußte eine Wiedereingliederung Danzigs an Deutschland als Anfang vom Ende der polnischen Unabhängigkeit wirken. „Der pommersche ‚Schlüssel‘, begrenzt durch die Rechte der Freien Stadt Danzig, befindet sich aufs neue in den Händen Polens. Die Geschichte Polens und die Geschichte Preußens zeigen, was dieser Schlüssel für das heutige Polen geographisch und politisch bedeutet.“[188]

Immerhin gab Wojciechowski an dieser Stelle noch zu, daß Pommern im Mittelalter nur für kurze Zeit erobert worden war und bald wieder verlorenging. Der geopolitische Plan, den er der Piasten-Dynastie zuschrieb, dieses „alte Programm des Aufbaus Polens als eines Oder- und Weichselstaates, eines Staates, der ein geschlossenes geographisch-politisches Ganzes bildete, in dem Pommern die Rolle des Schlüssels spielte, der diese Grenze garantiert“,[189] war mit seinem eigenen Plan identisch. Er war bereits im Mittelalter ein Eroberungsplan zur Herrschaftsübernahme über Länder gewesen, in denen Menschen lebten, die nicht von Polen beherrscht werden wollten, und er war dies auch jetzt. Im Dezember 1933 in Danzig einen Vortrag zu halten, in dem um die „lange Meergrenze“ Polens der Jahre 967–1013 getrauert wurde, mußte den Eindruck eines offensiven Anspruchs erwecken. Wojciechowski wies seine Zuhörer darauf hin, dies sei in Deutschland nicht unbemerkt geblieben. Er verwies auf eine Besprechung seiner Schriften durch den Königsberger Privatdozenten Erich Maschke, der sich schockiert über die Einseitigkeit der Darstellung sowie deren Charakter gezeigt habe. Maschke schrieb:

> *„Mit vollem Ernst sieht Wojciechowski auch sein Problem an, wenn er gegen Ende der Arbeit schreibt: ‚Zwei Volks- und Staatsorganismen kämpfen den tragischen Kampf um ein und denselben Platz auf*

[187] Vgl. Wojciechowski, Pommern, S. 5.

[188] Vgl. ebd., S. 15.

[189] Vgl. ebd., S. 12.

der Welt. Der Erfolg Preußens in diesem Kampf müßte sich mit der vollständigen Liquidierung Polens verbinden.' Der deutsche Leser hat für diese Rechnung kein Verständnis. Aber er blickt mit Sorge auf eine andere Rechnung, die in dieser Schrift des polnischen Gelehrten aufgemacht wird; sie kommt darauf hinaus, daß sich zwei der polnischen ‚Mutterländer' – Pommern und Schlesien – auch heute in preußischer Hand befinden. Auch wird nicht vergessen, auf den Verlust der Odermündung am Schluß noch einmal so deutlich hinzuweisen, daß dieser Hinweis den unverkennbaren Klang eines Anspruchs erhält."[190]

Wojciechowski hielt es keineswegs für nötig, dieser Ansicht zu widersprechen. Er wiederholte statt dessen seine Argumentation, wie wichtig der Verlust der im Mittelalter angeblich ethnisch zu Polen neigenden Länder Pommern und Schlesien für die nationale Geschichte sei, und forderte eine „geschlossene Geschichte" dieser „Westgebiete Polens", womit unter anderem gemeint sei, eine dort andauernde polnische Geschichte zu behaupten, schließlich „verblieb doch noch die polnische Bevölkerung in diesen Ländern".[191] Damit bestätigte er noch einmal den angeblichen polnischen Anspruch auf die Odermündung und damit die Absicht zur Eroberung weiter Teile Deutschlands.[192]

Diese Kontroverse zwischen Maschke und Wojciechowski ist zudem interessant, weil sie Gelegenheit zu einem Blick auf die heutige Geschichtswissenschaft gibt. Markus Krzoska geht in seiner Dissertation über Wojciechowski auf diesen Konflikt ein, und hier läßt sich gut beobachten, wie dies heute so läuft. Maschke, so erfahren wir von Krzoska, „kämpfte schon in der Weimarer Republik und seit 1933 als überzeugter Nationalsozialist aktiv für die Revision der deutschen Ostgrenze".[193] Man registriert die Umkehrung der Verhältnisse. Aus dem Erich Maschke, der polnischen Eroberungsansprüchen verständnislos gegenübersteht, wird bei Krzoska umstandslos ein Erich Maschke, der deutsche Eroberungsansprüche vertritt. Einen Beleg für diese Auffassung liefert Krzoska weder hier

[190] Zit. n. ebd., S. 17.

[191] Vgl. ebd., S. 20.

[192] An anderer Stelle ging er noch weiter und konstruierte einen gemeinsamen „ethnisch ‚lechitischen' Charakter des polnischen Slawentums und des im Nordwesten benachbarten Elbslawentums". Damit konnte nun auch Anspruch auf das Elbtal erhoben werden, und außerdem bezog er auch noch das tschechoslowakische und serbische Slawentum mit ein. Vgl. Woiciechowski, Pommern, S. 1.

[193] Zit. n. Krzoska, Wojciechowski, S. 219.

noch an anderer Stelle.[194] Vielmehr kann der Leser, wenn er Maschke nicht schon als eroberungswütigen Nationalsozialisten abgebucht hat, auch bei Krzoska die passive Ausrichtung von Maschkes Argumentation erkennen, der Wojciechowskis Behauptungen von der historischen, polnischen Einheit des Odertals zurückgewiesen hat.

Roman Knoll

In den umfangreichen Chor der polnischen Publizistik stimmte Anfang 1939, kurz vor dem deutschen Einmarsch in Prag, auch Roman Knoll ein. Als alter Mitstreiter Pilsudskis, der zwischen Juli 1928 und Dezember 1930 dessen Botschafter in Berlin gewesen war, wurde sein Wort in Deutschland immer noch für wichtig erachtet, auch wenn er sich mit dem aktuellen Regime in Polen überworfen hatte und erst 1943 von der polnischen Exilregierung wieder mit außenpolitischen Geschäften beauftragt wurde.[195] Seine „Bemerkungen über die polnische Politik 1939" erinnerten zunächst einmal zeittypisch an den Großen Krieg, der Polen erst wieder die Existenz beschert hatte. Sie meldeten sodann die üblichen revisionistischen Bedenken an, weil Litauen, Danzig, Teschen und das südliche Ostpreußen sowie diese und jene weiteren Gebiete nicht für Polen erworben worden seien.[196] Dem weißrussischen Volk wurde schlicht die Existenz abgesprochen, und begrüßt wurde zugleich, daß es „gegenwärtig kein bedeutsames deutsches inneres Problem mehr" gäbe.[197] In diesem Rundumschlag durfte auch das Judentum nicht fehlen, das Knoll komplett aus Polen entfernt sehen wollte:

> *„Die Juden können und wollen keine Polen werden, und das Judentum ist keine von den polnischen Klassen. Vielmehr, solange es eine polnische Klasse ist – die händlerisch-vermittelnde Klasse –, ist der polnische Organismus schwer krank. Zur Lösung der jüdischen Frage*

---

[194] Er verweist auf Marian Biskup: Erich Maschke – ein Vertreter der Königsberger Geschichtswissenschaft aus polnischer Sicht, in: Jahrbuch für die Geschichte Mittel- und Ostdeutschlands 41 (1993), S. 91–107, sowie Ingo Haar: ‚Revisionistische' Historiker und Jugendbewegung, in: Geschichtsschreibung als Legitimationswissenschaft 1918–1945, hrsg. v. Peter Schöttler, Frankfurt 1997, S. 52–103.

[195] Roman Knoll (1888–1946), 1917 Mitgründer der Polnischen Demokratischen Gesellschaft in Kiew, seit 1918 im polnischen Außenministerium, 1920 Mitglied der Delegation bei den Verhandlungen zum Frieden von Riga, später Bevollmächtigter an den Botschaften in Moskau, Ankara und Berlin; seit 1943 Chef des Außenministeriums der Exilregierung im Warschauer Untergrund.

[196] Vgl. Knoll, Uwagi, S. 1.

[197] Vgl. ebd., S. 4.

gibt es nur ein Mittel: die Auswanderung von wenigstens drei Millionen Juden, und das nicht im Laufe einer langen Frist, sondern von einigen Jahren.“[198]

Diese große Zahl an Menschen gedachte Knoll nun nicht wie andere polnische Autoren und Teile der Regierung auf der afrikanischen Insel Madagaskar unterzubringen, sondern erstrebte ein Bündnis „mit irgendeinem jüdischen Neo-Zionismus, welcher nicht auf dem hoffnungslosen Palästina beharrte, sondern an der Schaffung eines neuen Staats mitarbeitete – ich denke an der Küste des Schwarzen Meeres auf dem Gebiet des ehemaligen Chasarenreichs…“. Dieses Ziel sei dem polnischen Volk auch eine zeitweilige Diktatur wert, setzte er fort, ohne besondere Erwähnung, aber sicher mit Blick auf die zweifelsfrei notwendige Gewalt zur Durchsetzung einer solchen Politik. Daß dieses Land gegenwärtig in der Sowjetunion lag, bereitete ihm kein grundsätzliches Problem, da er ganz in Pilsudskis „prometheischer“ Linie mit einem Zerfall der UdSSR kalkulierte. Eine solche Teilung würde schließlich im Interesse vieler Staaten liegen, so etwa Rumäniens, Lettlands, Estlands und Finnlands, aber auch der Türkei, Persiens und Afghanistans, schließlich auch „einer chinesisch-mandschurischen Kombination unter der wahrscheinlichen Ägide Japans“ und nicht zuletzt auch „anderer großer entfernter Mächte“.[199] Nur eine Macht kam in Knolls Augen für eine solche Politik ganz und gar nicht als Partner in Frage: Deutschland. „Im Verhältnis zu Deutschland ist leider gegenwärtig jede Idee einer Zertrümmerung unaktuell“, stellte er ferner mit Bedauern fest. Man habe sich in der polnischen Politik – und nicht nur in ihr – über die Möglichkeiten getäuscht, über den katholisch-protestantischen Gegensatz eine Teilung Deutschlands und etwa die Abspaltung Bayerns und Österreichs zu erreichen.

Seine persönliche Empfehlung für die Bewältigung der aktuellen Lage lief deshalb darauf hinaus, die gesamte osteuropäische Staatenwelt in einer von Polen geführten Einheitsfront zu organisieren und vor allem schnellstmöglich die Vereinigung mit Litauen zu erreichen. Für den Fall eines erfolgreichen Krieges mit Deutschland dachte Knoll noch vergleichsweise bescheiden. Einen weiteren Teil Schlesiens solle Deutschland abgeben, ein Stück der pommerschen Küste, Danzig und natürlich Ostpreußen.[200] Trotz-

---

[198] Zit. n. ebd., S. 6.

[199] Vgl. ebd., S. 10 f.

[200] Vgl. ebd., S. 20.

dem würde in seinen Augen immer noch ein beachtliches Deutschland übrigbleiben.

Wenn das hier etwas ausführlicher behandelt wird, so deshalb, weil in Knolls Denken aus dem Jahr 1939 die große Kontinuität der Denkwelt von Pilsudskis Anhängern und Pilsudskis eigene frühere Ziele sichtbar werden.[201] Man konnte sich in Warschau die europäische Staatenwelt einfach nicht anders denn als Krisengebiet vorstellen, das zu Polens Gunsten zur Verteilung stand, wenn man sich nur geschickt genug anstellte. Eine exklusive Expansionsrichtung gab es dabei ebensowenig wie ein durchdachtes Programm oder moralische Einschränkungen. Knoll schien sich nichts dabei zu denken, „in möglichster Inspiration mit dem Geist christlicher Nächstenliebe" die „möglichst vollständige Eliminierung"[202] des polnischen Judentums auf dem Weg seiner kompletten Aussiedlung und zugleich die polnische Diktatur zu fordern. Wie das – zumal unter der von ihm behaupteten Zeitnot – faktisch geschehen sollte, blieb dagegen im dunkeln. Die Spekulation auf eine kurz bevorstehende Teilung der UdSSR, an der sich von Finnland bis Japan sämtliche Anrainerstaaten und andere Mächte mit der Ausnahme Deutschlands beteiligen sollten, klang allzu abenteuerlich.

Der deutsch-polnische Konflikt des Jahres 1939 hatte eine lange Vorgeschichte, die sich in den Tagen vor und nach dem Kriegsausbruch sofort in den Morden an der deutschen Minderheit in Polen zeigte. Die polnische Publizistik des Jahres 1939 hatte es sich nicht nehmen lassen, zuvor in zahlreichen Veröffentlichungen die langjährige Forderung zu wiederholen, daß die deutsche Ostgrenze eigentlich kurz vor Berlin zu liegen habe.[203] Der polnische Botschafter

[201] Einen weiteren Grund muß man kaum eigens erwähnen. Soweit Knolls Ausführungen in der Forschung berücksichtigt werden, wird der brutale Inhalt überwiegend verschwiegen. Der bundesdeutsche Historiker Rolf-Dieter Müller etwa bringt aus diesen ganzen militanten Ausführungen lediglich Knolls Anmerkung, man wisse nicht, was an die Stelle der UdSSR treten würde, solle daher nicht allein und wegen der Interessendifferenz besonders nicht im Verbund mit Deutschland gegen sie vorgehen. Knolls sonstige umfangreiche Teilungs-, Eroberungs- und Aussiedlungspläne in bezug auf die UdSSR, das Judentum und auch Deutschland fallen bei Müller weg. Statt dessen erscheint Knoll als jemand, der sich einem deutschen Drang nach Osten widersetzt hätte. Vgl. Müller, Feind, S. 118 f.

[202] Vgl. Knoll, Uwagi, S. 6.

[203] Jedrzej Giertych, als Chefideologe der Nationaldemokraten der eigentliche Nachfolger Roman Dmowskis, forderte in einem Buch bereits 1938 die Oder-Neiße-Linie und wiederholte dies während des Sommers 1939 in einer Artikelserie. Vgl. Gehrke, Westgedanke, S. 343 u. Terry, Place, S. 32. Für Einzelheiten über die Grenzwünsche polnischer Politiker bis hin zum Ministerrang und die Verbreitung jener Karte, auf der die deutsche Grenze kurz vor Berlin verlief, vgl. Bierschenk, Volksgruppe, S. 345 f.

in Berlin wies seine Regierung am 28. Juni 1939 darauf hin, daß die jüngste Resolution der Nationalpartei, in der Ostpreußen und die Oder-Grenze gefordert worden waren, in Deutschland aufmerksam registriert und ihrerseits veröffentlicht worden war.[204] Er mahnte seine Regierung an, vorsichtiger vorzugehen. In der Tat waren solche Resolutionen und entsprechende Zeitungsartikel in einem autoritären Staat wie der Republik Polen nicht ohne Wissen und Billigung der Regierung möglich, was der polnische Vertreter in Danzig Marjan Chodacki in einem Gespräch mit dem Danziger Senatspräsidenten Arthur Greiser auch ohne Umschweife eingestand.[205]

Ursprung polnischer Gedankenwelten. Polen bis 1795 – Skizze einer gescheiterten Republik

Polen war ein Staat, der im Ersten Weltkrieg wieder neu erstanden war und danach seinen Platz auf dem internationalen Parkett suchte. Dabei sollte aus polnischer Sicht an eine Vergangenheit angeknüpft werden, auf die hier ein wenigstens kurzer Blick geworfen werden soll. Spielte doch diese Vergangenheit und vor allem das Bild, das man sich in Polen davon machte, nach 1919 in der neuen Republik Polen eine bedeutende Rolle.

Denn „Republik" als „Rzeczpospolita", die „gemeinsame Sache", das war in Polen seit der frühen Neuzeit und bis heute jener Begriff der eigenen Staatlichkeit, der sozusagen das gewisse Etwas zum Ausdruck bringt. Ein Wort, in dem sich die Nation über die bloße Beschreibung dieses oder jenes Verfassungszustands hinaus auch emotional beschrieben sieht. Einen solchen Begriff gibt es nicht in jedem Land, und er ist auch nicht unwandelbar. In Frankreich konnte sich nach 1789 in jahrzehntelangen zähen politischen Auseinandersetzungen bis heute ebenfalls die „Republik" an diese Stelle setzen. In Deutschland hat diese Rolle seit jeher und bis 1945 der Begriff „Reich" eingenommen. Dieser formulierte ebenfalls nicht nur einen Anspruch auf Beschreibung der politischen Zustände im Land, sondern darüber hinaus auch eine liebgewonnene Selbstverständlichkeit staatlicher Existenz.

---

[204] Vgl. Lipski, Diplomat, S. 543.

[205] Seine Rechtfertigung bestand in der Behauptung, es seien nur „studentische Kreise", die so redeten: „Man (lasse) sie jetzt aus propagandistischen Gründen gewähren." Zit. n. ADAP, D, VI, Dok. 686, 18. Juli 1939.

Deren formaler Verlust seit der Auflösung des Heiligen Römischen Reiches deutscher Nation im Jahr 1806 trieb die Deutschen in den Folgejahrzehnten politisch um und machte die fehlende deutsche Einheit überhaupt erst zu einem Thema ersten Ranges. Dies lud zugleich den Reichsbegriff zusätzlich auf, bis im Jahr 1871 in Versailles die Wiederaufnahme der alten Krone und das Reich tatsächlich wieder proklamiert wurden, dann aber schließlich die Niederlage von 1945 das „Reich" als Bezeichnung für die wünschenswerte staatliche Ordnung endgültig widerlegt zu haben schien. Sie brachte den Begriff jedenfalls gründlich aus der Mode. Was allerdings keine rein innerdeutsch begründete Entwicklung gewesen ist, sondern Teil eines Umgestaltungsprozesses der Siegermächte, die mit dem Reichsbegriff vorwiegend das verbanden, was es an Deutschland zu bekämpfen galt.

Die seit Jahrhunderten hergebrachte polnische „Rzeczpospolita", die genaugenommen ein vom Adel betriebenes polnisch-litauisches Gemeinwesen (Rzeczpospolita Polskiej i Wielkiego Księstwa Litewskiego) gewesen ist, endete als politische Größe zeitlich fast parallel zum deutschen Reich, im Jahr 1795. Anders als das Reich, das 1806 und auch später rechtlich nie aufgelöst, sondern nach dem Thronverzicht des amtierenden Kaisers von wesentlichen deutschen Teilstaaten politisch nicht mehr beachtet wurde, geriet Polen zwischen 1772 und 1795 trotz verschiedener Widerstands- und Reformversuche bekanntlich vollständig unter die Herrschaft der Nachbarstaaten. Es wurde in drei Etappen unter den drei Nachbarstaaten Preußen, Österreich und Rußland aufgeteilt. Eine polnische Staatlichkeit blieb zunächst andeutungsweise im russischen Teilungsgebiet erhalten, bis auch sie im Lauf des 19. Jahrhunderts kassiert wurde.

Die innerpolnischen Folgen gestalteten sich wenigstens unter einem Aspekt aber durchaus ähnlich wie in Deutschland. Was der Nation an Staatlichkeit verlorengegangen war, sollte nach deren Willen auch in Polen wiederhergestellt werden. Der Begriff der Republik wuchs sich dabei zum Ideal aus, eine Entwicklung, die zusätzlich von der am 3. Mai 1791 verabschiedeten polnischen Verfassung verstärkt wurde, die sich Polen noch vier Jahre vor seiner Auflösung gegeben hatte. Da man im revolutionären Frankreich dieses Jahres noch in Verfassungsdebatten verstrickt war, die erst im Herbst des gleichen Jahres zu einem Abschluß kamen, konnte die polnische Verfassung demnach als erste „moderne", von einem Parlament verabschiedete Verfassung Europas gelten. Sie nahm auch etliche Motive des zeitgenössischen Aufklärungsdenkens auf. An diesen Umstand sollte der polnische Nationalstolz künftig Jahr für Jahr am Verfassungstag des 3. Mai anknüpfen, was regelmäßig den Eindruck verstärkte, von der Geschichte und den Nachbarstaaten ungerecht behandelt worden zu sein.

Polen hatte zuvor allerdings einen kaum abzustreitenden Eigenanteil am eigenen staatlichen Ende. Die inneren Verhältnisse der „Adelsrepublik" galten bereits den Zeitgenossen in den Jahrzehnten vor den Teilungen als Paradebeispiel dessen, was man mit dem modernen Begriff einen „Failed state" bezeichnen würde.

Es ist relativ unbestritten, daß die Entwicklung hierzu mit einem polnischen Reichstag in Radom ihren entscheidenden Sprung nahm. Der etablierte den Verfassungsgrundsatz „nihil novi", im Sinne von „nichts Neues über uns ohne uns"[206] und sprach dem König unter diesem Stichwort das Recht auf eigenständige Gesetzgebung ab. 1564 tagte der Reichstag dann in Parczow und übertrug dem Adel endgültig die Macht. Bereits zuvor hatte er seit dem Hochmittelalter in steten Konflikten mit dem Königtum immer mehr Rechte und Privilegien durchgesetzt. Nun verwandelte sich die polnische Monarchie in eine Wahlmonarchie und billigte faktisch jedem einzelnen Adligen ein Veto-Recht (liberum veto) bei künftigen Reichstagen zu, also einer mit etwa zehn Prozent der Bevölkerung recht zahlreichen Personengruppe. Das konnte nicht gutgehen und machte das Land schließlich führungslos.

Polens Weg als respektierte christliche Monarchie hatte im Jahr 1025 mit der Anerkennung des Königtums Bolesław I. durch den Kaiser und die katholische Kirche begonnen. Seitdem war er recht windungsreich verlaufen,[207] wobei in der Folgezeit eine Reihe von polnischen Herrschern nicht mehr die internationale Anerkennung eines Königstitels erreichten oder beanspruchten. Es gab eben keinen europäischen Standardweg zur Staats- oder Nationswerdung. Polen beging in Personalunion zusammen mit dem ebenfalls zum Christentum übergetretenen Großherzogtum Litauen allerdings eine beson-

[206] Dies sollte später zwischen 1919 und 1939 ein vielzitierter Grundsatz polnischer Außenpolitik werden.

[207] Bolesław I. legte nach mancher Überlieferung Wert darauf, auch als „König der Goten" zu gelten, nicht nur als einer der Polen. Er hatte als polnischer Herrscher mit Mieszko I. nur einen historisch nachweisbaren Vorgänger, die übrigen verlieren sich im Dunkel der Geschichte. Der wechselseitige Einfluß slawisch-germanisch-baltischer Elemente auf die Anfänge Polens im 10. Jhdt. n. Chr. gehörte in der ersten Hälfte des 20. Jahrhunderts zu den geschichtspolitischen Streitthemen vor allem im deutsch-polnischen Verhältnis.

ders ungewöhnliche Strecke. In vielen europäischen Staaten setzte im Hochmittelalter die Konzentration auf ein einziges Machtzentrum ein, in der polnisch-litauischen Union nicht, noch weniger als in Deutschland.

Ein Vergleich mit Polens westlichem Nachbarland illustriert in der Tat das Problem. Was in Deutschland als „teutsche Freiheit" der Reichsstände innerhalb Europas ebenfalls einmalig war, verhinderte dort zwar tendenziell genauso die Herausbildung eines einzelnen Machtzentrums im Reich der deutschen Nation. Dies wurde jedoch durch den kleinen Kreis der Kurfürsten, die Reichsverfassung von 1356 und verschiedene später hinzugefügte Institutionen wie die Reichskreise, den späteren „ewigen" Reichstag oder das Reichsgericht lange Zeit ausgeglichen. Zumal der deutsche Reichsadel über funktionsfähige Einzelstaaten verfügte und sich zusätzlich die Städte als eigene politische und wirtschaftliche Größe etablierten, national wie international unter dem Zeichen der Hanse.

Bei allen Schwierigkeiten föderaler Entscheidungsfindung erwies sich das Reich insgesamt immer wieder als verteidigungsfähig. Es brachte mit den Habsburgern auch ein Adelshaus hervor, das sich trotz aller Komplikationen einer immer wieder neu entscheidenden Wahlmonarchie – mit gelegentlichen Ausnahmen – bis 1806 als anerkannte deutsche Herrscherdynastie etablieren konnte.

Zu einer solchen konnte sich keine der großen polnischen Familien dauerhaft herausbilden. Im Gegenteil wählte sich der Adel frühzeitig immer wieder nichtpolnische Könige, nicht zuletzt um des innerpolnischen Friedens willen. Zwar etablierten sich die Familien der Piasten und dann der Jagiellonen phasenweise als Herrscherhäuser. Ab dem Jahr 1320 galt Polen auch stets als Königreich. Der kinderlose letzte Jagiellonenherrscher Sigismund II. August führte Polen und Litauen 1569 endgültig zu einem Staat zusammen, er brachte zugleich den Übergang zur Adelsrepublik. Bereits die erste polnische Königswahl im Zeichen dieser neuen Verhältnisse fiel 1573 angesichts eines ansonsten drohenden Bürgerkriegs nicht auf einen Polen, sondern auf den Franzosen Heinrich III. Auch künftig wich die Wahlversammlung immer wieder ins Ausland aus und wählte ungarische Könige oder deutsche Kurfürsten aus dem sächsischen Haus der Wettiner zu polnischen Königen.

Soziologisch gesehen drückten sich diese Ereignisse in einer Art dauerhafter Verländlichung des Adels und damit des politischen Lebens aus, die dieser selbst als Stil des „Sarmatismus“ begriff. Der polnische Adel führte dabei seine Abstammung auf die in antiken Quellen erwähnten Sarmaten zurück, deren genauer Wohnsitz in Osteuropa bei Herodot und Ptolemäus allerdings nicht eindeutig zu identifizieren ist. In der frühen Neuzeit kam dieses Selbstverständnis dann in Polen, Litauen und Weißrußland mit der Erschließung alter Autoren zusehends in Mode. Während man in Deutschland auf dem Regensburger Reichstag von 1471 erstmals die „Germania“ von Tacitus präsentierte, in der sich die Deutschen künftig so treffend beschrieben sahen, brachten die seit 1464 erscheinenden lateinischen Ausgaben der Schriften des römischen Gelehrten Claudius Ptolemäus den Durchbruch des „Samartismus“.

An sich stellte die Berufung auf antike Herkunft im Europa der damaligen Zeit keine Besonderheit dar. Im Fall Polens trug sie allerdings dazu bei, das Land in ausgesprochener Selbstzufriedenheit politisch erstarren zu lassen. Im Jahr 1538 wurde der Grundbesitz zu einem faktischen Monopol des Adels. Der sarmatische Adel saß danach auf seinen Gütern, lebte von deren Ertrag, ohne weiter groß zu investieren. Es entstand, was als „polnische Wirtschaft“ sprichwörtlich wurde. Immerhin, der Adel pflegte die Nachbarschaft und fällte Konsensentscheidungen auf der Ebene der Provinziallandtage. Auf dieser Ebene funktionierte der polnische Staat, darüber hinaus jedoch nicht. Gleichwohl sah man von dieser provinziellen Warte aus als Adelsschicht mit einer gewissen Arroganz nicht nur wie andernorts auf den Rest der Bevölkerung hinab, sondern auch auf die Nachbarstaaten, in denen es sich für den Adel angeblich oder tatsächlich weniger gut leben ließ als im polnisch-litauischen Staat. Der nahm sich auf der Landkarte zudem wie ein stattliches Imperium aus, das von der Ostsee bis zum Schwarzen Meer reichte. Ein Umstand, der für die innerpolnischen Vorstellungen von eigener angemessener Größe dauerhaft wirksam wurde, denen wir in den Jahren zwischen 1919 und 1939 wieder begegnen werden. Entsprechend harsch fiel das Urteil späterer polnischer Autoren über diese Phase aus, als „die Sarmaten sich schließlich zu Tode logen“ (Jan Błonski).

Wo ein machtpolitisches Vakuum besteht, wird es gewöhnlich eher früher als später gefüllt. So hatten die polnischen Teilungen denn auch eine längere Vorgeschichte politischer Entmündigung und ausländischer Eingriffe, besonders in den immer fragilen Prozeß der Königswahl. Als entscheidender Faktor erwies sich der ständige russische Drang nach Westen seit dem Beginn des

18. Jahrhunderts, als sich Rußland unter dem Zaren Peter I. (dem Großen) zunächst einmal einen breiten Raum an der östlichen Ostseeküste eroberte. Im Zarenreich waren alle ständischen, adligen und sonstigen Freiheiten zugunsten des Alleinherrschers umfassend beseitigt worden und standen einer Eroberungspolitik nicht im Weg.

Während des „Großen Nordischen Krieges" (1700–1721), der in der Frage der Ostseeküste zwischen Rußland und Schweden die Entscheidung brachte, geriet die ganze polnische Monarchie zwischen die Fronten. Zunächst wurde 1706 mit schwedischer Hilfe der sächsische Kurfürst August II., „der Starke", als polnischer König zum Thronverzicht gezwungen. Gewählt wurde statt dessen in einer unübersichtlichen politischen Konstellation, in der auch Frankreich wieder einen eigenen Kandidaten aufstellte, der Pole Stanisław Leszczyński. Mit dem Wechsel des Kriegsglücks kehrte August II. schon drei Jahre später, 1709, auf den Thron zurück, während Leszczyński seinerseits ins Exil gehen mußte.

Nach dem Tod August II. kam es 1733 über die polnische Königswahl wiederum zu einem veritablen europäischen Großkrieg, in dem Rußland und das Reich deutscher Nation einen französischen Angriff abwehren mußten. Dieser sollte erneut Stanisław Leszczyński die Wahl sichern, die nach dem Ableben von August II. regulär anstand. Neben Polen wurden dabei für zwei Jahre auch das Rheinland und Italien zu Kriegsschauplätzen, während in Warschau unter Verhinderung französischer Landungsversuche und starker russischer Militärpräsenz wieder ein Sachse zum polnischen König gewählt wurde: August III.

Nach dessen Tod dreißig Jahre später begleitete russischer Einfluß schließlich die Wahl von Stanisław II. August Poniatowski zum letzten polnischen König. Die auch von Poniatowski mitgetragenen innerpolnischen Reformversuche, die mit der Verfassung von 1791 nicht nur eine parlamentarische Monarchie einführten, sondern zusätzlich auch die Königswahl abschafften, trieben die Dinge auf die Spitze. Seit langem an die Rolle Polens als politischer Spielball gewohnt, wollten die Nachbarstaaten diesen Einfluß nicht verlieren. In einer wendungsreichen Entwicklung trugen die Reformversuche dann zum Entschluß der Teilungsmächte bei, Polen lieber ganz zu zerstören als reformiert bestehen zu lassen.

Obwohl man, wie gesagt, den russischen Eroberungsdrang letztlich als die Hauptursache für die polnischen Teilungen sehen muß, profitierte unter den Teilungsmächten Preußen am stärksten von ihnen. Es waren die Teilungsgewinne zwischen 1772 und 1795, ergänzt um die Eroberung Schlesiens aus dem Staatsgebiet des Erzherzogtums Österreich, die aus dem Kurfürsten von Brandenburg und König „in" Preußen den Regenten über eine europäische Großmacht werden ließen. Das trug dazu bei, daß sich in der Folgezeit nicht nur eine polnisch-russische Feindschaft, sondern auch ein neuer polnisch-deutscher Gegensatz entwickelte. Die künftigen Pläne für eine Erneuerung der polnischen Republik erhielten eine ausgesprochen antideutsche Spitze Richtung Westen. Letztlich mußte jedoch erst eine Situation entstehen, in der sowohl Rußland wie auch Preußen-Deutschland nicht mehr interessiert oder in der Lage waren, die Teilung Polens aufrechtzuerhalten. Der Erste Weltkrieg brachte diese Konstellation – und eine zweite polnische Rzeczpospolita.

Gedruckte Visionen – Landkarten Polens als Machtanspruch

„Es ist auch nicht zu verkennen, daß es in der jungen polnischen Intelligenz eine wachsende Zahl von Menschen gibt, die gar nicht wünschen, daß die Kriegsgefahr vorübergeht. Sie sagen sich, daß es eine vielleicht einzigartige Gelegenheit für Polen ist, durch einen Weltkrieg seine strategische Stellung entscheidend zu verbessern. Man hat sich jetzt so sehr in die Landkarte hineingesehen, so viel von der Gewinnung deutscher Ostgebiete geträumt, daß es schwerfällt, auf diese Träume zu verzichten. Die Überlegung, daß auch dann, wenn die kühnste polnische Endrechnung stimmt, Polen zunächst einmal das Schicksal erleidet, überrannt zu werden, vermag diese Geister nicht zu schrecken. […] Sie fragen, was Polen denn zu verlieren habe. Wenn nicht in dieser, so werde in der nächsten Etappe Polen von Deutschland bedroht werden. Es gäbe im Grunde nur eine Radikallösung, die deutsche Abdrängung Polens vom Meer, oder die polnische Liquidierung der vorgeschobenen deutschen Oststellung."

Bericht der Dienststelle Ribbentrop aus Warschau (August 1939)[208]

Im Jahr 1421 reiste eine Delegation des polnischen Königs nach Rom. Sie übergab Papst Martin V. eine Landkarte, die als die erste bekannte Karte von Polen überhaupt in die Geschichte eingegangen

[208] Zit. n. PA AA, R 27 118/279 662, Bericht vom 10. August 1939.

ist. Die Karte selbst ist leider entweder ganz verlorengegangen oder in den Archiven des Vatikans unauffindbar verlegt worden.[209] Überliefert wurde nur ihre Existenz. Interessant ist der Anlaß dieser Reise. Die polnische Delegation sollte in einer der zahlreichen ungeschlichteten Rechtsstreitigkeiten zwischen der polnischen Krone und dem Deutschen Orden Einfluß auf den Papst nehmen. Letzte Instanz in polnischen Auseinandersetzungen mit dem in Ostpreußen herrschenden Deutschen Orden war immer noch der Papst als unmittelbarer Herr des Ordens, als Gerichtsstand in diesen Angelegenheiten fungierte also Rom. Mit anderen Worten: Am Anfang der polnischen Kartographie stand die Politik, der Einsatz einer Landkarte als Mittel der politischen Auseinandersetzung mit der deutschen Konkurrenz.

Mit der Entwicklung der Kartographie wurden Landkarten in der Folge in der europäischen Frühen Neuzeit des öfteren nicht nur als geographische Orientierung entworfen. Sie enthielten gerne auch Motive, die auf politische Ansprüche oder wenigstens auf das Selbstverständnis verwiesen, das die abgebildeten Ländereien für den Zeichner oder den Besitzer der Karte symbolisierten. Landkarten sind häufig eine Form der Aneignung. Das gilt bis heute, gerade im deutsch-polnischen Verhältnis. Die intensiven Auseinandersetzungen, die es nach 1945 um die Darstellung der deutsch-polnischen Verhältnisse in den gegenseitigen Schulbüchern gegeben hat, zeugen davon. Man kann die Auffassung vertreten, daß nach 1990 die Löschung der bis dato noch klein-gestrichelt vorhandenen „deutschen Grenzen von 1937" aus den in der Bundesrepublik Deutschland verwendeten Atlanten und Karten eine intensivere politisch-kulturelle Breitenwirkung hatte als die seit diesem Jahr unterzeichneten polnisch-deutschen Verträge. Der Besitz von Landkarten ist immer auch eine Form der Aneignung. Das wußte beispielsweise die US-amerikanische Diplomatie, die lange Jahre zäh daran arbeitete, die in Deutschland gezeichnete und in Deutschland befindliche, drei Quadratmeter große Weltkarte von Martin Waldseemüller aus dem Jahr 1507 in die USA zu holen. Schließlich fand sich auf ihr zum ersten Mal die Bezeichnung „Amerika" für den damals noch frisch entdeckten Kontinent. Im Jahr 2007 hatte man bei der neuen Regierungschefin Angela Merkel den erstrebten Erfolg – sie übergab die Karte.

[209] Der Inhalt der Karte ist daher nicht bekannt. Die älteste erhaltene Karte von Teilen des damaligen Polen datiert um 1450. Sie wird heute in der Czatoryski-Bibliothek in Krakau aufbewahrt. Vgl. Bagrow, Kartographie, S. 227.

Zurück zu den politisierten Landkarten Polens. Mitten im Ersten Weltkrieg wurde das Mittel der Propaganda mittels Landkarten auf originelle Weise wiederaufgenommen, als Eugeniusz Romer im Jahr 1916 in Wien einen „Geographisch-Statistischen Atlas Polens" (Geografizno-statystyczny Atlas Polski) erscheinen ließ. Auch dessen Karten hatten einen genau umrissenen Zweck. Der Atlas sei „für die Bedürfnisse derjenigen, die dieses Land befreien wollen, und für diejenigen, die dort regieren wollen. Der Atlas illustriert die nationalen, sozialen und wirtschaftlichen Verhältnisse in der Zeit vor dem großen Krieg."[210] Polnisch regiert werden sollte aber nach Ansicht Romers künftig auch in ganz Ober- und Niederschlesien. Die Wiener Behörden waren einfältig genug, den Druck dieses Pamphlets zu erlauben, verboten aber den Export. Trotzdem konnte nicht verhindert werden, daß der Atlas ins Ausland geschmuggelt, in einer englischen Version herausgegeben und schließlich auf der Versailler Friedenskonferenz an die Delegationen verteilt wurde. Dafür konnte Romer persönlich sorgen, da er der polnischen Delegation dort angehörte.[211]

Viele seiner Kollegen argumentierten ähnlich radikal oder radikaler. Beliebtes Objekt polnischer Begierden waren natürlich auch die Küstenregionen Pommerns und Mecklenburgs. Stanisław Pawlowski, seit 1919 Professor für Geographie in Posen, forderte die ganzen Küstenregionen für Polen und gab bereits 1934 einen Atlas mit den angeblichen polnischen Ortsnamen Pommerns heraus.[212] Er hatte auch eine Lösung für die dort lebende deutsche Bevölkerung parat: Aussiedeln müsse man sie, erklärte er auf einem Vortrag, der 1937 im ‚Kurier Poznanski' veröffentlicht wurde.[213] Hier koppelte sich Propaganda mit dem, was man treffend als Volksverhetzung bezeichnen muß. Pawlowski setzte seine Agitation auch im Jahr 1939 fort und sprach auf mehreren Kongressen. Unmittelbar nach dem Schwenk Polens auf die englische Seite forderte er in einer Rede im Mai 1939 die Eingliederung Danzigs in Polen, da es zusammen mit Gdingen „einen homogenen Hafen- und Wirtschaftsorganismus" bilden würde. Ende Mai hielt er auf dem Kongreß der Erdkundelehrer in Krakau einen Vortrag über die „Geographie und die Verteidigungs-

[210] Zit. n. Kortus, Westgedanke, S. 241.

[211] Vgl. Kortus, Westgedanke, S. 242.

[212] Als Autor fungierte Stanisław Kozierwoski, die Einleitung schrieb Pawlowski, der auch die wissenschaftliche Leitung übernommen hatte. Stanisław Kozierwoski: Atlas nazw geograficznych Slowianszczyzny Zachodniej, Poznan 1934.

[213] Vgl. Kortus, Westgedanke, S. 246.

fähigkeit des Staates". Dies blieb in Deutschland nicht unbemerkt und führte wahrscheinlich dazu, daß Pawlowski wie manche seiner Kollegen zu jenen Professoren gehörte, die im November 1939 von deutschen Behörden im Rahmen der „Sonderaktion Krakau" verhaftet und schließlich getötet wurden.[214] Der Historiker Bronisław Kortus hat dies mit den Worten kommentiert, Pawlowski habe „sein Eintreten für die Verteidigung der polnischen Westgebiete mit dem Leben bezahlt". Es fällt jedoch nicht leicht, in der Forderung nach Eingliederung von bedeutenden Teilen des damaligen Deutschland „Verteidigungsabsichten" zu erkennen, so daß man diese Äußerung als kennzeichnend für den immer noch sehr speziellen Umgang mit der polnisch-deutschen Karthographie sehen kann.[215]

Vor dem Ersten Weltkrieg hatte man Kartenpublikationen dieser Art für allzu exzentrisch halten können. Erich Jaensch, der Vorsitzende der deutschen Gesellschaft für Psychologie, bekam um die Jahrhundertwende vom polnischen Philosophen Wincenty Lutosławski eine Karte gezeigt, auf der „das ganze Baltikum sowie Teile von Deutschland und vom heutigen Rußland zu Polen gehörten".[216] Er nahm das damals nicht ernst, hatte jedoch 1939 Gelegenheit, darauf zurückzukommen, da Lutosławski immer noch aktiv war und gerade ein Buch veröffentlicht hatte, in dem er den alten Gedanken nachhing. Großmachtpolitik gegen Rußland sollte unter polnischer Führung betrieben werden, mit Hilfe einer Armee aus Lettland, Litauen, der Slowakei, Ungarn und Rumänien, in der selbstverständlich polnisch zu sprechen sei und die Rußland völlig von der Ostsee abzudrängen habe.[217]

Wer dies für eine Übertreibung Jaenschs aus politischem Interesse halten sollte, wird durch einen Blick in Lutosławskis Schriften und die Protokolle seiner Reden eines Besseren belehrt. Lutosławski agitierte nicht nur im Stillen, sondern redete und schrieb in aller Offenheit bereits seit der Jahrhundertwende von der Restaurie-

214 Verhaftet wurden insgesamt 171 Professoren, 17 davon starben bzw. wurden getötet, die übrigen im Februar 1940 nach internationalen Protesten freigelassen. Vgl. Brier, Westgedanke, S. 22.

215 Vgl. Kortus, Westgedanke, S. 252.

216 Vgl. Ostland 1939, S. 276.

217 Vgl. Lutosławski, Poslannictwo polskiego narodu („Die Mission des polnischen Volkes"), Warszawa 1939, hier: „Odcięcie Moskwy od Bałtyckiego morza", S. 125 f. „Z drugej strony pozadane jest zupelne odciecie Rosji od morza baltyckiego, wiec Petersburg na Czunach zdobyty, do ludow baltyckich powinien. Wtedy dopiero Helsingsfors, Pernawa, Ryga, Libawa, beda sie szuc bezpeinczne, i na calej tej przestrzeni od finlandji do ujscia Dniepru zapanuje prawdziwa wolnosc, nie wykluczajaca dobrowolnego zespolenia ludow. Ale haslo unji nie wyczerpie na tem swoich zadan." Erstes Kapitel übrigens: Polska I wojna Wszechswiatowa.

rung einer polnischen Großmacht, die zum wesentlichen Teil auf deutschem Boden zu liegen habe. Das Publizieren weiterer Werke auf Deutsch hatte er nach einigen akademischen Schriften aufgegeben.[218]

1919 gehörte Lutosławski zur polnischen Delegation in Versailles, die sich an der Aufgabe versuchte, die alliierten Siegermächte durch Falschinformationen zur Überlassung möglichst großer Teile Deutschlands zu überreden, die teilweise groteske Formen annahmen. „Danzig und Ostpreußen" hieß eine jener Broschüren, die den Siegern überreicht wurden. Beides sollte polnisch werden, daran ließen Lutosławski und seine Mitautoren keinen Zweifel,[219] und wo er schon dabei war, sollte das nicht alles bleiben. Zu den Methoden gehörte es auch, die Existenz einer sogenannten „Masurischen Delegation" zu behaupten, die am 21. März 1919 angeblich nach Warschau gekommen sei, um von der dortigen interalliierten Mission die Eingliederung Masurens in Polen zu erbitten.[220] Falls die Alliierten sich doch für die Volksabstimmung in dem Gebiet entscheiden sollten, sei vorher unbedingt die „Eliminierung von deutschen Offiziellen, Pfarrern und Soldaten" vor Ort nötig sowie eine Besetzung über Jahre hinweg. Deutsche „Parasiten" lebten in Masuren, die zu entfernen seien, hieß es an anderer Stelle.[221] Die besondere Logik dieser Ausrottungspolitik gegen das deutsche Leben in Masuren, der die Masuren ja nach 1945 auch gänzlich zum Opfer fallen sollten, da sie als nicht polonisierungsfähig schließlich nach Deutschland vertrieben wurden, diese besondere Logik offenbarte sich dann im Schlußsatz dieses Abschnitts:

> *„Es würde sehr unfair gegenüber Polen sein, eine wirklich derart polnische Provinz wie Masuren für ein Plebiszit auszuwählen, bevor die Masuren sich vollständig von jedem deutschen Einfluß emanzipiert haben, und dies kann nur durch ihre Wiedervereinigung mit Polen erreicht werden."*[222]

---

[218] So u.a. „Erhaltung und Untergang der Staatsverfassungen", Breslau 1888; „Individualistische Weltanschauung", Helsingfors 1898; „Seelenmacht", Leipzig 1899.

[219] Genannt werden für den auf Danzig bezogenen Teil der Schrift: Fr. Bujak, A. Choloniewski, R. Ingarden, J. Jablonski, J, Kernbaum, St. Kętrzyński, Al. Kraushar, Łęgowski, Porębski, E. Romer, M. Rudnicki, Rummel, J. Rutkowski, W. Sobieski, A. Taraszkeiwicz, Trąmczyński, Wakar, Zwiekowski. Vgl. Lutosławski, Gdansk, S. 22. Für Ostpreußen: Prof. Konopczyński und Prof. Sobieski von der Universität Krakau, Prof. Nitsch von der Universität Lemberg und Prof. Buzek von der Universität Warschau. Vgl. Lutosławski, Gdansk, S. 22.

[220] Vgl. Lutosławski, Gdansk, S. 29.

[221] Vgl. ebd., S. 35.

[222] Zit. n. ebd., S. 32.

Deutlicher konnte man nicht ausdrücken, daß nur bei einer Mischung aus Gewalt, Vertreibung und Umerziehung unter jahrelanger absoluter polnischer Herrschaft vielleicht Aussicht bestand, ein Plebiszit zu gewinnen, daß also sämtliche Ausführungen des polnischen Rassismus hier nur ein dürftiges Mäntelchen über einen illegitimen Akt der Okkupation zu legen versuchten.

Dieser Gedanke läßt sich an vielen Stellen polnischer Publizistik und Politik finden. Auch der wichtigste Ideologe der Bauernbewegung, Bolesław Wysłouch, entwarf schon 1886 ein territoriales Programm, das der Gestalt Polens nach 1945 ähnelte. Manche, die ähnliches forderten, wie zum Beispiel der Vordenker Jan Ludwik Popławski, der 1889 ein Polen ohne Schlesien, Posen, Ost- und Westpreußen für nicht lebensfähig erachtete, hielten zum Ausgleich für Deutschland tröstende, aus dem Blickwinkel der Nachkriegszeit eigentlich sogar prophetische Worte bereit:

> *„Deutschland könnte sich mit dem Verlust abfinden, ohne die Stellung einer großen Nation und sogar eines mächtigen Staates aufgeben zu müssen; Preußen dagegen würde ein Viertel seiner Bevölkerung verlieren und zu der Lage wie auch zu dem Namen Brandenburg zurückkehren.“*[223]

Dies wurde 1902 geschrieben. Die hier beschriebene Differenz zwischen Preußen und Deutschland sowie Preußen und Österreich sollte in den folgenden Jahrzehnten im polnischen Denken eine beachtliche Rolle spielen und trug noch in den 1930er Jahren dazu bei, daß Teile der polnischen politischen Intelligenz in einem gebürtigen Österreicher als deutschem Staatschef und Diktator auch eine Chance sahen.

Im folgenden wird eine Auswahl von Landkarten und graphischen Darstellungen dokumentiert, mit denen innerhalb der polnischen Publizistik vor 1945 die Vorstellungen über den wünschenswerten Umfang des polnischen Staates zum Ausdruck gebracht wurden. Die Werke haben teilweise offiziösen Charakter und waren sehr verbreitet, andere haben den Vorteil, gewichtige Autoren zu haben, obwohl sie keine Massenverbreitung fanden. Die Auswahl soll einen visuellen Eindruck der innerpolnischen Debatte vermitteln. Ein Anspruch auf Vollständigkeit oder auf repräsentative Gewichtung der Darstellungen nach verbreiteter Zahl und Einfluß wird selbstverständlich nicht erhoben. Gemeinsam ist jedoch allen, daß keine von ihnen dem jeweiligen Autor berufliche oder gesellschaftliche Nachteile eingebracht zu haben scheint. Wie ausschweifend auch immer die Visionen waren, im Zwischenkriegspolen wurden sie akzeptiert.

[223] Popławski in „Przeglad Wszechpolski“ (1902), hier n. Lawaty, Ende, S. 57.

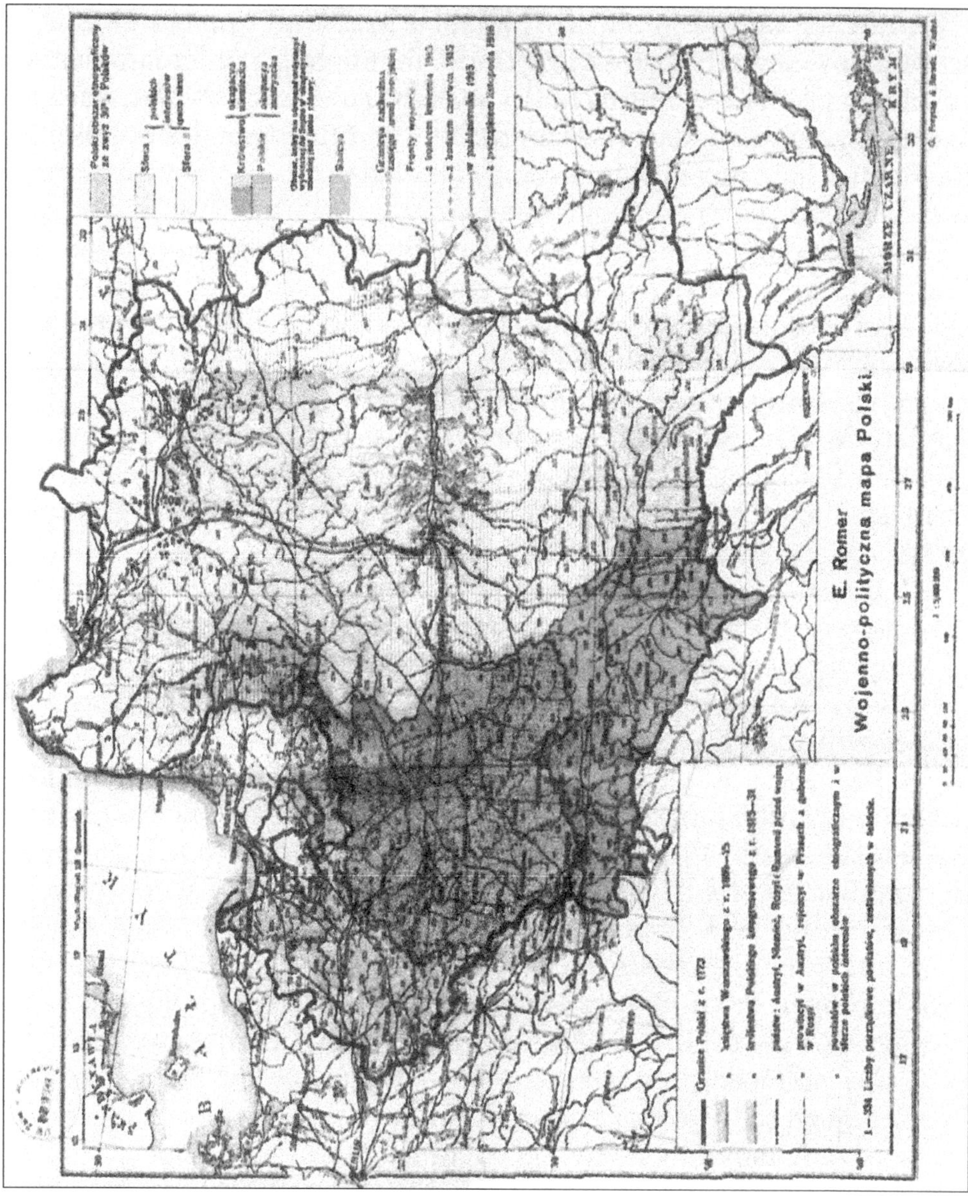

Die 1916 von Eugeniusz Romer entworfene und später bei den Versailler Verhandlungen verwendete Karte „Polens" (Eugeniusz Romer: Wojenno-Polityczna Mapa Polski, Militärpolitische Karte von Polen, Lemberg 1916). Polen beanspruchte ein Gebiet von Posen/Westpreußen im Westen bis nach Kiew im Osten.

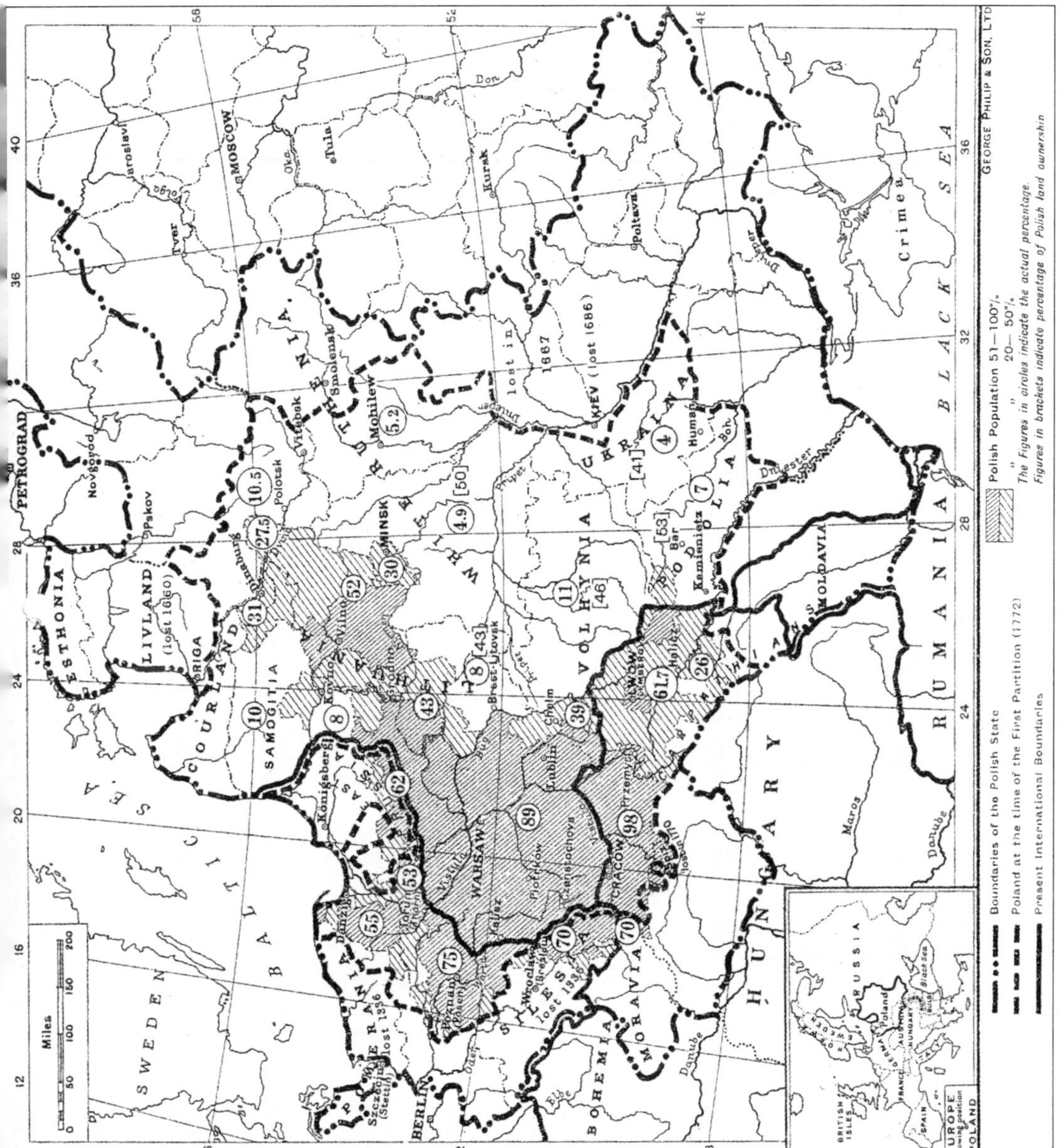

Die 1917 von der polnischen Delegation in Großbritannien ins Gespräch gebrachte Übersichtskarte mit den polnischen Ansprüchen (*Waclaw Nalkowski, Poland as a Geographical Entity, London 1917*). Man beachte, daß die „Grenzen des polnischen Staats" hier zum Beispiel ganz lapidar nicht nur die Slowakei, sondern auch die gesamte Ostseeküste zwischen Rostock und Petersburg umfassen.

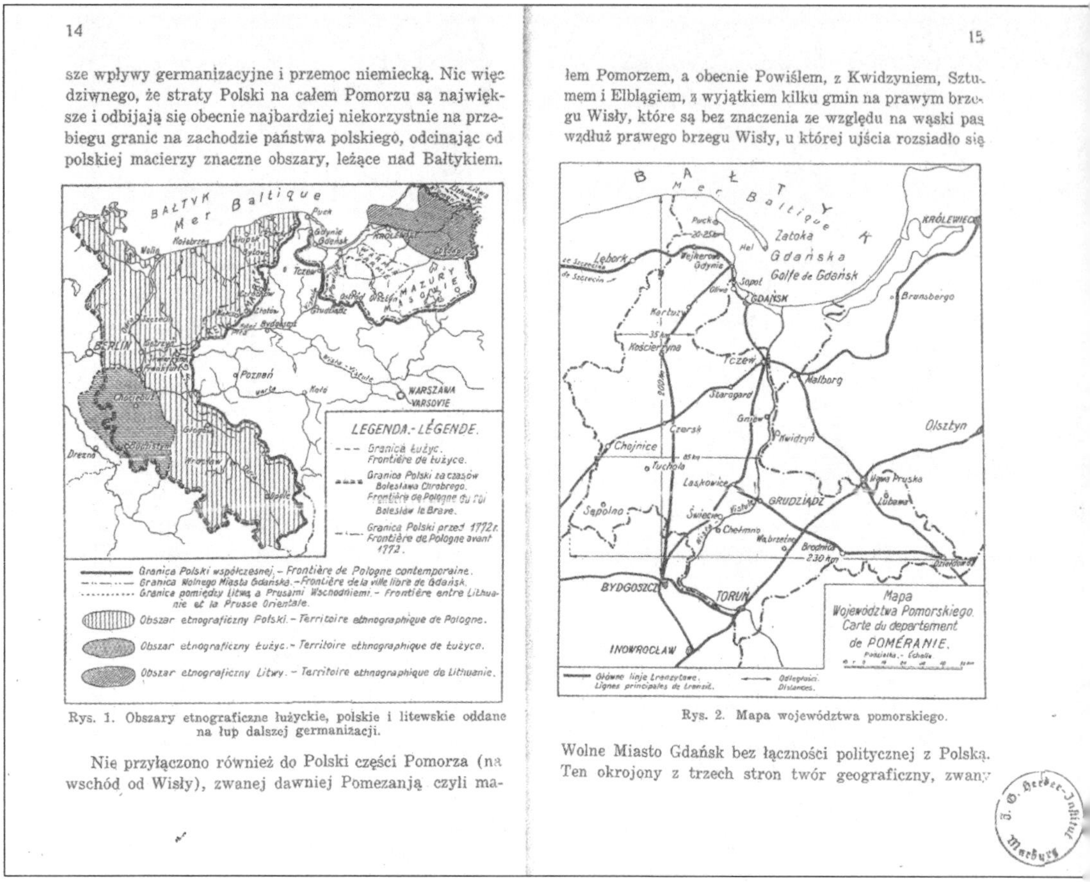
14

sze wpływy germanizacyjne i przemoc niemiecką. Nic więc dziwnego, że straty Polski na całem Pomorzu są największe i odbijają się obecnie najbardziej niekorzystnie na przebiegu granic na zachodzie państwa polskiego, odcinając od polskiej macierzy znaczne obszary, leżące nad Bałtykiem.

Rys. 1. Obszary etnograficzne łużyckie, polskie i litewskie oddane na łup dalszej germanizacji.

Nie przyłączono również do Polski części Pomorza (na wschód od Wisły), zwanej dawniej Pomezanją czyli ma-

15

łem Pomorzem, a obecnie Powiślem, z Kwidzyniem, Sztumem i Elblągiem, z wyjątkiem kilku gmin na prawym brzegu Wisły, które są bez znaczenia ze względu na wąski pas wzdłuż prawego brzegu Wisły, u której ujścia rozsiadło się

Rys. 2. Mapa województwa pomorskiego.

Wolne Miasto Gdańsk bez łączności politycznej z Polską. Ten okrojony z trzech stron twór geograficzny, zwany

Henryk Baginskis 1931 entworfene Übersicht des „ethnischen Polen" hinter den damaligen deutschen Grenzen: Pommern, Schlesier und Brandenburger als „Slawen" (oben links); die Wojewodschaft Pommern (Danzig-Westpreußen; oben rechts)

Titelseite des Werks von Henryk Baginski: „Wolnosc Polski na morzu" (Polens Freiheit zur See), Warschau 1931. Das Werk wurde 1942 in englischer Übersetzung neu aufgelegt.

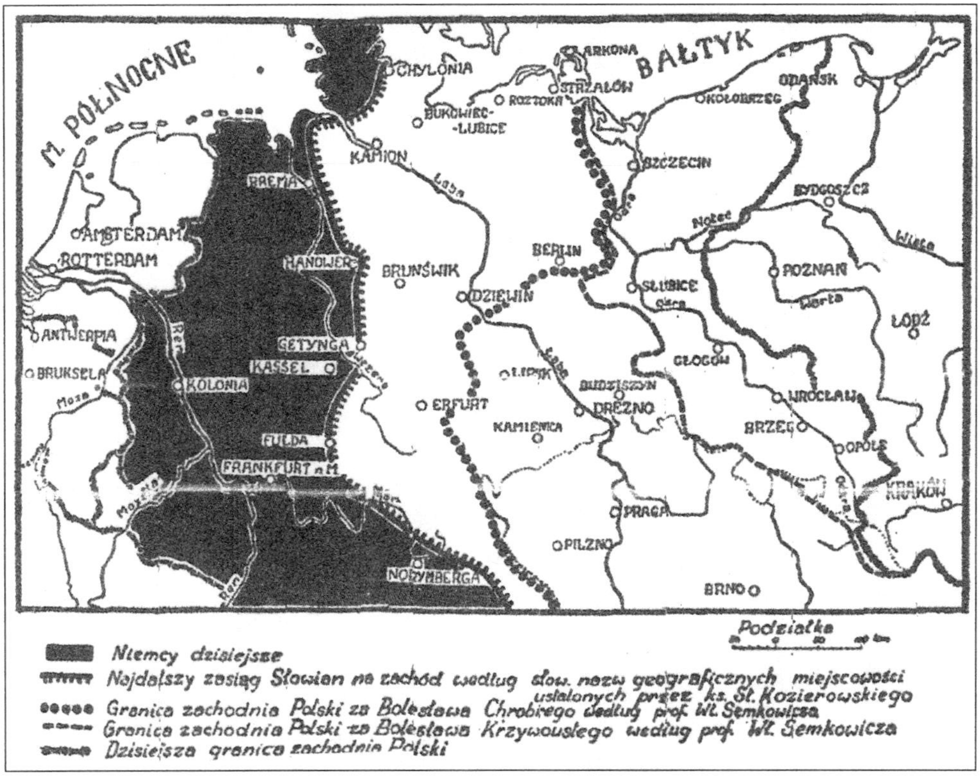

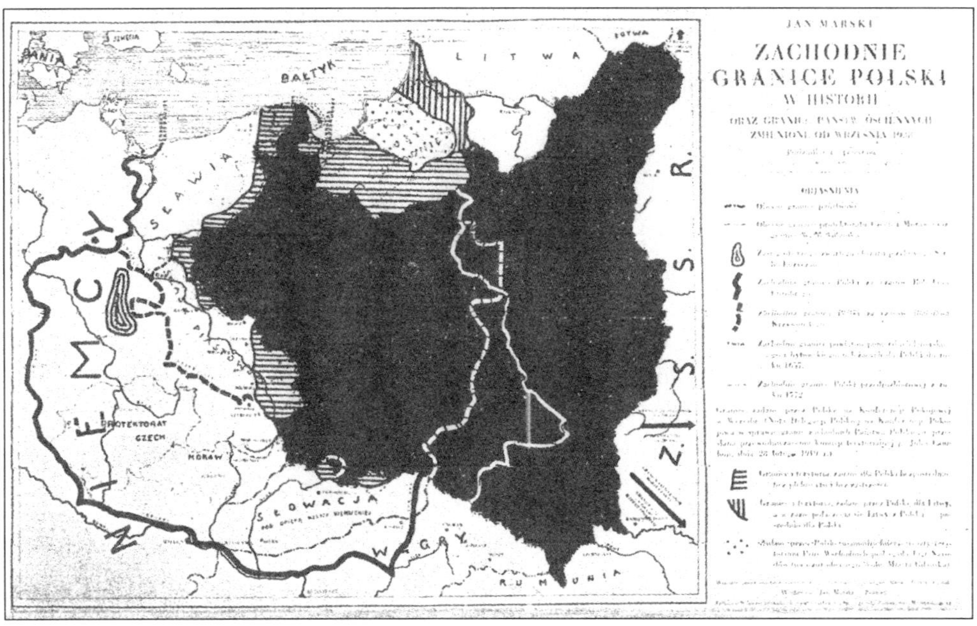

Zu Mobilisierungszwecken gedruckte Karten aus dem Jahr 1939:
Oben: Die Zeitung „Dziennik Poznanski" mit einem Beitrag zum angeblich ursprünglichen deutschen Lebensraum (hier schwarz) vom 26. Juni 1939
Unten: Die polnische Westgrenze in der Geschichte (Autor: Jan Marski)

„Die historische Westgrenze Polens": Polnischer Chauvinismus: Diese Karte wurde seit 1930 vom halbamtlichen polnischen ‚Westmarken-Verband' als Flugblatt verbreitet: Polens Grenzen vor Berlin… Zu Propagandazwecken auch mit englischer und französischer Beschriftung. Aus dem Archiv des Auswärtigen Amts, sogenannte „Polen-Berichte" vom 12. Juni 1939

„Die polnische Westgrenze in der Geschichte" aus dem Jahr 1939: Gebietsansprüche von Prag bis zur Ukraine

Die Plakate aus dem Jahre 1939 zeigen die polnische Westgrenze an der Oder-Neiße-Linie (unten) und reichen sogar bis westlich von Lübeck (rechts).

His Majesty King George VI and General Sikorski, Commander-in-Chief of the Polish Armed Forces, taking the salute.

[Frontispiece]

POLAND'S FREEDOM
OF THE SEA

BY
HENRYK BAGIŃSKI

FOREWORD
BY
Lieut.-General M. KUKIEL, K.C.B.

THE ALLEN LITHOGRAPHIC CO., LTD.,
KIRKCALDY, 1942.

Baginskis Buch „Polens Freiheit zur See“ in der englischen Ausgabe von 1942, mit einem Vorwort des Verteidigungsministers Marian Kukiel

Die vom polnischen Untergrundstaat 1942 publizierte Briefmarke unter der Überschrift „Wofür wir kämpfen“.

Die Briefmarke zeigt ein Polen von der Ostsee bis zum Schwarzen Meer und beansprucht Kolonien in Afrika – von Togo und Kamerun im Westen bis Ostafrika und Madagaskar im Osten.

MAP 6.—Historic Boundaries of Poland.

1. Furthest limits. 2. In 1772. 3. Boundaries of Poland's feudatory countries. 4. In 1939. 5. Boundaries of other countries.

Note.—The dates refer to periods during which territories belonged or were feudatory to Poland. (28)

Die 1942 in Baginskis Buch „Polens Freiheit zur See“ im westlichen Exil publizierte Karte der „historischen Grenzen Polens“ formuliert Gebietsansprüche von Rostock bis Dorpat (estnisch: Tartu), von Prag bis Odessa.

Die 1942 von Antoni Błonski zur Begründung einer polnischen Odergrenze publizierte Gesamtkarte des wünschenswerten polnischen Gebietsumfangs. (Antoni Błonski: Wracamy nad Odrę: Historyczne, geograficzne i etnograficzne podstawy zachodnich granic Polski. – Rückkehr an die Oder: Historische, geografische und ethnografische Grundlagen der polnischen Westgrenzen)

Antoni Błonski war ein Pseudonym des Historikers Władysław Pałucki (1905–1989), der 1947 aus dem Exil nach Polen zurückkehrte. Er war Verfasser und Herausgeber „historischer Atlanten“ und Legenden über die Geschichte des okkupierten Ostdeutschland, so etwa auch von „Ziemie Odzyskane – Skice historyczne“ (Die wiedergewonnenen Gebiete – historischer Abriß, London 1947.)

Enclosures to despatch No. 358 dated February 4, 1942, Confidential, from North Winship, American Consul General at Toronto, Canada, on the subject: "Transmitting Map Indicating Polish Post-War Aspirations".

Source: The Toronto EVENING TELEGRAM issue of February 3, 1942.

TAKING A BITE OUT OF GERMANY

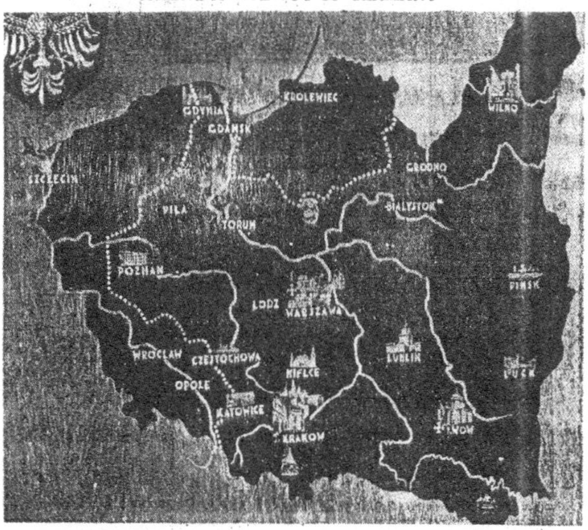

As durable in spirit as the material it is made of, a wooden map on the wall of the Polish Army camp in Owen Sound shows Poland as her patriotic, fighting citizens want to see her, when the battle is won. Dotted lines show East Prussia and mark off the section of Eastern German territory the dauntless Poles have selected as their own.

Map In Camp For Poles Shows Poland 'After War' As Patriot Hearts Vow It

Red and White Flag and Wing-Spread Eagle Proclaim Owen Sound Barracks Where Army, Navy and Air Force Men Grimly Prepare to Fight Alongside Allies For Freedom

By EVA-LIS WUORIO
Telegram Staff Reporter

Owen Sound, Feb. 3—On the wall of a large class-room in the Polish Barracks at Owen Sound, there is a map durably painted on wood, showing how Poland will look after the war, if the Poles know anything about it.

If you will notice the eastern border is the same as it was before the war except that East Prussia is included in Poland. The western border, however, goes beyond the controversial borders of the "corridor" all the way to Stettin, and takes in all the land east of Oder River, bringing the Polish border in some points only 35 miles from Berlin. Southward the new border would take in all of the Polish-speaking province of Silesia, bordering on the Sudeten mountains, Bohemia, and Moravia.

The men take much quiet amusement out of their wooden map "made to last." It was among the first decorative things made at their barracks.

Lt.-Col. Witold-Sujkowski, C.O. of the Owen Sound Camp, explained that Owen Sound was chosen as the site of training quarters because it was the closest spot to the United States border where a large enough building to house the troops was available. Most of the recruits come from the States.

Im Februar 1942 berichtet eine kanadische Zeitung über die polnischen Zielsetzungen nach dem Sieg, wie sie aus einer Karte hervorgehen, die in einer polnischen Militärbasis in Ohio an der Wand hängt. Sie zeigt Polens Grenzen von 1939 ergänzt um die deutschen Provinzen Ostpreußen, Pommern und Schlesien.

NO. 358

THE FOREIGN SERVICE
OF THE
UNITED STATES OF AMERICA

CONFIDENTIAL

AMERICAN CONSULATE GENERAL

Toronto, Canada, February 4, 1942.

SUBJECT: Transmitting Map Indicating Polish Post-War Aspirations.

THE HONORABLE

THE SECRETARY OF STATE,

WASHINGTON.

SIR:

I have the honor to transmit herewith a reproduction, published in the Toronto EVENING TELEGRAM of February 3, 1942, of a map which allegedly hangs in the barracks of the Polish Armed Forces at Owen Sound, Ontario. A portion of the article which accompanied the map in the TELEGRAM is also enclosed.

The map expresses the determination of its owners that post-war Poland shall include the Prussian provinces of East Prussia, Pomerania and "the Polish speaking province of Silesia".

Respectfully yours,

North Winship,
American Consul General.

Enclosures:

Reproduction of a map, together with an article published in the Toronto EVENING TELEGRAM of February 3, 1942.

800
NP:MES

Original and 4 copies to the Department.
Copy for the American Legation, Ottawa.

FEB 13 1942

860C.014/113

PS/RF

Ein US-amerikanischer Diplomat informiert über diesen Zeitungsartikel das US-Außenministerium.

Verlassen wir an dieser Stelle die Betrachtung grundsätzlicher Konzeptionen und Befindlichkeiten und begeben uns auf das Feld der internationalen und nationalen Tagespolitik. Im Jahr 1926 erlebte die Nachkriegsära des Ersten Weltkriegs einige beachtliche Umbrüche. Einer davon war der Vertrag von Locarno, der in diesem Jahr in Kraft trat und für Westeuropa noch einmal die diesmal freiwillige Anerkennung der Nachkriegsregelungen durch Deutschland brachte und für Deutschland selbst den Einzug in den Völkerbund. In Polen dagegen sah man eher Probleme in diesen Abmachungen. Sie konnten eines Tages vielleicht in weitere Verhandlungen münden, in denen um des politischen Ausgleichs willen wieder einmal andere Staaten über polnische Grenzen entscheiden würden. Dagegen wollte man sich möglichst absichern.

Locarno und die Landmine unter Europa

Die europäische Nachkriegsordnung würde nicht dauerhaft so bleiben können, wie sie 1919 vertraglich festgezurrt worden war. Wie eingangs ausgeführt, gehört das Bewußtsein darüber zu den Grundlagen der europäischen Politik dieser Ära, gerade auch der polnischen. Das konnte Chancen bringen, aber auch Gefahren. Ende 1925 trafen sich die Großen der europäischen Politik im schweizerischen Kurort Locarno. Es standen aus Warschauer Sicht vor allem Gefahren auf der Tagesordnung. Sie entwickelten sich zu einer innerpolnischen Krise, die dauerhafte Folgen haben sollte.

Im Umfeld der Locarno-Verhandlungen der europäischen Großmächte schloß die polnische Regierung Władysław Grabskis daher mit Frankreich am 16. Oktober 1925 einen „Garantievertrag". Er ergänzte und präzisierte das noch von Pilsudski selbst am 19. Februar 1921 abgeschlossene gegenseitige Bündnis, aber er enthielt auch bereits Bestimmungen, die in eine finstere Zukunft weisen sollten. So hatte man beiderseitig beschlossen, den französisch-polnischen Garantievertrag mit ins Vertragswerk von Locarno hineinzunehmen. Damit war Polen indirekt daran beteiligt und die in Locarno de facto vereinbarte Minderwertigkeit der osteuropäischen Grenzen gegenüber den westeuropäischen Trennlinien war für diesen Fall etwas abgemildert. Andererseits wurde aber die französische Bündnispflicht nur auf die Voraussetzung begrenzt, daß Deutschland vom Völkerbund im Fall der Fälle eindeutig nach Artikel 16 der Völkerbundsatzung als Angreiferstaat bezeichnet werden sollte. Das konnte eine schwierige Angelegenheit werden, die sogar Frankreich selbst und natürlich auch Deutschland die Möglichkeit gab, eine Kriegserklärung diplomatisch zu verzögern oder sogar zu verhindern.

Schließlich aber enthielt der gesamte Vertrag keine Bestimmungen mehr über den Fall eines sowjetischen Angriffs auf Polen. Das diente nun quasi schon als frühes Vorbild für das Jahr 1939, als der unmittelbar vor Beginn des Krieges abgeschlossene britisch-polnische Militärvertrag ebenfalls keinerlei Bestimmungen mehr über britischen Beistand gegen einen sowjetischen Angriff enthielt, sondern ausdrücklich auf Deutschland als möglichen Gegner beschränkt wurde.

Diese Angelegenheit war in Pilsudskis Augen äußerst ernst, was er in einigen drastischen Worten zum Ausdruck brachte. So nannte er den Locarno-Vertrag einen „brutalen deutschen Versuch" zur Auflösung des polnisch-französischen Bündnisses und soll sogar gesagt haben, jeder gute Pole müsse darauf spucken.[224] Er lehnte folgerichtig die neuen Bestimmungen des Vertrags mit Frankreich ab. Die Republik unter Grabski schien dabei zu sein, das Land in eine existentielle Bedrohungssituation zu führen. In Frankreich mochte man es gegebenenfalls mit Gleichgültigkeit betrachten, ob ein „französisches" Heer an der Weichsel von polnischen oder von sowjetischen Streitkräften gegen Deutschland in Stellung gebracht würde. Der neue Vertrag schien beides indirekt zuzulassen. Für Polen war diese Frage existentiell. Wenige Wochen vorher war zudem in Berlin zum ersten Mal über eine weitere Teilung Polens gesprochen worden.[225]

Polen mußte auch durchaus um seine Existenz fürchten. Viele der Reichskanzler und Minister der frühen Weimarer Republik dachten nicht daran, die in Versailles praktisch mit dem Blick in die vorgehaltene Pistole der Alliierten anerkannten Grenzen tatsächlich zu respektieren. Sie forderten aber nicht nur eine Revision der Grenzen zu Polen – das sowieso –, sondern stellten das Existenzrecht des polnischen Staates insgesamt in Frage. Die Kanzler Gustav Stresemann und Joseph Wirth betrieben eine Politik des „Polonia esse delendam". Sie hatten sich an die Existenz des neuen Staates noch nicht gewöhnt und betrachteten ihn geradezu als Symbol für die deutsche Niederlage. Diese Politik war einigermaßen wenig reflektiert. Polen mußte demnach zerstört werden, weil seine Existenz den deutschen Interessen generell widersprach, was nicht zutraf, oder weil die polnische Feindschaft gegenüber Deutschland eine „ewige" sei, was sich mit guten Gründen bestreiten ließ. Sie ignorierte fast vollständig die überaus nützliche Pufferfunktion der Republik Polen gegenüber einer wie auch immer politisch verfaßten russisch-sowjetischen Machtentfaltung. Schon Bismarcks vielzitierte Feststellung, ein polnischer Staat werde immer ein „Heerlager Frankreichs an der Weichsel" darstellen, machte sich nicht klar, daß es an der Weichsel grundsätzlich immer

[224] Zu diesen Reaktionen vgl. Craig, Diplomats, S. 587 f.

[225] Vgl. Roos, Polen, S. 8.

ein für Deutschland potentiell bedrohliches und durch Frankreich instrumentalisierbares Heerlager geben würde, sei es nun ein polnisches oder russisches.

Die Existenz der Republik schien auf dem internationalen Parkett noch immer fraglich zu sein, das Land konnte zum Handelsobjekt der europäischen Politik werden. Besonders ein Vertrag schien in diese Richtung zu deuten und gehört zur Vorgeschichte des Staatsstreichs, den Pilsudski zur Rettung der Situation unternehmen sollte. Doch hatte diese Entwicklung eine mehrjährige Vorgeschichte, bei der auch politischer Mord eine Rolle spielte.

Der Staatsstreich von 1926

„Der Staatsstreich von 1926 war eine polnische Rebellion gegen das verkrüppelte fremdländische Unwesen, das Polen in Gestalt von demokratischen Plattheiten und österreichischen parlamentarischen Gebräuchen, sowie in Gestalt des preußischen und russischen Materialismus überflutet hatte. Es war eine Rebellion gegen die Enge der Aufgaben und gegen zu enge Grenzen." Wacław Grzybowski[226]

Präsident für eine Woche

„Wenn Deutsche diese Mühe [gemeint ist die ‚Kulturmission im Osten', d. Verf.] *seit dem 10. Jahrhundert bis heute, also seit mehr als 1.000 Jahren auf sich nehmen, kann man kaum annehmen, daß sie schnell und ohne radikale Mittel davon ablassen. Eben dieses deutsche Laster ist gefährlich für den Frieden der ganzen Welt, vor allem aber für die Völker, die mit Deutschland benachbart sind. Deshalb müssen alle Völker, die Deutschland umgeben, es zu ihrem politischen Ziel machen, dieses deutsche Laster umzuwandeln bzw. völlig zu vernichten und mit Stumpf und Stiel auszurotten."*

M. Rudnicki[227]

Wie heftig und wie unmittelbar gewalttätig sich die nationalistische Agitation auswirkte, mußte dann der erste Präsident des neugegründeten Polen am eigenen Leib erfahren. Gabriel Narutowicz[228] wurde am 19. Dezember 1922 als Kandidat der polnischen Bauernpartei PSL-Wyzwolenie nach mehreren Wahlgängen gewählt. Zu den Problemen dieser Wahl sollte gehören, daß er mit den Stimmen der Abgeordneten nationaler Minderheiten ins Amt gekommen war. Alle Versuche des Rechts-

[226] Autobiographischer Rückblick des am Staatsstreich beteiligten späteren polnischen Botschafters in Moskau (bis 1939), hier zit. n. Pagel, Polen, S. 318.

[227] Slavia Occidentalis 8, 1929, S. 471, hier zit. n. Lewaszkiewicz, Westgedanke, S. 108 f.

[228] Gabriel Naturowicz (1865–1922) im heutigen Litauen geboren; seit 1895 Schweizer Staatsbürger; seit 1907 Professor für Hydroelektrik in Zürich; 1919 auf Einladung der Regierung nach Polen zurückgekehrt, bis Juni 1922 Minister für Angelegenheiten der polnischen Infrastruktur, dann Außenminister.

blocks, die Abgeordneten an der Abgabe ihrer Stimme zu hindern, oder sie zur Wahl des Gegenkandidaten Graf Maurycy Zamoyski zu bewegen, waren schließlich gescheitert. Deshalb folgte Narutowiczs Wahl unmittelbar ein Aufruf des Rechtsblocks, in dem angekündigt wurde, jede von diesem Präsidenten berufene Regierung zu boykottieren, da dieser Präsident „dem polnischen Volk von fremden Nationalitäten, nämlich Juden, Deutschen und Ukrainern, aufgezwungen worden sei".[229] Im nationaldemokratischen Zeitungsorgan „Gazeta Warzawska" wurde behauptet, es stünde die „jüdische Weltfinanz" hinter der Wahl.[230] Man kündigte einen entschlossenen Kampf an.

Schon eine Woche später, am 26. Dezember 1922, wurde Narutowicz von einem der Nationaldemokratie nahestehenden polnischen Nationalisten ermordet, dem Kunstmaler Eligiusz Niewiadomski. Das zeigte zumindest, daß nicht nur in Deutschland manch Kunstmaler nach den Erfahrungen des Weltkriegs dem Radikalnationalismus zugetan war, in diesem Fall einer mit akademischem Abschluß. Vor seiner Hinrichtung wenige Wochen später soll Niewiadomski noch vor der „moralischen Diktatur" Pilsudskis gewarnt haben. Pilsudski seinerseits hatte sich vorher gegen die Kandidatur Narutowiczs ausgesprochen, von der er offenbar zurecht nichts Gutes erwartete. Den Mord an ihm vergaß er nicht,[231] wie diese Tat überhaupt die polnische Öffentlichkeit immer wieder beschäftigte. Fast vier Jahre später, kurz nach seinem Maiputsch des Jahres 1926, reihte Pilsudski sie in die lange Reihe von Fällen des Totalversagens der Parteien ein, deren Verantwortung für diesen Mord und deren „Gier und Dummheit" den Putsch erst nötig gemacht hätten.[232] Doch hatte auch er Tote, die ihm zugerechnet wurden. Jahre später mußte er sich im Dezember 1929 seinerseits im Parlament aus den Reihen der Nationaldemokratie heraus vorhalten lassen, der Mörder von Narutowicz habe in der Vor-Mai-Ära seine Tat wenigstens selbst mit dem Leben zahlen müssen. Die Mörder von General Włodzimierz Zagorski säßen da-

[229] Vgl. Schenke, Nationalstaat, S. 47.

[230] Vgl. Polonsky, Crisis, S. 111.

[231] Im Juli 1923 legte er alle Funktionen innerhalb der Streitkräfte nieder, weil in der neuen Regierung Witos die Verantwortlichen für den Mord mitbeteiligt seien. Vgl. Polonsky, Crisis, S. 116.

[232] Vgl. Watt, Glory, S. 235 f. Die Äußerung fiel auf einem gut besuchten Treffen von Senatoren und Abgeordneten, zu dem Pilsudski eingeladen hatte. Auch einige Oppositionelle hatten die Einladung angenommen. Vertreter der „Minderheiten" waren nicht eingeladen worden.

gegen gut im Sessel. Das Protokoll verzeichnete tumultartigen Protest im Regierungslager.[233]

Der deutsch-sowjetische Vertrag von 1926

Wenige Wochen vor Pilsudskis Putsch von 1926 tauchte zum zweiten Mal nach Rapallo die Möglichkeit eines gemeinsamen Vorgehens der beiden größten Nachbarstaaten gegen die Zweite Polnische Republik auf, jedenfalls zumindest die Aussicht auf einen Ausgleich zwischen beiden Staaten, der das polnische Selbstbild stark treffen würde. In Berlin wurde jener deutsch-sowjetische Vertrag unterzeichnet, auf den auch die späteren Abmachungen des nationalsozialistischen Deutschland mit der Sowjetunion Bezug nehmen sollten – auch der Nichtangriffsvertrag von 1939.

Schon im Vorfeld der Verhandlungen von 1926 legte die sowjetische Regierung auf einigermaßen plumpe Weise einen Köder für den deutschen Nationalismus aus, den man in Moskau als die Bombe in der Mitte Europas einschätzte, die es zu zünden galt. Die Bedingungen schienen günstig zu sein, hatte doch gerade im Juli 1925 die polnische Zerstörungsstrategie gegen die deutsche Minderheit mit einer Massenausweisung von zwanzigtausend Personen einen Höhepunkt erreicht. Die Auffanglager in Schneidemühl waren überfüllt, der deutsche Reichstag debattierte erregt über angemessene Gegenmaßnahmen.[234]

So kam es wohl, daß der sowjetische Außenkommissar Georgi Tschitscherin bei seinem Berliner Pendant Stresemann in Berlin am 30. September 1925 „Andeutungen über die ‚Reduzierung Polens auf sein ethnographisches Gebiet' fallen ließ, die erfolgen könne, wenn Deutschland und die Sowjetunion erst erstarkt sein würden."[235] Dieses Angebot auf gemeinsame Politik gegen und auf gemeinsame Beu-

---

[233] Włodzimierz Zagorski hatte – obwohl ebenfalls Legionärsveteran – im Mai 1926 als Kommandeur treu zur Regierung und gegen Pilsudski gestanden. Zusammen mit vier anderen Generalen dieser Richtung wurde er nach dem Putsch inhaftiert und trotz anderslautender Gerichtsentscheidung unter allerhand Vorwänden bis zum 6. August des Folgejahrs in Haft gehalten. Am Tag seiner Entlassung verschwand er spurlos, seine Leiche wurde nie gefunden. Eine direkte Verwicklung Pilsudskis darin wird in der Literatur mehrheitlich nicht angenommen, doch gehen viele Autoren und gingen etliche Zeitgenossen davon aus, daß die Täter in dessen Sinn zu handeln glaubten. Möglicherweise lag der Grund dieser besonderen Feindschaft in Zagorskis Verantwortlichkeit für die Beschaffungspolitik der polnischen Luftwaffe, die für horrende Summen Flugzeuge bei einer französischen Firma bestellte, als deren Anteilseigner sich Zagorski Anfang 1926 herausstellte. Vgl. Polonsky, Crisis, S. 231 bzw. S. 298.

[234] Vgl. Doß, Rauscher, S. 106.

[235] Zit. n. Roos, Polen, S. 8 f. Roos beruft sich als Quelle auf eine Mitteilung von Henry Bernhard, dem damaligen Sekretär Stresemanns, an ihn persönlich.

te in Polen war 1925 bereits so vergiftet, wie es das gleiche Angebot später im Jahr 1939 sein sollte. Während Moskau in Deutschland solche Anspielungen auf polnische Teilungen machte, entsandte der Kreml im gleichen Jahr 1925 seinen Außenkommissar Tschitscherin nach Polen, um dort – für diesmal vergeblich – einen Nichtangriffspakt anzubieten. Auch das wies bereits ins Jahr 1939 voraus und kann entweder als Ausdruck einer chaotischen[236] und unkoordinierten sowjetischen Politik gedeutet werden, oder eben als beharrliche Wiederholung des immer gleichen, schließlich erfolgreichen Motivs.[237]

Der deutsche Gebietsrevisionismus sollte aus sowjetischer Sicht seinen Zweck erfüllen. Seine Existenz konnte das politische Europa so weit erschüttern, bis über dieser Frage ein weiterer Krieg unter den kapitalistischen Nationen ausbrach. Somit spielte er die Rolle einer „Landmine unter Europa".[238] Um diese Bombe zum Platzen zu bringen, mußte aus sowjetischer Sicht dort angesetzt werden, wo der deutsche Revisionismus praktisch den Rang eines nationalen Konsenses hatte, eben im Verhältnis zu Polen, oder allgemeiner gesprochen: im deutsch-polnischen Antagonismus. Stresemann, der ohnehin auf den Zusammenbruch Polens durch die Wirkung des deutschen Wirtschaftsboykotts setzte, also gewissermaßen aus eigener Kraft handeln wollte, stand diesem sowjetischen Angebot skeptisch gegenüber. Die deutsch-sowjetischen Beziehungen wurden seit dem Rapallo-Vertrag nicht nur in Warschau, sondern auch in den westlichen Hauptstädten mit Mißtrauen betrachtet. In einen offenen Ge-

[236] Unter die Rubrik chaotisch kann beispielsweise wohl eingeordnet werden, daß die UdSSR zur Zeit dieser Verhandlungen über „Frieden" in Warschau diplomatisch von Pjotr Wojkow als ihrem Botschafter vertreten wurde. Wojkow war Mitglied des Mordkommandos gewesen, das 1918 die russische Zarenfamilie getötet hatte. Nach verbreiteter Ansicht war er sogar derjenige, der mit gefälschten Briefen an den Zaren diesen zu Äußerungen provoziert hatte, die dann als Vorwand für seine Hinrichtung dienten. Insgesamt stellte Wojkow weniger einen Diplomaten als ein kaum noch überbietbares Symbol für die Brutalität der Weltrevolution dar, seine Ernennung eine permanente Provokation. 1927 wurde er schließlich in Warschau von dem jungen russischen Monarchisten Boris Kowerda aus Rache für den Zarenmord seinerseits ermordet, was in der UdSSR dann wieder als Vorwand für eine große Welle des Massenterrors genommen wurde. Vgl. Baberowski, Terror, S. 87 f., bzw. zur Reaktion Stalins persönlich: Oleg Chlewnjuk, Stalin, Kap. „Die Entscheidung". Kowerda selbst überlebte die anschließende Inhaftierung und den Krieg; er starb 1987 im amerikanischen Exil.

[237] Richard Watt leitet daraus ab, die Sowjets hätten „zu dieser Zeit wirklich Frieden gewollt", was angesichts der gleichzeitig andernorts getätigten Schritte eine unmögliche Deutung ist. Vgl. Watt, Glory, S. 260 f.

[238] Stalin schrieb im September 1924, also weniger als zwei Jahre vor dem deutsch-russischen Vertrag, daß von all den auszunutzenden nationalen Widersprüchen der wichtigste der deutsche Widerspruch sei, und es ist in seinen Werken, Band VI, abgedruckt: Durch das deutsche nationale Problem pflanzt man „eine Mine unter Europa". So die Ausführungen des früheren kommunistischen Funktionärs Karl-August Wittfogel, hier zit. n. Greffrath, Zerstörung, S. 318 f.

gensatz etwa zu Frankreich konnte und wollte sich die deutsche Politik aber schon wegen der weiter andauernden französischen Besetzung des Rheinlands und der offiziell so erfolgreichen Locarno-Vertragspolitik nur schwer begeben.

Im Gegenteil betrieb Stresemann zu dieser Zeit eine öffentlich lautstark und erfolgreich vorgetragene Politik des Ausgleichs mit dem Westen. Er führte die Weimarer Republik in den Völkerbund und erhielt für die gemeinsamen Bemühungen um die deutsch-französische Freundschaft zusammen mit seinem französischen Außenministerkollegen Aristide Briand den Friedensnobelpreis – und dies alles, ohne den Konflikt mit Polen je zu verringern.

Der Westen hatte dies hingenommen und sich damit von Osteuropa abgekoppelt. Das war ein Vorgang, der die europäische Politik immer wieder prägen sollte. Das zeigt bereits ein Blick auf die großen Signatarmächte des Locarno-Vertrags. Es waren England, Frankreich, Italien und Deutschland, die hier über die europäische Sicherheit befanden. Ab jetzt blieb die Vision eines solchen, möglicherweise institutionalisierten Viererdirektoriums ein konstantes Element der europäischen Zwischenkriegspolitik. Das ging einher mit einer souveränen Ignoranz gegenüber den Osteuropäern. Polens wiederholte Versuche etwa, in diesen Kreis vorgelassen zu werden und eine ähnliche Stellung wie Italien zu erhalten, wurden konsequent abgeblockt.[239] Aus polnischer Sicht bestand also weiterhin die Gefahr, daß sich die vier Großmächte einmal auf irgendeiner Konferenz mit der Frage der polnischen Grenzen oder mit anderen Dingen befassen würden, die Polen unmittelbar angingen. Danzig etwa als „Freie Stadt" konnte im Rahmen der Entscheidungskompetenz des Völkerbunds eines Tages ohne weiteres an Deutschland zurückfallen, wenn die deutsche Außenpolitik weiterhin derart geschickt vorging.

Den deutsch-sowjetischen Gesprächen im September 1925 scheint man in Warschau keine zu große Bedeutung beigemessen zu haben. Die polnisch-deutschen Beziehungen blieben davon jedenfalls unbeeinflußt und schlecht. Zwar gelang es der Zweiten Polnischen Republik nicht, sich international in Szene zu setzen. Aber nichts konnte sie hindern, jedenfalls innerhalb ihrer Grenzen Tatsachen zu schaffen. So drehten sich die deutsch-polnischen Beziehungen zu dieser Zeit unter anderem um die immer noch andauernde Liquidierung deut-

[239] Fary / Stelmach, Reaktion, S. 125 ff. schildern die ambivalente Reaktion der polnischen Öffentlichkeit und Politik auf diese Haltung der Westmächte während der Locarno-Verhandlungen. Alles in allem war man in Warschau bereit, die schließlich erreichte Beteiligung Polens am Schlußteil der Konferenz schon als gewissen Erfolg zu werten.

schen Privatbesitzes auf dem Territorium der Republik Polen. Unter Berufung auf den Artikel 297 des Versailler Vertrages arbeitete die polnische Regierung auf ein Ende dieses deutschen Grundbesitzes zu. Darin hatten sich die Siegerstaaten nicht weniger als das Recht vorbehalten, deutsche Staatsangehörige komplett auszuplündern, soweit sie Besitz auf deren Gebiet hatten. Konkret:

> *„[…] behalten sich die alliierten und assoziierten Mächte das Recht vor, alle den deutschen Reichsangehörigen oder den von ihnen abhängigen Gesellschaften bei Inkrafttreten des gegenwärtigen Vertrages gehörenden Güter, Rechte und Interessen innerhalb ihrer Gebiete, Kolonien, Besitzungen und Protektoratsländer, einschließlich der Gebiete, die ihnen durch den gegenwärtigen Vertrag abgetreten werden, zurückzuhalten und zu liquidieren.“*[240]

Der besondere Charakter des Versailler Vertrags als ein Instrument zur Legalisierung organisierten Diebstahls nicht nur deutschen Staatseigentums, sondern deutschen Eigentums überhaupt, kam hier deutlich zutage. Aus polnischer Sicht ließen sich diese Bestimmungen zum Erreichen des allgemeinen Ziels einsetzen, den Minderheiten in Polen ihr Existenzrecht abzusprechen. Berlin verwies seinerseits darauf, daß Polen nicht als „alliierte oder assoziierte“ Macht im Sinn des Versailler Vertrags gelten könne – lapidar gesagt: keine Siegermacht war – und deshalb kein Recht hatte, sich auf den Artikel 297 zu berufen.[241] Zugleich setzte man wie gesagt auf wirtschaftlichen Druck gegenüber Polen, also auf die einzige Waffe, über die Deutschland derzeit verfügte. Das Jahr 1925 hatte auf diesem Feld neue Möglichkeiten eröffnet. Im Januar war zunächst die Bestimmung des Versailler Vertrags ausgelaufen, die Deutschland verpflichtete, allen Unterzeichnerstaaten des Vertrags im Warenverkehr die Meistbegünstigungsklausel einzuräumen, im Juni erlosch dann die vertragliche Verpflichtung, jährlich zollfrei sechs Millionen Tonnen polnische Steinkohle importieren zu müssen. Es folgte seit Sommer 1925 das, was als deutsch-polnischer Zollkrieg in den Geschichtsbüchern verzeichnet ist.

Am 25. März 1926 traf man sich in Berlin zu einer bilateralen Konferenz zu diesen Wirtschaftsfragen und vor allem zu der Frage des deutschen Grundbesitzes.[242] Die polnische Delegation hatte ein Angebot mitgebracht, einige Besitztümer von der geplanten Enteignung auszunehmen. Man konnte sich jedoch nicht einigen, da die deutsche

[240] Vgl. Versailler Vertrag, Artikel 297, Abs. b. Ein vorheriger Verkauf der Besitztümer wurde an gleicher Stelle ausgeschlossen.

[241] Vgl. Doß, Rauscher, S. 102.

[242] Vgl. Machray, Poland, S. 212.

Seite offenbar der allgemeinen Linie des Auswärtigen Amts folgte, keine Bestimmung des Versailler Vertrags im Osten noch einmal in einem bilateralen Vertrag anzuerkennen. Ein polnisch-deutscher Vertrag in dieser Sache – welchen Inhalts auch immer – hätte daher unter diesen Vorzeichen die Erwähnung des Artikels 297 vermeiden müssen. Dazu war Warschau nicht bereit. Die Gespräche scheiterten.

Ziemlich genau einen Monat später gab es in Berlin ganz andere Gespräche, die nicht scheiterten. Es waren erneut deutsch-sowjetische Verhandlungen. Am 24. April 1926 wurde danach der deutsch-sowjetische Vertrag unterzeichnet, der als „Berliner Vertrag" in die Annalen eingegangen ist. Er enthielt keine verborgenen Abmachungen über das Territorium der polnischen Republik, wie es die Sowjets vielleicht damals schon gern gesehen hätten. Aber die Tatsache einer deutschen Verbindung mit der UdSSR, einem Staat außerhalb des Völkerbunds, und der Umstand, daß die beiden Staaten Nachbarn der Republik Polen in Ost und West waren, mußten in Warschau für große Aufregung sorgen. Die ein Jahr vorher faktisch in Locarno aufgegebene gemeinsame Stabilität ganz Europas wurde durch diesen Vertrag nun wenigstens andeutungsweise weiter in Frage gestellt.

Dennoch scheint die unmittelbare Reaktion in Polens Hauptstadt nicht oder nur indirekt durch diese internationalen Entwicklungen verursacht worden zu sein. Indirekt geschah dies insofern, als diese neuen Fakten die ohnehin schon lange verfallende polnische Währung noch weiter belasteten. Die Währungskrise hatte schon mehrere Regierungswechsel verursacht, und auch der Rücktritt des Kabinetts Skrzyński am 5. Mai 1926 stand unter diesem Vorzeichen. Am 10. Mai kam eine neue Rechts-Mitte Regierung unter Ministerpräsident Wincenty Witos und Beteiligung der Nationaldemokratie ins Amt. Kriegsminister sollte General Juliusz Malczewski werden. Neben den verschlafenen internationalen Entwicklungen des letzten Jahres und der Unfähigkeit der bisherigen Regierungschefs, die wirtschaftliche Situation zu stabilisieren, scheint besonders diese Personalentscheidung die Dinge ins Rollen gebracht zu haben. Ministerpräsident Witos blieb nur wenige Stunden im Amt. Josef Pilsudski attackierte ihn persönlich als „korrupt" und seine Regierung als unfähig, und zwar schon am nächsten Tag in einem Interview:

> *„Ich kämpfe gegen das Übel, das den Staat unterwanderte, gegen Parteien ohne Hemmungen, immer auf der Suche nach dem persönlichen Profit und völlig vergessen gegenüber dem Allgemeinwohl."*[243]

[243] Pilsduski am 11. Mai 1935 im „Kurjer Poranny", hier n. Machray, Poland, S. 213 f.

Die Zensur dieser Aussagen durch das Verbot der Zeitung half der Regierung auch nicht weiter.[244] In Warschau scheint tatsächlich verbreiteter Volkszorn auf die Verhältnisse geherrscht zu haben. Pilsudski ließ auf die Hauptstadt marschieren und übernahm persönlich das Kommando vor Ort. In der folgenden, teilweise bewaffneten Auseinandersetzung mit regierungstreuen Truppen kam es gelegentlich zu theatralischen Szenen mit Seitenwechseln und Nervenkrisen. Der von Pilsudski persönlich zur Übergabe beschworene Präsident Wojciechowski riß sich buchstäblich vom „Kommandanten" los und fuhr anschließend unbehelligt mit dem Auto zu einer Kabinettssitzung, wo er statt dessen zum Widerstand gegen Pilsudskis Putsch aufrief. Am Ende setzte sich Pilsudski, der schon beinahe aufgegeben hatte, durch den zufälligen Übertritt eines Trupps Regierungssoldaten, der eine strategisch wichtige Brücke freigab, doch noch durch. Ganz ohne Zufälle entstehen keine Siege, und Pilsudskis guter Ruf als unbedingter und uneigennütziger Nationalist reichte nun einmal weit ins Lager seiner Widersacher hinein.

Polen nach dem Staatsstreich

„Im Gedächtnis der Polen war die Erinnerung an Beck lange Zeit negativ belegt. Waren es seine Ansichten und Handlungen, die dazu führten, daß das Polen der 1930er Jahre ein ‚revisionistischer' Staat wurde? Dies ist eine der wichtigen Fragen." *Marek Kornat*[245]

Auch im neuen Pilsudski-Polen sollten nach dem Mai-Putsch von 1926 weiterhin zahlreiche Regierungen auf- und abtreten. Ministerpräsidenten kamen und gingen in stetem Wechsel,[246] die Minister desgleichen. Für die Außenpolitik galt das nicht, denn neben der Armee galt sie Pilsudski als notwendige Basis der Handlungsfähigkeit der Nation und als sein besonderes Steckenpferd. So herrschte denn in diesem Bereich Ordnung. Das Pilsudski-Polen hatte für die Dauer seiner weiteren Existenz bis 1939 nur zwei Außenminister. Beide genossen das besondere Vertrauen Pilsudskis und beide agierten unabhängig von allen Regierungs- und inneren Kurswechseln in völliger Kontinuität. Von 1932 bis 1939 wurde dieses Amt von Josef Beck geführt,

[244] Vgl. Korwyn-Sokołowski, Fragmenty, S. 69 f.

[245] Zit. n. Kornat, Polen, S. 11.

[246] Zwischen dem Mai 1926 und September 1939 waren es insgesamt vierzehn Wechsel des Regierungschefs.

wovon noch ausführlich die Rede sein wird. 1926 bis 1932 amtierte August Zaleski in dieser Rolle.

Außenpolitisch konnte Zaleski bereits in den Jahren vor 1926 einige Erfahrungen sammeln. Er hatte während des vergangenen Weltkriegs nicht an den militärischen Operationen auf dem Kontinent teilgenommen, sondern in London als Mitarbeiter des Polish National Committee fungiert und als dessen Botschafter bei der Triple Entente. Als akademische Basis konnte er dafür ein abgeschlossenes Wirtschaftsstudium der London School of Economics vorweisen. Außenpolitik blieb nach 1918 Zaleskis Metier, er wurde Polens Vertreter in der Schweiz, in Griechenland und Italien, sowie beim Völkerbund. Es könnte der Zufall eine Rolle gespielt haben, daß er 1926 Außenminister wurde, denn er hielt sich zur Zeit des Staatsstreichs gerade in Warschau auf – auf der Durchreise nach Japan, dem nächsten für ihn vorgesehenen Posten.

Seine Ernennung konnte also ebenfalls als der Ausdruck von jener Kontinuität gelten, um deren Wahrung Pilsudski nach dem Staatsstreich zunächst bemüht war. Als kommender Minister erhielt Zaleski deshalb keine wesentliche Mission außer jener einen, die besonderen Beziehungen zu den Westmächten in gewohnter Weise zu pflegen. Zwar waren die europäischen Konstellationen bedenklich, aber noch rechnete Pilsudski nicht sofort mit akuten Schwierigkeiten. In einer oft zitierten Äußerung gab er bald nach dem Staatsstreich bekannt, für die nächste Zeit sei noch mit einer Phase der Ruhe in Europa und der Konsolidierung zu rechnen. Er gab auch den Zeitraum an: Es seien mindestens etwa fünf Jahre.[247]

Pilsudskis Staatsstreich wurde im deutschen Außenministerium unter dem Aspekt begrüßt, daß er den unkontrolliert-radikalen Elementen in der polnischen Politik ein wenig das Wasser abgrub. Mit Pilsudski trat jemand auf die Bühne, mit dem man bei allen Gegensätzen verhandeln zu können glaubte. Dies galt auch in den Folgejahren, obwohl der Kampf des deutschen Botschafters Ulrich Rauscher um handfeste Erfolge sich äußerst zäh gestaltete. Der Sozialdemokrat und diplomatische Quereinsteiger Rauscher hielt den Posten in Warschau acht Jahre lang, durch alle Krisen hindurch, vor und nach Pilsudskis Staatsstreich. Er konnte von dieser brisanten Auslandsstelle aus enge Beziehungen zu Gustav Stresemann aufbauen, was sich etwa in einer direkten Berichterstattung und privater Korrespondenz mit dem deutschen Außenminister niederschlug. Rauscher gehörte dabei zu denen, die vor Illusionen über die deutsche Polenpolitik warnten. Stresemann hoffte

[247] Mit dieser Feststellung leitete Josef Beck seinen „Final Report" ein. Vgl. Beck, Report, S. 5.

bekanntlich immer noch auf ein Ende der Zweiten Polnischen Republik durch wirtschaftlichen Druck. Rauscher ging nicht so weit, dies für unmöglich zu erklären oder grundsätzlich abzulehnen. Aber er erklärte deutlich, zum Beispiel nach dem Abschluß des für Polen herabsetzenden Locarno-Vertrags, von dem sich Stresemann viel versprach, solche Ziele müßten „einer ferneren Zukunft" vorbehalten bleiben.[248] Anfang 1930 wurde es schließlich auch für Rauscher zu viel, und er bat um Versetzung. Er sei durch den täglichen Kampf „verbraucht" und „auf die Dauer ungeeignet, einseitig und ungerecht" geworden:

> *„Vulgär gesagt: Ich kann nach all den Kämpfen, Intrigen und Ernüchterungen keinen Polen mehr sehen."*[249]

Insbesondere bei den Minderheitenfragen nutzte Rauschers Einsatz wenig. Es tobte der „Volkstumskampf" – und das nicht nur gegen die Deutschen in der Republik Polen. Dieser Kampf und seine Methoden waren Teil der ganzen verfahrenen Innenpolitik. Sein Protest gegen Ausschreitungen lief laut Rauscher wiederholt ins Leere:

> *„[…] weil dieser Protest, abgesehen von den territorialen Ausschreitungen, sich auf Regierungshandlungen bezog, die von den Polen gar nicht verurteilt werden können, weil gleichartige Regierungshandlungen, und zwar in einem noch viel weiteren Ausmaß, die Grundlage des Existenzkampfes der Regierung Pilsudski bilden, der bei den diesmaligen Wahlen ausgefochten wird."*[250]

So gesehen fehlte trotz Pilsudskis Herrschaft in Polen weiterhin der Ansprechpartner, der es ermöglicht hätte, die Ziele der deutschen Außenpolitik vorzutragen und eventuell durchzusetzen. Auch Pilsudski deckte und förderte weiterhin einen Mann wie den Oberschlesischen Wojewoden Grażynski, dessen gewalttätiges Vorgehen gegen die ansässigen Deutschen häufig Gegenstand von Verhandlungen vor dem Völkerbund geworden war. Der vom Aufständischenverband veranstaltete zehnte Jahrestag des „Schlesischen Aufstands", bei dem man 1921 polnischerseits mit der Eroberung weiterer Teile Oberschlesiens im Vorfeld der Volksabstimmung über die Zugehörigkeit des Landes gewaltsam Tatsachen schaffen wollte, wurde mit dem Besuch von Staatspräsident Mościcki geehrt, was zwar als innenpolitisch motivierte Demonstration der Stärke verstanden werden konnte,[251] aber eben auch die Verschränkung von militanter Innen- und Außenpolitik erkennen ließ.

---

[248] Vgl. Doß, Rauscher, S. 101.

[249] Vgl. Brief Rauscher an Curtius vom 18. März 1930 in ADAP, B, Bd. XIV, S. 378 f., hier zit. n. Pietsch, Spiegel, S. 154.

[250] Vgl. ebd., S. 155, wo auch die Parallelen zu den Wahlen von 1928 betont werden.

[251] Vgl. ebd., S. 160.

Als wesentlichen Teil der Innenpolitik installierte Pilsudski eine weiträumige Militarisierung der Gesellschaft. Das ist ein Begriff, der hier der näheren Erläuterung bedarf, denn „Militarismus“ ist bekanntlich ein weites Feld. Im Polen der Pilsudski-Ära lassen sich zwei wesentliche Aspekte militaristischer Orientierung ausmachen. Da war zum einen die nostalgische Erinnerung an die „Legion“ des Ersten Weltkriegs und an die Waffenerfolge des Polnisch-Sowjetischen Krieges, dessen wechselhafter Verlauf Polen zwar fast um die Existenz gebracht hätte, der aber dann schließlich vorwiegend in Verbindung mit dem finalen „Wunder an der Weichsel“ in Erinnerung blieb. Es konnte folglich kaum eine größere politische Veranstaltung stattfinden, ohne daß entsprechende Reden gehalten und das Pathos der alten Zeit beschworen wurde.

Der jährliche Veranstaltungskalender trug diesem Umstand ohnehin Rechnung, und das „Fest der Legion“, also der Jahrestag des ersten Auszugs dieses kleinen Kontingents in den Kampf am 6. August des Jahres 1914, gehörte zu Polens hohen Zwischenkriegsfeiertagen. Die Legionen hatten den Sinn des Ganzen gestiftet, so formulierte es der Pilsudski-Anhänger – prominenter Journalist und seit 1915 ebenfalls POW-Mitglied – Wojciech Stpiczyński zum zehnten Jahrestag:

> *„Die Legionen schufen durch den Geist ihrer Schöpfer und Führer nicht nur den ritterlichen Geist der Nation, sondern sie nahmen auch die große historische Mission Polens wieder auf – die Jagiellonische Tradition, umgesetzt in moderner Form.“*[252]

In diesem Sinn qualifizierte die frühere Zugehörigkeit zur Legion die entsprechende Person im Zwischenkriegspolen allein bereits für höhere und höchste Aufgaben, und man kann sagen, daß die regierende Elite Polens aus der Berufung auf diese Vergangenheit einen wesentlichen Teil ihrer Legitimation bezogen hat, eine Legitimation, die unter diesem Aspekt dem Gesamtunternehmen Polen eben einen militaristischen Zug gab.

Zu letzterem gehörte beispielsweise ein spezifisch polnischer „Drang nach Osten“, der sich ebenfalls aus der Vergangenheit der Legion ergab und entsprechend gepflegt wurde. Durch die ersten kriegerischen Unternehmungen der Republik Richtung Osten war er dann bestätigt worden.[253] Pilsudski gab nach Ende des Krieges mit

[252] Wojciech Stpiczyński: „Po dziesięciu latach“, 9. August 1924, hier n. Polonsky, Crisis, S. 128.

[253] Der amerikanische General F.J. Kernan, Mitglied einer interalliierten Delegation, die in Osteuropa vor Ort den Gang der Dinge untersuchte und die künftige Grenzziehung vorbereiten sollte, sprach in diesem Zusammenhang im April 1919 von einem spezifischen, durch die französische Politik geförderten „polnischen Militarismus“. Vgl. Lundgreen-Nielsen, Conference, S. 279.

der UdSSR einen abschließenden „Befehl zum Kriegsende" heraus, der diese Gedanken aufgriff:

> *„Der Soldat, der so viel für Polen getan hat, wird nicht ohne Belohnung bleiben. Das dankbare Vaterland wird ihn nicht vergessen. Erobert wurden riesige Gebiete, die verlassen sind und durch den Weltkrieg nahezu in eine Wüste verwandelt wurden. Ich habe der Regierung bereits vorgeschlagen, daß ein Teil des eroberten Landes Eigentum derjenigen werden sollte, die es zu polnischem Land gemacht haben, die es mit polnischem Blut und dem Schweiß unermeßlicher Mühen getränkt haben. Dieses Land, erschöpft von der blutigen Saat des Krieges, wartet auf die Saat des Friedens, wartet auf diejenigen, die das Schwert in eine Pflugschar verwandeln."*[254]

Dieses eroberte Land wäre im wesentlichen der frühere russische Staatsbesitz gewesen. Das waren überschaubare etwa einhunderttausend Hektar, von denen Teile bis Mitte der 1930er Jahre an insgesamt gerade einmal etwa neuntausend interessierte Veteranen vergeben wurden, die sich an das Wagnis getraut hatten, im Osten der Republik Landwirtschaft treiben zu wollen.[255] Ein „Drang nach Osten" kam hier kaum zum Ausdruck. Der ideologisch erhobene polnische Anspruch auf Prägung dieses Landes als Zivilisationsbringer fand in der Realität keinen Widerhall.[256] Eher vergifteten diese Kolonisationsversuche die politische Atmosphäre unter den ansässigen Weißrussen und Ukrainern vor Ort und sorgten für weitere Steigerung internationaler Aufregung, auch wenn diese Aufregung über die Verhältnisse in Ostpolen nie im Zentrum der europäischen Politik stand.

Nicht völlig losgelöst von diesen Verhältnissen, aber doch deutlich davon zu unterscheiden, war der zweite Aspekt des polnischen Militarismus: Noch stärker als in anderen Staaten mußte die Armee als „Schule der Nation" dienen, als Klammer all dessen, was vorher noch nie in dieser Form zusammengehört hatte. Die Zweite Polnische Republik bestand aus drei verschiedenen Landesteilen, die vorher staatlich gesehen jahrhundertelang zu Deutschland, Österreich oder Ruß-

[254] Vgl. Pilsudski, Pisma zbiorowe, Bd. 5, S. 176, hier zit. n. Schenke, Nationalstaat, S. 161.

[255] Vgl. Schenke, Nationalstaat, S. 166.

[256] In der Schulpolitik sah dieser Prägungsversuch beispielsweise so aus, daß im mehrheitlich ukrainischen Wolhynien im Jahr 1936/37 in 1.247 Schulen auf Polnisch unterrichtet wurde, in 528 Schulen zweisprachig und in ganzen sechs Schulen auf Ukrainisch. Dessen ungeachtet sah sich der zuständige Wojwode Henryk Józewski mit Vorwürfen polnischer Eltern konfrontiert, die ukrainische Sprache zu „privilegieren". Er bezeichnete das seinerseits als „zoologischen Nationalismus", und in der Tat illustrieren solche Episoden, die es gegenüber allen nicht-polnischen Einwohnern der Republik gab, den Charakter des polnischen Staates und die Folgen seiner Politik besser als die offiziellen Verlautbarungen. Vgl. Schenke, Nationalstaat, S. 346 unter Berufung auf zeitgenössische polnische Statistiken.

land gehört hatten. In Infrastruktur, Verwaltungsorganisation, ethnischer Zusammensetzung, Sprache, Kultur und Wirtschaftsleben paßte hier auch acht Jahre nach der Staatsgründung noch wenig zusammen. Soziale wie geographische Mobilität waren im Gesamtstaat zudem eher gering. Der Dienst in der Armee würde für den überwiegenden Teil der Rekruten die erste Gelegenheit sein, sich außerhalb seines eigenen Milieus mit Polen zu identifizieren und damit so etwas wie „politische Bildung" zu erleben.

Der Wehrdienst in Pilsudskis Polen bekam dadurch ganz bewußt einen „pädagogischen Charakter", der auch ausländischen Beobachtern nicht verborgen blieb.[257] Neben der praktischen politischen Bedeutung,[258] jederzeit über einige hunderttausend Bewaffnete verfügen zu können und damit zumindest bis in die frühen 1930er Jahre den Nachbarstaaten – wahrscheinlich sämtlichen Nachbarstaaten einschließlich der UdSSR – militärisch überlegen zu sein, wurde so mit dem gleichen Instrument am Aufbau einer nationalen Kontinuität gearbeitet. In den letzten Jahren vor 1939 steigerten sich diese Bemühungen der Armee zu regelrechten „Assimilierungsoffensiven". Sie wurden nicht selten an den ohnehin schon radikalen Konzepten der Behörden vor Ort vorbei betrieben und konnten auch in die Wirtschaftspolitik hineinreichen.[259]

Diese Militärpolitik war teuer. Der polnische Militäretat verschlang regelmäßig etwa die Hälfte der Staatsausgaben[260] und lähmte deswegen unvermeidlich an vielen anderen Stellen die Entwicklung, während er gleichzeitig für die Erhöhung der Auslandsschulden sorgte. Der zeitgenössische deutsche Polenkenner Heinrich Koitz listet in „Europa als Abenteuer" eine Reihe von Anleihen auf, die Polen von Seiten der USA, Großbritanniens und Frankreichs seit 1920 erhalten habe, zuletzt 1937 im Rahmen des Rydz-Śmigły-Besuchs in Paris 2,6 Milliarden Francs zu Rüstungszwecken. Nach diesen Angaben betrugen die polnischen Auslandsschulden 1937 damit insgesamt 3,8 Milliarden Złoty, gegenüber 300 Millionen Inlandsschulden des

[257] Vgl. Koitz, Tagebuch, S. 130. (Heinrich Koitz, 1901–1943, schlesischer Schriftsteller und Übersetzer, mehrere Veröffentlichungen persönlichen Charakters zu Reisen durch Polen).

[258] Pilsudski sprach wenige Wochen vor seinem Staatsstreich 1926 davon, die Armee sei „der einzige verläßliche Garant für Polens Unabhängigkeit". Vgl. Interview im „Kurier Poranny" vom 17. Februar 1926, hier n. Kozlowski, Gruppierungen, S. 2.

[259] So gründeten Reserveoffiziere in Lemberg 1934 einen genossenschaftlichen Brennstoffhandel, dessen Ziel ausdrücklich in der Direktvermarktung an polnische Kunden und damit, wie in einem Bericht von 1937 amtlich vermerkt, in der „Entjudung des Handels" bestand. Vgl. Gröschel, Antisemitismus, S. 231.

[260] Nach anderen Angaben ein Drittel. Vgl. Watt, Glory, S. 415.

Staates. Die Konsequenzen für Josef Becks Ansatz einer rein an polnischen Interessen ausgerichteten Außenpolitik beschrieb Koitz so:

> *„Es ist mehr als unwahrscheinlich, daß Polen überhaupt in die Lage käme, in kritischen Stunden eine politische Entscheidung zu fällen, die sich in voller Schwere etwa gegen Frankreich wenden könnte. Dagegen spricht auch die starke Verfilzung polnischer und französischer Geldinteressen, die immer wieder auf den Konzern Schneider-Creusot zurückführt und auf diese Weise die polnischen Interessen stärker mit den Wünschen des Pariser Comité des Forges verbindet, als es den polnischen Staatsmännern lieb und vielleicht sogar bewußt ist."*[261]

Wenig erforscht und Koitz damals wahrscheinlich ebenso nicht bewußt ist die Rolle, die das Comité des Forges – ein einflußreicher Interessenverband der französischen Kohle- und Stahlindustrie – an anderer Stelle gespielt hat, und zwar bei der Finanzierung der NSDAP in den Jahren 1931–1933. Nach einer Notiz des Staatssekretärs Hermann Pünder aus der Berliner Reichskanzlei aus dem April 1932 kamen von den 65 Millionen Reichsmark, die der Partei zur Verfügung standen, 40–45 Millionen aus dem Ausland. Als Geldgeber nannte er an erster Stelle das Comité des Forges.[262] Falls damit in letzter Absicht durch die Förderung der Regierungsübernahme einer nationalistischen Partei in Deutschland ein neuer europäischer Rüstungswettlauf angestoßen werden sollte, von dem dann auch die französische Stahl- und Rüstungsindustrie profitieren würde – und sei es durch Anschlußaufträge aus Polen –, dann kann dieser Schachzug als ebenso gelungen wie verantwortungslos eingestuft werden.

Die wirtschaftliche Situation der Zweiten Polnischen Republik blieb stets ein Problemfeld. Schon der erste Versuch des Staates, eine eigene Währung zu etablieren, endete in innerer Inflation und äußerem Kursverfall.[263] Die Folgeschäden aus den Kampfhandlungen, die zwischen 1914 und 1921 auf dem Territorium des nunmehrigen Polen ausgetragen worden waren, konnten nur langsam beseitigt werden. Dazu kam der Verlust des vor 1914 vorhandenen russischen Marktes, der Polen als unfreiwilligem Teil des Russischen Reichs gewissermaßen von Lodz bis Wladiwostok offengestanden hatte und jetzt

---

[261] Vgl. Koitz, Europa, S. 67.

[262] Vgl. Bundesarchiv Edition, Die Kabinette Brüning I/II, Bd. 3, Dok. 722, Vermerk Pünder aus dessen Nachlaß, Nr. 154, Bl. 48–49.

[263] Die Preise für Nahrungsmittel stiegen von Januar 1921 bis Dezember 1922 um das Zwölffache, die Geldmenge wuchs von 1918 bis 1922 um das Achthundertfache, der Kurs zum Dollar fiel zur gleichen Zeit von 1:10 auf 1:18.000. Vgl. Polonsky, Crisis, S. 107, bzw. Pease, Stabilization, S. 14 f.

durch die geschlossenen Grenzen der Sowjetunion drastisch eingeengt wurde. Seit 1878 hatte Rußland sich durch Schutzzölle gegen ausländische Konkurrenz gesichert, was auf polnischem Gebiet unter anderem zu einem exponentiellen Wachstum der Textilindustrie in Lodz führte, dessen Einwohnerzahl in zwanzig Jahren zwischen 1880 und 1900 von siebzigtausend auf dreihundertzwanzigtausend stieg.[264]

Diese Situation wurde zudem durch den deutsch-polnischen Handelskrieg der 1920er Jahre verstärkt, mit dessen Hilfe die Weimarer Republik den politisch-wirtschaftlichen Untergang des östlichen Nachbarn erreichen wollte. Infrastrukturelle Leuchtturmprojekte der Republik Polen, wie der ohne Rücksicht auf jedwede Kosten betriebene Ausbau von Polens einzigem Seehafen in Gdingen, versuchten diesen Umständen Rechnung zu tragen, konnten aber an der grundsätzlich schwierigen Lage nichts ändern. So verband sich dann schließlich wirtschaftlich-finanzielle Not mit politischen Wünschen und mit militärischem Selbstbewußtsein: Die Transfergebühren für den Warentransport und Personenverkehr zwischen Ostpreußen und dem übrigen Deutschland machten 1939 zehn Prozent der staatlichen Einnahmen Polens aus. Auch das trug dazu bei, daß die deutschen Wünsche nach einer zollfreien Abwicklung dieses Verkehrs zwischen Ostpreußen und dem übrigen Reichsgebiet in Warschau auf wenig Gegenliebe stießen. Man zog ohnehin andere Lösungen in Betracht, die solche Vorschläge überflüssig machen würden, und das polnische Militär spielte darin eine wesentliche Rolle.

Zu den Besonderheiten des Staatsstreichs von 1926 gehörte die merkwürdige Verbindung von Gewalt und Routine. In Warschau wurde hart gekämpft. Es gab viele Tote, und nur ein Streik der Eisenbahner hinderte die Regierung an der Zuführung weiterer regierungstreuer Truppen, deren Eintreffen dann einen kompletten Bürgerkrieg ausgelöst hätte. Und doch ging dann alles plötzlich wieder recht schnell und fast harmonisch über die Bühne. Die alte Regierung wurde weder verhaftet noch im Gefecht getötet oder außer Landes getrieben – letzteres jedenfalls vorerst. Sie trat förmlich zurück und übergab die Regierungsgeschäfte einem von Pilsudski ausgewählten Nachfolgeregierungschef. Auch an der Verfassung wurde nichts geändert. Wenn man so will, spricht dies für den faschistischen Charakter dieses Staatsstreichs, denn die Parallelen zum „Marsch auf Rom" der italienischen Schwarzhemden und zu dem dort nachfolgenden Regierungswechsel,

[264] Darunter viele Deutsche, die ihren in Oberschlesien verlorenen Arbeitsplätzen nachgezogen waren und um 1900 phasenweise vierzig Prozent der Einwohner stellten, im Jahr 1939 noch etwa 70.000 von etwa 670.000. Vgl. Heike, Spannungsfeld.

der die Kriegsveteranen an die Regierung brachte, aber ebenfalls die Monarchie und die Verfassung intakt ließ, waren offensichtlich.

Pilsudski selbst setzte nach dem Staatsstreich Zeichen des Willens zur Kontinuität und Uneigennützigkeit. Er nahm seine bereits vollzogene Wahl als Staatspräsident 1926 nicht an. Statt dessen setzte er als mehrheitsfähigen Kandidaten den Professor Ignacy Mościcki durch, der am 1. Juni 1926 mit 280 gegen 200 – nationaldemokratische – Stimmen vom Sejm gewählt wurde. Mościkci erwies sich als zäher und machtbewußter Politiker und sollte schließlich bis Ende September 1939 im Amt bleiben.[265] Diese Art der Führung Pilsudskis zahlte sich schnell aus. Nur zwei Wochen nach dem Staatsstreich erhielt er den speziellen und ausdrücklichen Segen des Papstes.[266] Im streng katholischen Polen, in dem die katholische Kirche traditionell als Träger des Nationalgedankens fungierte und obendrein die Mehrzahl der Priester konsequent dem Gedankengut der jetzt oppositionellen Nationaldemokraten nahestand, bedeutete das viel.

Wenn es nach dem Mai 1926 zunächst auch keine formale Verfassungsänderung gab, so setzten die Pilsudskisten in den Folgejahren doch Schritt für Schritt das faktische Ende des parlamentarischen Systems durch. Im Oktober 1927 wurde die parlamentarische Tätigkeit schließlich vorerst suspendiert. Die erst für März 1928 angesetzten Neuwahlen sollten unter Einsatz des inzwischen gegründeten BBWR für eine ausreichende Mehrheit sorgen, um die Wünsche Pilsudskis und seiner Mitstreiter unmittelbar in Regierungstätigkeit umsetzen zu können. Dieser Plan gelang nur begrenzt. Das BBWR erhielt 130 von 444 Parlamentssitzen und 44 von 111 Senatssitzen.[267] Das konnte nur eine Zwischenlösung sein, die unter mehreren Regierungswechseln bis in den Sommer 1930 hielt. Es fand eine schleichende Militarisierung in den Kabinetten statt, in denen in steigender Zahl Pilsudskis Ex-Legionäre mit Ministerrängen ausgestattet wurden. Schließlich machte die Opposition den Versuch eines größer angelegten politischen Widerstands und rief in Krakau einen „Kongreß zur Verteidigung von Freiheit und Recht des Volkes" zusammen, ein Ruf, dem im Juni 1930 über dreißigtausend Personen folgten.

[265] An sich hatte Pilsudski mit Walery Sławek einem anderen alten Weggefährten das Amt „vererben" wollen, aber die Zeitnähe zwischen der Verabschiedung der neuen Verfassung und seinem Ableben erlaubten Mościcki die Behauptung, dieser Plan sei für Pilsudski zuletzt obsolet geworden. Da er gleichzeitig Josef Beck die absolute Unterstützung als Außenminister zusicherte und mit dem neuen „Marschall" Rydz-Śmigły das Militär auf seiner Seite wußte, konnte er sich durchsetzen. Vgl. Watt, Glory, S. 342 f.

[266] Vgl. Watt, Glory, S. 257.

[267] Vgl. Watt, Glory, 278. Stärkste Opposition die linke PPS (129), geschlagen die Rechte und Nationaldemokraten (37), das Zentrum (54) und die Minderheiten (65).

Die Reaktion fiel hart aus. Pilsudski sah die Zeit – oder, wenn man so will: die Notwendigkeit – gekommen, seine moralische Diktatur ein weiteres Stück zu einer faktischen auszubauen. Zunächst einmal trat der bisherige Ministerpräsident Sławek am 23. August zurück, und Pilsudski übernahm ausnahmsweise einmal selbst formell ein Amt, und zwar just das des Ministerpräsidenten. Oberst Josef Beck rückte ebenfalls ein Stück weiter in die erste Reihe und amtierte als sein Stellvertreter. Umgehend danach wurden Sejm und Senat am 30. August für aufgelöst erklärt und Neuwahlen ausgeschrieben. Dann rollte eine Verhaftungswelle an, die zahlreiche oppositionelle Politiker in Festungshaft in Brest-Litowsk brachte, im Prinzip fast die gesamte Prominenz. Für die Auswahl des verhafteten Personenkreises zeichnete Pilsudski höchstpersönlich verantwortlich.[268] Betroffene waren der Vorsitzende der sozialistischen Partei, Professor Norbert Barlicki, und auch der frühere Ministerpräsident Witos, gegen den Pilsudski 1926 seinen Staatsstreich verübt hatte. Dazu kamen besonders viele Angehörige nationaler Minderheiten. Mehr als ein Drittel der 69 Verhafteten waren Ukrainer.

Unter den Verhafteten befand sich ein Urgestein der polnischen Politik wie Wojciech Korfanty. Jahrzehnte zuvor hatte er im Schutz des preußisch-deutschen Rechtsstaats unverdrossen für die polnische Sache agitiert und es als Abgeordneter bis in den Deutschen Reichstag geschafft. Nach 1919 hatte er öffentlich auf die rechtsstaatlichen Grenzen verzichtet und sich als Organisator der polnischen Eroberungsversuche in Oberschlesien einen Namen gemacht, die vor der 1921 angesetzten Volksabstimmung über die künftige nationale Zugehörigkeit des Grenzlandes stattgefunden hatten. Es sollte in seinen Augen nicht der Entscheidung des oberschlesischen Wählers überlassen bleiben, ob er staatlich gesehen zu Deutschland oder zu Polen gehören wollte. Die andernorts, besonders auf dem flachen Land der preußischen Provinz Posen, mit großer Regelmäßigkeit erfolgreiche politische Organisation des polnischen Nationalgedankens fand in Oberschlesien keine Mehrheiten.

Später war Korfanty in Konflikte mit dem von Pilsudski installierten Wojewoden des an Polen gefallenen Ostoberschlesien, Michal Grażyński, geraten. Dieser wollte nicht nur von der weiteren Existenz von Deutschen dort nichts wissen, sondern auch nichts von einer spezifisch oberschlesischen Autonomie, wie sie Korfanty vorschwebte. Die Mühlen des polnischen Nationalismus arbeiteten hier ohne Un-

[268] Das geht aus den Aufzeichnungen Sławoj Składkowskis hervor. Vgl. Sławoj Składkowski, Strzępy meldunków, S. 64, bzw. Kozlowski, Gruppierungen, S. 8.

terschied an der Einebnung der Dinge. Nun wurde Korfanty im September 1930 mit den anderen Politikern verhaftet und erst nach den am 23. November 1930 abgeschlossenen Parlamentswahlen wieder freigelassen. Das war nicht alles. Über die bloße Inhaftierung hinaus wurden die Gefangenen auch mit Absicht unzureichend ernährt, ausgesucht brutal behandelt, vielfach geschlagen und mit demütigenden Arbeiten beschäftigt sowie ohne jeden Rechtsbeistand und ohne Kontaktmöglichkeit zu den Angehörigen festgehalten. Es folgte schließlich ein Prozeß, bei dem man ihnen „Verschwörung zum Mord an Regierungsmitgliedern" vorwarf und die meisten tatsächlich in diesem Sinn verurteilte.[269] Für Korfanty sollten die Tage in Haft schließlich fast die letzten Tage in Polen sein. Er ging nach Ende der Haft ins Exil, aus dem er erst kurz vor seinem Tod im Jahr 1939 zurückkehrte. Wie alle Rückkehrer aus formalen Gründen noch einmal kurzzeitig verhaftet,[270] starb er im August des gleichen Jahres.

Vordergründig diente diese Machtdemonstration des Pilsudski-Regimes der Manipulation der für 1930 ausgeschriebenen Wahlen. Aus der Haft heraus konnten die Betroffenen schließlich weder kandidieren noch Wahlkampf betreiben.[271] Dieses Ziel wurde erreicht, wenn auch nicht sonderlich spektakulär. Das Pilsudski-Lager BBWR erreichte unter dem Wahlspruch „Mit oder ohne Pilsudski?" im Sejm eine Mehrheit von 247 der 444 Mandate.[272] Pilsudski konnte nach abgeschlossener Mission sein Amt abgeben, was er prompt erneut an Walery Sławek auch tat. Des weiteren stellte dieses Vorgehen aber vor allem eine generelle Radikalisierung der innenpolitischen Lage hin zu diktatorischen Verhältnissen dar. Der Putsch von 1926 hatte die demokratischen Institutionen formal weitgehend unangetastet gelassen. Nun wurde erkennbar, daß sie tatsächlich weitgehend bedeutungslos geworden waren. Gegen die „moralische Diktatur" gab es keine rechtsstaatlichen Sicherheiten mehr, das betraf ebenfalls die nationalen Minderheiten. Nicht nur innerhalb Polens, sondern auch bei den Verbündeten im Westen wurde – wenn auch nicht laut – die Frage gestellt, wo in diesem Fall die Moral geblieben war.

[269] Vgl. Machray, Poland, S. 297.

[270] Vgl. Polonsky, Crisis, S. 446.

[271] Einige Parteien schafften es, die Verhafteten mit der Behauptung, sie hätten bereits vorher ihre Kandidatur bekanntgegeben, trotzdem auf den Wahlzettel zu setzen. Vgl. Oertzen, Polen, S. 137.

[272] Das Wahlergebnis zeigte ansonsten eine große Zersplitterung der Parteienlandschaft. Neben dem BBWR und den Nationaldemokraten (62 Sitze) erhielten insgesamt 13 weitere Gruppierungen des Zentrums, der Linken, der Kommunisten und der Minderheiten Parlamentssitze. Vgl. Polonsky, Crisis, S. 325.

Nach fünf Jahren – die prophezeite Krise

> *„Botschafter Krestinski: Die Anhänger von Pilsudski proklamieren offen Vergrößerung Polens, Losreißung der Ukraine von Rußland und enge Bindung von Lettland und Estland an Polen. Danach können sie ihr Augenmerk auf Ostpreußen richten. Bezeichnend ist ja auch, daß Pilsudski trotz aller Forderungen den kompromittierten Wojewoden in Oberschlesien* (Grażyński, d. Verf.) *nicht abberufen hat.*
> *Außenminister Stresemann: Herr Pilsudski hat mir bei seinem* [sic] *letzten Zusammensein ausdrücklich erklärt: ‚Es gibt bei uns auch Leute, die mit einer Eroberung Ostpreußens liebäugeln. Ich erkläre jeden, der solche Pläne hegt, für einen Narren und ermächtige Sie, von dieser Äußerung Gebrauch zu machen.'"*[273]

Die im vorigen Abschnitt dargestellten internen polnischen Vorgänge fanden parallel zu bedeutenden außenpolitischen Entwicklungen statt. Die 1919–1922 etablierte vorläufige Nachkriegsordnung wurde zusehends in Frage gestellt. Zu den für Polen besonders wichtigen Neuheiten gehörte dabei die Rückkehr der UdSSR oder „Sowjetrußlands" auf die internationale Bühne. Mit den Verträgen von Rapallo 1922 und Berlin 1926 hatten die Sowjets bis dahin zwar Spezialbeziehungen zu Deutschland aufgebaut, die sich bis hin zur geheimen Zusammenarbeit im Rüstungsbereich erstreckten. Aber darüber hinaus blieben die Beziehungen zur Außenwelt auf völkerrechtlicher Ebene weitgehend unterbrochen. Mitglied im Völkerbund war die Sowjetunion beispielsweise nicht.

Den Hintergrund dieser Haltung hätte man in Warschau eigentlich gut nachvollziehen können. Ähnlich wie in der polnischen Hauptstadt wartete man in Moskau auf die nächste Zuspitzung der internationalen Lage, um sich dann entsprechend zu positionieren. Aus polnischer Sicht lauteten die Ziele „Westgedanke" in Richtung Deutschland und „Prometheismus" in Richtung UdSSR, zielten also auf umfangreiche Aneignung und Umgestaltung des Territoriums der beiden Nachbarstaaten. Aus sowjetischer Sicht stand das Ziel der europäischen Revolution wei-

[273] Unterredung des damaligen Außenministers Stresemann mit dem sowjetischen Botschafter Nikolaj N. Krestinski vom 5. Dezember 1928, zit. n. ADAP, B, X, S. 444.

terhin fest, herbeigeführt oder begünstigt durch einen Angriff der Roten Armee, der letztlich nur durch Polen führen konnte. Ähnlich wie in Polen durfte diese Absicht allerdings nicht gerade öffentlich präsentiert werden. Der altbekannte Satz, wonach zum Krieg rüsten müsse, wer den Frieden wolle, wurde im 20. Jahrhundert statt dessen vielfach zu einer Variante verdreht, wonach vom Frieden sprechen müsse, wer den Krieg suche. Das galt auch für das Europa der Zwischenkriegszeit.

Während in Polen im August/September 1930 die Verhaftungswelle unter der Opposition rollte, kalkulierte die Führung der Kommunistischen Partei der UdSSR die Pläne für einen Krieg gegen die Republik Polen neu. Man müsse die Rote Armee um vierzig bis fünfzig Divisionen vergrößern, um einen solchen Krieg erfolgreich führen zu können, schrieb Parteichef Josef Stalin am 1. September 1930 an Wjatscheslaw Molotow, damals Mitglied im Politbüro der Kommunistischen Allunions-Partei (Bolschewiki), ab dem 1. Dezember 1930 dann Regierungschef.[274] An einen Verteidigungskrieg dachte Stalin dabei kaum. Die andersgeartete Stimmung in den internen Sitzungen des sowjetischen Politbüros gibt beispielsweise ein Zettel wieder, den der Inspekteur der Kavallerie, Semjon Budjonny, in einer dieser Sitzungen zum Volkskommissar für Krieg hinüberschob:

> *„Vor drei Jahren hat man gesagt, daß wir zwei bis drei Jahre brauchen, dann überfallen wir selbst. Und jetzt bitten wir um fünf Jahre. Nach dem, was hier über unsere Bereitschaft vorgetragen wird, glaube ich, daß wir dazu mit jedem Jahr weniger in der Lage sein werden.“*[275]

So drängte das Militär zur Tat, aber die Politik ging einen anderen Weg. Während man sich im Moskauer Politbüro bei den Geheimsitzungen Anfang der dreißiger Jahre die Notizzettel zuschob und diskutierte, wann denn endlich der geplante Überfall auf Europa stattfinden solle, agierte die UdSSR außenpolitisch ganz anders. Die UdSSR trat auf der internationalen Bühne der Zeit mit permanenten und weitreichenden Abrüstungsvorschlägen auf. Die statt dessen bereits laufende und sich steigernde „Aufrüstung“ sei ein kapitalistisches Problem und werde vom Sozialismus überwunden werden, lautete die Botschaft – hinter der tief im Inneren der UdSSR die größte Rüstungsproduktion der Welt langsam aufgebaut wurde. Aber auch in Richtung Polen bewegten sich einstweilen keine Panzerkolonnen, sondern ausgestreckte Hände.

Für Polen und Osteuropa wurde von Moskau schließlich ein ganzes System von Nichtangriffspakten vorgeschlagen, das mit dem Na-

---

[274] Vgl. Musial, Offensivplanungen, passim.

[275] Zit. n. ebd.

men des langjährigen sowjetischen Außenministers Maxim Litwinow verbunden war und als Litwinow-Protokoll bekannt wurde. Polen unterzeichnete 1929 das Protokoll, kurz nach Polens Beitritt zum Briand-Kellogg-Pakt, der als internationaler Vertrag den Krieg ebenfalls ächtete.[276] 1932 kam schließlich zusätzlich ein zweiseitiger russisch-polnischer Nichtangriffspakt zustande. Der Text spiegelte den tatsächlich schlechten Zustand der Beziehungen indirekt wider. Mit deutlichem Mißtrauen der Vertragspartner gegeneinander definierte er den Angriffsfall so, daß jeder „Einfall" oder „Angriff mit Land-, See- oder Luftstreitkräften, wenn auch ohne Kriegserklärung", als vertragswidrige Aggression zu werten sei und außerdem „keine Erwägungen politischer, militärischer, wirtschaftlicher oder anderer Natur als Entschuldigungs- oder Rechtfertigungsgrund [...] gelten" könnte. Auch „die innere Lage" eines Staates, wie „etwa seine politische, wirtschaftliche oder soziale Ordnung" und „angebliche Mängel seiner Verwaltung" waren als Angriffsgründe ausgeschlossen.[277] Es sollte kein Vorwand zulässig sein, um im Zweifelsfall unzufriedene Bevölkerungsgruppen des Vertragspartners „befreien" zu können.

Seit dieser Zeit ging man in Warschau davon aus, die UdSSR mittels ihrer Unterschrift unter dieses Papier wirksam neutralisiert zu haben. Bis zum Kriegsausbruch im Jahr 1939 änderte sich daran nichts mehr. Die polnische Außenpolitik unter der Leitung Josef Becks, der an dem Abkommen wesentlich beteiligt war, glaubte an die Wirksamkeit dieser Positivliste an verbotenen Handlungen. In einer gemeinsamen Erklärung bestätigten beide Staaten am 26. November 1938 noch einmal die Weiterexistenz des Nichtangriffspakts auch unter den inzwischen veränderten Verhältnissen nach dem Münchner Abkommen.[278] Die Sowjetunion hatte demnach seit 1932 keinerlei juristische Berechtigung mehr, jemals in Polen einzumarschieren. Dies hatte damals unmittelbare Folgen für das deutsch-polnische Verhältnis. In den Jahren 1932 und 1933 stand der polnische Marsch nach Westen allerdings näher bevor, als von manchen vermutet. Das zeigen zum Beispiel zwei Briefe des damals kommenden polnischen Außenministers Beck an Josef Pilsudski. Sie wurden zeitnah nach Österreich

[276] Wenn man der erkennbar der polnischen Regierungslinie verpflichteten Darstellung von Robert Machray folgen will, geschah dies, um öffentlichkeitswirksam die eigene Friedensbereitschaft zu demonstrieren, der alle polnischen Parteien angeblich verpflichtet gewesen seien. Heute wissen wir, daß in der UdSSR und in Polen an der wechselseitigen Auflösung gearbeitet wurde. Vgl. Machray, Poland, 252 f.

[277] Vgl. Vertragstext im polnischen Weißbuch von 1939.

[278] Text in DVPS, XXI, Dok. 468, S. 650, Vgl. Bartel, Frankreich, S. 89. Vgl. auch polnisches Weißbuch, Dok. 160, S. 234.

übermittelt und landeten im dortigen Bundeskanzleramt. Beck gedachte demnach, die neue Situation schnell zu nutzen:

> *„Wenn es den Leitern der Außenpolitik der Republik gelungen ist, die Sicherheit der Ostgrenzen des Staates durch Abschluß des Nichtangriffspakts mit Sowjetrußland zu garantieren, so kann diese Tatsache nur eine Bedeutung haben: Sie macht uns die Hände gegenüber Deutschland frei."*[279]

Mit diesen Worten appellierte der Oberst und bis dahin stellvertretende Außenminister Josef Beck im Oktober 1932 an den diktatorischen Lenker der Staatsgeschäfte. Er forderte recht direkt den sofortigen Angriff auf Deutschland und hatte dabei den kurz vor der Ratifizierung stehenden Nichtangriffsvertrag mit der UdSSR als das wesentliche Element im Blick, das eine solche Entwicklung begünstigen würde. Die Lage für einen Krieg sei deshalb jetzt so günstig wie nie, einen „Krieg, um die Befreiung der polnischen Territorien vom deutschen Joch"[280] anzugehen. Die Armee sei bereit.

Nicht nur in Wien, sondern auch in Berlin herrschte unabhängig von der Kenntnis dieser Zeilen im Jahr 1932 kaum ein Zweifel über die polnischen Angriffsabsichten. Die Beziehungen beider Staaten waren immer schlecht gewesen. Im Prinzip bedeuteten die stets mehr oder weniger offen vorgetragenen deutschen Forderungen nach Revision der im Versailler Vertrag Deutschland auferlegten Grenzen in Oberschlesien und in Posen/Westpreußen eine Bedrohung des international anerkannten polnischen Staatsgebiets, die von Polen ebenso offen mit der Ankündigung bewaffneter Aktionen beantwortet wurde. Im Jahr 1929 hatte Reichsbankpräsident Hjalmar Schacht auf einer internationalen Konferenz die weitere deutsche Zahlungsbereitschaft an seine weltweiten Gläubiger mit Zugeständnissen in der Korridorfrage verbunden.[281] Einen Höhepunkt stellte der Treviranus-Skandal des Jahres 1930 dar, der sich entwickelte, als der deutsche Minister Gottfried Treviranus am 10. August des Jahres sogar im deutschen Parlament öffentlich die Änderung der deutsch-polnischen Grenze zu deutschen Gunsten forderte.

Auf der anderen Seite war es kein Geheimnis, daß man in Warschau mit dem Erwerb weiterer Teile des Staatsgebietes der Weimarer Republik liebäugelte. Reichswehrminister Wilhelm Groener bereiste vor diesem Hintergrund im März des Jahres 1932 Ostpreußen und warnte

[279] Bericht der Bundes-Polizeidirektion in Wien vom 4. November 1932 an den österreichischen Bundeskanzler Dollfuß über einen Brief von Beck an Pilsudski vom 27. Oktober 1932, inklusive Teilabschrift des Briefes, Kopie im Besitz des Verfassers, hier S. 1.

[280] Ebd.

[281] Vgl. Pease, Stabilization, S. 139.

Bundes-Polizeidirektion in Wien.

Pr.Zl.IV-116/93 Wien, am 4.November 1932.

Information über die polnische Aussenpolitik gegenüber Deutschland.

Zum Berichte der Bund.Pol.Dion.v.18.X.1932., Pr.Zl.IV-116/82/32

An

das Bundeskanzleramt, Auswärtige Angelegenheiten,

in

Wien.

Die Bundespolizeidirektion beehrt sich, in der Anlage eine ihr zugekommene vertrauliche Information über die polnische Aussenpolitik gegenüber Deutschland zur geneigten Kenntnisnahme in Vorlage zu bringen.

Ergeht gleichlautend an den Herrn Bundeskanzler, an den Herrn Vizekanzler, an den Herrn Staatssekretär Fey, an das Bundeskanzleramt, Generaldirektion für die öffentliche Sicherheit, Abteilung G.D.1, an das Bundeskanzleramt, Auswärtige Angelegenheiten und an das Bundesministerium für Heereswesen.

Becks Absicht, Krieg zu führen, war auch in Wien bekannt: Die Wiener Polizeidirektion informiert mit diesem Schreiben vom 4. November 1932 wichtige Entscheidungsträger über Polens aggressive Wünsche gegenüber Deutschland.

Abschrift!

Information.

27.Oktober 1932.

Die polnische Militärclique drängt andauernd zu baldigen Aktionen Polens gegen Deutschland – die polnischen Zivilpolitiker sind vorsichtiger.

Nach Mitteilungen aus Warschau vom 23.Oktober d.J. hat Oberst Beck, der stellv. Aussenminister, sich an Marschall Pilsudski mit einem vom 21.Oktober d.J. datierten Brief gewandt, in dem er unter anderem schreibt:

"... Es ist nicht Sache eines Militärs, sich allzusehr in den Wirbel der "hohen Politik" hineinzubegeben, wohl aber ist es Pflicht jedes ehrlichen Soldaten, unverzüglich Alarm zu schlagen wenn die Erwägungen dieser sogenannten "hohen Politik" den Lebensinteressen der Nation und des Staates zuwiderlaufen. Eine solche Sachlage nun empfindet als bestehend jeder, der die grosse Ehre hat, die Uniform der polnischen Armee zu tragen..... Wenn es den Leitern der Aussenpolitik der Republik gelungen ist, die Sicherheit der Ostgrenzen des Staates durch Abschluss des Nichtangriffspaktes mit Sowjet-Russland zu garantieren, so kann diese Tatsache nur eine Bedeutung haben: sie macht uns die Hände Deutschland gegenüber frei.....denn da Polen nicht die Möglichkeit hat, gleichzeitig einen Kampf auf zwei Fronten zu führen, muss es die Wahl treffen: entweder die von altersher ange-

628 ./.

die Republik Polen in Reden und Aufsätzen vor einem Angriff. Seit dieser Zeit begann man in Ostpreußen mit dem Bau einer improvisierten Verteidigungslinie, um den polnischen Marsch auf Königsberg im Fall der Fälle wenigstens eine Zeitlang aufhalten zu können.

Nach dem Erhalt von Becks Brief verstärkte Pilsudski seine außenpolitischen Anstrengungen. Die Meinung des Obersten galt ihm etwas. Beck gehörte wie die anderen Obersten, die dem Regime später seine Bezeichnung geben sollten, wie Walery Sławek, Bolesław Wieniawa-Długoszowski, Aleksander Prystor und die Generäle Felicjan Sławoj Składkowski und Kazimierz Świtalski natürlich zu den Veteranen des Ersten Weltkriegs aus der polnischen Legion. Pilsudski hatte Beck später persönlich für den diplomatischen Dienst entdeckt. Wenige Tage nach Erhalt des Briefs von 1932 beförderte er ihn vom Stellvertreter des Ministers zum Leiter der polnischen Außenpolitik. Letzten Endes sollte er ihm den Posten sozusagen vererben, so daß Beck bis zur Katastrophe von 1939, als ihm alle Voraussetzungen für einen erfolgreichen Krieg gegen Deutschland endlich erfüllt schienen, weitgehend frei schalten und walten konnte, so lange er sich auf Pilsudski berief.

Im Winter 1932 wollte Beck der Außenminister des Angriffs auf Deutschland werden. Dafür handelte er schnell und entschieden. In den Monaten zuvor hatte es lange Debatten mit Paris gegeben, da die französische Regierung zwar seinerzeit wenig für ihre östlichen Verbündeten tat, sich aber immer gern mit Vorbehalten aller Art zu Wort meldete, um ihre zentrale Rolle zu betonen. Aktuell gab es Streit über den bereits unterschriebenen, aber noch nicht ratifizierten polnischen Nichtangriffspakt mit der UdSSR, den man in Paris nur billigen wollte, wenn die UdSSR auch mit Rumänien einen solchen Vertrag schloß, wozu man aber in Rumänien wenig Neigung zeigte. Mit diesem Konflikt machte Beck Schluß. Die französische Regierung „will uns zurückhalten“ und denke an einen Ausgleich mit Deutschland, hatte er an Pilsudski geschrieben. Überhaupt sei die deutsche Schwäche ein vorübergehendes Phänomen, das jetzt oder nie zu nutzen sei: „Wenn das nicht erkannt wird, werden nicht nur wir selbst, sondern auch unsere Kinder Groß-Polen nicht erleben.“[282] Am 27. November 1932 wurde der russisch-polnische Nichtangriffspakt ratifiziert.

Der Weg nach Deutschland stand offen – falls die Westmächte so reagierten, wie gewünscht und in dem neuen polnischen Selbstbewußtsein nicht die Aktionen eines machtlosen Querulanten, son-

[282] Bericht der Bundes-Polizeidirektion in Wien vom 4. November 1932 an den österreichischen Bundeskanzler Dollfuß über einen Brief von Beck an Pilsudski, hier S. 3.

dern die eines wertvollen Verbündeten sahen. Um einen solchen Verbündeten müßte man dann kämpfen, so das Kalkül in Warschau, gegebenenfalls indem man ihm ein weiteres Stück deutschen Staatsgebiets zugestand. Um in Paris die Einsicht „Wir können auch anders" zu fördern, warf Pilsudski bald darauf die französische Militärmission unter möglichst unwürdigen Umständen aus dem Land und gewöhnte es sich kurzzeitig an, für französische Diplomaten „verreist" zu sein. Dies folgte Becks neuer Maxime: „Es kann und muß eine selbständige polnische Politik geben. Nicht nur wir sind verpflichtet, mit den Interessen Frankreichs zu rechnen, auch Paris ist in nicht geringerem Maße verpflichtet, mit den Interessen Polens zu rechnen."[283] Diese grundsätzliche Fehleinschätzung der möglichen Relevanz von politischen Absprachen mit Polen aus französischer Sicht weist schon ins Jahr 1939, als Frankreich sich zwar bereit zeigte, eine solche Absprache zu treffen, aber nicht, sie dann auch zu halten.

Zeitgleich ging Beck 1932 gegen Deutschland an einem bekannten heiklen Punkt auf Konfrontationskurs: „Der Polnisch-Danziger Konflikt muß eine scharfe Form erhalten." Auch diese Formulierung sollte sich später 1939 wiederfinden, als Beck Anfang August des Jahres gegenüber Deutschland offen mit Krieg drohte, wenn es sich in die gerade von Warschau verschärften Polnisch-Danziger Beziehungen einmischen sollte.[284] Wie im Fall Frankreich konnte sich diese Haltung im Prinzip auf die gültigen Verträge berufen, in denen eine direkte deutsche Mitsprache in Fragen zwischen Polen und Danzig nicht vorgesehen war. Angesichts der Realitäten mußte sie 1939 wie 1932 unpolitisch und provokant wirken.

Zurück in die frühen 30er Jahre. Im damaligen Jahr 1931 hatte Beck die Besetzung Danzigs für „vielleicht einmal nötig", aber nicht aktuell erachtet.[285] Dennoch verschärfte er bereits in den Monaten nach dieser Einstufung die Lage in Danzig. Das geschah etwa durch das – diesmal ohne Rechtsgrundlage – durchgesetzte Einlaufen des polnischen Zerstörers „Wicher" in den Danziger Hafen. Für den Fall einer „Beleidigung" durch den Danziger Senat war dem Schiff im voraus Schießbefehl auf „das nächstliegende öffentliche Gebäude" der Stadt erteilt worden.[286] Zum Jahreswechsel 1932/33 folgten weitere Vorbereitungen.

Die polnische Regierung versuchte, bei den Westmächten die Zustimmung zu einer Aktion durch ständige Anfragen vorzubereiten.

[283] Vgl. Beck an Pilsudski, 30. Oktober 1932, S. 2.

[284] Vgl. Weißbuch der polnischen Regierung, Dok. 86, 10. August 1939, S. 129. Mehr dazu s.u. im Abschnitt „10. August".

[285] Vgl. Denne, Danzig-Problem, S. 28.

[286] Vgl. ebd., S. 29.

Der damalige polnische Botschafter in Washington, Tytus Filipowicz[287], erklärte dem Präsidenten Herbert Hoover 1931, wegen einer angeblich drohenden Invasion durch deutsche Freikorps – die seit acht Jahren aufgelöst waren – sei die polnische Regierung entschlossen, in deutsches Gebiet einzumarschieren, „um die Dinge endgültig zu klären, ohne Rücksicht auf irgendeine Maßnahme des Völkerbundes oder sonst einer Macht".[288] In England wurden solche Vorstöße ebenfalls registriert, so von Robert Vansittart, der sich innerhalb des Foreign Office von niemandem in seiner Ablehnung Deutschlands übertreffen ließ:

> *„Es wurde mißbilligt, wenn Pilsudski zweimal im Jahr in Frankreich eine gemeinsame bewaffnete Aktion gegen Deutschland vorschlug, solange noch Zeit war. Warum sollten nicht eineinhalb Jahrhunderte alte Rechnungen beglichen werden und das Entstehen von neuen wirtschaftlich verhindert werden? Aber die Franzosen waren knausrig und ihre Männer tot. Daher überlegte sich Pilsudski als Anhänger jener von uns stets abgelehnten ‚entweder so oder so'-Philosophie eine andere Rückversicherung."*[289]

Im März 1933 wurden schließlich im Raum zwischen Danzig und Thorn polnische Truppen bereitgestellt, um einen Einmarsch in Danzig, Ostpreußen und Hinterpommern zeitgleich nach dem 1923 mit Frankreich vereinbarten Szenario durchführen zu können.[290] Am Ende blieb diese Taktik für dieses Mal erfolglos.

Die Westmächte hielten sich weiterhin zurück, und die Ende Januar 1933 ernannte nationalsozialistische Regierung gab den polnischen Zielen keinerlei Resonanz, sondern zeigte sich sogar bereit, viele von den Weimarer Regierungen bisher abgelehnte Forderungen zu akzeptieren. Das hatte Beck im Brief an Pilsudski noch für unmöglich erklärt. In der Tat sah sich die neue Regierung Hitler aus den Kreisen des Auswärtigen Amts (AA) in Richtung einer scharfen antipolnischen Haltung beraten. Als das AA in einer Kabinettssitzung im April 1933 in einer Denkschrift seine Überlegungen für die kommenden Jahre vortrug, standen darin auch Sätze, die auf eine dauerhafte Konfrontation mit Polen zielten.[291]

Während also in Westpreußen auf der polnischen Seite der Grenze Truppen für einen baldigen Offensivschlag zusammengezogen wur-

[287] Tytus Filipowicz (1873–1953), PPS-Mitglied, mehrfach in russischer, später auch in sowjetischer Haft; Reisebegleiter Pilsudskis auf der Fahrt nach Japan; 1918 kurzzeitig Außenminister, später u.a. Botschafter in den USA 1929–1932 (abgelöst von Stanisław Patek 1933–36) und der UdSSR seit 1933; Mitglied der Exilregierung seit 1941.

[288] Zit. n. Sharp, Polen, S. 406.

[289] Zit. n. Vansittart, Procession, S. 412.

[290] Vgl. Roos, Polen, S. 65.

[291] Zit. n. ADAP, C, I/1, Dok. 142, S. 259, Sitzung vom 7. April 1933, über die „Bülow-Denkschrift".

den, wollte das Auswärtige Amt in Berlin kurzfristig vorsichtig und langfristig unversöhnlich agieren. Von den später 1938/39 durch die NS-Regierung vorgelegten Angeboten für ein polnisch-deutsches Bündnis war dies extrem weit entfernt, und die stark divergierenden Konzepte in bezug auf Polen blieben in deutschen Regierungskreisen zu jeder Zeit bestehen.

Statt einen Angriff auf Deutschland riskieren zu können, sah sich Polen Ende des Jahres 1933 ausmanövriert und mußte auch mit Deutschland einen Nichtangriffspakt eingehen. „Wir waren gezwungen, mit den durch nichts gezügelten Nachbarn Verträge zu schließen," empörte sich Beck im nachhinein über die Situation.[292] „Schon morgen wird es zu spät sein, Deutschland die angestammten polnischen Gebiete zu entreißen, die man heute noch der Republik zurückbringen kann!" hatte er 1932 geschrieben.[293] Dies war eine Einsicht, die er in den Folgejahren zurückstellte.

Zu Beginn der 1930er Jahre befand sich die Nachkriegsordnung von Versailles demnach in einer Krise. Die fünf Jahre der Ruhe und Vorbereitung, von denen Josef Pilsudski nach seinem Staatsstreich von 1926 gesprochen hatte, waren vorbei. Das bot wie stets Risiken und Chancen. Als Risiko mußte für Polen die Aussicht gesehen werden, daß Deutschland sich aus weiteren Beschränkungen des Versailler Vertrags befreien konnte, als Chance konnte unter anderem gelten, den westlichen Nachbarn bei dessen Versuchen in diese Richtung zu isolieren und anzugreifen.

Die Warnungen vor einem polnischen Angriff wurden in Berlin sehr ernst genommen. Sie wurden vom damaligen Außenminister Konstantin von Neurath dem Reichspräsidenten Paul von Hindenburg vorgetragen und gaben Anlaß zu lebhaften diplomatischen Nachforschungen, um den Ernst der polnischen Absichten zu ermitteln. Der deutsche Botschafter in Warschau Hans-Adolf von Moltke verfaßte ein ausführliches Gutachten über die Wahrscheinlichkeit eines polnischen Angriffs. Er sprach von allgemein „wachsenden Revisionstendenzen" und von der Nichtanerkennung der Fünf-Mächte-Erklärung vom 11. Dezember 1932 durch die Republik Polen.[294] Moltke meldete eine heftige antideutsche Propagandakampagne, umfangreiche Einberufungen von Soldaten und eine einhundertprozentige Steigerung der polnischen Kriegsproduktion in den letzten Monaten.

---

[292] Zit. n. Wehner, Polen-Politik, S. 146.

[293] Vgl. Beck an Pilsudski, 27. Oktober 1932, S. 3.

[294] Italien, Frankreich, Großbritannien, die USA und Deutschland hatten in einer gemeinsamen Erklärung die prinzipielle militärische Gleichberechtigung Deutschlands festgestellt. Vgl. den engl. Text in: ADAP, C, Dok. 8, S. 18.

Auch gäbe es hier „Leute, die von einer Eroberung Ostpreußens und Oberschlesiens träumen". Aber um diese Gebiete „zu polonisieren, müßte mit weit schärferen, mittelalterlichen Maßnahmen vorgegangen werden, als sie in Posen und Pommerellen angewendet wurden".[295]

Solche Maßnahmen könnten nach Ansicht Moltkes keinen dauerhaften Zustand herbeiführen, auch wenn er sie der polnischen Regierung offenbar prinzipiell zutraute. Er hielt die Indizien für einen bevorstehenden polnischen Angriffskrieg insgesamt nicht für zwingend, denn die polnische Armee sei nicht wirklich einsatzbereit, und „wie Polen in der Lage sein sollte, einen Krieg zu finanzieren, wenn ihm nicht von einer fremden Macht ausreichende Hilfe gewährt wird, ist schwer auszudenken".[296] Diese fremde Macht fand sich 1933 nicht. Polen blieb von den Aktivitäten der Großmächte weitgehend ausgeschlossen, auch aus den Diskussionen über den deutsch-italienisch-englisch-französischen Viererpakt. Die Warschauer Regierung zog daher am Ende des Jahres 1933 die Schlußfolgerung, die akute Krise sei vorläufig vorbei, obwohl die seit 1919 maßgebenden Institutionen wie der Völkerbund Schaden erlitten hatten und weiter erlitten.

Wie ernst die polnischen Pläne für einen Militärschlag gegen Deutschland in den Jahren 1932/33 tatsächlich gemeint waren, darüber gab es später Diskussionen. Da es sich angesichts der fehlenden Rüstung der Weimarer Republik und der deshalb nichtvorhandenen akuten Bedrohung Polens nur in einem extrem weiten Sinn um einen „Präventivkrieg" gehandelt hätte, wurde die Existenz dieser Pläne immer wieder abgestritten, oder sie wurden jedenfalls als reines Gedankenspiel abgetan. Josef Beck bestätigte in seinen Erinnerungen allerdings ausdrücklich, es habe ein polnischer Angriff unmittelbar bevorgestanden. Marschall Pilsudski habe „alle Punkte für und gegen einen Präventivkrieg gegen Deutschland sorgfältig bedacht, bevor er letztlich seine Entscheidung für Verhandlungen mit Deutschland traf".[297] Der Natur der Sache nach blieb dies eine mündliche Angelegenheit des inneren Kreises. Becks Witwe bestätigte sie 1957 als Reaktion auf ein Schreiben von Lord Vansittart, der sich gegen Ende seines Lebens offenbar noch einmal bei ihr erkundigt hatte, wie groß die Gelegenheit gewesen war, die 1933 aus britischer Sicht und unter seiner Amtsführung bestanden hatte. Sie schrieb:

> *„Von den polnischen Sondierungen wußte ich zu dieser Zeit nichts. Erst in Rumänien, während seiner Inhaftierung, sprach mein Mann davon.*

[295] Zit. n. ADAP, C, I/1, Dok. 180, S. 329. Bericht Moltkes vom 23. April 1933.

[296] Zit. n. ebd., S. 328.

[297] Vgl. Beck, Report, S. 62.

Ich weiß, Marschall Pilsudski wollte vor dem Abschluß des Pakts mit Deutschland die anderen Nachbarn wissen lassen, daß ein Präventivkrieg gegen Deutschland die beste Möglichkeit sein würde, einen langen Frieden zu sichern! Und um die polnische Regierung offiziell aus dieser Sache herauszuhalten, sondierte er hinter den Kulissen deren Meinungen. Mein Mann war zu dieser Zeit darüber informiert, führte diese Dinge aber als Außenminister nicht selbst durch. In Paris war General Wieniawa-Długoszowski damit befaßt, ein früherer Aide de camp-Freund und ein Vertrauter Marschall Pilsudskis. Das Ergebnis war – wie Sie wissen – gleich Null. Und erst dann entschied sich Marschall Pilsudski, unsere Angelegenheiten mit Deutschland selbst zu regeln.[298]

Das lief schließlich auf den deutsch-polnischen Nichtangriffsvertrag von Januar 1934 hinaus. Er bedeutete aber einen Wandel im Tonfall, nicht im Grundsatz, wie Staatsoberhaupt Marschall Pilsudski dem französischen Botschafter Jules Laroche in Warschau erklärte. Polen habe auch nach der Unterzeichnung volle Handlungsfreiheit: „Wenn Frankreich eine aktive Politik gegen Deutschland betreiben wolle, könnte es mit voller polnischer Unterstützung rechnen."[299] Damit faßte er die polnische Politik der dreißiger Jahre in einem Satz zusammen. Die zahlreichen polnischen Versuche, ein Vorgehen der europäischen Mächte gegen Deutschland zu organisieren, stellten keine Reaktionen auf eine revisionistische Politik der deutschen Regierungen vor und nach 1933 dar, sondern verfolgten unbeirrt den Ausbau der polnischen Machtstellung in alle Richtungen.

Das zeigte sich bereits an der bruchlosen Fortführung dieser Politik über den Januar 1933 hinweg, erklärt aber auch die spätere hartnäckige Weigerung, durch ein Arrangement mit Deutschland die Spannungen in der Region zu entschärfen. Die polnische Führung brauchte diese Konfliktsituation im Gegenteil geradezu, um weitere Revisionen der territorialen Nachkriegsregelungen zu ihren Gunsten zu erreichen, eine Taktik, die gegenüber Litauen und der Tschechoslowakei auch voll aufgehen sollte.

Zu diesem Zweck kalkulierte Pilsudski die Bestrebungen Deutschlands, seinerseits die Versailler Bestimmungen zu unterlaufen, durchaus ein. An irgendeinem Zeitpunkt mußte es gelingen, die Garantiemächte von Versailles, zu denen am Beginn der dreißiger Jahre auch Italien zu zählen war, für ein Vorgehen gegen Deutschland zu gewinnen. Der Januar 1933 brachte nach der Passivität der Westmächte allerdings eine Ent-

---

[298] Brief von Edvige Beck an Lord Vansittart vom 2. Januar 1957, hier zit. n. Beck, Report, S. 62.

[299] Vgl. Cienciala, Poland, S. 16.

spannung im deutsch-polnischen Umgangston, da Pilsudski ganz richtig damit kalkulierte, daß der in Österreich geborene Hitler die antipolnischen Vorurteile, besser gesagt die Mischung aus Furcht, Haß und Verachtung, die das Polenbild der preußisch geprägten deutschen Führungsschicht dominierte, nicht teilte. Dieses Polenbild kam bald nach dem nationalsozialistischen Regierungsantritt noch einmal in der Denkschrift zur Entfaltung, die der damalige Staatssekretär des Auswärtigen Amtes, Bernhard von Bülow für den deutschen Außenminister Neurath abfaßte. Sie gab ein Panorama der deutschen außenpolitischen Situation und der für die nächsten Jahre wünschenswerten Politik. Für Polen hatte man in diesem Szenario im wesentlichen dessen schließliche Aufteilung vorgesehen. Die Situation sei restlos verfahren.

> *„Eine Verständigung mit Polen ist weder möglich noch erwünscht. Die Spannung zu Polen muß schon aus dem Grunde erhalten bleiben, damit das Interesse der Welt an einer Revision der deutsch-polnischen Grenze nicht einschläft. Daß Polen mit dem Gedanken eines Präventivkriegs wegen unserer territorialen Forderungen spielt, ist bekannt. Unsere Politik muß daher mit großer Vorsicht operieren und Einzelaktionen vermeiden."*[300]

Am Ende dieser Vorsicht sollten eine einzige Gesamtaktion und die Abschaffung der polnischen Republik in ihrer 1933 gegenwärtigen Form stehen, wobei der Staatssekretär „nur noch eine Teilung Polens" als Ziel vorgegeben hatte. Dies entsprach dem deutschnational-preußischen Polenbild in seiner radikalsten Ausprägung. Es spricht manches für die damals in Polen angestellte Vermutung, daß der gebürtige Österreicher Hitler diesem Denken nicht zuneigte und gegenüber dem polnischen Staat zunächst einmal einen durchaus sachlich geprägten Respekt hatte: Polen war neben Frankreich am ehesten in der Lage, schnell und effektiv gegen das Deutsche Reich vorzugehen. Das vergaß Hitler in keiner der Besprechungen zu erwähnen, die später im Nürnberger Prozeß in den Rang von Schlüsselereignissen erhoben wurden (5. November 1937, 23. Mai 1939, 22. August 1939).[301] Daran war so viel richtig, daß die Republik Polen 1932/33, 1936 wie später 1938 und 1939 bereitstand, sich je nach der Reaktion der Westmächte phasenweise für oder endgültig gegen Deutschland zu entscheiden, im Fall eines englisch-französisch-deutschen Konflikts aber auf jeden Fall gegen Deutschland.

[300] Zit. n. ADAP, C, I/1, Dok. 142, S. 259.

[301] 5. November 1937: Besprechung der Wehrmachtführung und Hitler („Hoßbach-Protokoll"); 23. Mai 1939: Rede Hitlers vor der militärischen Führungsspitze („Schmundt-Protokoll"); 22. August 1939: Ansprache Hitlers vor den Oberbefehlshabern der für den Polenfeldzug vorgesehenen Heeresgruppen und Armeen.

Josef Becks großes Spiel – die Politik des 26. Januar

„Ein beträchtlicher Teil höherer Offiziere, der von dieser Überzeugung ausgeht, vermutet, daß Polen aus diesem Krieg nur dann siegreich hervorgehen kann, wenn es jetzt zum Kriege kommt, wo Deutschland militärisch noch nicht vorbereitet ist und wo es in inneren Verwirrungen hin und her geschleudert wird."

Bericht des tschechischen Gesandten in Warschau vom 10. Mai 1933[302]

„Die polnischen Kavalleriedivisionen könnten in 24 Stunden Berlin besetzen und Schlesien in derselben Zeit vom übrigen Deutschland militärisch vollkommen trennen. Aus diesem Grunde haben wir schon fast alle unsere schlesischen Garnisonen aufgegeben, weil es zwecklos ist, unter solchen Umständen an eine Verteidigung Oberschlesiens auch nur zu denken." Reichskanzler Heinrich Brüning (1932)[303]

Im Januar 1934 kam schließlich eine außenpolitische Wende in der polnischen und der europäischen Politik. Polen schloß zur allgemeinen Verblüffung des Auslands einen Nichtangriffspakt mit Deutschland. Unterzeichnet wurde er am 26. Januar in Berlin vom deutschen Außenminister von Neurath und vom polnischen Botschafter Josef Lipski. Auch innenpolitisch wurde der 26. Januar 1934 ein interessanter Tag für Polen, denn der Sejm verabschiedete an diesem Tag in drei Lesungen einen neuen Verfassungsentwurf. Die dafür notwendige Zweidrittelmehrheit hatte man hergestellt, indem die Opposition über die Sitzung fehlinformiert worden und daher nicht anwesend war. Pilsudskis Anhänger arbeiteten dem Diktator entgegen, indem sie vor der Sitzung nur eine scheinbar unzusammen-

[302] Zit. n. Berber, Akten, S. 24, vgl. auch Berber, Macht, S. 62. Bericht vom 10. Mai 1933. In Deutschland herrschten widersprüchliche Ansichten über den Ernst der polnischen Absichten und die tschechische Rolle in diesem Szenario. Es wurde nicht ausgeschlossen, „daß hiesiger Einfluß Polen zu Vorbeugungskampf beständig anstachelt, ohne daß Tschechen die Absicht haben, selbst sofort in vorderster Reihe einzugreifen", wie der deutsche Gesandte Walter Koch aus Prag berichtete. Zit. n. ADAP, C, I/1, Dok. 184, S. 340, 25. April 1933.

[303] Zit. n. Brüning, Memoiren, S. 559.

hängende Sammlung von Einzelanträgen präsentierten und die verbliebenen Widersacher so dazu brachten, die Sitzung zu unterschätzen und zu boykottieren. Dann wurde über die Verfassung schnell abgestimmt.[304] Proteste des einzigen Oppositionellen vor Ort, des Abgeordneten Stroński, blieben erfolglos.[305] Derlei groteske Methoden sprachen nicht für die Vertrauenswürdigkeit des polnischen Politikbetriebs. Sie trafen scheinbar auch auf den Widerwillen Pilsudskis selbst, der es nicht mit seinem Selbstverständnis und dem Ruf Polens für vereinbar hielt, wenn „eine Verfassung dermaßen trickreich und frivol durchgesetzt" werde.[306]

Unabhängig von dieser Kritik waren die Tatsachen somit geschaffen worden, und dies durchaus in Pilsudskis Sinn. Diese neue Verfassung brachte nun die moralische Diktatur endgültig zu Papier.[307] Die gelegentlich behauptete Analogie der Rechte des kommenden polnischen Präsidenten nach dem Jahr 1935 mit der traditionellen verfassungsrechtlichen Stellung des amerikanischen Präsidenten geht deshalb an den Fakten vorbei. Zwar gab es Parallelen, wie etwa das Vetorecht gegen Beschlüsse und Gesetzesvorlagen von Parlament und Senat und das Recht zur Ernennung von Ministern, Generalen und Mitgliedern des Obersten Gerichtshofs. Der polnische Präsident sollte künftig aber auch nach Belieben das Parlament auflösen können. Er ernannte zudem ein Drittel der Mitglieder des Senats und besaß das Recht, nach Ablauf seiner siebenjährigen Amtszeit seinen eigenen Nachfolger zu nominieren.

Diesem Nachfolger konnte nur ein vom Senat (25), vom Parlament (50) und von der Regierung (5) nominiertes, insgesamt achtzigköpfiges Gremium aus verdienten Bürgern einen Gegenkandidaten entgegenstellen, ansonsten sollte er einfach als Präsident ausgerufen werden. Verantwortlich war dieser Präsident dann, so konnte man dem Artikel 2 der Verfassung entnehmen, nur vor „Gott und der Geschichte" – nicht vor dem Parlament oder dem Senat und bemerkenswerterweise auch nicht vor dem Volk. Das Volk wurde in dieser Verfassung sogar überhaupt nicht mehr genannt. Dieses Gottesgnadentum rief Spötter und Bedenkenträger auf den Plan, die hier künftig den un-

[304] Vgl. Watt, Glory, S. 336 f.

[305] Vgl. Singer, Witos, S. 187–190, sowie Kozlowski, Gruppierungen, S. 10. Die neue Verfassung passierte erst fast ein Jahr später den Senat und trat schließlich am 23. April 1935 in Kraft. Sie hielt für den Präsidenten erheblich größere Befugnisse bereit, ein Amt, das Pilsudski selbst übernehmen wollte, doch starb er nur einen Monat später am 12. Mai 1935 im Alter von 67 Jahren.

[306] So eine Äußerung Pilsudskis zu Sławek und Sejm-Marschall Kazimierz Świtalski. Vgl. Watt, Glory, S. 337.

[307] Für den Verfassungstext vgl. etwa Retinger, Poland, S. 32 ff.

gekrönten König von Polen am Werk sahen. In jedem Fall brachte diese unmittelbare Berufung auf Gott und die Geschichte ein geradezu mystisches Staatsverständnis zum Ausdruck und schuf ein Amt, das eigentlich nur Pilsudski selbst oder – wie sich bald zeigen sollte – eine andere Person unter steter Berufung auf seine Inspiration ausüben konnte. Man muß an dieser Stelle Robert Machray, einem der polnischen Sache verpflichteten Publizisten, recht geben, daß diese Verfassung „ein dezidiert polnisches Produkt darstellte und wegen ihrer Herkunft und Vorgeschichte mit keiner anderen vergleichbar war".[308]

So war es auch folgerichtig, wenn der „Präsidenten"-Artikel 2 über den Rang, die Verantwortung und dessen Tätigkeit in Absatz 3 über die Aufgaben des Präsidenten ausführte: „Seine oberste Pflicht besteht in der Sicherung des Wohles des Staates, dessen steter Verteidigungsbereitschaft und dessen Status unter den Nationen der Welt."[309] Treffender konnte der permanente Primat der Außenpolitik kaum zum Ausdruck gebracht werden, unter dem im Zwischenkriegspolen auf allen Feldern die Politik gemacht wurde.

Unter diesen Vorzeichen stand auch Pilsudskis und Becks Abkommen des 26. Januar 1934 mit Deutschland. Polen bestand darauf, nach wie vor zu Frankreichs – gegen Deutschland gerichtetem – Bündnissystem zu gehören, und stellte dies auch über den deutsch-polnischen Nichtangriffspakt. Insofern war der Pakt aus deutscher Sicht sinnlos, sollte er doch gerade für den Fall einer französischen Intervention den befürchteten polnischen Marsch auf Berlin verhindern. Im Vorfeld der Unterzeichnung startete Pilsudski noch ein weiteres Mal einen Versuch, diesen Marsch endlich beginnen zu können. Auf seine Weisung hin deutete Botschafter Lipski gegenüber Hitler den Gebrauch von Waffengewalt gegen Deutschland an, worauf dieser wie erwartet reagierte und eine gemeinsame Erklärung über den gegenseitigen Gewaltverzicht ins Gespräch brachte. Mit diesem Versprechen in der Tasche ließ Pilsudski die Verhandlungen abbrechen, informierte seinen französischen Verbündeten über den drohenden Nichtangriffspakt und reiste nach Wilna ab, um dort die Reaktion abzuwarten. „Aber", so Lipski bedauernd, „auch diesmal zeigte man in Paris keine Neigung zur Aktion."[310]

Einige deutsche Historiker geben den Hinweis, Hitler habe diesen Pakt natürlich nur geschlossen, um ihn bei einem für später geplanten Lebensraumkrieg gegen Polen wieder zu brechen. Allen diesen

---

[308] Vgl. Machray, Poland, S. 14.

[309] Vgl. Retinger, Poland, S. 32.

[310] Vgl. Lipski, Sprawy Miedzynarodowe, S. 15, bzw. Beck, Report, S. 28.

Autoren ist gemeinsam, daß sie für diese Behauptung keinen Beleg vorweisen, wenn man davon absieht, daß die blühende Phantasie des später von der polnischen Regierung finanziell geförderten Hermann Rauschning[311] in seinen erfundenen „Gesprächen mit Hitler" solches suggeriert hat und Rauschning bekanntlich in zahlreichen Arbeiten zitiert wurde.[312] In der Tat gibt es keinen zeitgenössischen Beleg, der solche Hintergedanken bei Hitler nahelegt oder gar beweist. Auch die von ihm konzipierte und ausgeführte deutsche Politik in den folgenden Jahren spricht dagegen, worauf wir noch kommen werden. Weiterhin ist diesen Autoren gemeinsam, daß sie gleichzeitig einen Beleg dafür bringen, daß tatsächlich auf der polnischen Seite die Absicht bestand, sich nicht an diesen Pakt zu halten.

Man hatte in Warschau in der Tat nicht die Absicht, sich an den Pakt zu halten, jedenfalls keine Absicht, dies im Fall eines französisch-deutschen Konflikts zu tun.[313] Tatsächlich enthielt der Vertrag sogar die übliche Klausel, in der zu lesen war, daß die bisherigen Verpflichtungen beider Vertragspartner „der jetzigen Erklärung nicht widersprechen und durch sie nicht berührt werden".[314] Dies war selbstverständlich. Weniger selbstverständlich waren die betonten Erklärungen von Marschall Pilsudski zum französischen Botschafter in Warschau Laroche nur wenige Tage später, wonach die bisherigen polnischen Verpflichtungen voll in Kraft bleiben würden.[315] Er wiederholte dies bald darauf noch einmal gegenüber Frankreichs Außenminister Louis Barthou[316], und zusammen mit seinen zahlreichen wiederholten Anträgen auf gemeinsame Militäraktionen gegen Deutschland konnte in Paris eigentlich kein seriöser Zweifel an der Ernsthaftigkeit von Pilsudskis Äußerungen auf-

---

311 Rauschning wechselte mehrfach die Seiten. Seine bekanntesten Arbeiten, in denen er angeblich eigene Erkenntnisse und Erlebnisse verarbeitete, entstanden jeweils für einen verborgenen Auftraggeber. Hatte er zunächst (verdeckt) für das deutsche Auswärtige Amt mit deutlich antipolnischer Zielrichtung über die „Entdeutschung Westpreußens" nach 1919 geschrieben, so ging er später in die Republik Polen, um im (verdeckten) Auftrag des dortigen Geheimdienstes den Nationalsozialismus als „Aufstand des Nihilismus" zu porträtieren, und dann nach Frankreich, um mit den bald nach Kriegsausbruch 1939 veröffentlichten „Gesprächen mit Hitler" schließlich jenen publizistischen Coup zu landen, der ihn weltberühmt machte. Zu den wechselhaften Auftraggebern Rauschnings vgl. Hensel, Rauschning, S. 139 bzw. 154 f.

312 Vgl. etwa Roos, Polen, S. 108, der Rauschning dessen Darstellung abnimmt, Hitler den Schritt zu Polen vorgeschlagen zu haben.

313 Vgl. Lukasiewicz, Diplomat, S. 8.

314 Vgl. Roos, Polen, S. 155.

315 Vgl. Laroche, Pologne, S. 149 f.

316 Bei Barthous Besuch in Polen am 23. April 1934.

kommen. Nur der Preis für Polens Beteiligung stieg stetig, das zeigte der Hinauswurf der französischen Militärdelegation ebenso wie die Unterzeichnung des Nichtangriffspakts zwischen Warschau und Berlin, der bei aller Fragwürdigkeit auf jeden Fall symbolische Bedeutung hatte. Pilsudski signalisierte, was man in Paris fürchtete: Prinzipiell konnte sich Polen auf die deutsche Seite stellen, wenn Frankreich nicht bereit war, ihm gegen Deutschland die Hand zu reichen. Selbst wenn es noch keinen Geheimvertrag gab, der Polen im Fall eines großen Krieges auf die deutsche Seite verpflichtete, hielt Laroches Nachfolger Leon Noël seine Existenz in jedem Fall für möglich.[317] Unter diesen Aspekten wäre der eben geschlossene Nichtangriffsvertrag mit Deutschland erklärbar gewesen, und so wollten dies manche glauben. Im französischen Außenministerium sprach man von einem polnischen Allianzwechsel und spekulierte über ein Geheimabkommen, wonach Polen in einem künftigen Krieg auf deutscher Seite kämpfen würde.[318]

Nach der Wiedergewinnung deutscher Souveränität im Rheinland im März 1936 erklärte Außenminister Beck gegenüber dem französischen Botschafter Leon Noël seine Bereitschaft (nach der Noël gar nicht gefragt hatte), an einer Gegenaktion teilzunehmen.[319] Das bedeutete nichts anderes als Krieg gegen Deutschland, wenn Frankreich ebenfalls daran teilnahm.[320] Noch bevor in Paris irgendwelche Entscheidungen gefallen waren, hatte Beck das Einverständnis des Staatspräsidenten, des Regierungschefs und des Generalinspekteurs der Streitkräfte eingeholt, unmittelbar nach Beginn der deutschen Truppenbewegungen ins Rheinland.[321] Die polnische Militärführung erwartete einen solchen französischen Angriff und wollte für diesen Fall ebenfalls marschieren lassen, obwohl sie vertraglich keineswegs verwickelt sein würde. Der französisch-polnische Pakt sprach von gegenseitigem Beistand für den Fall eines unprovozierten deutschen Angriffs auf eines der beiden Länder. Da kein deutscher Soldat die deutsche Grenze überschritten hatte, lag dieser Vertragsfall offenkundig nicht vor, und eine von Frankreich ausgehende Intervention auf deutschem Gebiet konnte ihn ebenfalls nicht herbeiführen.

---

317 Vgl. Noël, Angriff, S. 72.

318 Vgl. Roos, Polen, S. 156. Dieses Gerücht hielt sich so hartnäckig, daß auch Beck es in seinen Memoiren noch einmal zurückwies.

319 Vgl. Scheil, Logik der Mächte, S. 103, sowie Beck, Final Report, S. 113.

320 Vgl. Lukasiewicz, Diplomat, S. 3.

321 Vgl. ebd., S. 8.

Für Pilsudski bedeutete der eben geschlossene Vertrag mit Deutschland über den gegenseitigen Gewaltverzicht zu keinem Zeitpunkt das Ende der Periode der Kriegserwartung. Am 7. März 1934 hielt er eine Konferenz ehemaliger polnischer Premierminister ab, auf der er den Stand der Dinge aus seiner Sicht erläuterte: „Er glaubt nicht daran und warnt davor, zu glauben, daß die friedlichen Beziehungen zwischen Polen und seinen beiden Nachbarstaaten ewig dauern könnten", notierte der anwesende Kazimierz Świtalski.[322] Das war verständlich, hatte er doch in den Vorjahren selbst energisch an deren Abkühlung bis hin zum polnischen Offensivkrieg gearbeitet. Nun ging Pilsudski von noch einmal vier Jahren aus, in denen „gute Beziehungen" zwischen Deutschland und Polen herrschen würden, womit wohl gemeint war, daß vorläufig nicht an weitere polnische Aktivitäten bei den Westmächten gedacht war, die einen solchen Hintergrund haben könnten. Man hatte sich in Warschau vorläufig mit der Rolle des Beobachters der internationalen Entwicklung abgefunden.

Pilsudskis Erbe – Josef Beck

„Sie müssen daran denken, daß Zeiten kommen, wo die konventionelle Struktur des internationalen Lebens des vergangenen Jahrzehnts erschüttert wird. Die Formen, die die Welt schon fast als beständig anzusehen sich gewöhnte, werden zusammenbrechen. Wiederum wird man Ideen und Staaten auf ihr Recht prüfen, größere oder geringere Bedeutung zu erlangen. Für Polen entsteht das Problem, mit der Zeit Kämpfe möglicherweise gegen alle, aber in jedem Fall zur Verbesserung unserer Nachkriegsgeschichte aufzunehmen."

Einführung Josef Pilsudskis für den kommenden Außenminister Beck[323]

In einer Darstellung von Polens Rolle in der internationalen Politik kommt naturgemäß der Leiter der außenpolitischen Geschäfte häufig

[322] Zit. n. Świtalski, Diariusz, S. 660 f., vgl. auch Kornat, Polen, S. 72. Auch Świtalski (1886–1962) war Mitglied in Pilsudskis Schützenvereinen und der Legion, schließlich in der polnischen Armee. Er war Pilsudski persönlich zugeteilt und Träger der üblichen Orden Virtuti Militari und des Unabhängigkeitskreuzes. Nach Beteiligung am Staatsstreich von 1926 ging er in die Politik, wurde u.a. Erziehungsminister und kurzzeitig (April bis Dezember 1929) Premierminister, später Sejm-Präsident und Wojewode von Krakau. Den Zweiten Weltkrieg verbrachte er in deutscher Haft in Woldenberg. Die kommunistische polnische Regierung verurteilte ihn und hielt ihn von 1948 bis 1956 in Haft.

[323] Zit. n. Beck, Report, S. 327, hier n. Roos, Polen, S. 54.

vor. Im Fall Zwischenkriegspolens muß dies in noch deutlicherem Maß als üblich zutreffen, denn es verbindet sich mit der Person Josef Becks eine stärkere Symbolik der Gesamtverhältnisse in Polen, als dies normalerweise bei einem einfachen Minister der Fall sein wird. Nicht selten verhält es sich in manchen Ländern so, daß der Außenminister als Behördenchef stark von innenpolitischer Unterstützung abhängig ist und daher häufiger wechselt als die Spitze der Beamten seines Ministeriums. In dieser Situation garantiert dann ein aus den Reihen des Ministeriums hervorgegangener Staatssekretär den steten Lauf der außenpolitischen Geschäfte. Bisweilen kann das den Effekt haben, daß der Außenminister dann vom eigenen Haus beherrscht oder ignoriert wird. In vielen anderen Fällen läßt ein Staats- oder Regierungschef die Außenpolitik zu seiner eigenen Sache werden, wobei der Minister des entsprechenden Geschäftsbereichs dann lediglich zum ausführenden Organ wird und Gefahr läuft, zwischen Behörde und Regierungschef zerrieben zu werden.

Im Fall Josef Beck traf beides nicht zu. Er war zwischen 1932 und 1939 nicht nur Chef des Außenministeriums, sondern auch in vollem Umfang der verantwortliche Leiter der polnischen Außenpolitik. In diese Politik floß daher recht ungebremst ein, was er an Lebenserfahrung mitbrachte und von seinem Mentor Pilsudski gelernt hatte oder gelernt zu haben glaubte. Neben einem bis zur Eitelkeit gesteigerten Selbstbewußtsein (Hitler mochte ein fähiger Mann sein: „Er ist trotzdem nicht der Oberst Beck.“[324]) gehörte dazu eine kühle Logik ebenso wie teilweise abenteuerliche Methoden. In Paris beispielsweise hatte Beck eine Gelegenheit genutzt und als polnischer Militärattaché in Frankreich dem französischen Geheimdienstchef höchstpersönlich einen vertraulichen Bericht vom Schreibtisch gestohlen. Er mußte daraufhin abberufen werden, und „der Vorfall ist niemals vergessen worden“, wie sich der britische Diplomat und Außenminister Samuel Hoare in seinen Memoiren erinnert.[325] Auch daß Politik gelegentlich mit der Pistole in der Hand gemacht werden mußte, hatte Beck persönlich erfahren, nicht nur als Legionärsveteran, sondern auch innenpolitisch, als er im Oktober 1929 ein Kommando von hundertfünfzig Mann anführte, das den Parlamentspräsidenten gewaltsam dazu zwingen wollte, eine Sitzung in deren Anwesenheit zu eröffnen.[326]

[324] So Beck über sich selbst im diplomatischen Hintergrundgespräch. Vgl. Noël, Angriff, S. 22 f.

[325] Vgl. Hoare, Neun Jahre, S. 318.

[326] Vgl. Polonsky, Crisis, S. 295.

In den Jahren zwischen 1919 und 1939 gehörte es noch nicht zu den Selbstverständlichkeiten, daß sich die außenpolitischen Entscheidungsträger der verschiedenen Länder auch persönlich kannten und getroffen haben. Die regelmäßige Reisetätigkeit nahm zwar zu, doch bildeten oft immer noch unerwartete Großereignisse wie der Tod eines Staatsoberhaupts den Anlaß für erste Kontaktaufnahmen. Das war beim Staatsakt für Josef Pilsudski nicht anders als bei der Inthronisation des neuen englischen Königs im Jahr 1936.

Beck dagegen blieb eine ebenso schillernde wie beeindruckende Figur. Der deutsche Schriftsteller und Historiker Friedrich Sieburg unternahm im Spätjahr 1933 einen Versuch, sich ein Bild von Polen und auch vom Leiter seiner außenpolitischen Geschäfte zu machen. Das ist insofern ein bemerkenswerter Schnappschuß, als er zeitlich noch vor dem Abschluß des gegenseitigen Nichtangriffspakts liegt.[327] Wie bei den meisten früheren oder späteren Versuchen dieser Art über Beck fiel das Urteil widerwillig anerkennend, aber auch sinister aus.

> *„Von allen Männern des öffentlichen Lebens in Polen ist er neben und nach dem Marschall der einzige, den die Tradition der Verschwörung wohl facettiert, aber nicht unklar gemacht hat. So unähnlich er seinem großen Meister ist, so sicher kann er doch in vielen Stücken als der einzige gelten, der eines Tages vielleicht imstande sein wird, die Legende auf sich zu übertragen. Die verächtliche Müdigkeit, der elegante Skeptizismus des Marschalls sind ihm völlig fremd. Er ist ein gänzlich ungebrochener Mensch, den keine noch so scharfe Einsicht in die wahre Natur des Menschen daran hindern kann, einen kräftigen Appetit auf alle Güter dieses Lebens, vor allem auf die Macht zu haben."*[328]

Den Gedanken, dieses Porträt, das Sieburg mit detaillierten Betrachtungen über Becks Physiognomie, das diplomatische Lächeln und seine „schlanken und schönen Hände" weiterführte, sei vielleicht nicht angemessen, wies er zurück.

> *„Beck ist eben mehr als nur Minister. Niemand würde auf den Gedanken gekommen sein, von den Händen seines Vorgängers Zaleski zu sprechen. Die Person des Obersten scheint Reserven an Kraft und Lebenswillen zu enthalten, die durch seine politischen Aufgaben überhaupt noch nicht angegriffen worden sind."*[329]

[327] Der Text erschien 1934, er endet aber mit einem Ausblick auf die deutsch-polnischen Verhältnisse aus der Perspektive des Dezember 1933.

[328] Zit. n. Sieburg, Polen, S. 49 f.

[329] Vgl. ebd., S. 50.

Ein Teil des Pilsudski-Kultes war offenbar auf den neuen Außenminister schon in der Frühphase seiner Amtszeit übergegangen. Was Beck vielleicht noch für weitere Ziele mit seiner außenpolitischen Arbeit verfolgen könne, darüber ließe sich nur vage spekulieren, was Sieburg etwas süffisant auch tat. Beck sei „zu klug, um den polnischen Besitzstand vergrößern zu wollen". Er sei aber auch „nicht kleinmütig genug, um sich mit der bloßen Bewahrung dieses Besitzstandes zu begnügen". Für Sieburg ergab sich aus diesen Annahmen die Wahrscheinlichkeit einer Art polnischer Symbolpolitik, um den Vielvölkerstaat nationalistisch zu durchdringen. Diese Politik sei aber, eingeklemmt zwischen der UdSSR und dem nationalsozialistischen Deutschland, nur schwer zu führen.

> *„Man darf sich nicht dadurch täuschen lassen, daß Beck mit einem Lineal an die europäische Landkarte zu treten liebt und dort gleichsam träumerisch Längs- und Querlinien vom Baltischen zum Schwarzen Meere, von Moskau nach Paris zieht, die sich mit einer geradezu gottgewollten Präzision in Warschau schneiden. Der junge Oberst liebt dieses Spiel. Es gefällt ihm, die polnische Hauptstadt als den Mittelpunkt aller östlichen Kraftströme zu sehen und sie zum Zentrum der eigentlichen Ostpolitik zu machen. Nein, Beck hat viel zu sehr eine Idee, um viele Ideen zu haben. Das Spazierengehen seiner Phantasie im östlichen Raum ist ebenso zu bewerten wie seine Fähigkeit, stundenlang im Genfer Jargon zu sprechen, um seinen Gesprächspartner vom entscheidenden Punkte abzulenken, und zwar in einem Französisch, das zwar völlig korrekt bleibt, aber immer undeutlicher wird. Hier ist die Unfaßbarkeit des Obersten am Werke."*[330]

Eben diese Unfaßbarkeit wird auch von anderen Beobachtern der Zeit regelmäßig bestätigt. Tatsächlich besaß Beck aber recht weitreichende Vorstellungen über Polens Entwicklungsmöglichkeiten, die nur zum Teil auf Pilsudski zurückgingen. Später wurde der Begriff des „Dritten Europa" dafür gefunden, aber Beck verwendete anfangs lieber das Stichwort „Intermarium", das auch gleich auf ihren Inhalt verwies. Diese Politik verabschiedete sich allein schon begrifflich von dem Ziel Pilsudskis, lediglich zwischen Rußland und Deutschland gleichen Abstand zu halten, denn das „Dritte Europa" orientierte sich an West- und Mitteleuropa und ließ die Sowjetunion außen vor. Beck glaubte, drei „Intermarien" in Europa entdeckt zu haben, die Verbindung Atlantik–Mittelmeer durch Frankreich, die Linie Nordsee–Mittelmeer durch Deutschland und eben die Verbindung Ostsee–Schwarzes Meer durch Polen.

[330] Zit. n. ebd., S. 53.

Mit diesen Überlegungen stand Polens Außenminister keineswegs allein. Seit 1930 wurde der Zusammenhang zwischen Verkehrs- und Außenpolitik in Polen verstärkt öffentlich diskutiert, in der wilden Mischung aus wirtschaftlichen, politischen und historischen Überlegungen, wie sie unter dem Eindruck der Weltwirtschaftskrise in fast allen Ländern Konjunktur hatten.[331] Sie knüpften an die historische Größe des jagiellonischen Polen von „Meer zu Meer" an, vermischten sie aber mit modernen wirtschafts- und verkehrspolitischen Motiven zu einer geopolitischen Gesamtkonzeption. Hier wurde Polen zum „Mittelpunkt aller östlichen Kraftströme" erklärt, soweit sie zwischen Ostsee und Schwarzem Meer verliefen, und zum „Zentrum der eigentlichen Ostpolitik", wie Beck Ende 1933 gegenüber Friedrich Sieburg erklärte.[332]

Das war nicht ganz neu, denn auch Pilsudski hatte für Polens Funktion in Osteuropa schon die Formel vom „natürlichen Protektor" der Staaten von Finnland bis Rumänien gefunden, aber Beck bemühte sich doch auf eigene Art, Leben in dieses Konzept zu bringen. Wo Pilsudski an politisch-militärische Bündnisse gedacht hatte, versuchte Beck Geopolitik zu betreiben. Dazu gehörten Pläne zum kontinuierlichen Ausbau moderner Nord-Süd-Verbindungen, vor allem von Flug- und Eisenbahnlinien, oder auch zum Bau eines Weichsel–Dnjestr–Pruth–Donau-Kanals, der den polnisch-rumänischen Handel beleben sollte und die Verbindung Polens zum Schwarzen Meer verkehrstechnisch bereits geschaffen hätte. Diesen wirtschaftspolitischen Aktivitäten kam in Becks Konzept auch deshalb ein besonderes Gewicht zu, weil es dem „Dritten Europa" an der Klammer einer gemeinsamen politischen Überzeugung fehlte.

Es sollte sich zeigen, daß Beck dem weit gespannten Netz der polnischen Interessen nur an einer Stelle Substanz verleihen konnte – dem Bündnis mit Großbritannien. Alles andere blieb im Unverbindlichen hängen und verlor mit dem Aufstieg Deutschlands und der Sowjetunion zusehends an Wert. Die geopolitischen Kraftlinien verliefen eben doch nicht durch Polen (auch nicht durch Deutschland oder Italien, wie sich bald zeigen sollte), und so wurde das Land wohl unvermeidlich ein Objekt fremder Machtpolitik. Aus dem offensiven Projekt des „Dritten Europa" wurde die polnische Politik in das pas-

[331] Ähnliche Vorstellungen wurden in Polen von M. Ŝzawlewski: Die Weltwirtschaftskrise und die Lage Polens, Warschau 1931; L. Kirkien: Zwischen Weichsel und Donaumündung. Das Ostsee-Schwarzmeerproblem, Warschau 1932; W. Studnicki: Das politische System Europas und Polen, Warschau 1934 und in zahlreichen Aufsätzen vertreten.

[332] Sieburg, zit. n. Roos, Polen und Europa, S. 261.

sive Vertrauen auf den andauernden und angeblich unüberbrückbaren deutsch-sowjetischen Gegensatz zurückgedrängt und mauerte sich ein. Die britische Garantie vom April 1939 setzte nur den Schlußpunkt unter diese Entwicklung.

Pilsudskis Tod führte unweigerlich zu inneren Streitigkeiten, die allerdings relativ schnell mit Kompromissen beendet werden konnten. Der seit 1926 amtierende Staatspräsident Mościcki, den Pilsudski eigentlich durch Walery Sławek hatte ersetzen wollen, konnte sich trotz der Opposition von Beck und anderen Vertrauten Pilsudskis letztlich in seinem Amt behaupten. Er übte es allerdings zurückhaltend aus und nahm die nach der neuen Verfassung umfassenden Vollmachten nur bedächtig in Anspruch. Sławek zog sich danach recht zügig von seinen sonstigen Ämtern zurück, löste noch 1935 das BBWR auf – mit der Begründung, die Zeit für Parteien sei nach dem neuen Wahlgesetz eigentlich vorbei. Er wurde im Mai 1936 auch von Adam Koc an der Spitze des Verbandes der Legionäre abgelöst, der bald darauf Präsident der Bank von Polen wurde und später zum ersten Chef des Lagers der Nationalen Einheit (OZN) aufstieg. Becks Stellung als Außenminister stand dagegen nicht in Frage. Auch innerhalb der Armee wurden die letzten Wünsche des moralischen Diktators gut berücksichtigt. Zum Generalinspekteur der Armee und damit zu ihrem Kommandeur in Kriegszeiten ernannte Mościcki wunschgemäß Edward Rydz-Śmigły. Zum Kriegsminister stieg der bisherige Stellvertreter Tadeusz Kasprzycki auf, ebenfalls ein bewährter Legionär.[333] Für das Gesamtkabinett fand man eine Lösung, es in zwei Gruppen aufzuteilen, die jeweils von Mościcki und Rydz geleitet wurden, während Beck seine bekannte Sonderstellung einnahm. Damit waren die Ämter so verteilt, wie sie es bis zum September 1939 bleiben sollten.

Josef Becks Politik zielte wie gesagt auf die Umsetzung von Grundsätzen ab, deren Ursprung er auf Josef Pilsudski zurückführte. Als Beispiel dafür nannte er eine Konferenz, die Pilsudski 1934 unmittelbar nach dem Abschluß des polnisch-deutschen Vertrags einberufen hatte. Die damals neue Situation schien Pilsudski grundsätzlich erklärungsbedürftig. Ihre Möglichkeiten und Grenzen mußten bespro-

333 Tadeusz Kasprzycki (1891–1978) war nach dem Abitur und einem Studium in Paris und Genf früh in die polnischen militärischen Untergrundvorbereitungen eingebunden. Er wurde ein Legionär der ersten Stunde, blieb den Streitkräften in verschiedenen Funktionen verbunden, stieg zum General auf und war schließlich 1935–39 Kriegsminister. Während der Septemberniederlage 1939 gehörte er zu den Regierungsmitgliedern, denen nach der Flucht nach Rumänien die Weiterreise nicht gestattet wurde. Erst nach 1945 gelang es ihm, sich ins kanadische Exil abzusetzen, wo er 1978 verstarb.

chen werden. Also lud Pilsudski alle bisherigen Ministerpräsidenten Pilsudski-Polens seit 1926 ins Warschauer Palais Belvedere, namentlich Professor Kazimierz Bartel, Świtalski, Sławek, Prystor, den aktuellen Regierungschef Janusz Jędrzejewicz, dazu den gegenwärtigen Präsidenten und Josef Beck selbst.

Folgt man Becks Darstellung, dann ging es Pilsudski darum, die Dinge vom Ende her zu denken. Eine komfortable Situation wie die gegenwärtige, in der Polen sich auf Nichtangriffsverträge mit den beiden größten Nachbarstaaten stützen und außerdem noch auf die Militärallianz mit Frankreich zurückgreifen konnte, sei in der polnischen Geschichte beispiellos. Solche Dinge seien nicht von Dauer, und ihr sicherer Wandel würde Polen irgendwann mit der Aussicht eines Krieges konfrontieren.[334] Laut Beck stellte Pilsudski dann in der Reihenfolge der wichtigen Dinge, die künftig zu beachten seien, die Beziehungen zu den Nachbarn im Rang über die ständige Pflege der bestehenden Allianzen, die letztlich nur ein Mittel seien, um ebendiese Beziehungen zu den Nachbarn zu gestalten. Besonders wichtig sei aber das Prinzip, sich niemals jemandem ohne absolute Notwendigkeit zu beugen. Das schloß nach dieser Wortwahl alle Staaten ein, die gegenwärtigen Verbündeten auch. Damit war offenbar in der Welt, was Beck später im November des gleichen Jahres 1934 gegenüber dem tschechischen Diplomaten Jan Masaryk als einen Vergleich Polens mit dem britischen Empire anbrachte. Polen brauche sich an niemanden zu binden, sondern könne es sich leisten abzuwarten. Das „Sitting on the fence" des britischen Empire sollte auf polnisch wiederholt werden. Masaryk hielt diesen Vergleich in einem Bericht nach Prag für zu „infantil", um kommentarwürdig zu sein.[335] Aber in der Tat hatte Pilsudski laut Beck diesen im Mai 1934 einberufenen Generalrat ausdrücklich mit dem britischen „Privy Council", dem Beratungsgremium des britischen Königs seit dem Mittelalter, verglichen.[336] Solche Formeln der Selbstbestätigung können nur unter Berücksichtigung der außergewöhnlichen Umstände des neuen Polen und seines ambitionierten Anspruchs verstanden werden.

Aber Pilsudski wollte auch den neuen Umständen der Zeit Rechnung tragen. Zu diesen gehörte die neuerdings zu beobachtende Existenz von totalitären Staaten. Nach Becks Darstellung wurde dieses Phänomen in Warschau vorwiegend unter dem Aspekt seiner Effi-

[334] Vgl. Beck, Report, S. 56 f.

[335] „Ich habe keine Worte gefunden, um ohne Beleidigung auf diesen infantilen Vergleich Polens mit England antworten zu können, und habe nicht reagiert." Zit. n. Berber, Akten, S. 39.

[336] Vgl. Beck, Report, S. 57.

zienz betrachtet. Totalitäre Staaten könnten eine hohe politische Dynamik entwickeln und demnach eine Gefahr für das politische System darstellen. Aber sie wären nach Pilsudskis Ansicht auch verwundbar, durch ebendiese Dynamik und durch die Notwendigkeit, sie mittels ständiger Propagandaoffensiven aufzubauen und immer wieder anzufeuern. Plötzliche Schwankungen im politischen Alltag könnten – so die in Warschau vertretene Auffassung – zu einem großen politischen Problem werden. Besonders tiefe Einschnitte könnten angeblich sogar zu einem Zusammenbruch solcher Regime führen, so die Ansicht. Möglicherweise ist dies die früheste Äußerung jener trügerischen Hoffnungen auf einen Zusammenbruch des nationalsozialistischen Deutschland, die dann im Jahr 1939 von prominenter polnischer Seite geäußert werden sollten. Auch die Spekulation auf die zerstörerische Rückwirkung totalitärer Propaganda auf die eigene Stabilität klingt wie ein Echo aus den Jahren 1938/39, als die polnische Führung registrierte, wie sehr der nationalsozialistische Widerpart von seiner eigenen Rhetorik mitgerissen wurde und man sich in Warschau durchaus Vorteile aus diesem Umstand ausrechnete.

Um solchen Berechnungen einen gewissen institutionellen Rahmen zu geben, wurden weitere Besprechungen angesetzt, die schließlich in der Schaffung eines neuen – selbstverständlich geheimen – Gremiums mündeten. Seine Aufgabe sollte es sein, die Analysen der Spitzen von Armee und Außenministerium zu koordinieren. Als Leiter setzte Pilsudski den damaligen Brigadegeneral Kazimierz Fabrycy[337] ein, auch der ein Veteran des Untergrundkampfs, Mitbegründer der ersten, illegalen bewaffneten Streitkräfte in den Jahren 1908–1910 und Legionär des Ersten Weltkriegs. Für diese Organisation wurde, so Beck, ein eigener Etat geschaffen. Fabrycy berichtete Pilsudski in Zukunft direkt und in Anwesenheit des Außenministers über den Fortgang der Arbeiten, so daß die enge Verbindung von Politik und Militär gewährleistet war. Dies scheint für den Entwurf und die Praxis der Politik gegenüber Deutschland in den Jahren 1934/35 eine gewisse Rolle gespielt zu haben, endete aber mit Pilsudskis Tod im Frühjahr. Nachfolger Rydz-Śmigły zeigte an einer Weiterführung kein Interesse. Fabryzy erhielt schließlich ein Kommando, das ihn aus Warschau in die Provinz versetzte.

[337] Kazimierz Fabryzy (1888–1958), Ingenieur-Studium in Lemberg und München, Kommandos bei den Legionen und im Polnisch-Russischen Krieg. Seit Juni 1939 Befehlshaber der sogenannten „Karpaten-Armee", danach im Exil. Wie viele aus der engeren Umgebung Pilsudskis fand er dort keine Verwendung mehr in höheren Positionen.

Die bisher erstellten Analysen hatten keine akute Situation ermitteln können, auf die Polen unmittelbar zu reagieren hätte.[338] Deutschland hatte einen ersten wesentlichen Schritt getan und im November 1933 den Völkerbund verlassen, der sich nicht zu jener allgemeinen Abrüstungspolitik durchringen konnte, die eigentlich zu seinen Prinzipien gehört hätte. Die Großmächte verweigerten ihre Abrüstung. Pilsudskis daraufhin entworfene Kriegspläne gegen Deutschland hatten sich nicht durchsetzen lassen, so daß nun die Beck'sche Außenpolitik an der Reihe war, sich mit dem durchgehenden Zynismus der Genfer Situation auseinanderzusetzen.

Es ging um die Minderheitenschutzklauseln, die Polen im Rahmen der Nachkriegsvereinbarungen hatte zugestehen müssen und die nun der Quell ständigen politischen Ärgers auf der internationalen Bühne geworden waren, da Polen sich nicht daran hielt. Beck versuchte sich an einer Strategie, die der deutschen in der Rüstungsfrage nicht unähnlich war. Warum sollten nicht für alle Staaten die gleichen Bedingungen gelten? Also versuchte er, diesen Standpunkt durchzusetzen und den Minderheitenschutz zum internationalen Standard werden zu lassen, sah sich aber umgehend isoliert.

Doch kam nur wenig später eine scheinbar gute Gelegenheit. Da Japan und Deutschland den Völkerbund bereits verlassen hatten und die Sowjetunion seit Jahren keine Gelegenheit ausließ, um sich international als demokratisches Land mit Achtung vor völkerrechtlichen Standards zu präsentieren, stand nun ihre Aufnahme in den Völkerbund ernsthaft zur Debatte. Besonders die französische Delegation in Genf betrieb diesen Schritt, was Beck aber offenbar nicht grundsätzlich über die Rückwirkungen auf das französisch-polnische Verhältnis nachdenken ließ, die eine Einbeziehung der UdSSR ins internationale System haben würde. Er sah zwar die Gefahr, die polnisch-französische Allianz aus den frühen zwanziger Jahren könnte von den Völkerbundregularien überlagert und weniger wichtig werden. Diesem Umstand versuchte er durch einen entsprechenden diplomatischen Notenaustausch Rechnung zu tragen, der die von Polen und der UdSSR mit anderen Staaten bilateral geschlossenen Abkommen als vorrangig anerkannte. Die grundsätzliche Schwächung der polnischen Position durch den Beitritt der UdSSR konnte das nicht ausgleichen. Polen

[338] Immerhin gehörte dazu bereits im Jahr 1934 ein „Kriegsspiel" (dt. im Original), das sich mit der Frage beschäftigte, wie sich Polen im Fall einer Desintegration der Tschechoslowakei oder deren Kapitulation vor Deutschland verhalten solle. Dem Marschall, so Beck, hätte für diesen Fall die sofortige Besetzung Teschens am Herzen gelegen – wie es 1938 dann geschehen sollte. Vgl. Beck, Report, S. 78.

konnte eigentlich kaum weiterhin in der Illusion geführt werden, in Paris oder London als „*der* große Staat in Osteuropa" zu gelten.

Vielleicht wäre es für Beck nicht möglich gewesen, den sowjetischen Beitritt grundsätzlich zu verhindern. Er scheint dies aber nicht einmal versucht zu haben. Statt dessen gab er kurz vor dem Beitritt der UdSSR in Genf und quasi als Preis für die polnische Zustimmung bekannt, Polen werde sich nicht länger an die geltenden Minderheitenschutzklauseln halten. Die folgende allgemeine Aufregung der Genfer Delegierten über diesen einseitigen Schritt, vorwiegend angeführt „von jenem Typus, der jedes Jahr wieder vom Winter überrascht wird" (Pilsudski[339]), ebbte schnell ab. Großbritannien erklärte sich an dieser Frage desinteressiert, und das Versailler System hatte ein weiteres Mal Schaden erlitten. Beck betrachtete das durchaus mit Zufriedenheit und gab sich zugleich entschlossen, jeden weiteren französischen Versuch zur Schaffung eines „Ostpakts" zu sabotieren, also eines gegen Deutschland gerichteten Bündnisses zwischen Frankreich im Westen und der UdSSR, Polen, Rumänien und der Tschechoslowakei im Osten. Das sei, so schrieb er später, „nur der Versuch, Osteuropa, ganz besonders uns und die Tschechoslowakei, in die Arme der russischen Außenpolitik zu treiben und das alles dann mit der französischen Politik zu verbinden".[340] Dieser Kurs sei bekannt. Litwinow, der aktuelle sowjetische Außenkommissar, trete in die Fußstapfen seiner vorrevolutionären Vorgänger Sasonow[341] und Iswolski.[342]

Dieser weiteren Bedrohung der polnischen Position wollte Beck keinesfalls die Hand reichen, wenn er auch nicht in der Lage gewesen war, den Völkerbund-Beitritt der UdSSR zu verhindern. Im Herbst 1934 holte er sich von Pilsudski persönlich die Bestätigung für seinen Kurs. Der Marschall sei „hocherfreut gewesen, daß es noch jemand anderen gab, der für das schwierige internationale Spiel bereit war, ohne vor den Gefahren zurückzuschrecken oder in seinen Überzeugungen zu schwanken, falls ein schwieriges Problem auftauchte, bereit zur Siche-

[339] Vgl. Beck, Report, S. 67.

[340] Zit. n. ebd., S. 68.

[341] Sergej Sasonow (1860–1927), 1910–1916 russischer Außenminister, wesentlich mitverantwortlich für die politische Vorbereitung der geheimen russischen Mobilmachung vom 25. Juli 1914, die nach Absprache des französischen und russischen Militärs einen überraschenden Angriff auf Deutschland einleiten sollte.

[342] Alexander Iswolski (1856–1917), russischer Diplomat, 1906 bis 1910 Außenminister, dann bis 1917 Botschafter in Paris. Starker Befürworter des französisch-russischen Kriegskurses gegen Deutschland. Leitete u.a. persönlich die Bestechung der französischen Presse, damit dort proserbisch und anti-deutsch/österreichisch über die Balkanfragen geschrieben wurde.

rung des Status unseres Landes als eines unabhängigen Landes erster Klasse und nicht als eines Kunden internationaler Beratungsgremien".[343]

Dies scheint kein Warschauer Zweckoptimismus gewesen zu sein, sondern der ehrliche Glaube, dauerhaft auf Augenhöhe mit der UdSSR, Großbritannien oder Frankreich operieren zu können, ja die UdSSR sogar aus dem „Spiel" zu nehmen. Dazu mußte der Wettbewerb gegen die UdSSR um die französische Aufmerksamkeit gewonnen werden. Es galt, den französischen Partnern bei Gelegenheit die Erkenntnis nahezubringen, mit Polen bereits den gegen Deutschland gewünschten Partner in Osteuropa als Verbündeten zu haben. Die weitere Zerrüttung der Nachkriegsordnung sollte solche Anlässe bald bieten. Den theoretisch immerhin möglichen alternativen Kurs einer – zweifellos ebenfalls gewagten – Politik, die sich ehrlich an die deutsche Seite begeben würde, zog man nicht in Erwägung. Becks Politik blieb offiziell deutschfreundlich und inoffiziell auf Konfrontationskurs mit Deutschland.

Deutsche Rheinlandbesetzung 1936: Eine weitere Chance

> *„Es gab eine Zeit, da unsere Nachbarn schwächer waren als wir. Damals gingen wir gegen sie, aber wir haben begriffen, daß sie nicht immer schwach bleiben werden. Wir sahen schon vor vielen Jahren voraus, was jetzt geschehen muß, und haben daraufhin den Alliierten vorgeschlagen, den Feind anzugreifen, solange er seine Kräfte erst aufzubauen begann. Die Alliierten meinten, daß dieses Problem ohne Krieg entwirrt werden könne und die Deutschen auf ihrem Expansionsmarsch aufzuhalten sein werden. Wir glaubten nicht daran und sehen heute, daß die richtige Ansicht auf seiten der polnischen Staatsräson war."*
>
> *Josef Beck (1940)*[344]

Im Januar 1936 schien ein weiteres Mal seit 1933 eine große Gelegenheit für Josef Beck und die Politik der Obristen zu kommen, die nun ohne die Gegenwart des Kommandanten weitergeführt werden mußte.[345] Wie stets, so wurde auch in diesem Fall der Anlaß zu pol-

[343] Zit. n. Beck, Report, S. 77 f.

[344] Zit. n. Wehner, Großbritannien, S. 146.

[345] Es ist nicht völlig unumstritten, wer alles unter dem Begriff „Obrist" zu subsumieren ist. Meist genannt werden neben Josef Beck: J. Jedrzejewicz, W. Jedrzejewicz, Adam Koc, L. Kozlowski, I. Matuszewski, B. Miedzinski, B. Pieradcki, A. Prystor, Walery Sławek, Kazimierz Świtalski und als ‚Ideologe' Adam Skwarczynski.

nischen Hoffnungen durch die allgemeine europäische Unruhe geschaffen. Seit fast einem Dreivierteljahr schwelte der deutsch-französische Streit um den geplanten französischen Vertrag mit der Sowjetunion. In Berlin fürchtete man die Einkreisung und die kombinierte französisch-sowjetische Übermacht. Dazu trugen Äußerungen auf Ministerebene im französischen Parlament bei, in denen die neue französisch-russische Allianz mit dem französisch-türkischen Bündnis aus dem 17. Jahrhundert verglichen wurde. Das hatte damals die Türken bis vor Wien geführt. Wohin die neuen Abmachungen die Rote Armee führen könnten, blieb noch abzuwarten.

Deutschland wurde 1935/36 von einem Mann regiert, der ebenfalls ein Faible für historische Vergleiche besaß, aber kein Talent zum Abwarten. Im Sommer 1936 sollte Hitler dann als Reaktion auf die inzwischen eingetretenen Ereignisse seine „Denkschrift zum Vierjahresplan" verfassen, in der er einen sowjetischen Großangriff auf Europa prophezeite. Zu dessen Abwehr seien ohne Rücksicht auf wirtschaftliche Verluste die nötigen militärischen Mittel bereitzustellen. Einstweilen befand man sich am Jahresanfang 1936 aber noch im Vorstadium dieser Entwicklung. Die deutsche Politik hoffte, das französische Parlament würde die Ratifikation des französisch-sowjetischen Vertrags verweigern. Für den Fall, daß er dennoch in Kraft treten würde, deutete Hitler aber öffentlich eine Gefährdung der Locarno-Verträge durch den neuen Vertrag an, also unter anderem ein Ende der von Deutschland seinerzeit akzeptierten Entmilitarisierung des Rheinlands. Er tat dies auch in Gesprächen mit der polnischen Diplomatie.

Es gab zu dieser Zeit intensive deutsch-polnische Kontakte. Josef Beck hielt sich am 24. Januar 1936 im wenig geschätzten Genf auf, wo er mit Außenminister von Neurath und Hermann Göring konferierte. Die Atmosphäre war „freundschaftlich", wie vermerkt wurde.[346] Göring reiste bald danach nach Warschau, wo er am 19. und 20. Februar mit Beck, Staatspräsident Mościcki und Ministerpräsident Marian Kościałkowski zu verschiedenen weiteren Gesprächen zusammentraf. Gesprächsgegenstand war die internationale Lage, und Göring trug in Warschau die aktuelle deutsche Position zu der brennendsten Frage dieser Situation vor: Die Ratifizierung des französisch-sowjeti-

[346] Vgl. Szembek, Journal, S. 154. Das Szembek-Journal enthält zu dieser Zeit eine ganze Reihe von Einträgen in diesem Tenor, so auch aus Gesprächen mit Admiral Wilhelm Canaris, Reichswehrminister Werner v. Blomberg und den Tenor eines Vortrags, den der spätere Generalgouverneur Hans Frank im Februar 1936 in Warschau über die Notwendigkeit eines französisch-polnisch-deutschen Zusammengehens gegen die östliche „Barbarei" hielt. Vgl. Szembek, Journal, S. 159 ff.

schen Beistandspakts wäre gleichbedeutend mit der Aufkündigung des Locarno-Pakts.[347]

Falls diese Konsultation eine vertrauensbildende Maßnahme und zugleich ein Spiel über die Bande sein sollte, verbunden mit der Erwartung, daß die polnische Diplomatie sich in Paris für die deutsche Position stark machte, dann wurde diese Erwartung nur zum Teil erfüllt. Josef Beck sorgte zwar in Paris dafür, daß diese deutsche Haltung bekannt wurde. Seine Militärs gaben zusätzlich eigene Informationen in Warschau an den französischen Militärattaché General Charles d'Arbonneau weiter.[348] Aber man betonte gegenüber Frankreich stets den gefährlichen Charakter der deutschen Argumentation für die internationale Situation insgesamt.

Aus Frankreich selbst kamen unterdessen Signale der politischen Stärke und Unnachgiebigkeit, wenn auch teilweise auf merkwürdigen Umwegen. Das diplomatische Europa suchte nach Positionen. Die später in Forschung und politischer Bildung häufig als Überraschungscoup dargestellte deutsche Rheinlandbesetzung war im Frühjahr 1936 „in Wahrheit keine Überraschung für irgend jemand und konnte es nicht sein", wie sich Frankreichs Vertreter in Warschau, Leon Noël, in der unmittelbaren Nachkriegszeit noch freimütig erinnerte.[349] Man sah dies in Paris und in der diplomatischen Szene Europas kommen. Das französische Außenministerium legte Wert darauf, sich Polen gegenüber in dieser Sache kämpferisch zu geben. Auf der Rückkehr von der Beerdigung des englischen Königs Georg V. machte Josef Pilsudskis alter Haft- und Kampfgefährte General Sosnkowski in Paris halt und erhielt von einem Schwergewicht der französischen Politik, dem zu dieser Zeit als Postminister und Hochkommissar für Elsaß-Lothringen agierenden Georges Mandel, die – offenbar falsche – Information, es gebe einen französischen Kabinettsbeschluß über die Mobilisierung der eigenen Truppen, falls deutsche Streitkräfte ins Rheinland einrücken sollten.[350]

Dabei mochte Wunschdenken eine Rolle gespielt haben, denn Mandel war in einer früher elsässischen, nach 1871 Richtung Frankreich ausgewanderten Familie geboren worden. Er hatte vor und während des Ersten Weltkriegs als Journalist und teilweise diskreter Lenker der französischen öffentlichen Meinung eine bedeutende Funktion

[347] Vgl. Szembek, Journal, S. 162, sowie Roos, Polen, S. 233.

[348] Vgl. Noël, Angriff, S. 116.

[349] Vgl. ebd.

[350] Vgl. ebd., S. 120. Noël bestätigt, daß die Information falsch war, enthält sich aber jedes Kommentars.

und stand auch aufgrund seiner jüdischen Herkunft den in Deutschland wie in Polen regierenden Antisemiten mehr als nur kritisch gegenüber. Jedenfalls überzeugte er Sosnkowski von der angeblichen französischen Entschlossenheit, worauf der dann in Warschau den Staatspräsidenten, den Regierungschef und Minister Beck entsprechend über die angebliche Beschlußlage informierte.

Unmittelbar vor der deutschen Rheinlandbesetzung kam aus Frankreich ein weiteres starkes Signal. So wußte Polens Botschafter Lipski am 7. März 1936 aus Berlin zu berichten, sein französischer Kollege André François-Poncet habe ihm für den Fall der deutschen Verletzung der Locarno-Bestimmungen die allgemeine Mobilmachung und nichts anderes als den Krieg versprochen. Der französische Botschafter sei von Paris aus „völlig autorisiert" worden, diesen drastischen Schritt zu gehen. Auch das stimmte höchstwahrscheinlich nicht. Immerhin „bestätigte" es trotzdem die Falschinformation durch Mandel. Man reagierte in Warschau entsprechend euphorisiert.

Rydz-Śmigły schickte umgehend einen Generalstabsoffizier seines Vertrauens nach Berlin, um sich nach den deutschen Vorbereitungen zu erkundigen. Er konnte nach diesen Erklärungen mit einem bevorstehenden deutsch-französischen Konflikt rechnen und tat dies auch. Für diesen Fall gedachte die Warschauer Führung an der Seite Frankreichs aufzutreten. Allerdings stellte sich Josef Beck nach einigen internen Diskussionen über die genaue Rechtslage, wie sie in den französisch-polnischen Verträgen festgelegt war, auf den Standpunkt, daß Frankreich in Vorleistung treten müßte. Es sollte keinesfalls die Situation entstehen, daß Polen alleine offensiv gegen Deutschland vorging, während sich Frankreich hinter seinen Verteidigungsanlagen verschanzte.[351] Aus Sicht der Pilsudskisten war nicht zum letzten Mal die diffizile Situation zu bewältigen, aus allen möglichen Entwicklungen den jeweils für Polen maximalen Vorteil herauszufiltern, ohne daß diese Haltung vor allem in Deutschland in vollem Umfang bekannt wurde.

Am 7. März 1936 kam es dann zum Schwur. Einige tausend deutsche Soldaten rückten eher symbolisch als militärisch kraftvoll ins Rheinland ein. In Paris wie in London wurden zugleich neue deutsche Verhandlungsvorschläge überreicht, und weil die Angelegenheit so wichtig war, hatte man auch Warschau nicht vergessen. Botschafter Moltke übergab Beck ein Papier, in dem noch einmal an die gemeinsame Erklä-

[351] Vgl. Breyer, Außenpolitik, S. 157.

rung vom 26. Januar 1934 erinnert wurde, also an den Nichtangriffsvertrag. Nun mußte sich zeigen, woran man war. Beck ließ Noël, den französischen Botschafter in Warschau, zu sich rufen. Er ließ ihn gar nicht erst zu Wort kommen, sondern erklärte, „diesmal ist es aus".

> *„Polen legt unter den obwaltenden Umständen Wert darauf, Frankreich zu versichern, daß es eintretendenfalls den Verpflichtungen treu sein wird, die es mit diesem Land verbinden."*[352]

Das war eine unverblümte Aufforderung an Noël, Frankreich solle nun tun, was François-Poncet am gleichen Tag angekündigt hatte, nämlich mobilisieren und Krieg führen. Noël verstand das auch so. Außerdem wurde er noch gebeten, diese polnische Entschlossenheit nach Paris weiterzumelden. Diese Entschlossenheit verkündete Beck an diesem Tag ein paar Stunden später auch gegenüber den belgischen Vertretern in Warschau, denen martialisch angekündigt wurde, Polen würde marschieren, wenn Belgien marschiert.[353]

So weit war von Warschau aus also alles vorbereitet. Aber Beck mußte ein weiteres Mal erleben, daß die Resonanz in Paris nur gering ausfiel. Er mußte sogar feststellen, daß die Pariser Regierung nicht nur keine militärischen Schritte unternahm, sondern dies in der dortigen Presse auch noch mit der angeblich zögerlichen Haltung Polens begründet wurde. Weder Großbritannien noch Belgien oder Frankreich reagierten direkt auf den deutschen „Einmarsch" ins Rheinland. Also blieb Beck nichts anderes übrig, als möglichst schnell und unauffällig das Spiel der scheinbaren Deutschfreundlichkeit wiederaufzunehmen. Der „offizielle polnische Standpunkt" zur Rheinlandbesetzung, der am nächsten Tag der Presse verkündet wurde, zeigte denn auch volles Verständnis für und nicht die leiseste Kritik an Deutschland. Man übernahm die deutsche Argumentation, kritisierte den französisch-sowjetischen Militärpakt und sah ihn als Versuch zur Schaffung einer antideutschen Militärkoalition. Gegen diese Aussicht habe sich Deutschland lediglich zu Recht verteidigt. Der Erfolg blieb nicht aus, und es scheint so, als sei Becks Loyalitätserklärung gegenüber Frankreich erst in einem mehr als zwei Jahre später geschriebenen Hintergrundbericht aus Pariser Diplomatenkreisen zur deutschen Kenntnis gelangt.[354]

---

[352] Zit. n. Noël, Angriff, S. 116.

[353] Vgl. Breyer, Außenpolitik, S. 158.

[354] Vgl. ADAP, D, II, Dok. 119, S. 172 f., 8. April 1938. Bericht über ein Treffen des Außenministers Paul-Boncour mit den Botschaftern in Moskau, Warschau, Prag und Bukarest am 5. April 1938. Aus dem Bericht geht hervor, daß die französische Regierung Becks Erklärung weiterhin für gültig hielt.

Dem zornigen Noël, der ihn mit diesen Druckerzeugnissen der polnischen Zeitungen in der Hand zur Rede stellte und ihm Verrat an der gemeinsamen Sache vorwarf, versicherte Beck treuherzig, diese Presselinie gehe nicht auf ihn zurück. Im Grunde hatte Noël auch verstanden, wo die Probleme lagen. Er deutete es in seinen Memoiren an, allerdings nicht, ohne dabei das französische Doppelspiel der scheinbaren Kriegsbereitschaft zu einem rein polnischen Doppelspiel werden zu lassen:

> *„Die französischen Regierungskreise wußten Beck für seine Erklärung vom 7. März keinen Dank, bewahrten zu Recht oder zu Unrecht aus dieser Episode die Erinnerungen eines polnischen Doppelspiels, und die offiziellen Beziehungen zwischen Paris und Warschau erfuhren keine Besserung."*[355]

Das Doppelspiel ergab sich in der Tat wohl „zu Recht oder zu Unrecht" mindestens genauso aus den schnell zurückgezogenen und von ihren Urhebern anscheinend frei erfundenen französischen Erklärungen von Georges Mandel und André François-Poncet, im Fall der Rheinland-Besetzung Krieg führen zu wollen. Beck konnte sich seinerseits denken, darauf angemessen reagiert zu haben und dann durch den französischen Rückzieher selbst fast kompromittiert worden zu sein. Es ließ sich nicht klar ermitteln, wer in Paris die Linie vorgab und ob dort überhaupt jemand in der Lage war, eine klare Linie vorzugeben. Beck sprach in diesem Zusammenhang von der schon „traditionellen Geistesverwirrung der Westmächte".[356] Sie hätten hier mühelos einen leichten Erfolg über Hitlers Politik haben können, der ganz zweifellos von einem polnischen Erfolg begleitet worden wäre. Aber sie verzichteten darauf.

Allerdings verzichtete auch Beck und damit die polnische Politik ein weiteres Mal auf den letzten Schritt gegen Deutschland. Man wartete in Warschau auf die Beteiligung der Westmächte an einem kontrollierten polnischen Schlag gegen Deutschland. Das war bei aller Raffinesse dieser Strategie eine Erwartungshaltung, die sich schließlich 1939 als unrealistisch herausstellen sollte. Es fehlte in den westlichen Hauptstädten zu sehr der Respekt vor der polnischen Republik, um sich ihr ernsthaft zu verpflichten. Zum Schaden aller Beteiligten geriet der Vertrag von 1939 nur zu einem Scheinvertrag. Die schriftlich in ihm zugesagte militärische Unterstützung war schon am Tag der Unterzeichnung ebenso eine Lüge wie die Kriegsankündigungen vom Frühjahr 1936. Im Westen wurde 1939 so wenig „marschiert" wie 1936. Polen blieb letztlich allein.

[355] Vgl. Noël, Angriff, S. 128.
[356] Vgl. Beck, Report, S. 115, bzw. Breyer, Außenpolitik, S. 163.

In Warschau blieb man unter dem Eindruck der Ereignisse des März 1936 zunächst auf altem Kurs. Um eine Isolation zu verhindern, reiste Beck nach London, wo die Unterzeichner der Locarno-Verträge sich unmittelbar nach der Rheinland-Krise ein Urteil über Deutschland zu bilden versuchten und weiterhin über „Maßnahmen" nachdachten. Als Nicht-Unterzeichner von Locarno wollten Polen und sein Minister dazu nur wenig sagen. Vielleicht auch deshalb machte Beck dort in manchen Augen eine schlechte Figur, wie der tschechische Gesandte Jan Masaryk nach Hause schrieb. Beck schneide „zynische Grimassen und wirkte wie ein ehrloser Ränkeschmied in einem schlechten Detektivfilm. Ich erwähne dies nur deswegen, weil vier verschiedene Delegierte zu mir kamen und mir spontan mitteilten, sie hätten den gleichen Eindruck wie ich."[357] Immerhin gelang es Beck erneut, sich von einer Verurteilung Deutschlands fernzuhalten und außerdem die zwischenzeitlich schlechten französisch-polnischen Beziehungen wieder etwas zu bessern. In Verhandlungen mit Staatsminister Joseph Paul-Boncour einigten sich beide darauf, das gegenseitige Bündnis auf Basis des 1921 geschlossenen Vertrags zu bekräftigen. Dieses Instrument stand also auch für die nächste Krise bereit. Aber Beck begann zugleich, einem neuen Aspekt mehr Aufmerksamkeit zu widmen. Die Rheinland-Krise hatte den entscheidenden Einfluß Großbritanniens auf das Verhalten Frankreichs sichtbar werden lassen. Mit Großbritannien gab es keinen Vertrag und traditionell nur zurückhaltende Beziehungen. Das müßte sich ändern lassen.

Überhaupt entschloß sich Beck in den Folgemonaten zu einigen Änderungen. Die Botschaften in Berlin und London schienen ihm mit Josef Lipski (seit 1933) und Edward Raczynski (seit 1934) angemessen besetzt zu sein. In Paris dagegen hatte der langjährige Vertreter polnischer Interessen, Alfred Chłapowski, in seinen Augen ausgedient. 1874 im damals deutschen Bonikowo in der Provinz Posen geboren, hatte Chłapowski in München im Fach Staatswirtschaft promoviert und wurde dann als junger Mann zwischen 1904 und 1908 Mitglied der polnischen Fraktion des Deutschen Reichstags. Als Pariser Botschafter amtierte er seit 1924 und stammte damit noch aus der Vor-Pilsudski-Ära der polnischen Außenpolitik. Mit dieser Bildung und diesem Lebenslauf war er in den Reihen der Obristen und Legionäre im polnischen Außenamt unvermeidlich ein Fremdkörper, der aber

[357] Aus dem Bericht des Gesandten Masaryk über die Londoner Locarno-Konferenz vom 27. März 1936, zit. n. Berber, Akten, S. 60.

nach dem deutschfreundlichen Kurs seit Januar 1934 zur Betonung der Kontinuität in der polnischen Außenpolitik auf seinem Posten belassen worden war. Nun entließ Beck ihn in demonstrativ kurzer Frist und sorgte dafür, daß er den Namen seines Nachfolgers erst aus der Presse erfuhr.[358] Damit wurde dem Wunsch nach grundsätzlichem Wandel des Charakters der Beziehungen zwischen Frankreich und Polen noch einmal personeller Ausdruck verliehen.

Als Nachfolger auf dem entscheidenden Pariser Posten ernannte Beck im Juli 1936 einen Geistesverwandten, Juliusz Lukasiewicz. Lukasiewicz galt „als einer der wenigen Vertrauten von Becks tieferem Denken".[359] Im Jahr 1892 geboren, teilte er mit Beck die Erfahrungen der polnischen Legion. Er hatte ebenso wie dieser und viele andere Legionäre – nicht anders als viele in den Kriegsgenerationen aller Länder dieser Zeit – nur eine eingeschränkte fachliche Ausbildung erhalten, sich aber am 1. Januar 1919 mit Eifer in den Dienst des noch kaum existierenden polnischen Außenministeriums gestürzt. Da man dort die Außenpolitik als Fortsetzung des Krieges mit anderen Mitteln betrieb, konnte er seine Erfahrungen einbringen.

Zunächst agierte er als Sekretär an der Pariser Botschaft, galt dann als Spezialist für Ostpolitik und aktiver Anhänger des Pilsudskischen „Prometheus"-Projekts, hinter dem sich der ambitionierte Plan einer Auflösung der Sowjetunion verbarg. Zwischen 1934 und 1936 hatte er Gelegenheit, sich als Botschafter in Moskau am Fortgang dieser Dinge zu beteiligen, bevor er nun im Sommer 1936 nach Paris zurückkehrte, an die Ausgangsstätte seiner Karriere.[360] Die Begeisterung der französischen Offiziellen am Quai d'Orsay scheint gering ausgefallen zu sein. Frankreichs Mann in Warschau, Leon Noël, etwa unterstellte Lukasiewicz diplomatisch freundlich „keine wirkliche Kenntnis Frankreichs" und beschrieb die tieferen Gründe seiner Ernennung in dunklen Worten:

> *„Er hatte zufällig Beziehungen mit gewissen einflußreichen politischen Kreisen bewahrt, in welche er gelegentlich seines ersten Pariser Aufenthalts eingeführt worden war. Beck dachte, daß diese Verbindungen ausgenutzt werden könnten, und in diesem Fall scheint er richtig gesehen zu haben."*[361]

---

358 Vgl. Noël, Angriff, S. 133. Noël vermutet einen Zusammenhang mit der bevorstehenden Frankreichreise des neuen Armeechefs Rydz-Śmigły.

359 Vgl. Noël, Angriff, S. 133.

360 Letztlich sollte auch diese Karriere tragisch enden. Der Kriegsverlauf zwang Lukasiewicz zu dauerhaftem Exil im Westen, in dem er wie andere Pilsudskisten in die politische Isolation geriet. Im April 1951 zog er die Konsequenz und beging Selbstmord.

361 Zit. n. Noël, Angriff, S. 133 f.

Wer diese Kreise waren, ließ Noël diskreterweise oder auch sicherheitshalber unerwähnt. Es könnten jene Kreise gewesen sein, die auch Josef Pilsudski seinerzeit zu einem Mann gemacht hatten, der besser als der französische Außenminister informiert war. 1933 hatte Pilsudski auf die Absichtserklärungen von Frankreichs Außenminister Barthou über eine französische Politik gegen den Kurs der neuen, nationalsozialistischen Regierung in Berlin ein amüsiert herablassendes „Sie werden nachgeben, glauben Sie mir, Sie werden nachgeben" bereit gehabt. Wenn die französische Schwerindustrie den Rüstungswettlauf mit Deutschland profitabler als eine politische Intervention dagegen fand, schien sie dies durchsetzen zu können.

Als Lukasiewiczs Nachfolger in Moskau suchte Beck den Pilsudski-Veteranen Wacław Grzybowski aus,[362] der als studierter Philosoph[363] in der Form des Quereinsteigers auf diesen Posten gelangte und ihn ebenfalls bis in die Kriegstage 1939 behalten sollte. Den Botschafterwechsel in Rom gab es erst 1938, als Beck den alten Legionär Bolesław Wieniawa-Długoszowski für diesen Posten gewinnen konnte, der bis dahin eine von Polens Kavalleriedivisionen kommandiert hatte. 1881 in der heutigen Ukraine geboren, hatte Długoszowski zunächst ein Medizinstudium abgeschlossen und war dann in Pilsudskis Schützenvereinigungen, in der polnischen Legion und in der neugegründeten Armee bis zum General avanciert. Er konnte als Vertrauter Pilsudskis gelten und hatte als Teilnehmer am Putsch von 1926 die typischen Prägungen der Pilsudskischen Elite erfahren. Nach der Septemberkatastrophe 1939 sollte er schließlich für nur einen Tag der Präsident der polnischen Republik werden, da die französische Diplomatie die Zusammenarbeit mit ihm ablehnte und auf die Zusammensetzung der künftigen polnischen Exilregierung massiven Einfluß nahm. Als profilierter Vertreter der nun allgemein abgelehnten Beck-Pilsudski-Denkschule geriet Wieniawa-Długoszowski dann in Exilkreisen weiter in die Isolation, wurde auch wegen seines persönlichen Verhaltens kritisiert[364] und nahm sich schließlich 1942 das Leben. Mit dieser Personalie sollten Josef Becks Entscheidungen über die leitenden Posten der polnischen Außenpolitik in den wichtigsten

[362] Zu Grzybowski vgl. Marek Kornats Aufsatz: Posłowie i ambasadorzy polscy w Zwiazku Sowieckim (1921–1939 i 1941–1943), in: Polski Przeglad Dyplomatyczny (Polish Diplomatic Review) no. 5 (21)/2004, S. 129–203.

[363] Nach anderen Informationen Psychologe.

[364] Vgl. zu diesen Vorgängen die Biographie von Romuald Romański: General Bolesław Wieniawa-Długoszowski – polityk czy lew salonowy? (General Wieniawa-Długoszowski – Politiker oder Salonlöwe?), Warszawa 2011.

europäischen Staaten abgeschlossen sein. Das gewählte Ensemble aus Veteranen der polnischen Legion genoß sein Vertrauen, eine für Polen einmalig günstige internationale Konstellation herzustellen und zu nutzen.

Das Kalkül mit der deutschen Katastrophe

Am schicksalsträchtigen 5. November 1937, dem Jahrestag der deutsch-österreichischen Polenproklamation von 1916, kamen in Berlin die Vertreter der deutschen und polnischen Regierung zusammen, um als Ersatz für die unwirksam gewordenen Minderheitenbestimmungen des Völkerbunds eine gemeinsame polnisch-deutsche Erklärung zu verabschieden. Es war von beiden Seiten eine gewisse, nicht kleine Portion Heuchelei im Spiel. In Polen arbeiteten die offiziellen Stellen – Abkommen hin oder her – vor und nach Unterzeichnung an der weiteren Reduzierung deutschen Lebens in der Republik, nicht an dessen Schutz. Eine Freundschaftserklärung blieb unter diesen Umständen mehr als fragwürdig, zumal die außenpolitischen Neigungen der Republik noch erkennbar in eine ähnliche Richtung zu zeigen schienen. Das war offenbar auch dem deutschen Reichskanzler klar. Später am Tag versammelte er die Führung der Streitkräfte um sich und erläuterte seine Pläne für die nächsten Jahre und „Generationen“. Was als oft zitierte und meist gewissenhaft mißverstandene „Hoßbach-Niederschrift“ später Weltgeschichte machen sollte, enthielt als Vortrag auch Passagen über die Republik Polen. Darunter befand sich diese:

> *„Unsere Abmachungen mit Polen behielten nur so lange Geltung, als Deutschlands Stärke unerschüttert sei, bei deutschen Rückschlägen müsse ein Vorgehen Polens gegen Ostpreußen, vielleicht auch gegen Pommern und Schlesien in Rechnung gestellt werden.“*[365]

Auch im weiteren Verlauf enthielt dieser Vortrag nichts, was auf eine geplante Eroberung weiter Landstriche in Osteuropa – in Polen oder noch weiter östlich – hingedeutet hätte. Geplant war demnach der Erwerb Österreichs und der „Tschechei“, also eine Abrundung des deutschen Staatsgebiets auf seine hergebrachte Ausdehnung, denn beide Länder hatten zu diesem Gebiet gezählt, seit überhaupt von „Deutschland“ gesprochen wurde. Dennoch wurde hier eine Revolution der internationalen Politik angekündigt, kein Zweifel. Die deutschen

[365] Zit. n. ADAP, Serie D, Bd. I, Dok., S. 30.

Einigungskriege des 19. Jahrhunderts hatten zugleich zu einer deutschen Teilung geführt, die eben Österreich, Böhmen und Mähren aus Deutschland ausgeschlossen hatte. 1919 hatten die Sieger des Ersten Weltkriegs unter Kriegsdrohung erzwungen, daß dies auch unter den neuen demokratischen Verhältnissen so blieb. Wenn nun der deutsche Staatschef hier die territoriale Revision ankündigte, dann konnte das eventuell Krieg bedeuten, und ebendiesen Krieg notfalls Mitte der 1940er Jahre führen zu wollen, das kündigte Hitler an diesem Tag an.

Immerhin bedeutete diese so formulierte Gedankenwelt für die Geschichtswissenschaft nach 1945 ein erhebliches Problem. Gerade für die Historiker-Debatten über mögliche Alternativen der polnischen Politik in den Jahren 1938/39 ist die Hoßbach-Niederschrift von großer Bedeutung. Da ihr danach keine gegenteiligen Äußerungen Hitlers entgegenstehen und sie insofern den territorialen Revisionsplan korrekt wiedergibt, wie ihn das Deutsche Reich zu dieser Zeit auszuführen versuchte, wirft sie ein grelles Licht darauf, daß in der Forschung nach 1945 regelmäßig die falschen Fragen gestellt wurden. Alle Fragen etwa, die von einem beschlossenen und längerfristig zwingend geplanten deutschen Angriffskrieg auf Osteuropa ausgehen, sind spekulativ und entbehren der Grundlage in den Quellen.[366] Soweit Hitler an Krieg im Osten dachte, dachte er an einen möglicherweise notwendigen Verteidigungskrieg. Er könnte gegen die UdSSR nötig werden, wie er in der „Denkschrift zum Vierjahresplan" vom Sommer 1936 vermutete, oder eben gegen einen polnischen Angriff, wie er am 5. November 1937 gesagt hat.

Kehren wir zurück zur polnischen Perspektive. Zur bald nach dem 5. November folgenden Jahreswende 1937/38 zog sich Polens Außenminister nach eigenen Angaben für zwei Monate aus den laufenden Geschäften zu einer Kur zurück. Die dafür angetretene Reise führte ihn ans Mittelmeer, und sie gab demnach Gelegenheit für zahlreiche Hintergrundgespräche und Kontaktanbahnungen. Von diesen Ereignissen hielt Josef Beck in seinen Erinnerungen vor allem eines für berichtenswert, das tatsächlich sehr ungewöhnlich war. Er traf in Cannes mit dem dort um diese Zeit regelmäßig residierenden Winston Churchill zusammen, nicht nur in privatem Rahmen, sondern in Begleitung von

366 Leider kommen selbst Historiker, die dies erkennen, nicht ohne die gegenteilige Spekulation aus. Ein Beispiel ist etwa Marek Kornat, der zu den deutsch-polnischen Verhandlungen zur Jahreswende 1938/39 ausführt: „Entgegen der Behauptung vieler polnischer Publizisten und Historiker, allen voran Jerzy Lojek, schlug Hitler Polen um die Jahreswende 1938/39 keinen gemeinsamen Krieg gegen die Sowjetunion vor. Natürlich sollte ein Krieg gegen das bolschewistische Rußland die Krönung seiner Pläne darstellen. Zu diesem Zeitpunkt dachte er aber an ihn nur unverbindlich." Vgl. Kornat, Polen, S. 174.

Edward Raczynski, dem führenden Vertreter der polnischen Regierung in London. Churchill konnte zu dieser Zeit nach außen hin immer noch als Staatsmann im Ruhestand gelten, der sich durch seine Exzentrik ins politische Abseits manövriert hatte. Gleichzeitig nahm er in den Augen der besser Informierten aber weiterhin zu Recht einen Rang als einflußreicher und zukunftsfähiger Politiker ein. Immerhin fungierte er offiziell nur als Privatmann – was die alliierte Anklagebehörde im Nürnberger Tribunal dann später als Grund nennen sollte, seine gesamten Aktivitäten im Vorfeld des Kriegsausbruchs vom September 1939 für irrelevant zu erklären.[367] Es war also nicht ganz selbstverständlich, wenn die führenden Vertreter der polnischen Außenpolitik ihn Anfang 1938 zusammen zu einem intensiven Hintergrundgespräch aufsuchten.

Noch weniger selbstverständlich scheint die Themenwahl gewesen zu sein. Es ging um die Gesamtlage in Europa und die möglichen Konstellationen in einem kommenden Krieg gegen Deutschland. Josef Beck berichtete später:

> *„Mein Aufenthalt in Cannes hatte privaten Charakter, aber er erlaubte mir, einige wichtige Kontakte zu knüpfen. In diesem Zusammenhang möchte ich mein sehr ausgedehntes politisches Tête-à-tête mit Winston Churchill betonen. Bei diesem Treffen hatten wir Gelegenheit, unsere völlige Übereinstimmung hinsichtlich der Gefahren zu betonen, die wir von Deutschland aus die europäische Ordnung bedrohen sahen. Es war aber schwer, sich über die Sowjetunion einig zu werden. Ich konnte mich dem Eindruck nicht entziehen, daß dieser außergewöhnliche Staatsmann sehr in den Erinnerungen an seine Erfahrungen aus dem letzten Krieg lebte, die ihn schließlich zu der Meinung brachten, Rußland sei für ein Gegengewicht gegen die deutsche Dynamik von großer Bedeutung. Europa habe kein Vertrauen in dieses Phänomen, versuchte ich ihm klarzumachen; Rußlands Nachbarn hätten mehr Informationen als jeder andere, um diese Skepsis zu unterstützen.*
>
> *Aber abgesehen von diesem strittigen Teil unseres Gesprächs kamen wir zur gemeinsamen Schlußfolgerung, daß England und Polen sich im Konfliktfall nicht in entgegengesetzten Lagern befinden würden. Ich hatte sehr ernsthafte Gründe für die Annahme, in Churchills Gedankenwelt einen tiefen Eindruck hinterlassen zu haben."*[368]

[367] Vgl. IMT, Reaktion auf den Versuch Ribbentrops, Churchill als Zeugen laden zu lassen. Immerhin erwähnte Churchill in seinen Memoiren das erste Treffen mit Beck an der Riviera, den er dabei im Frühjahr 1938 kennengelernt haben will und der am 4. April 1939 in London zusammen mit ihm von der britischen Regierung zu einem Frühstück im Savoy eingeladen worden sei. Vgl. Churchill, Memoiren, I/1, S. 426.

[368] Zit. n. Beck, Report, S. 124.

Mit diesen Aussagen ging Beck der britischen Politik erneut sehr weit auf der alten Pilsudski-Linie entgegen. Wenn man sich in London und Paris endlich entschließen möchte, gegen Deutschland vorzugehen, dann würde Warschau an der Seite der Westmächte bereit und zu finden sein. Was 1931/32 gegolten hatte, galt auch 1938/39. Deutschland als das Kernproblem Europas zu sehen, entsprach zudem in der Tat völlig Churchills Gedankenwelt. Dennoch brachte Beck an dieser Stelle damit etwas sehr deutlich zum Ausdruck, was er sonst in den Jahren 1934–1939 nach außen hin regelmäßig im Verborgenen hielt, so sehr, daß er schließlich in der Öffentlichkeit in den gefährlichen Ruf der Deutschfreundlichkeit geraten sollte. Beck konnte und wollte aber keine außenpolitische Mission angehen, die am Ende mit einem Beitritt zu einer deutsch-italienisch-polnischen „autoritär-faschistischen“ Kombination hätte enden können. Hier ließ er dies gegenüber Churchill erkennen.

Die Krönungsfeiern für den neuen englischen Monarchen Georg VI. gaben im Frühjahr 1938 sehr bald die Gelegenheit, diese Dinge zu vertiefen. Beck wurde vom eigentlich eingeladenen polnischen Staatsoberhaupt Mościcki als Polens Repräsentant bei diesen Feierlichkeiten nominiert und wurde Augenzeuge der letzten ganz großen Prachtentfaltung eines Weltreichs, das ein Jahr später den wahrhaft britischen Humor besitzen sollte, sich von Josef Becks Polen seine Existenz garantieren zu lassen. Fürs erste durfte Beck feststellen, wie ausgesucht höflich und hochrangig seine Delegation in London behandelt wurde, und er entnahm diesem Umstand die Bestätigung einer neuerdings von Polen erreichten „wichtigen Position“ in London.[369]

Diese Position sollte sehr schnell auf die Probe gestellt werden. Zunächst konnte die polnische Außenpolitik das Umfeld des „Anschlusses“ Österreichs an das Deutsche Reich noch dazu nutzen, um von Litauen mittels einer militärischen Drohung die Abtretung der Stadt Wilna zu erzwingen. Völkerrechtlich eigentlich in Litauen gelegen und von Litauen als Hauptstadt beansprucht, war sie seit langem von Polen besetzt und galt als wichtiger Teil der Republik, nicht nur, weil sie Pilsudskis Geburtsort war. Im späten Frühjahr 1938 sprach das diplomatische Europa danach bald von der Tschechoslowakei als dem wahrscheinlichen Ort der nächsten großen politischen Krise. Winston Churchill faßte dies Ende April 1938 auf seine spezielle Art in den Worten zusammen:

[369] Vgl. ebd., S. 126.

„Er würde 50:1 wetten, daß Deutschland in nächster Zeit die Tschechoslowakei nicht angreifen wird. Er würde es vorziehen, wenn die Tschechoslowakei einen Krieg hervorrufen würde.“[370]

Das führte Polen in ein Dilemma, denn die Existenz der Tschechoslowakei war der polnischen Führung und namentlich Pilsudski stets ein besonderer Dorn im Auge gewesen. Dort hatten die Nachkriegsregelungen mit der staatlichen Eigenständigkeit der Slowaken ein Novum geschaffen, dem man in Warschau keinerlei Stabilität zutraute. Seit Jahrhunderten hatte die Slowakei einen Teil Ungarns gebildet („Oberungarn“, wie man in Warschau hartnäckig sagte), und tatsächlich stand auch jetzt hinter der Idee der Westmächte, das Gebiet zur Tschechoslowakei zusammenzufassen, keineswegs der Respekt vor slowakischer Eigenständigkeit. Es wurde lediglich beabsichtigt, Ungarn dauerhaft zu schwächen und gleichzeitig dem neuen, tschechisch geführten Staat zu respektabler Größe und einer Landverbindung zu Rumänien und der damals noch bestehenden „Ukrainischen Volksrepublik“ zu verhelfen. Eben dies war unter dem historischen Leitstern der polnischen Außenpolitik eine Fehlentscheidung.

Aus polnischer Sicht hätte es vollkommen genügt, den deutschen Einfluß auf Ungarn durch die Zerschlagung Österreich-Ungarns zu liquidieren und das dann unabhängige Ungarn (unter Einschluß der Slowakei) in seiner alten Größe der polnischen Politik als wirklichen Partner an der Südgrenze zuzuführen. Ein Partner, der als Ordnungsmacht auf dem Balkan fungieren konnte und eine Brücke für den polnischen Einfluß darstellen würde. Die Gemeinsamkeit der adligen Traditionen Polens und Ungarns und ihre, besonders gegen Rußland häufig bewährte, Waffenbrüderschaft sprachen für diese Vision, und tatsächlich stieß das Fehlen einer Grenze zu Ungarn in Polen schon 1920 bitter auf, als die Tschechoslowakei während des Vorrückens der Roten Armee ungarische Waffenhilfe an Polen nicht zuließ.[371]

Unter diesen Umständen konnte man sich in Warschau nur schwer mit der Existenz der Tschechoslowakei anfreunden, insbesondere Marschall Pilsudski nicht, der am 12. Mai 1926 in einem unblutigen Staatsstreich wieder die Macht übernommen hatte und sich den erwähnten adligen Traditionen mehr und mehr verbunden fühlte.[372]

---

370 Tschechoslowakischer Bericht über Äußerungen Winston Churchills vom 21. April 1938, übermittelt von dessen Kontaktperson nach Prag, Sheila Grant Duff. Zit. n. Kral, Abkommen, S. 117.

371 Vgl. Roos, Polen und Europa, S. 19.

372 Vgl. Beck, Final Report, S. 9.

Die gemeinsame polnisch-ungarische Grenze blieb ein Projekt der polnischen Politik, aber seine Realisierung wurde erst in den unruhigen dreißiger Jahren praktisch angegangen, als Außenminister Beck im Windschatten der sich abzeichnenden territorialen Neuordnung Mitteleuropas auf die baldige Auflösung der „europäischen Unmöglichkeit" Tschechoslowakei hoffen konnte.[373] Im späten Frühjahr 1938 deutete sich wie gesagt an, daß es zu einer Umwälzung kommen könnte. Ob dies zum Krieg führte oder nicht, konnte noch niemand wissen. Auf welcher Seite Polen im Kriegsfall stehen würde, war intern weiterhin ebenso klar, wie es nach außen aufs neue verdeckt werden sollte.

Im Frieden mit, im Krieg gegen Hitler

„Beck zog zu Recht die Schlußfolgerung, daß in London und nicht in Paris die Politik gemacht werde, und legte sich daher bis zur Entscheidung in London nicht auf eine deutschfeindliche Richtung fest."
Krzysztof Nienaski (Frühjahr 1941)[374]

„Im übrigen führen die polnischen Herren vor den anderen Ausländern mehr noch als bisher kriegslustige Reden und versuchen, Vertrauen in den polnischen Widerstandwillen zu wecken. Dabei fallen Redensarten wie die, daß man in Warschau durchaus damit rechne, daß die Deutschen unter großen Opfern zunächst ihr Land nach einer gewissen Zeit würden erobern können, daß man aber davon überzeugt sei, letzten Endes mit Hilfe der Westmächte doch den Krieg gewinnen zu können."
Bericht der Dienststelle Ribbentrop (August 1939)[375]

Im Frühjahr 1938 begann die polnische Presse eine Kampagne gegen die Tschechoslowakei zu führen. Da man in Diplomatenkreisen wohl zu Recht davon ausging, daß dies nicht ohne Rückendeckung oder Initiative der polnischen Regierung möglich sei, fiel die internationale Aufregung beachtlich aus. Die französischen und britischen Botschafter in Warschau sprachen sich untereinander ab, um eine gemeinsame diplomatische Aktion dagegen zu unternehmen, wenn das so weitergehe.[376]

[373] So Beck zu dem österreichischen Außenminister Schmidt, ADAP, I, Nr. 220.

[374] Zit. n. Nienaski, Mackiewicz, S. 11.

[375] PA AA 27092, Bl. 29565 f., Bericht vom 18. August 1939.

[376] Vgl. Kral, Abkommen, S. 129, Bericht des Pariser Gesandten Osusky an Prag vom 16. Mai 1938.

Am 16. Mai rief Frankreichs Außenminister Georges Bonnet den polnischen Botschafter Lukasiewicz zu sich, um ihm zu erklären, daß Frankreich die polnische Politik nicht „verstehen" würde. Man habe den Eindruck, die polnische Politik sei gegen die französischen Verpflichtungen in der Tschechoslowakei gerichtet. Nun hatte Frankreich nicht nur Verpflichtungen gegenüber Prag, sondern auch gegenüber Warschau. Damit Lukasiewicz deshalb auch wirklich den Ernst der Lage begriff, erklärte ihm Bonnet ausdrücklich, wenn die Tschechoslowakei einem deutschen Angriff unterliegen würde, werde Frankreich seine vertraglichen Verpflichtungen gegenüber Polen nicht mehr erfüllen können.[377] Und zur Verstärkung des Eindrucks dieser faktisch drohenden Kündigung des polnisch-französischen Vertrags schickte Bonnet den polnischen Botschafter gleich nach Hause, also nach Warschau zur Berichterstattung über diese Äußerung. Diese Aktion hatte man zuvor mit Großbritannien abgesprochen, und so sprach zur gleichen Zeit auch Botschafter Howard Kennard in Warschau mit der wortgleichen Formulierung vor, „daß England die polnische Politik nicht verstehe".[378] Viel stärker konnte man im diplomatischen Verkehr kaum formulieren.

Diesen unverblümten Aufforderungen zum Beitritt zu einer von London und Paris aus organisierten „antirevisionistischen" Front stand als Gegenleistung für Polen aber nicht mehr als der Status quo gegenüber. Das war das alte Thema und für die Beck'sche Außenpolitik völlig unannehmbar. Die Tschechoslowakei hatte in dieser Denkschule nun einmal keine Existenzberechtigung, und die Aufgabe der polnischen Außenpolitik bestand aus dieser Sicht in keinem Fall darin, den unerwünschten Status quo zu stabilisieren. Sich nun ohne weitere Zugewinne zur Stützung dieser staatlichen Konstruktion bereit zu finden, stand aus Becks Sicht nicht zur Debatte. Daran war eigentlich gar nichts unverständlich, wenn die westliche Diplomatie imstande gewesen wäre, sich in die Gegebenheiten vor Ort und die Interessen anderer Staaten einzufühlen.[379] Gegenüber dem italienischen Vertreter in Warschau wurde Beck in dieser Sache deutlich. Auch dies sprach sich schnell nach Prag und

377 Diesen Schritt teilte man auch dem tschechischen Außenministerium mit. Vgl. Kral, Abkommen, S. 128, Bericht des Pariser Gesandten Osusky an Prag vom 16. Mai 1938.

378 Vgl. Kral, Abkommen, S. 129, Bericht des Pariser Gesandten Osusky an Prag vom 16. Mai 1938.

379 In Prag empfand man die polnische Haltung als derart bedrohend, daß der Oberbefehlshaber der Streitkräfte dem Präsidenten zu Gebietsabtretungen an Polen riet, um wenigstens die „wohlwollende Neutralität" Polens sicherzustellen. Vgl. Kral, Abkommen, S. 254, Schreiben Krejči an Benesch vom 25. September 1938.

wohl auch ins westliche Ausland herum, denn die italienische Diplomatie in Gestalt des Prager Gesandten Domenico de Facendis trug es treuherzig zum tschechischen Außenminister Kamil Krofta weiter. Es sei ein von „Polen, Italien und Ungarn vorbereitetes Komplott" im Gang.

> *„Beck rechne bestimmt mit einem Zerfall der Tschechoslowakei. Er habe dem italienischen Botschafter gesagt, die polnische Minderheitenfrage sei ihm eher ein Vorwand als ein Grund für sein Vorgehen gegen die Tschechoslowakei. Er wolle kein Schiedsgericht annehmen, und selbst wenn es in befriedigender Weise durchgeführt sein sollte, würde er etwas anderes erfinden. Weil sich die Tschechoslowakei nicht gegen Deutschland halten werde, sei es nötig, einen Damm gegen Deutschland durch die Rückgabe der Slowakei an Ungarn zu schaffen."*[380]

In Warschau betrachtete man die Tschechoslowakei als grundsätzliche Fehlkonstruktion, was sie in der 1938 existierenden Form als tschechisch dominierter Vielvölkerstaat auch war. Jede Reform und jede gewaltsame Auseinandersetzung würde sie wahrscheinlich zerstören und das langjährige Ziel einer gemeinsamen polnisch-ungarischen Grenze erreichbar werden lassen. Für diese Vorstellungen konnte Beck in der Tat die Zustimmung Italiens gewinnen.[381] Ganz im Geist dieser Haltung kam der von Bonnet nach Warschau geschickte Lukasiewicz nach fünf Tagen mit der deutlichen Antwort zurück: Polen würde nur für den Fall des allgemeinen und großen Krieges an der Seite der Westmächte zu finden sein. Bei einem deutschen Angriff auf die Tschechoslowakei würde man neutral bleiben.[382] Am 26. Mai ergänzte Lukasiewicz dann verschiedene Punkte und teilte Bonnet im weiteren mit:

> *„1) daß nach Ansicht der polnischen Regierung die Gefahr eines Angriffs auf die Tschechoslowakei nicht aktuell sei und daß daher die Dinge ruhig erwogen werden können;*
> *2)* daß die Entfesselung eines breiteren Konfliktes eine neue Lage schaffen würde, welche Polen überprüfen und hierbei sein Verhalten beschließen würde.*"*[383]

[380] Aufzeichnung Kroftas über ein Gespräch mit Facendis am 30. Juli 1938, hier zit. n. Kral, Abkommen, S. 169. Die Formel vom nötigen „Damm gegen Deutschland" ließ Beck auch Botschafter Grzybowski in Moskau erklären. Vgl. Kral, Abkommen, S. 188, 8. Juli 1938.

[381] Vgl. Kral, Abkommen, S. 249, Meldung der tschechischen Botschaft in Rom über die zugesagte Unterstützung Italiens für eine polnisch-ungarische Grenze vom 22. September 1938.

[382] Vgl. Kral, Abkommen, S. 187.

[383] Zit. n. ebd., Hervorhebung im Original.

Später bemühte sich Bonnet in seinen phasenweise mit der Wahrheit recht freimütig umgehenden Memoiren, dies alles zu verwischen. Er behauptete, von Lukasiewicz lediglich erfahren zu haben, „daß Polen sich im Fall eines deutschen Angriffs auf die Tschechoslowakei nicht rühren werde".[384] Dies hatte Lukasiewicz natürlich nicht gesagt, denn es entsprach in keiner Weise der polnischen Politik dieser Zeit. Es entsprach allerdings der innerfranzösischen Nachkriegsdebatte, in der schon seit dem Juni 1940 nach Schuldigen für die Niederlage gesucht wurde, die je nach Bedarf in verschiedenen Ländern oder an verschiedenen Stellen der Französischen Republik zu finden waren. Die polnische Politik der Ära Beck kam dabei mit Regelmäßigkeit mit auf die Anklagebank.

An einem breiten Konflikt des Jahres 1938 hätte sich die Republik Polen also in Wahrheit beteiligt, wenn er gegen Deutschland gerichtet gewesen wäre. In Warschau wollte man sich von den Westmächten nicht mit öffentlichen Erklärungen vorschicken lassen. Ausdrücklich wies Lukasiewicz bei der gleichen Gelegenheit den Vorschlag zurück, Polen könnte in Berlin im gleichen Sinn wie Frankreich und England vorstellig werden, „weil Polen durch eine solche Demarche ipso facto unilateral eine wichtige Pflicht übernommen hätte, an welche es im Vertrag mit Frankreich nicht gebunden ist".[385] Frankreich mußte also letztlich den Konflikt liefern oder klar erklären, für einen solchen bereit zu sein. Paris sollte selbst dafür in Vorleistung treten, dann war man in Warschau bereit mitzuziehen. Damit man das in Paris auch verstanden hatte, wiederholte Lukasiewicz es später noch einmal. Man werde in jedem Konflikt über die Tschechoslowakei neutral bleiben, sie also auch nicht attackieren, aber „Polen (wäre bereit), wenn Frankreich der Tschechoslowakei zu Hilfe käme, mit Frankreich die ganze Angelegenheit neuerdings zu prüfen".[386]

In diesem Sinn erläuterte Beck seine Politik auch gegenüber seinen Regierungskollegen. Er arbeitete seit Jahren daran, die Alliierten auf die polnische Seite zu bringen. Jetzt konnte er im Sommer 1938 in Warschau davon sprechen, sich „innerhalb von 24 Stunden auf die Seite der Alliierten" schlagen zu können – wenn diese sich handlungsfähig gezeigt hatten.[387] Allerdings wollte er dafür von den Westmächten zudem einen Preis haben, in Form von Land und

[384] Vgl. Bonnet, Katastrophe, S. 43.

[385] Vgl. Kral, Abkommen, S. 187.

[386] Vgl. Kral, Abkommen, S. 187 f., nicht genau datierte Äußerung, der Chronologie der Aufzeichnung nach etwa aus dem Juni 1938.

[387] Vgl. Roos, Polen, S. 347.

Rechten. Da zugleich noch nicht sicher war, ob sich London und Paris wirklich militärisch gegen Deutschland wenden würden, wollte Beck aber auch von einem möglichen weiteren deutschen Zugewinn profitieren. Im Frieden also mit Hitler, im Krieg gegen ihn, so erläuterte Beck seine Politik auf zwei Konferenzen im Warschauer Schloß. Die Tschechen würden nicht auf eigene Faust kämpfen, und die Westmächte seien derzeit moralisch und militärisch nicht bereit. Daher müsse Polen vorsichtig an der Seite Deutschlands operieren, aber:

> *„Zu diesen Ausführungen im königlichen Schloß fügte ich immer kategorisch hinzu: (1) Wir dürfen und wir können nicht die ersten sein, die gegen die Tschechoslowakei auftreten, und (2) sollten meine Annahmen nicht zutreffen, muß die Politik Polens sich innerhalb von 24 Stunden ändern, denn für den Fall eines wirklichen europäischen Krieges mit Deutschland dürfen wir nicht einmal indirekt an der Seite Deutschlands zu finden sein.“*[388]

Auf daß diese Haltung im Westen endlich verstanden wurde, erläuterte Beck sie im Juni 1938 persönlich – und fast wortgleich – dem US-Botschafter in Warschau Anthony Drexel Biddle.[389]

Doch noch bestand die Aussicht, daß der Westen sich anders entschied. Beck beabsichtigte für diesen Fall wie angekündigt „mit Hitler“ zu gehen und so der Republik Polen dadurch ebenfalls ein Stück Tschechoslowakei zu sichern. Dazu mußten die Deutschen von den polnischen Ambitionen in Kenntnis gesetzt werden. Am 15. September 1938 meldete sich der polnische Botschafter in Berlin Lipski telefonisch beim deutschen Staatssekretär Ernst von Weizsäcker, um ihm im Auftrag von Außenminister Beck zu sagen, daß Polen im Fall eines Plebiszits in der Sudetenfrage „ganz kategorisch eine entsprechende Behandlung des Teschener Gebiets fordere“. Dieses lag im polnisch-tschechisch-deutschen Grenzgebiet und konnte als wirtschaftlich wie verkehrstechnisch wertvoll gelten. Weizsäcker nahm nur Kenntnis von dieser Forderung und verwies darauf, die

[388] Vgl. Beck, Report, S. 157, als Zeitpunkt der Konferenz gibt Beck einen Tag kurz nach der Mai-Krise 1938 an, als die tschechische Regierung mit erfundenen Behauptungen über deutsche Mobilmachungen einen internationalen Skandal provoziert hatte.

[389] Biddle zitierte das so: „Polen sei bereit, seine politische Taktik binnen vierundzwanzig Stunden zu ändern, wenn die Westmächte bereit wären, der Tschechoslowakei zu helfen.“ Vgl. Biddle, Papers, S. 200. Dies wird auch von Marek Kornat angeführt, der daraus ableitet, Beck habe gewußt, daß „Polen im Fall eines Krieges nicht im Lager Hitlers kämpfen könne“. Daran ist wohl so viel richtig, daß Beck ebenso wie Pilsudski sowohl den Krieg wie eine schließliche deutsche Niederlage für höchstwahrscheinlich hielten und entsprechend kalkulierte. Vgl. Kornat, Polen, S. 174.

polnische Regierung möchte sich nach London wenden, was Lipski auch zusagte.[390]

Am 22. September übergab die polnische Regierung schließlich in Prag eine entsprechende Note und veröffentlichte ein Kommuniqué, das vom „tschechischen Überfall auf das polnische Gebiet in Schlesisch-Teschen" sprach, der durch die Entscheidung der Botschafter-Konferenz vom 28. Juli 1920 legalisiert worden sei. Man sprach vom tschechischen Vertragsbruch, von der fehlenden Berücksichtigung der polnischen Rechte bei den englisch-französischen Verhandlungen vom 18. September 1938 und davon, daß alle Staaten zusammenarbeiten sollten, „welche in diesem Teil Europas seit Jahrhunderten begründete Rechte und Aufgaben besitzen".[391]

Am 28. September überholte Polen dann zeitlich sogar die deutschen Forderungen gegenüber der Tschechoslowakei. Der polnische Gesandte forderte ultimativ die sofortige Übergabe des Teschener Gebietes und drohte andernfalls mit militärischem Angriff, „sonst halte es die polnische Öffentlichkeit nicht aus". Der tschechische Präsident Benesch gab nach und sagte die Abtretung zu, bat aber um eine Frist von wenigen Tagen, weil sich sonst die Deutschen ein Beispiel am polnischen Vorgehen nehmen könnten.[392]

Im Zusammenhang mit dem Vormarsch in Teschen erreichte die polnische Regierung auch zum ersten Mal ein ganz eigenes Ziel. Der polnische Botschaftsrat Stefan Lubomirski sprach mit dem Unterstaatssekretär im Auswärtigen Amt Ernst Woermann über die Grenzziehung, da es Differenzen zwischen den deutschen und den polnischen Auffassungen gab. Lubomirski erklärte schlankweg, „daß sachlich eine Meinungsverschiedenheit hierüber nicht bestehen könne, da ja die Oder die Grenze bilde, so daß alles, was östlich der Oder liege, zur polnischen Sphäre gehöre".[393] Davon hatten weder Woermann noch andere deutsche Stellen je etwas gehört, und er nahm „sachlich keine Stellung".

Da war er nun laut formuliert, der polnische Anspruch auf die Odergrenze, der sich bald zügig den Fluß entlang Richtung Norden weiterentwickeln sollte. Als zwei Tage später polnische Truppen im Teschener Gebiet ankamen, wurden als eine der ersten Maßnahmen die Gemeindeschulen mit deutscher Unterrichtssprache aufgelöst

[390] Vgl. PA AA R 28881, Bl. 78584, Notiz Weizsäckers vom 17. September 1938.

[391] Vgl. ebd., Bl. 78602 ff.

[392] Vgl. Kral, Abkommen, S. 267, Nachricht von Krofta an die tschechische Botschaft in Warschau vom 28. September 1938.

[393] Vgl. PA AA R 28881, Bl. 78618 f., Aufzeichnung Woermann vom 3. Oktober 1938.

und sämtliche deutschen Aufschriften entfernt.[394] Dies waren Vorzeichen eines grundsätzlichen Konflikts.[395] Mit der Antwort tat sich das deutsche Auswärtige Amt schwer. Am 4. Oktober notierte von Weizsäcker für Außenminister von Ribbentrop in dieser Sache, konkret der Stadt Oderberg, daß „unsere Ansprüche noch heute bei den Polen geltend zu machen seien". Es bestünden keine Absprachen, auch mit Göring nicht, der ihm das bestätigt habe.[396] Von Woermann am gleichen Tag darauf angesprochen, tat Lipski höchst erstaunt, berief sich wie vorhergesehen auf Hermann Göring und sogar auf von Weizsäkker selbst und kündigte an, den von Woermann erhobenen Protest nicht nach Warschau weiterleiten zu wollen, nicht einmal eine Nachricht über das Gespräch als solches.[397] Ribbentrop wollte hier nichts entscheiden und entschloß sich, die Angelegenheit Hitler selbst vorzulegen,[398] der noch am gleichen Tag wissen ließ, „er wolle mit den Polen nicht um jede einzelne Stadt feilschen, sondern ihnen gegenüber großzügig sein, die in ihren Forderungen bescheiden wären".[399]

Damit setzte er sich auch über eine Anregung aus der englischen Botschaft vom 1. Oktober 1938 hinweg, die deutsche Regierung solle ihren Einfluß nutzen, um Polen von der angekündigten Invasion in die Tschechei abzuhalten. Ein solcher polnischer Schritt würde angeblich dem „Geist des in München erreichten Abkommens" widersprechen – von dem Polen allerdings ausgeschlossen worden war.[400] Es war noch nichts geregelt, in der Tschechoslowakei nicht, im deutsch-polnischen Verhältnis nicht und unter den großen Vier Europas auch nicht. Damit waren allerdings auch weiterhin alle Chancen gegeben, wie Beck und Polen von der weiteren Entwicklung profitieren konnten. Gegenüber dem Danziger Völkerbundkommissar Carl

---

[394] Vgl. PA AA R 28881, Bl. 78643, Mitteilung der Volksdeutschen Mittelstelle vom 5.10.38 bzw. PA AA R 28881, Bl. 78648, Gesprächsaufzeichnung der Mittelstelle vom 6.10.38 und vgl. PA AA R 28881, Bl. 78694–78699, detaillierter Brief der Volksdeutschen Mittelstelle an Ribbentrop, der dem Minister auch vorgelegen hat, vom 5. November 1938.

[395] Es folgten Entlassungen und Enteignungen, wie sie bereits seit zwanzig Jahren in den früher zum Deutschen Reich gehörenden Gebieten der Republik Polen üblich waren. Der deutsche Konsul vor Ort berichtete im Sommer 1939, daß es in Teschen wohl bis zum Herbst überhaupt keine deutschen Beschäftigten mehr geben würde. Wer in das Deutsche Reich ausreisen wollte, mußte schriftlich versprechen, nicht mehr zurückzukehren. Vgl. Blanke, Orphans, S. 217.

[396] Vgl. PA AA R 28881, Bl. 78620, Aufzeichnung Weizsäcker vom 4.10.38.

[397] Vgl. ebd., Bl. 78635 ff., Aufzeichnung Woermann vom 4.10.38.

[398] Vgl. ebd., Bl. 78639.

[399] Vgl. ebd., Bl. 78645, Notiz Hewel für Kordt vom 5.10.38.

[400] Vgl. ebd., Bl. 78627, Nachricht der Botschaft vom 1.10.1938.

Jacob Burckhardt gab Polens Außenminister seine Strategie an einem lauen Sommertag des Jahres 1938 zu erkennen:

> *„Die Polen warten in scheinbarer Ruhe. Beck, während unserer nächtlichen Fahrt, hat mich etwas in seine Pläne eingeweiht. Weiterhin spielt er sein doppeltes Spiel. Es ist kein deutsches Spiel, wie manche Franzosen und die polnische Opposition glauben. Es ist ein Spiel, bei welchem man für Polen auf den höchsten Gewinn hofft, einen Gewinn, der sich ergeben soll aus einer schließlichen und unvermeidlichen deutschen Katastrophe. Aus diesem Grunde treibt man die Deutschen in ihre Fehlleistungen hinein, und in Danzig läßt man mit Vergnügen die Extremisten triumphieren, während man gleichzeitig immer wieder das Festhalten an den äußeren Formen der Verträge betont. Eines Tages wird man dann die Rechnung präsentieren und Zinsen und Zinseszinsen einfordern. Schon jetzt, indem man in dieser Weise mit den Nationalsozialisten kollaboriert, ist es gelungen, im ganzen Westen, in Frankreich, England und Amerika eine solidarische Abneigung gegen jede Revision der Verträge zu schaffen.*
>
> *Das war 1932 ganz anders. Damals hat mehrheitlich die westliche Meinung in den großen Demokratien sich für die deutschen Minoritäten eingesetzt. Man regte sich über schlecht gezogene Grenzen auf, über isolierte Provinzen. Dank den exzessiven Methoden des Nazismus ist das alles beendet, und jetzt hofft man im Stillen in Warschau nicht nur auf die bedingungslose Integration Danzigs in den polnischen Staatsbereich, sondern auf viel mehr, auf ganz Ostpreußen, auf Schlesien, ja auf Pommern. Im Jahre 1933 noch sprach man in Warschau vom polnischen Pommerellen, aber jetzt sagt man ‚unser Pommern'. Beck macht eine rein polnische Politik, eine letzten Endes antideutsche Politik, eine nur scheinbar polnisch-deutsche Entspannungspolitik seit der Besetzung des Rheinlandes und der französischen Passivität bei Anlaß dieses Vorganges. Aber man bemüht sich, die Deutschen ganz methodisch in ihren Fehlern zu bestärken."*[401]

Mit dieser Methode hatte Beck nach Burckhardts Einschätzung seinen Teil dazu beigetragen, Deutschlands NS-Regierung bis zum Sommer 1938 im Westen erfolgreich als Feindbild zu etablieren. Jedenfalls konnte er in diesem Sommer bereits erste Schritte in Richtung eines westlichen Bündnisses unternehmen. Nach jahrelangem Zögern bewegte sich die britische Politik in diese Richtung. Zu diesem Zweck unternahm Duff Cooper, damals Erster Lord der Admiralität und einer der schärfsten Verfechter eines antideutschen Kurses britischer

[401] Burckhardt, Mission, S. 156 f.

Politik, eine Ostseereise. Am 8. August traf er in Gdingen mit Beck zusammen. An diesen Tagen und in diesen Gesprächen begann die englisch-polnische Allianz Gestalt anzunehmen. Darauf wies der Londoner Botschafter der Republik Polen, Edward Raczynski, nach dem Krieg hin, und niemand anderer als der damalige englische Außenminister Halifax stimmte ihm im Vorwort zu.[402]

Die vordergründige deutsch-polnische Zusammenarbeit gegen die Tschechoslowakei änderte deshalb an der grundsätzlichen Haltung Polens und seiner außenpolitischen Leitung nichts. Als die Berliner Regierung im Oktober 1938 versuchte, Polen mit dem Abschluß eines längerfristigen Vertrages als Bündnispartner zu gewinnen und als Preis unter anderem die von allen deutschen Regierungen seit 1919 verweigerte Anerkennung der gegenwärtigen deutsch-polnischen Grenze anbot, lehnte man in Warschau ab. Man schrieb den 24. Oktober 1938, als diese deutschen Vorstellungen an die polnische Regierung herangetragen wurden. Aus Berliner Sicht sollte das deutsch-polnische Verhältnis eine neue Grundlage erhalten und sich analog zum deutsch-italienischen entwickeln. Um dies zu erreichen, brachte Außenminister von Ribbentrop gegenüber Botschafter Lipski acht Punkte ins Gespräch:

1. *Eingliederung Danzigs ins Deutsche Reich*
2. *Einrichtung einer exterritorialen Straßen- und Eisenbahnverbindung zwischen Deutschland und Ostpreußen*
3. *Einrichtung einer ebensolchen Verbindung und eines Freihafens für Polen im Danziger Gebiet*
4. *Deutsche Absatzgarantie für polnische Waren im Danziger Gebiet*
5. *Die beiden Nationen anerkennen ihre gemeinsamen Grenzen (Garantie) oder die beiderseitigen Territorien.*
6. *Der deutsch-polnische Vertrag von 1934 wird auf 25 Jahre verlängert.*
7. *Polen tritt dem Antikomintern-Pakt bei.*
8. *Die beiden Staaten fügen ihrem Vertrag eine Konsultationsklausel bei.*[403]

Diese später häufig diskutierten Punkte waren nicht durchweg neu. Mehr als drei Jahre vorher hatte Lipski etwa den Gedanken einer dauerhaften Beendigung der Korridor-Problematik mit Hilfe einer „besonderen" Verkehrsverbindung durch Pommerellen-Westpreußen bereits vom deutschen Staatschef präsentiert bekommen. Das war am 23. Mai 1935, wenige Tage nach dem Tod Pilsudskis und der Unter-

[402] Vgl. Raczynski, Alliance, passim.

[403] ADAP, Serie D, Bd. 5, Dok. 81, S. 87 f.

zeichnung des französisch-sowjetischen Pakts.[404] Sollte etwas Derartiges zustande kommen, würde man in Deutschland den Korridor irgendwann „vergessen", hieß es damals. Über die Verbindung dieser beiden Punkte konnte man sich in Polen demnach bereits längerfristig Gedanken gemacht haben. Insgesamt zielten diese deutschen Vorstellungen darauf ab, die seit 1919 strittige Frage der Grenzziehung durch die bisher von allen deutschen Regierungen verweigerte bilaterale Anerkennung des bestehenden Zustands zu lösen und Polen über den Beitritt zum Antikominternpakt in das völkerrechtlich nur vage bestehende deutsch-italienisch-japanische Lager einzuladen. Das wäre allerdings das damals sprichwörtliche Lager der „Habenichtse" gewesen, jener autoritär-faschistischen Staaten, die seit den frühen 1930er Jahren die Herrschaftsverhältnisse in verschiedenen Regionen der Welt in Frage stellten.

Die Republik Polen wäre unter vielen Aspekten ihrer eigenen Ziele und inneren Verhältnisse in diesem Lager eine kompatible Erscheinung gewesen. Das galt umso mehr, als dort mit Italien und Japan zwei Länder zu finden waren, die ebenso wie Polen ihre Politik eigentlich traditionell in Richtung Westen ausgerichtet hatten. Anders als sie hielt die Republik jedoch an diesem Kurs fest, wenn das auch noch nicht überall erkennbar war. Das polnische Imperium sollte, wenn es denn gebaut wurde, *mit* dem Westen gebaut werden, nicht *gegen* ihn.

Botschafter Lipski scheint im Oktober 1938 jedenfalls von dieser deutschen Gesprächsführung überrascht gewesen zu sein. Ein derart weitreichendes Paket war im Vorfeld des Gesprächs nicht angekündigt worden. Lipski hatte selbst um die Unterredung gebeten, um einen Deutschlandaufenthalt von Josef Beck vorzubereiten und eine deutsche Erklärung über die Erhaltung des territorialen Status quo in Danzig und dem Korridor vorzuschlagen. Dies hätte die Verhältnisse im gegenwärtigen Zustand belassen und die Warschauer Politik des Wartens auf Gelegenheiten verlängert. Statt dessen wollte man in Berlin nun offenbar eine Entscheidung über den künftigen polnischen Kurs.

Formal gesehen konnte das Angebot durchaus als Kompromiß bezeichnet werden. Die früher von polnischen Regierungen so oft geforderte bilaterale Anerkennung des gegenwärtigen Grenzverlaufs durch eine deutsche Regierung stellte beispielsweise ein echtes Zugeständnis dar. Im deutschen Auswärtigen Amt träumten die

[404] Vgl. Polnisches Weißbuch, Dok. 19.

Konservativen immer noch von einer deutlichen Reduzierung von Polens Größe. Der polnischen Regierung schien die Anerkennung des Status quo durch Deutschland nun jedoch nicht mehr genug oder zeitgemäß zu sein. Eine Aufforderung zum gemeinsamen Angriff auf die UdSSR, wie später oft kolportiert wurde, war mit diesem Angebot aus Berlin nicht verbunden gewesen.[405] Allerdings enthielt es Anregungen für die weitere Zusammenarbeit und die gegenseitige Abgrenzung. Die deutsche Regierung stellte sich unter anderem einen polnischen Beitritt zum Antikominternpakt vor, jener eigentümlichen Konstruktion, bei der man im deutschen Auswärtigen Amt mit Hilfe des gemeinsamen antikommunistischen Konsenses der autoritären Staaten Japan und Italien ein heimliches Bündnis gegen Großbritannien zustande bringen wollte.[406] Darin wäre Polen aus deutscher Sicht ein wertvoller Partner geworden. Einen weiteren, wichtigen Punkt stellte der deutsche Wunsch nach einem Anschluß Danzigs dar. Das entsprach den damals aktuellen Bevölkerungsverhältnissen der Stadt, war aber ein kaum vermittelbarer Schritt in der polnischen Innenpolitik, in der sich die Ansicht verbreitet hatte, die „aktuellen Bevölkerungsverhältnisse" seien ohnehin nur die Folge von Teilungsverbrechen und jahrhundertelangem deutschen Betrug.

Insgesamt führte dies die Beck'sche Außenpolitik in eine schwierige Situation. Den polnisch-deutschen Nichtangriffsvertrag vom 26. Januar 1934 hatte Beck geschlossen, um gegenüber dem Westen die polnische außenpolitische Souveränität zu demonstrieren. Polen als Großmacht, als die entscheidende staatliche Größe in Ostmitteleuropa zu etablieren, dies war das Ziel dieser gewagten Operation. Eine dauerhafte Verbindung mit Deutschland war nicht vorgesehen gewesen und hätte faktisch eine Änderung der letztlich auf den Westen zielenden polnischen Staatsräson verlangt. Das stand für Beck und die übrigen Regierungsmitglieder nicht zur Debatte. Es galt, die bisherige Politik weiterzuführen und zu warten, bis der Westen energisch gegen Deutschland auftrat und man ihm dann folgen konnte. Dazu mußten zwei Dinge geschehen: Es durfte 1. kein schroffes Nein gegenüber Deutschland ge-

[405] Dies stellt auch Marek Kornat ausdrücklich fest, obwohl auch er an der Legende festhält, ein Krieg gegen Rußland sei die Krone in Hitlers Planungen gewesen. Vgl. Kornat, Polen, S. 174.

[406] Außenminister Ribbentrops Mitarbeiter Hermann Raumer hat dieses Konzept in einem maschinenschriftlichen Manuskript von 106 Seiten dargestellt, aus dem die ältere Literatur wie Theo Sommers Studie über „Deutschland und Japan zwischen den Mächten" noch zitiert hat, das aber offenbar nicht erhalten ist. Vgl. Sommer, Pakte, S. 27, bzw. Auskunft Theo Sommers gegenüber dem Verfasser.

ben und 2. im Westen nicht die Idee populär werden, mit einem weiteren „München" gegenüber der aktuell wenig beliebten Republik Polen sei die europäische Krise vielleicht endgültig zu entschärfen.

Zunächst zog Josef Beck also die Verhandlungen in die Länge, ohne gegenüber Deutschland richtig nein zu sagen und ohne bei den europäischen Westmächten etwas über diese deutschen Wünsche verlauten zu lassen. Den frühesten Hinweis auf ein Mitwissen im westlichen Ausland und zugleich auf die scharfe polnische Reaktion zitiert Carl Jacob Burckhardt und datiert ihn auf Anfang Dezember 1938.

> *„Am 2. Dezember 1938 hatte mich der amerikanische Botschafter in Warschau, Tony Biddle, besucht. Er erklärte mir mit merkwürdiger Genugtuung, die Polen seien bereit, wegen Danzig Krieg zu führen. Der motorisierten Kraft der deutschen Armee würden sie mit Wendigkeit begegnen. ‚Im April', so erklärte er, ‚wird die neue Krise ausbrechen. Niemals seit der Torpedierung der ‚Lusitania' bestand in Amerika ein solcher Haß gegen Deutschland wie heute. Chamberlain und Daladier würden von der öffentlichen Meinung weggeblasen werden. Es handelt sich um einen heiligen Krieg'."*[407]

Auch wenn man die merkwürdige Prophezeiung über eine Krise im April 1939 unberücksichtigt läßt, sind hier mindestens drei Elemente nachweislich zutreffend angesprochen. Neben der „wendigen" Taktik der polnischen Armee sind dies: Danzig wird als aktueller polnisch-deutscher Kriegsgrund ins Gespräch gebracht, wofür es sonst im Spätjahr 1938 nach außen hin kein Anzeichen gab. Das konnte Biddle eigentlich nur aus Hintergrundgesprächen erfahren haben, in denen ihm aus dem polnischen Außenministerium mehr Informationen zuteil wurden als den Kollegen aus Frankreich oder Großbritannien. Zudem konnten die inneramerikanischen mentalen Vorbereitungen für einen Krieg gegen Deutschland in der Tat als abgeschlossen gelten. Es konnte somit den Anschein haben, als sei man wenigstens in den USA endlich bereit, die Voraussetzungen zu erfüllen, die Josef Beck gegenüber Biddle im Sommer noch für eine mögliche polnische Wende gegen Deutschland innerhalb von vierundzwanzig Stunden genannt hatte. Der Westen mußte seinerseits gegen Deutschland auftreten, und das schien er nun zu tun, auch wenn die Regierungschefs Frankreichs und Englands sich noch sträubten.

---

[407] Burckhardt, Mission, S. 225.

Ein sichtlich beeindruckter Jerzy Potocki[408], Polens Botschafter vor Ort in Washington, berichtete schon seit einem Jahr über die wachsende Kriegsentschlossenheit der USA gegen Deutschland. Seine Berichte um die Jahreswende 1938/39 waren in bezug auf diese Angelegenheit dann derart antisemitisch gehalten, daß man sie für eine Erfindung der deutschen Propaganda halten könnte, die sie später nach deren Erbeutung in Warschau ja auch für ihre Zwecke verwendet hat. Potocki bestätigte darin mehrfach ausdrücklich die Vorurteile der NS-Führung über das Zustandekommen der außenpolitischen Entscheidungen in Washington und den Einfluß jüdischer Gruppen und Personen darauf.

> *„Die amerikanische Öffentlichkeit ist einer ständigen alarmierenden Propaganda ausgesetzt, welche unter jüdischem Einfluß steht und andauernd das Gespenst der Kriegsgefahr heraufbeschwört; auf diese Weise haben sich im Vergleich mit dem vorigen Jahre die Amerikaner in ihrer Haltung zu den Problemen der Außenpolitik stark gewandelt."*[409]

Potocki behauptete mehr oder weniger, daß die amerikanische Öffentlichkeit in weitem Umfang in jüdischer Hand sei, und versuchte, das in diesem Bericht mit Umfrageergebnissen zu belegen. Drei Tage später ging er in einem weiteren Bericht nach Warschau erneut auf das Thema ein, spottete über die laufende Kampagne gegen Deutschland und die „totalitären Staaten", weil die Sowjetunion aus dieser Kampagne völlig ausgeschlossen sei und dem Publikum als zum demokratischen Lager gehörend dargestellt werde.[410] Es werde gezielt eine Kriegspsychose geschürt. Allerdings hielt er Ursache und Wirkung deutlich und korrekt auseinander. Es sei die deutsche antisemitische Politik, die ihrerseits immer wieder für Radikalisierung sorge.

> *„Ferner sind es das brutale Vorgehen gegen die Juden in Deutschland und das Emigrantenproblem, die den herrschenden Haß immer neu schüren gegen alles, was mit dem Nationalsozialismus zusammenhängt. An dieser Aktion haben die einzelnen jüdischen Intellektuellen teilgenommen, z.B. Bernard Baruch, der Gouverneur des Staates New York,* [Herbert] *Lehmann, der neuernannte Richter des obersten Gerichts, Felix Frankfurter, der Schatzsekretär Henry Morgenthau und*

[408] Jerzy Potocki (1889–1961), poln. Militär und Politiker, 1936–1940 Botschafter in Washington, nach 1945 im Schweizer Exil lebend.

[409] Bericht von Potocki an den polnischen Außenminister vom 9. Januar 1939, zit. n. AA, Roosevelts Weg, S. 59 f.

[410] Bericht von Potocki an den polnischen Außenminister vom 12. Januar 1939, zit. n. AA, Roosevelts Weg, S. 63 f.

andere, die mit dem Präsidenten Roosevelt persönlich befreundet sind. Sie wollen, daß der Präsident zum Vorkämpfer der Menschenrechte wird, der Religions- und Wortfreiheit, und er soll in Zukunft Unruhestifter bestrafen."[411]

Die Auswirkung dieser Berichte – deren Existenz im Januar 1939 auch schon allgemein in Warschauer Diplomatenkreisen und in Berlin bekannt wurde[412] – auf den Kriegsausbruch im Spätsommer desselben Jahres 1939 war erheblich. Man konnte danach in Polen von der gegebenen Feindschaft der USA gegen die aktuelle deutsche Regierung ausgehen. In Warschau vorliegende Berichte aus London und Paris bestätigten, daß die US-Botschafter auch in diesen Ländern auf allerhöchste Anweisung des Präsidenten massiv für einen Kriegskurs gegen Deutschland eintraten und damit zusehends Erfolg hatten. In London wurde dies durch Winston Churchill und seine Mitstreiter sowie die Admiralität unterstützt, „die den Krieg um jeden Preis befürworten", wie Deutschlands Ex-Kanzler Heinrich Brüning im März im Exil vor Ort selbst beobachten konnte.[413]

An der Echtheit der Dokumente, auch der eben zitierten Berichte Potockis, bestehen sowenig Zweifel[414] wie an ihrer herausragenden Bedeutung für den weiteren Gang der Dinge im Jahr 1939 und später während des Krieges. Dennoch wagte es in der Nachkriegszeit nach 1945 praktisch kein Historiker mit Lehrstuhl an einer Universität in Ost oder West, sie zu berücksichtigen. Gelegentlich wurden sie immerhin erwähnt, aber dann regelmäßig im nächsten Atemzug in Zweifel gezogen. Es konnten offenkundig alle Seiten intellektuell und politisch gut damit leben, daß es eine politische Vorgeschichte des 1. September 1939 auch unter aktiver Beteiligung US-amerikanischer und polnischer Kräfte angeblich nicht gegeben hatte. Diesen Trend versucht die 2005 erschienene polnische Edition der „Polski Dokumenty Diplomatyczne" (PDD) des Jahres 1939 fortzuschreiben. Sämtliche Dokumente dieser Herkunft werden darin unterschlagen. Die internationale, große Gemeinschaft des Totschweigens historischer Fakten zugunsten der – so darf man wohl vermuten – Stützung politisch-sozialer Verhältnisse ist weiterhin eine wirksame Tatsache.

---

[411] Bericht von Potocki an den polnischen Außenminister vom 12. Januar 1939, zit. n. Burckhardt, Mission, S. 255.

[412] Vgl. Burckhardt, Mission, S. 253 f. Burckhardt verweist zugleich darauf, es sei „in polnischen Kreisen viel von dem ungeheuren Stimmungsumschwung in den Vereinigten Staaten gesprochen" worden.

[413] Notiz Brünings über „Eindrücke in England", März 1939, vgl. Brüning, Briefe, I, S. 233.

[414] Vgl. Raczynski, London, S. 51, Eintrag vom 20. Juni 1940.

Becks große Entschlüsse: Riviera und Berchtesgaden

Anfang Januar 1939 begannen sich alte Kontakte zwischen der Focus-Gruppierung – britischer Gegner der Politik Chamberlains rund um Winston Churchill – und der polnischen Diplomatie neu zu schließen. Botschafter Raczynski sprach sich entsprechend mit Minister Beck ab und registrierte befriedigt, daß auch von britischer Seite wieder Bewegungen in die gleiche Richtung kamen.[415] Josef Beck seinerseits kam um die Jahreswende von einer Reise an die französische Riviera zurück.[416] In seinen Erinnerungen betonte er später, vor Reiseantritt den Staatspräsidenten, den Generalinspekteur der Streitkräfte und den Regierungschef über den Ernst der Situation aufgeklärt zu haben. Zu großem Optimismus würde kein Anlaß bestehen. Folgt man seinen Angaben, dann fuhr er bewußt an die Riviera, um dort in wenigstens zehn Tagen eine „ruhige Analyse“ und seine „Pläne für das nächste Jahr“ abzuschließen.[417] Ob Beck im Alleingang zu diesen Entschlüssen gekommen war oder ob sie durch politische Gespräche an der Mittelmeerküste begünstigt worden waren, läßt sich nicht mit letzter Sicherheit feststellen. Immerhin fanden solche Gespräche dort gerade in prominenter Besetzung statt. Erneut hielt sich Winston Churchill zu dieser Zeit im Nachbarort Cannes im Chateau de l'Horizon auf und empfing dort unter anderem Paul Reynaud, Leon Blum und Sir Eric Phipps, also kommende und frühere französische Regierungschefs und den aktuellen britischen Botschafter in Frankreich, der 1937 wegen seiner allzu scharfen Kritik am deutschen Regime von der gleichen Stellung in Berlin abberufen worden war.[418] Beck hätte zweifellos gut in diese Gesellschaft gepaßt, und da er diese Reise selbst als politisch wichtig hervorgehoben hat, ohne sie näher zu beschreiben, spricht manches dafür, daß es hier einen Austausch gegeben hat. Es wäre, wie wir gesehen haben, ja auch nicht der erste Austausch dieser Art und an diesem Ort gewesen. Recht genau ein Jahr vorher hatten am gleichen Ort in Cannes die ersten substantiel-

---

415 Vgl. Raczynski, Origins, S. 10.

416 Die Angaben über die Reise variieren. Manchmal wird Antibes, manchmal Monte-Carlo als vorrangiges Reiseziel genannt, letzteres von Beck selbst. Vgl. ADAP, D, V, Dok. 115, bzw. Cienciala, Poland, S. 186, sowie Beck, Report, S. 171.

417 Vgl. Beck, Report, S. 168 f.

418 Vgl. CHAR 1/344/7-11, Brief von Churchill über diese Gespräche und die besprochenen internationalen Beziehungen zwischen Frankreich, Italien und Deutschland, darunter auch die Sorge in London, Hitler könne sich gegen Großbritannien wenden, „statt nach Osten“.

len Gespräche zwischen Beck und Churchill – bemerkenswerterweise unter Einbeziehung des polnischen Botschafters in London Raczynski – stattgefunden, bereits damals mit dem gemeinsamen Entschluß, im Kriegsfall auf der gleichen Seite zu stehen – und bereits damals mit der Differenz in der Bewertung der UdSSR. Beck hatte Churchill überzeugen wollen, den Sowjets sei nicht zu trauen und Polen sei die entscheidende Größe in Osteuropa. Der offiziell immer noch als Privatmann agierende Churchill dagegen hatte die UdSSR schon damals als das entscheidende Gegengewicht gegen Deutschland gesehen.[419]

Von dieser Idee, die Westmächte vom Wert eines gemeinsamen Auftritts gegen Deutschland ohne Einbeziehung der UdSSR zu überzeugen, nahm Beck auch 1939 keinen Abstand. Sein weiteres Verhalten deutet darauf hin, daß er im „Süden" tatsächlich Pläne für 1939 gefaßt hatte. Als er jedenfalls auf dem Rückweg nach Warschau am 4. Januar 1939 in Berchtesgaden Station machte, um Gespräche mit Hitler und Ribbentrop zu führen, reagierte Polens Außenpolitikchef zunächst einmal zurückhaltend auf deren Vorstellungen darüber, wie das Verhältnis Deutschland–Polen einen Ausgleich erfahren könnte. Der deutsche Staatschef bot erneut die Anerkennung der bestehenden deutsch-polnischen Grenzen und langfristige Abmachungen verschiedenster Art an, zu denen auch die Bewahrung sämtlicher Sonderrechte der Republik Polen in Danzig gehörte. Als Gegenleistung sollte Danzig sich formal dem Deutschen Reich anschließen können und eine exterritoriale Autobahn von Pommern nach Ostpreußen gebaut werden dürfen, auf der ein Warenverkehr zwischen beiden Regionen unter innerdeutschen Verhältnissen abzuwickeln sei.[420] Obwohl mit der bilateralen Anerkennung der polnisch-deutschen Grenzen eine der wesentlichen Forderungen polnischer Außenpolitik der letzten zwei Jahrzehnte erfüllt gewesen wäre, reagierte Beck in dieser Frage abwehrend und ließ durchblicken, darin „keinen Gegenwert" für Polen sehen zu können.[421] Die Zeiten hatten sich geändert.

Beck selbst schildert die Begegnung in der Erinnerung als alarmierend, und dies deswegen, weil ihn die Leichtigkeit unangenehm berührt habe, mit der Hitler bei dieser Gelegenheit die jahrelang hochgehaltenen Grundsätze nationalsozialistischer Außenpolitik behan-

---

[419] Vgl. Beck, Report, S. 123 f. Beck gibt das Datum des Gesprächs fälschlicherweise mit dem Januar 1937 an. Wenige Tage später mahnte Churchill gegenüber Botschafter Raczynski an, Polen müsse fest an der Seite der Demokratien stehen, wenn die Zeit gekommen sei. Vgl. Cienciala, Poland, 40 f.

[420] Vgl. AA, Vorgeschichte, Dok. 200.

[421] Vgl. Weißbuch, Dok. 48, Polnisches Protokoll der Besprechung vom 5. Januar.

delt habe. Je nach Thema seien die ethnischen Verhältnisse, dann wieder die wirtschaftlichen Zwänge als Argument herangezogen worden oder sei der jeweilige Punkt zur „Prestigefrage“[422] erklärt worden. Dieses Schwanken hätte Beck aus seinen eigenen Argumentationen und den polnischen überhaupt seit 1919 bekannt vorkommen können, doch bestand er in der Erinnerung darauf, dies sei in Berchtesgaden neu im Verhalten auf deutscher Seite gewesen. Über den Inhalt der Gespräche schwieg Beck sich an dieser Stelle weitgehend aus. Er habe lediglich die von Hitler angesprochenen Punkte Anschluß Danzig und Korridorstraße freundlich, aber bestimmt zurückgewiesen, worauf dieser sich zurückgezogen habe. Es sei Deutschlands Außenminister von Ribbentrop gewesen, der dann bei einem weiteren Treffen wieder auf diese Fragen zurückgekommen sei.

Zurück in Warschau, ergriff Beck dann erste entscheidende Maßnahmen, die er selbst in der Summe als den „Beginn des Nervenkrieges“ bezeichnete.[423] Die Gründe dafür schilderte er später nun seinerseits als eine Mischung aus verschiedensten polnischen Interessen und Prestigefragen. Berücksichtigt man den Aufwand, der vorher und nachher getrieben wurde, um die Unannehmbarkeit der deutschen Vorschläge für die Republik Polen zu beschwören, erscheinen die folgenden Beschlüsse der Warschauer Führung eigentümlich aufschlußreich. Eine Rückkehr Danzigs zu Deutschland, das bedeute die wirtschaftliche Abhängigkeit Polens; dieses Argument ist später stets vorgetragen worden. Polen habe als ein großer Flächenstaat einen Anspruch auf Verfügung über den Hafen, der „an der Mündung des Stromes liegt, welcher die Hauptachse des polnischen Flußverkehrs bildet“, lautete die Sprachregelung, die Josef Beck seinem Berliner Botschafter wenige Monate zuvor mitgeteilt hatte.[424] Teile der europäischen Diplomatie wären wohl überrascht gewesen, wenn sie gehört hätten, daß der angesprochene Strom, die Weichsel, von der Republik Polen nicht durchgehend schiffbar gehalten wurde. Hier schrumpfte die lebhaft vorgetragene existentielle Bedeutung von Danzigs Status als „Freier Stadt“ zu einer reinen Symbolpolitik. Dies muß berücksichtigt werden, um den folgenden Beschluß richtig einzuordnen, den Staatspräsident Mościcki, Marschall Rydz-Śmigły und Josef Beck am 8. Januar 1939 auf einer geheimen Besprechung im Warschauer Schloß faßten. Beck gab ihn später so wieder:

[422] Vgl. Beck, Report, S. 172, Deutsch im Original.

[423] Vgl. Beck, Report, S. 173.

[424] Vgl. Weißbuch, Dok. 45. Instruktionen von Beck an Lipski vom 24. Oktober 1938.

„Wenn die Deutschen ihren Druck in so untergeordneten Angelegenheiten wie Danzig und der Autostraße aufrechterhalten, sind Illusionen nicht erlaubt, und es ist offenkundig, daß wir von einem sehr ernsthaften Konflikt bedroht sind, da diese Dinge nur als Vorwand dienen können."[425]

In keinem Fall, so lautete die auf Becks Initiative auf dieser Basis zustande gekommene Schlußfolgerung, dürfe man in diesen „untergeordneten Angelegenheiten" nachgeben, wolle man nicht zum deutschen „Vasallen" werden. Da nun der Beschluß selbst von der verhältnismäßigen Unwichtigkeit der in Frage stehenden Angelegenheiten sprach, blieb dies eine Schlußfolgerung, die schwer nachvollziehbar war. Zugeständnisse in Fragen Danzigs und der Autostraße waren für Polen durchaus möglich, und tatsächlich arbeitete man in den polnischen Ministerien sogar längst an möglichen Detaillösungen. Die Frage einer besonderen Autostraße zwischen den deutschen Gebieten in Pommern und Ostpreußen wurde bereits seit Jahren diskutiert.[426] Sie galt als mögliches Mittel zur Entschärfung von deutsch-polnischen Konflikten, ohne daß dafür auf politisch heikle Methoden wie Volksabstimmungen zurückgegriffen werden mußte. Keine Seite hätte ihr politisches Gesicht verlieren müssen, und kein Gebiet hätte seinen Besitzer wechseln müssen, wenn Ostpreußen verkehrstechnisch wieder an den Rest Deutschlands angebunden worden wäre.[427]

Daher erarbeitete man im polnischen Außenministerium verschiedene Varianten. Eine volle „Exterritorialität" der Autobahn konnte bedeuten, daß dort deutsche Gesetze galten, etwa bei Autounfällen. Es konnte bedeuten, daß polnische Gesetzesbrecher sich über die Autobahn der Verfolgung entziehen könnten. Möglich war der Wegfall von Einnahmen aus indirekten Steuern für Benzin. Ein Problem stellten auch der Bau und die Wartung der Strecke dar, je nachdem, wer sie plante oder ausführte. Was würde im Kriegsfall sein? Sollte es Regelungen für den Transport deutschen Militärs über die Strecke geben? All das und anderes mehr wurde im polnischen Außenministe-

---

425 Zit. n. Beck, Report, S. 172 f.

426 Von polnischer Seite dachte man Ende der 1920er Jahre offenbar an eine Brückenlösung. Zu den ersten solcher Vorschläge von seiten Deutschlands gehörte eine Anregung, die der deutsche Botschafter Hans-Adolf von Moltke im Sommer 1934 übermittelte. Für beide Beispiele vgl. Kornat, Polen, S. 153.

427 Allerdings wären die finanziellen Einbußen für Polen nicht unerheblich gewesen. Die Zolleinnahmen aus dem deutschen Waren- und Dienstleistungsverkehr an dieser Stelle betrugen phasenweise 15 Prozent des polnischen Staatshaushalts – was nebenbei aufs neue die wirtschaftliche Haltlosigkeit der polnischen Großmachtpläne illustrierte. Vgl. Kornat, Polen, S. 153.

rium bedacht. Eine mögliche Lösung sah man in der Gründung einer Aktiengesellschaft für Bau und Betrieb der Strecke, an der auch polnisches Kapital beteiligt sein würde. Statt einer Exterritorialität im vollen rechtlichen Sinn hielt man offenbar schließlich eine „Sonderautobahn" für die akzeptabelste Lösung, also eine Strecke zwar ohne befahrbare Verbindung zum polnischen Straßennetz, aber auch ohne rechtlich exklusiven Charakter. Dennoch sollte jede Paß-, Zoll- und Devisenkontrolle abgeschafft werden.[428] Diese Lösung hätte eine Straße von Deutschland nach Deutschland geschaffen und wäre der Ende der 1920er Jahre schon einmal angedachten Brückenlösung nahe gekommen.

Aber alle diese Pläne, die in den Monaten November und Dezember des Jahres 1938 ihren Höhepunkt erreichten, hatten eines gemeinsam: Sie wurden nie Gegenstand von Äußerungen der offiziellen polnischen Außenpolitik. Zwar gibt es eine Reihe von überlieferten Vorlagen an den Außenminister, und auch Tagungsordnungspläne für innerministerielle Gespräche haben sich erhalten. Aber wie sich die Spitze des Außenministeriums im einzelnen geäußert hat, ist nicht bekannt. Sicher ist aber, daß weder der Minister selbst noch einer der von ihm instruierten polnischen Gesprächspartner deutschen Stellen einen entsprechenden Vorschlag unterbreitet hat. Ein polnisches Gegenangebot für eine Gesamtlösung wurde nicht vorgelegt, obwohl an ihm gearbeitet wurde und obwohl es ein geeignetes Mittel hätte sein können, um den deutschen „Druck" abzulenken. Das deutsche Angebot vom 24. Oktober 1938 enthielt faktisch bereits eine Anerkennung des polnischen Territoriums. Eigentlich war es ein naheliegender Gedanke, dies dadurch abzusichern, daß auf dieser Basis über praktische Lösungen für den Rest der angesprochenen Probleme verhandelt wurde.

In seinen Erinnerungen schrieb Beck später, er habe sich zu diesem Zeitpunkt an einer 1935 gegenüber ihm persönlich getätigten Äußerung Hitlers orientiert: „Die deutsche Nation braucht zu ihrer Weiterentwicklung gute Beziehungen zu Polen in Europa und gute Beziehungen zu England in der Welt. Alles andere ist sekundär."[429] In den Folgemonaten ging Beck nun daran, gemeinsam mit England eine Bündniskonstellation gegen Deutschland zu bilden. Zwischen Januar und März 1939 gelang dies, bis die englische Garantie am 31. März

[428] So der Vorschlag des mit der Angelegenheit beauftragten Leiters der Westabteilung im polnischen Außenministerium, Józef Potocki. Vgl. Kornat, Polen, S. 163 f.

[429] Zit. n. Beck, Report, S. 176 f.

verkündet wurde, umrahmt von polnischen Truppenmobilisierungen an der deutschen Grenze. Polen war zum Krieg bereit.[430]

Verständlich wird dies vor dem Hintergrund von Becks langjähriger Absicht, den richtigen Zeitpunkt für ein offensives Vorgehen gegen Deutschland abzuwarten. Dazu brauchte Polen den freien Rükken, den er mit der im November 1938 erreichten Erneuerung des polnisch-sowjetischen Nichtangriffspakts gesichert glaubte. Dazu benötigte Polen aber auch die Unterstützung der Westmächte. Sie war über die Kontakte Raczynskis zur Kriegspartei in London zwar in Aussicht gestellt worden, lag aber noch nicht konkret vor, solange Churchill und seine Gruppe noch in den Vorhallen der Regierung warten mußten. Allerdings berichtete ja auch Botschafter Potocki aus Washington, einflußreiche Kräfte bereiteten den Krieg gegen Deutschland auf jede Weise vor. Man vereinbarte also auf dem Warschauer Schloß gegenüber Deutschland eine Politik zwischen „Provokation und dem non possumus". Es wurde in den Folgemonaten zu einem Anliegen der polnischen Diplomatie, die Alliierten und besonders Großbritannien zu verbindlichen Zusagen zu veranlassen. Dafür intensivierte Beck die Kontakte mit Frankreich und vor allem in London, da er die französische Politik als abhängig von der englischen einstufte. Mit der Sitzung in Warschau hatte der „Nervenkrieg" begonnen.[431]

Das bekam zunächst der deutsche Außenminister zu spüren. Am 24. Januar 1939 stand der fünfte Jahrestag des deutsch-polnischen Nichtangriffsvertrags an, und von Ribbentrop wollte diesen Termin für weitere Gespräche in Warschau nutzen. Er gedachte sie in der Kontinuität der damaligen Abmachungen und der neuesten Unterredungen in Berchtesgaden zu führen. Unmittelbar vor seiner Abreise nach Warschau hielt Deutschlands Außenminister eine Rede vor der Generalität. Sein Staatssekretär von Weizsäcker hatte ihm um den Jahreswechsel 1938/39 empfohlen, „Polen auf das uns genehme Größenmaß als Puffer gegen Rußland zu reduzieren", und zwar durch „Erwerb Memels und Danzigs sowie einer festen Landbrücke nach Ostpreußen".[432] Auch unter den deutschen Militärs gab es offenbar Kriegsstimmung gegen Polen. Ribbentrop hielt davon nichts. Er setz-

[430] „Glauben Sie mir bitte, daß die Mobilisierung nicht nur eine Demonstration war. Wir waren damals zum Kriege bereit, wenn das notwendig gewesen wäre", erklärte Marschall Rydz-Śmigły in einem vielbeachteten Interview mit dem „News Chronicle" vom 19. Juli 1939, zit. n. AA, Vorgeschichte, S. 400.

[431] So Becks Fazit, vgl. Beck, Report, S. 173.

[432] Zit. n. Hill, Papiere, II, S. 150.

te seinem Auditorium auseinander, daß die größte Drohung im Westen läge. So wie die Dinge lagen, mußte Deutschland aus seiner Sicht seine Politik an Italien und Japan anlehnen und „in nächster Zeit keine selbständige Aktion beginnen". Die größte Drohung läge im Westen, wo die beiden Westmächte England und Frankreich mit recht hoher Wahrscheinlichkeit noch 1939 einen Krieg gegen Italien beginnen würden, an dem Deutschland dann gegebenenfalls teilnehmen müßte. Das entsprach von Ribbentrops Gedankenwelt, der vor allem Großbritannien als offensive Kraft gegen Deutschland fürchtete.

Für das Verhältnis zu Polen folgte für ihn daraus die Aufgabe, Polen möglichst zu neutralisieren. Bezeichnenderweise glaubte von Ribbentrop an diesem 22. Januar 1939 noch, dies sei ihm bereits weitgehend gelungen: „Die polnische Neutralität scheint im Falle eines Konflikts der Achse mit den Westmächten völlig gesichert zu sein."[433] Noch immer hatte man in Berlin nicht mitbekommen, daß Beck den Westmächten für den Fall eines Krieges gegen Deutschland bereits mehrfach seine Unterstützung angeboten hatte. Immerhin erwog von Ribbentrop diese Möglichkeit eines polnischen Angriffs auf Deutschland, die dann den Verzicht auf eine Westoffensive nach sich ziehen würde, „um im Osten einen möglichst tiefen Raum zu erreichen". Für die kommende Reise nach Warschau ergab sich für ihn aus der Gesamtlage:

> *„Die politische Notwendigkeit, die aus dem oben angeführten erfließt, zwingt Deutschland, mit Polen die freundschaftlichsten Verbindungen aufrechtzuerhalten."*[434]

Um diese „freundschaftlichsten" Beziehungen in einem Europa zu pflegen, in dem nach seiner Ansicht die Kriegswahrscheinlichkeit für 1939 bei vierzig Prozent lag,[435] reiste von Ribbentrop nach Warschau.

[433] Vgl. Kral, Abkommen, S. 337, dort eine insgesamt fünfseitige, etwas holprig übersetzte Aufzeichnung über die deutsche Außenpolitik im Dezember 1938 und von Ribbentrops Rede vor der Generalität, die dem tschechoslowakischen Kabinett vorgelegen hat.

[434] Zit. n. Kral, Abkommen, S. 337.

[435] Vgl. Kral, Abkommen, S. 336.

Zwischen Betrug und Illusion

Der 24. März 1939

„Die Gesellschaft weiß gar nicht, wie sehr sie Schuld am Ausbruch dieses Krieges trägt. Hätte sie den Diplomaten nicht die Ohren vollgeschwätzt, so wäre wahrscheinlich eine andere Meinung über Deutschland im Ausland, vor allem im feindlichen, verbreitet worden. Vielleicht hätten die Polen es sich doch überlegt, mit Deutschland anzubinden, wenn Lipski nicht aufgrund von Gesellschaftsberichten nach Warschau berichtet hätte, daß nach dem Ausbruch des Krieges wahrscheinlich in einer Woche in Deutschland die Revolution ausbrechen werde. Diese Gesellschaftskreise sind keinen Schuß Pulver wert." *Joseph Goebbels*[436]

„Natürlich konnte unsere Garantie Polen im Fall einer direkten Attacke auf das Land keinen möglichen Schutz gewähren. Aber sie setzte als solche ein Signal für ihn [d.h. Hitler, d. Verf.]. *Er war verunsichert, und bei einem deutschen Angriff auf Polen würde er wachsenden Zweifeln und Unentschlossenheit ausgesetzt sein. Man könnte vielleicht meinen, dies sei grausam gegenüber Polen gewesen. Das würde ich nicht sagen, denn unsere militärische Situation mußte dort bekannt gewesen sein und ebenso die unmittelbare Bedrohung, der sie gegenüberstanden. Man könnte vielleicht sagen, dies sei zynisch. Auf kurze Sicht war es das. Aber es* brachte *uns in den Krieg, und am Ende haben wir ihn zusammen mit unseren Verbündeten gewonnen. Obwohl man natürlich von den armen Polen nicht erwarten konnte, mit dem, was für sie dabei herauskam, zufrieden zu sein."* *Alexander Cadogan*[437]

Der 24. März 1939 wurde für die polnische und europäische Diplomatie an mehreren Orten zu einem wichtigen Tag. In Warschau versammelte Josef Beck seine Untergebenen zu einem größeren Treffen. Es galt, die kommenden Entwicklungen anzukündigen und möglichen Irritationen durch die letzten Ereignisse vorzubeugen. Gerade hatte sich die Slowakei von der Tschechei ab-

[436] Goebbels, Tagebücher, II, Bd. 4, S. 469, Eintrag vom 8. Juni 1942.

[437] Äußerung Cadogans in den letzten Lebensmonaten im Jahr 1964, vgl. Cadogan, Diaries, S. 167. Hervorhebung im Original.

gespalten und das Deutsche Reich im tschechischen Landesteil unter der Bezeichnung „Protektorat Böhmen und Mähren" eine neue Verwaltungsstruktur eingerichtet. Zwar waren diesen Entscheidungen deutsche Konsultationen mit Großbritannien vorausgegangen, aber die internationale Presse schrieb von einem deutschen „Coup". Es sei damit die Unzuverlässigkeit der nationalsozialistischen Regierung endgültig bewiesen, hieß es nun, die jahrzehntelang verbreiteten Fehlinformationen der Nachkriegszeit vorwegnehmend. Auch der schon Wochen vor diesem deutschen Schritt darüber informierte britische Regierungschef Chamberlain hatte sich nach zwei Tagen des Zögerns und sogar einer verhalten zustimmenden Reaktion vor dem Parlament dazu entschlossen umzuschwenken. Er gab sich jetzt öffentlich überrascht.[438] Da man in Warschau zumindest die Slowakei als polnisches Interessengebiet betrachtete und natürlich die deutschen Schritte sorgfältig beobachtete, bestand Erklärungsbedarf gegenüber der eigenen Diplomatie, wie dies zu interpretieren sei. Beck schwenkte zunächst einmal auf die britische Linie ein und ließ wissen, Deutschland sei unberechenbar geworden.[439] Das entsprach seiner gewohnten Strategie, deutsche Fehler zu verstärken und damit den deutschen Ruf zu ruinieren. In dieser Hinsicht schien der deutsche Einmarsch in Prag zusammen mit der westlichen Reaktion darauf eigentlich eine insgesamt gute Entwicklung zu sein. Zwar trieben die Dinge jetzt auf eine Krise hin, aber Krisen waren eben Chancen, und der Boden für deren Nutzung war bereitet, ließ Beck seine Zuhörer Ende März wissen.

> *„Wir haben diese entscheidende Situation in unserer Politik erreicht und dabei sämtliche Trumpfkarten in unserer Hand. Das spricht nicht gerade gegen uns. Auf dieser Grundlage werden wir die weiteren Aktionen angehen."*[440]

Dies traf zu. Die Entscheidung über die langjährigen Planungen stand mit hoher Wahrscheinlichkeit bevor. Beck sah seine Aufgabe in den nächsten Monaten nun darin, sie nicht vorbeiziehen zu lassen. Was „sämtliche Trumpfkarten" und die „weiteren Aktionen" sein

---

[438] Der britische Diplomat Frank Ashton-Gwatkin hatte bei einem Berlin-Besuch im Februar 1939 durch Außenminister von Ribbentrop und Prinz Max von Hohenlohe von der geplanten Errichtung des Protektorats erfahren. Das britische Außenministerium kam danach in einem Gutachten zu der Auffassung, ein solcher Schritt sei kein Verstoß gegen internationale Verträge. Das britische Kabinett war darüber informiert. Vgl. DBFP, III, 4, Appendix II, Aufzeichnung von Ashton-Gwatkin über seinen Deutschlandaufenthalt, hier vom 20. Februar 1939. Eine ausführlichere Darstellung bei Scheil, Ribbentrop, S. 204 f.

[439] Vgl. PDFP, Dok. 66, S. 137 f., Aufzeichnung über die Sitzung.

[440] Vgl. Lipski, Diplomat, S. 503 f. bzw. Watt, Glory, S. 395 f.

würden, blieb an diesem Tag offenbar weitgehend unerörtert. Jedenfalls fand es keinen Niederschlag in den Aufzeichnungen. Folgt man deren Tenor, dann sollte vorwiegend allgemeiner Optimismus verbreitet werden. Wie weit die Dinge mit Großbritannien schon gediehen waren, blieb einstweilen noch Geheimsache. Doch wird man wohl davon ausgehen können, daß Beck unter anderem diese Sitzung am 24. März meinte, als er später in seinen Erinnerungen schrieb, „zu Frühlingsanfang habe ich den Alarmzustand der drohenden Kriegsgefahr ausgelöst".[441] Dies gehörte zur Aufgabe des Außenministers, wie er sie verstand, als Beobachter der internationalen Szene und Analytiker des Chancen-Nutzen-Verhältnisses drohender Konflikte.

Mit der Auslösung des Zustands der drohenden Kriegsgefahr verbanden sich laut Beck unmittelbare Konsequenzen im militärischen Bereich, in den Rüstungsfragen und damit verbunden auch in Budgetfragen. Er habe dafür gesorgt, daß sich der Militäretat auf monatlich zweihundert Millionen Zloty verdoppelte, wobei die Zahlungen nicht aus dem offiziellen Rüstungsetat stammten, der damit auch nicht belastet worden sei.[442] Die zu diesem Zweck beschleunigt verabschiedete und im gleichen März 1939 in Kraft getretene neue Satzung der Bank von Polen ermöglichte es ihr, in weitaus größerem Umfang Geld zu drucken und Kredite an den Staat zu vergeben als bisher.[443] Die Einsicht hinsichtlich der trotzdem begrenzten polnischen Möglichkeiten führte zu Kreditanfragen nach London, aber entsprechende Verhandlungen, die Oberst Adam Koc, der frühere Chef des Lagers der Nationalen Einheit und phasenweise Chef der Bank von Polen, dort mit den Vertretern des Schatzamts und der Bank von England führte, verliefen im Sande. Beck beklagte sich im nachhinein über die rein pekuniäre und unpolitische Haltung der britischen Verhandlungspartner John Simon und Frederick Leith-Ross, die das verursacht habe. Er akzeptierte aber offenbar die Ausrede des britischen Außenministers Halifax, die Staatsbank sei „unabhängig", und er könne daher in dieser Sache keinen Einfluß geltend machen.[444] Unter den westlichen Verhandlungspartnern wurden die Ursachen offener angesprochen.

---

441 Vgl. Beck, Report, S. 199.

442 Vgl. ebd.

443 Vgl. Polonsky, Crisis, S. 455.

444 Vgl. Beck, Report, S. 200. Schließlich sollten die gescheiterten polnisch-britischen Finanzverhandlungen zu den Argumenten gehören, die für Deutschlands Staatschef gegen eine wirkliche britische Unterstützung für Polen sprachen: „Der Engländer steckt kein Geld in das verlorene Geschäft."

„Was die finanziellen Verhandlungen mit Polen betrifft, so hat Maillaud erklärt, Leith-Ross hätte den Polen eine maximal scharfe und kurze Note geschickt, in denen er klar ihren Wunsch zurückgewiesen hat, über die Anleihen von uns frei verfügen zu können. Er hat darauf bestanden, daß sie, wenn überhaupt, nur Kredite bekommen, die von hier aus verwaltet und hier ausgegeben werden, ganz unabhängig davon, daß sie viele Sachen brauchen, mit denen wir sie gegenwärtig gar nicht beliefern können. Maillaud sagt, er hätte schon viele diplomatische Noten gesehen, aber so eine scharfe noch nicht."[445]

Mit großer Geste wurden vor diesem Hintergrund öffentlich im Frühjahr 1939 die eigenen polnischen Streitkräfte mobilisiert. Das zeigte jedenfalls Stärke und Kampfbereitschaft nach außen hin. Es waren einige der Voraussetzungen des Jahres 1933 gerade jetzt im Jahr 1939 wieder gegeben, da die westlichen Militärattachés Deutschland eine militärische Schwäche attestierten und die diplomatischen Kreise in Warschau und London die NS-Regierung für instabil hielten. Gleichzeitig war es der polnischen Regierung gelungen, endlich einen erstrangigen Kontakt zu den Westmächten zu knüpfen und somit jene Aussicht auf Unterstützung durch fremde Mächte zu erreichen, die sechs Jahre zuvor gefehlt hatte. Berücksichtigt man diesen Zusammenhang, erhalten die umfangreichen polnischen Truppenkonzentrationen in der Nähe von Danzig und in Oberschlesien ebenjene Deutungsmöglichkeit, die Marschall Rydz-Śmigły ihnen wenig später in einem Zeitungsinterview auch gab:

„Glauben Sie mir bitte, daß die Mobilisierung nicht nur eine Demonstration war. Wir waren damals zum Kriege bereit, wenn das notwendig gewesen wäre."[446]

Am 25. März 1939 meldete Englands Botschafter Kennard aus Warschau, die polnischen Truppen seien wesentlich zahlreicher als bisher angenommen; er gehe jetzt von siebenhundertfünfzigtausend Einberufenen aus. Deshalb und wegen der bereits angebahnten Verhandlungen mit London könnte Beck jetzt aus einer Position der Stärke verhandeln, wenn er denn wollte.

„Zusammengenommen mit den vorausgegangenen Maßnahmen in Danzig hinterläßt dies den Eindruck, daß Beck die Absicht hat, zu einem selbstgewählten Zeitpunkt eine Diskussion über Danzig zu be-

---

[445] Zit. n. Dalton, Political Diary, S. 282, 21. Juli 1939. Sir Frederick Leith-Ross (1887–1968) war oberster Wirtschaftsberater der Regierung 1932–1946 und Generaldirektor des Ministeriums für wirtschaftliche Kriegsführung 1939–1942.

[446] Rydz-Śmigły in einem Interview mit dem „News Chronicle" vom 19. Juli 1939, zit. n. AA, Vorgeschichte, S. 400.

ginnen, vielleicht auf dem Weg nach London oder auf der Rückreise von dort. Er wäre dann sowohl militärisch wie politisch in einer stärkeren Position, als wenn er Herrn Hitler oder dem Danziger Senat den ersten Schritt überlassen würde."[447]

Eine vollkommen eigenständige polnische Militäraktion hielt Kennard aber in jedem Fall für unwahrscheinlich, auch wenn sie derzeit von einigen Kollegen diskutiert werde, womit er wohl unter anderem die englischen Militärattachés meinte.

„Ich teile nicht die Alarmstimmung von einigen meiner Kollegen, wonach die polnische Regierung ein Ergebnis mit Deutschland erzwingen will. Aber die Polen verstehen die deutschen Methoden, und es wäre nicht das erste Mal, wenn sie ein Blatt aus dem deutschen Buch reißen würden."[448]

In den britischen Militärkreisen in Warschau herrschte anscheinend eine gewisse Lust vor, sich an einem solchen Unternehmen zu beteiligen. Ein Memorandum vom britischen Militärattaché in Berlin Oberst Noel Mason-Macfarlane vom 29. März forderte den Krieg innerhalb von drei Wochen und nannte als Verbündete gegen Deutschland die Länder Polen, Rumänien, Jugoslawien und eventuell Ungarn.[449] So schienen die Perspektiven für eine polnische Großmachtrolle in Europa in diesem Frühjahr 1939 so günstig zu sein wie nie zuvor.

Zugleich arbeitete Beck an der Verbesserung der von ihm erwähnten Trumpfkarte, von der allerdings vorläufig noch vorgesehen war, sie verdeckt auszuspielen. Zu diesem Zweck schlug Beck in Großbritannien am gleichen 24. März 1939 ein Geheimabkommen vor, wie aus Oliver Harveys[450] Tagebuch hervorgeht:

„Gestern kam der polnische Botschafter zu mir mit Becks Vorschlag für eine geheime Abmachung mit Großbritannien für gemeinsame Aktion im Fall einer Aggression. Polen kann keiner öffentlichen Erklärung zustimmen, in der die Sowjetunion auftaucht, das wäre zu provokant für Hitler. Polen will am liebsten überhaupt keine Öffentlichkeit."[451]

Ein solcher Vertrag hätte den komfortablen Aspekt gehabt, sich der britischen Unterstützung sicher zu sein, allerdings ohne zugleich abschreckend wirken zu können. Die Natur des „Geheimabkommens"

---

[447] Vgl. DBFP, III., Vol. IV, Doc. 523, S. 506, 25. März 1939. Beck nutzte die Gelegenheit für Verhandlungen mit Deutschland in dieser vorteilhaften Situation dann doch nicht, sondern fuhr direkt nach London und zurück, ohne auf eine Einladung Ribbentrops nach Berlin einzugehen. Vgl. DBFP, III., Vol. IV, Doc. 580, 31. März, Ogilvie-Forbes an Halifax.

[448] Vgl. DBFP, III., Vol. IV, Doc. 523, S. 506, 25. März 1939.

[449] Vgl. DBFP, III., Vol. IV, Appendix V.

[450] Oliver Harvey (1893–1968) britischer Diplomat, seit 1919 im Außenministerium, 1939/40 Gesandter an der britischen Botschaft in Paris.

[451] Zit. n. Harvey, Diary, S. 267, 25.3.39.

hätte es mit sich gebracht, daß man in Deutschland nichts davon hätte wissen und nicht entsprechend hätte reagieren können. Das Ziel, sich auf keinen Fall an die UdSSR zu binden, gehörte ohnehin zu den Konstanten der polnischen Politik. Oliver Harvey bildete natürlich nicht die einzige Anlaufstelle für den polnischen Botschafter. Am gleichen Tag sprach Raczynski in London beim britischen Außenminister selbst vor und stellte dort ebendiesen Plan zur Diskussion.[452] Die polnische Regierung wollte demnach ein geheimes bilaterales Abkommen mit Großbritannien, das nicht nur vor Deutschland, sondern auch vor der Sowjetunion und nach Raczynskis Vorstellungen sogar vor Frankreich verborgen bleiben sollte. Er vermutete Schwierigkeiten mit allen diesen Ländern, die durch Diskretion vermieden werden könnten. Dies folgte den in Warschau entwickelten Gedankengängen. In bezug auf Deutschland hatte der polnische Diplomat Jan Szembek wenige Tage vorher notiert, Beck wolle Berlin nicht das Gefühl geben, eingekreist zu werden.[453]

Das lief insgesamt jedoch lediglich auf eine stillschweigende Einkreisung Deutschlands hinaus. Materiell gesehen, stellte sich Raczynski ein Geheimabkommen vor, das mögliche Konflikte in bezug auf Danzig mit einschließen sollte. Für den Fall, daß durch einen deutsch-polnischen Streit über Danzig „Polens Unabhängigkeit" gefährdet sein sollte, sollte sich Großbritannien zu Unterstützung verpflichten. Sollte Großbritannien seinerseits in Schwierigkeiten geraten, stellte man sich in Warschau gegenseitige Konsultationen vor.[454] Diese Vorstellungen bekamen dadurch eine besondere Sprengkraft, daß man in Warschau seit dem Oktober des vergangenen Jahres mit deutschen Vorschlägen für einen Anschluß Danzigs an das Deutsche Reich konfrontiert war. Dies hatte man jedoch gegenüber den Westmächten stets verschwiegen – und wollte so lange wie möglich dabei bleiben.

Als Beck zehn Tage später in London selbst mit Halifax verhandelte, gelang es ihm erneut, den Eindruck zu erwecken, Danzig wäre nie Gegenstand deutsch-polnischer Gespräche gewesen, und überhaupt habe sich in dieser Frage seit längerem nichts mehr getan.[455] Was Raczynski hier also vorschlug, bedeutete im Grunde nichts anderes als den von seinem Chef unternommenen subtilen Versuch, Großbritannien in einen längst bestehenden Konflikt zu verwickeln.

---

[452] Vgl. die Instruktionen Becks für Raczynski, in: PDFP, Dok. 64, S. 135 f., 23. März 1939.

[453] Vgl. Szembek, Journal, 22. März 1939.

[454] Vgl. Newman, Guarantee, S. 145 f.

[455] Die von Halifax für die entsprechende Frage gewählte Formulierung, ob es „schriftliche deutsche Forderungen" gegeben habe, erlaubte es Beck, „nicht direkt verlogen zu sein" (Simon Newman). Vgl. Newman, Guarantee, S. 211.

Der fehlinformierte Halifax hielt von dieser Konstruktion trotzdem nichts, da Beistandsversprechen auf der einen und Konsultationsversprechen auf der anderen Seite nicht das gleiche seien. Während einer am nächsten Tag im Außenministerium zusammengerufenen Konferenz sah er bei einem Geheimabkommen mit Polen außerdem Schwierigkeiten mit anderslautenden Verpflichtungen beim Völkerbund und mit dem britischen Parlament.[456] Den Hintergrund eines bereits laufenden polnisch-deutschen Konflikts in der Danzig-Frage, in den man ihn hineinziehen wolle, erkannte Halifax wie gesagt nicht. Im Gegenteil drückte er die Befürchtung aus, ein Geheimabkommen mit Polen „könnte es der britischen Diplomatie unmöglich machen, eines ihrer Hauptziele zu erreichen – eine offen vorgetragene Herausforderung Deutschlands".[457] Ein paar Tage vorher hatte er gar erklärt, Polen sei an der britischen Seite ein wesentlicher Partner, um „einen erfolgreichen Krieg gegen Deutschland zu führen".[458] In London herrschte im März 1939 tatsächlich Kriegsstimmung, von der Halifax später wieder Abstand nehmen sollte. Er glaubte allerdings zu Recht, in Warschau werde man nur bei einem starken britischen Auftreten auch die britische Seite wählen. Hier hatte man sich in Warschau und London gegenseitig noch nicht ganz verstanden, aber es sollte dann ja nur noch etwas mehr als eine Woche dauern, bis diese offene Herausforderung erreicht war.

Ebenfalls am gleichen 24. März 1939 traf der Botschafter der Republik Polen in Paris, Lukasiewicz, mit William C. Bullitt, seinem amerikanischen Botschafterkollegen, vor Ort zusammen. Seine Aufzeichnungen über das Gespräch gehörten später zur deutschen Beute in Warschau und wurden bereits 1940 als Teil der vom deutschen Auswärtigen Amt herausgegebenen Dokumentation über „Polnische Dokumente zur Vorgeschichte des Krieges" veröffentlicht. Auch in Lukasiewiczs Erinnerungsband in englischer Übersetzung wird die Unterredung wiedergegeben.[459] Es ging im Gespräch mit Bullitt um den englischen Vorschlag einer gemeinsamen Erklärung der vier Mächte England, Frankreich, Polen und UdSSR nach der Besetzung Prags durch deutsche Truppen.

---

[456] Vgl. Cadogan, Diaries, 26. März 1939, bzw. Harvey, Diaries, 25. März 1939.

[457] Zit. n. Newman, Guarantee, S. 147.

[458] In Gegenwart von Frankreichs Außenminister Bonnet. Vgl. DBFP, IV, no. 458, S. 427, bzw. Newman, Guarantee, S. 136. Newman kommt zur Schlußfolgerung, Halifax „sei zum Krieg gegen Deutschland entschlossen gewesen, sogar ohne vorher die östliche Front zu sichern". Ebd., Newman, Guarantee, S. 135.

[459] Vgl. Lukasiewicz, Diplomat, S. 180 ff.

„Es ist kindisch, naiv und gleichzeitig unfair, einem Staat, der sich in einer solchen Lage wie Polen befindet, vorzuschlagen, er solle seine Beziehungen zu einem so starken Nachbarn wie Deutschland kompromittieren und die Welt der Katastrophe eines Krieges aussetzen, nur um den Bedürfnissen der Innenpolitik Chamberlains willfährig zu sein."[460]

Hier sind zwei Dinge angesprochen: Die Konfrontation mit Deutschland würde Krieg bedeuten, und die englische Innenpolitik übe derzeit allzu großen Einfluß auf das außenpolitische Handeln der Regierung Chamberlain aus. „Es wäre naiv anzunehmen, die polnische Regierung verstände nicht den wahren Zweck des Manövers und seine Konsequenzen", so Lukasiewicz weiter. Die Konsequenzen, also der wahrscheinliche Krieg mit Deutschland, waren der polnischen Regierung also bewußt. Lukasiewicz war jedoch an diesem Tag weit davon entfernt, sich durch diese Aussichten von einem solchen Kurs abschrecken zu lassen. Seine weiteren Ausführungen enthielten keine Erklärung an die englische Adresse, Polen wolle sich mit Deutschland nicht auseinandersetzen. Er betonte statt dessen lediglich ausdrücklich, dies nicht nur „wegen der englischen Innenpolitik" tun zu wollen. England müsse sich wirklich engagieren, dann würde Polen mitziehen. Er gab auch ausdrückliche Ratschläge, wie dies geschehen sollte:

„Hätte die englische Regierung einige Tage vor der Unterbreitung der vorgeschlagenen Deklaration in Warschau ihre Kriegsflotte mobilisiert wie die militärische Dienstpflicht eingeführt, und hätte die französische Regierung in größerem Umfang als bisher die Mobilisierung ihrer Armee angeordnet, dann hätte man sogar solche unzulänglichen englischen Vorschläge, wie die, die uns gemacht wurden, als einen Beweis für den aufrichtigen und ernsten Willen loyaler Zusammenarbeit ansehen können."[461]

Die englische Regierung müsse „konkrete, präzise Verpflichtungen übernehmen, die von realen Maßnahmen auf dem Gebiet der Streitkräfte unterstützt" werden. Dann sei Polen bereit, so Lukasiewicz weiter. England müsse „sich zu Taten aufschwingen, die zweifellos und unabweisbar seinen Entschluß bestätigen, die Beziehungen zu Deutschland aufzugeben". Was hier in diesem Augenblick gefordert wurde, war neben der Tilea-Affäre[462] über das erfundene deutsche Ultimatum an Rumänien wohl der entscheidende Schritt

[460] Zit. n. AA, Dokumente, S. 28, Aufzeichnung vom 29. März 1939.

[461] Ebd. AA, Dokumente, S. 28.

[462] Am 17. März 1939 hatte der rumänische Gesandte in London, Viorel Virgil Tilea (1896–1972), im britischen Außenministerium fälschlich behauptet, Hitler habe Rumänien ein Ultimatum gestellt, um den Ölexport des Landes unter Kontrolle zu bekommen.

hin zur bedingungslosen englischen Garantie wenige Tage später. Bliebe man uneindeutig, dann sei eine militärische Katastrophe quasi unvermeidlich, weil Hitler sich laut Lukasiewicz so oder so zur offensiven Ausweitung seiner Ostpolitik entschließen würde, entweder aus Verärgerung über polnischen Widerstand oder ermutigt durch eine angeblich andauernde englische Schwäche. Daß just an diesem Tag der deutsche Außenminister in Berlin mit dem polnischen Botschafter verhandelte und erneut eine Grenzgarantie und ein deutsch-polnisches Bündnis anbot, hatte die polnische Diplomatie gegenüber den Westmächten wie in den Monaten zuvor verschwiegen. Das ganze von Lukasiewicz ausgemalte Horrorszenario konnte tatsächlich nur eintreffen, wenn die deutsch-polnischen Beziehungen kompromittiert sein würden. Die Folgen für diesen Fall malte Lukasiewicz präzise aus:

> *„Hitler kann sich gezwungen sehen* [sic], *uns gegenüber die Anwendung von Zwang zu versuchen, worauf wir nicht anders antworten können als bewaffnet. Hierdurch wird ein allgemeiner europäischer Konflikt entstehen, in dessen erster Etappe wir den Druck der ganzen deutschen Macht werden aushalten müssen."*[463]

Die ganze Rede von Lukasiewicz war jederzeit eine lebhafte Anklage gegen die Politik Englands und Frankreichs, „die in den letzten zwanzig Jahren nicht nur keine einzige internationale Verpflichtung gehalten haben, sondern auch niemals imstande waren, ihre eigenen Interessen auf gehörige Weise zu verteidigen". Hier kochte der Ärger der Pilsudskisten über den von den Westmächten Anfang der dreißiger Jahre verweigerten Militärschlag gegen Deutschland wieder hoch, verbunden mit der erkennbaren Erwartung, die Westmächte jetzt endlich für polnische Zwecke einspannen zu können. Dies konnte aber nur gelingen, wenn Deutschland als das aggressive Element dargestellt und die tatsächlich seit Monaten laufenden Bemühungen der deutschen Regierung um einen formalen Abschluß der zwanzig Jahre alten deutsch-polnischen Grenzrevisionsaffären dem Westen nicht bekannt wurden. Nur dann konnte Lukasiewiczs Behauptung plausibel erscheinen, *jede* andere englisch-französische Aktion unterhalb eines Bündnisses mit sofortiger Militärdrohung würde den großen Krieg herbeiführen. Wußten die Diplomaten in England über die wirkliche Lage Bescheid, würde es wohl eher kein Bündnis gegen Deutschland geben, sondern möglicherweise einen Abschluß auf der von Berlin vorgeschlagenen Linie.

---

[463] AA, Dokumente, S. 28.

Bullitt zeigte sich von Lukasiewiczs Ausführungen beeindruckt und stimmte ihnen vorbehaltlos zu, wenn man den Aufzeichnungen des polnischen Botschafters glauben will. Insbesondere kündigte er auf Anregung Lukasiewiczs auch an, Druckmittel gegen die englische Regierung mobilisieren zu wollen, um dort eine Entscheidung im polnischen Sinn zu erzwingen.[464] Er fragte Lukasiewicz direkt, „ob wir ein gemeinsames Bündnis annehmen würden, wenn England und Frankreich uns morgen ein solches vorschlagen sollten. Am Tag danach, dem 25. März 1939, teilte er Lukasiewicz dann mit, er habe US-Botschafter Joseph Kennedy in London den Auftrag gegeben, bei Premier Chamberlain in diesem Sinn vorzusprechen.[465]

Wieder vier Tage später erkundigte sich der in London amtierende Botschafterkollege Raczynski bei Kennedy nach dem Verlauf dieses Gesprächs mit Chamberlain, das Kennedy merkwürdigerweise erst abstritt und dann indirekt doch zugab, wie Raczynski nach Warschau berichtete. Kennedy solle Chamberlain damit gedroht haben, das amerikanische Wohlwollen hänge von Englands Einsatz für die „von Deutschland bedrohten" Länder in Osteuropa ab.[466] Die über den Umweg Kennedy gestartete Intervention Bullitts beim englischen Regierungschef hatte offenbar Erfolg gehabt, konnte Raczynski dazusetzen.

> *„Ich brachte das Gespräch auf die jetzige Lage und regte den Botschafter dazu an, die Bereitschaft Englands zu einem bewaffneten Auftreten zu beurteilen. Über diesen Teil des Gesprächs habe ich Ihnen, Herr Minister, schon telegrafisch berichtet. Herr Kennedy, der zu verstehen gab, daß seine Ansicht sich auf eine Reihe von Gesprächen mit hiesigen maßgeblichen Stellen stützte, erklärte, überzeugt zu sein, daß, sollte Polen sich zum bewaffneten Widerstand gegen Deutschland entschließen, insbesondere auch hinsichtlich Danzigs, es dann England nach sich ziehen würde."*[467]

Diese Empfehlung lag zweifellos im Interesse jener Mitglieder der Konservativen, mit denen Raczynski im August 1939 in Opposition zur Regierung Chamberlain ging und „die einen Entscheidungskampf mit Deutschland wünschen (Churchill und Duff Cooper)".[468] Zur Förderung dieser kriegsbereiten Stimmung sei es aber nötig, daß

[464] Ebd.

[465] Vgl. AA, Dokumente, S. 29, Aufzeichnung von Lukasiewicz vom 29. März 1939.

[466] Vgl. AA, Dokumente, S. 32, Bericht Raczynskis an Beck vom 29. März 1939.

[467] Vgl. AA, Dokumente, S. 32, Bericht Raczynskis an Beck vom 29. März 1939.

[468] Vgl. AA, Dokumente, S. 36, Bericht Raczynskis an Beck vom 26. April 1939.

Polen fortgesetzt seine Entschlossenheit gegenüber Deutschland betonte, forderte Kennedy vom polnischen Botschafter im weiteren und betonte noch einmal das Stichwort Danzig. Die aktuelle amerikanische Position konnte damit als geklärt gelten: Polen sollte jede Verhandlung mit Deutschland über den Status der Freien Stadt zurückweisen und Danzig gegebenenfalls zum Kriegsgrund werden lassen. Die englische Regierung hatte sich dieser Haltung unbedingt anzuschließen und sollte dann von Polen in den Krieg „gezogen" werden. Zwei Tage später war es bekanntlich so weit. Am 31. März verkündete Neville Chamberlain die bedingungslose Allianz mit Polen,[469] die auch für den Fall eines polnischen Angriffs auf Deutschland galt oder auch für den Fall einer Besetzung Danzigs durch Polen, aus der sich dann ein Krieg entwickeln sollte. Über der Polenfrage sollte Deutschland in die Knie gezwungen werden.[470]

Chamberlain zeigte sich nachvollziehbarerweise wenig begeistert über eine politische Konstellation, die seinen außenpolitischen Kurs ebenso massiv wie politisch fast unangreifbar bekämpfte. Der Premier selbst sollte später angeblich gegenüber Joseph Kennedy behaupten, „Amerika und die Weltjuden" hätten England 1939 in den Krieg gezwungen.[471] Kennedy stellte dies 1945 als ein Ergebnis der von Roosevelt vertretenen Ansichten dar, die ihm eben durch William Bullitt nahegelegt und dann von Bullitt in Europa durchgesetzt worden seien. Ohne diesen amerikanischen Druck hätten laut Kennedy weder Frankreich noch England die Polenfrage zum möglichen Kriegsgrund werden lassen. Wir kommen an dieser Stelle noch einmal darauf zurück, denn wir nähern uns dem Zeitraum, in dem diese Fragen besonders akut wurden. Es gibt eine weitere ganz unabhängige Bestätigung für Bullitts Auftreten in dem eben gesehenen, später von Kennedy beschriebenen und von Chamberlain beklagten Sinn. Am 14. Januar 1939, Bullitt war noch in den USA und traf Vorbereitungen für seine Rückkehr nach Paris eine Woche später, hatte er ein Gespräch mit Graf Jerzy Potocki, dem polnischen Botschafter in Washington. Bullitt hatte genaue Anweisungen, meldete Potocki. In Washington waren die Würfel gefallen:

---

469 Interessanterweise informierte Chamberlain vor dieser Erklärung die sowjetische Regierung, wie John Simon am 13. April 1939 vor dem Unterhaus erklärte. Vgl. AA, Dokumente, S. 36, Bericht Raczynskis an Beck vom 26. April 1939.

470 In seinen Memoiren erwähnte Raczynski diese Vorgänge nicht und schrieb statt dessen: „Ich weiß nicht, wie die britische Regierung zu der Erkenntnis kam, die Situation sei reif für eine solche Garantie." Zit. n. Raczynski, London, S. 12.

471 Vgl. Forrestal, Diaries, S. 122.

„Aus der Unterhaltung mit Bullitt hatte ich den Eindruck, daß er vom Präsidenten Roosevelt eine ganz genaue Definition des Standpunktes erhalten hat, den die Vereinigten Staaten in der heutigen europäischen Krise einnehmen. Er soll dieses Material am Quai d'Orsay vortragen und soll auch in seinen Unterredungen mit europäischen Staatsmännern davon Gebrauch machen. Der Inhalt dieser Direktiven, die mir Bullitt im Laufe seiner halbstündigen Unterhaltung anführte, ist wie folgt: 1. Eine Belebung der Außenpolitik unter Führung des Präsidenten Roosevelt, der scharf und unzweideutig die totalitären Staaten verurteilt. 2. Die Kriegsvorbereitungen der Vereinigten Staaten zur See, zu Lande und in der Luft, die in beschleunigtem Tempo durchgeführt werden und die kolossale Summe von 1.250.000.000 Dollar verschlingen. 3. Die entschiedene Ansicht des Präsidenten, daß Frankreich und England jeder Kompromißpolitik mit den Totalstaaten ein Ende machen müssen. Sie sollen auf keine Diskussion mit ihnen eingehen, die irgendwelche Gebietsveränderungen bezweckt. 4. Eine moralische Versicherung, daß die Vereinigten Staaten die Isolationspolitik verlassen und bereit sind, im Falle eines Krieges aktiv auf seiten Englands und Frankreichs einzugreifen. Amerika ist bereit, sein ganzes Material an Finanzen und Rohstoffen zu ihrer Verfügung zu stellen.“[472]

Dies ist Punkt für Punkt eine Bestätigung dessen, was Chamberlain und Kennedy dazu später gesagt haben. Auf Potockis neugierige Frage, welches „Horoskop“ Bullitt angesichts dieser revolutionären Umstellung der amerikanischen Außenpolitik für das laufende Jahr 1939 erwarte, sprach Bullitt von einem möglichen französisch-italienischen Krieg, in dem Deutschland wohl neutral bleiben würde – denn es sei Hitler klar, daß ansonsten ein Weltkrieg ausbrechen würde. Nachdem er auf diese Weise bestätigt hatte, daß man in Washington für 1939 nicht mit deutscher Kriegslust rechnete – auch dies stimmt mit Kennedys Schilderung überein –, ging Bullitt zum Thema Polen über.

„Er erklärte dabei, daß die polnische Außenpolitik unter der vorzüglichen Leitung des Herrn Ministers [d.h. Beck, d. Verf.] *eine Prüfung ihrer Zweckmäßigkeit bestanden hätte: Aus der vorjährigen Herbstkrise wäre Polen nicht nur mit der Waffe in der Hand, sondern als Sieger hervorgegangen.“*[473]

„Jetzt“, so Bullitt, würde das Deutsche Reich keinen Angriff auf Osteuropa unternehmen, denn Polen sei zu stark. Die Sowjetunion dagegen schien für ihn irrelevant zu sein. Für 1940 sehe er jedoch ei-

[472] Bericht von Potocki an Josef Beck, 16. Januar 1939, zit. n. AA, Polnische Dokumente, S. 17.

[473] Ebd.

nen deutschen Versuch voraus, „seinen Plan mit der Ukraine durchzuführen“. Da war er wieder, der auch von Winston Churchill so gern verbreitete, angebliche deutsche Plan mit der Ukraine – auch wieder eine Bestätigung von Kennedys späterer Wiedergabe der Dinge. Potocki interessierte sich nicht dafür, er fragte aber nach naheliegenden Dingen. Bullitt hatte ihm gerade unverblümt einen deutschen Angriff auf Polen angekündigt und ihm zugleich mit dem Lob der polnischen Stärke geschmeichelt. Nun wollte Potocki dermaßen ermutigt wissen, „ob die Westmächte in diesem Fall [also dem deutschen Marsch nach Osten, der zwangsläufig über Polen führen mußte, d. Verf.] aktiv auftreten und ob sie das Reich zum angeblichen Schutz der Sowjetunion angreifen würden“. Was hier erfragt wurde, war nicht viel weniger als ein Bündnis mit Polen. Der Lenker der amerikanischen Außenpolitik in Europa, frisch versehen mit den neuesten Direktiven des Präsidenten für ein kompromißloses Auftreten gegenüber den totalitären Staaten, wurde gefragt, ob die USA an der Seite Polens in den Krieg ziehen würden. Bullitt sagte diplomatisch verklausuliert „ja“ – und dies gleich verbindlich für den ganzen Westen:

> *„Bullitt antwortete, daß die demokratischen Staaten ein für allemal alle imaginären bewaffneten Interventionen zum Schutz irgendeines Staates, der zum Opfer eines deutschen Angriffs werden sollte, aufgegeben hätten.“*[474]

Imaginär würde nichts mehr sein – es wurde ernst. Diese explosiven Direktiven Präsident Roosevelts hatten offenbar sowohl außen- wie innenpolitische Gründe. Roosevelt verkörperte zu dieser Zeit den US-amerikanischen Anspruch darauf, die Maßstäbe der Weltpolitik vorzugeben. In der so verstandenen internationalen Szenerie sollte für den hergebrachten europäischen Imperialismus kein Platz sein und daher auch nicht für die territorialen Geschäfte, mit denen die Regierungen der beiden Westmächte gegenüber den aufkommenden „Havenots“ Italien, Japan und Deutschland operierten. Hier unterschied sich die Motivlage der USA gegenüber den einzelnen Staaten nicht. Im Fall Deutschlands kam die Judenpolitik der NS-Regierung dazu, die seit Jahren auf inneramerikanischen Widerstand stieß. Dazu gesellten sich mit einiger Wahrscheinlichkeit wirtschaftliche Motive. Im Lauf des Jahres 1938 hatte die „Roosevelt-Rezession“ beinahe jeden wirtschaftlichen Erfolg der ebenfalls von ihm verantworteten „New Deal“-Ära wieder zerstört. Hier brachte die Ankündigung eines massiven Aufrüstungsprogramms in jedem Fall einen Be-

[474] Ebd.

freiungsschlag für die amerikanische Konjunktur. Hierfür setzte sich unter anderem der US-amerikanische Großfinanzier und Präsidentenberater Bernard Baruch ein, der die erneute Aufrüstung befürwortete und während des Ersten Weltkriegs bereits einmal de facto die Leitung der amerikanischen Industrie in seiner Person versammelt hatte.[475] Zu den Namen, die in diesem Zusammenhang ebenfalls genannt wurden, gehörte Felix Frankfurter, dessen Berufung an das Oberste Gericht am 5. Januar 1939 von Roosevelt öffentlich bekanntgegeben wurde. Er gehörte zu der innenpolitischen Prominenz, in der sich mehrere Motive bündelten, die zu einer besonders gegen das nationalsozialistische Deutschland gerichteten Politik führen mußten.

Unter diesen Umständen durfte die polnische Politik auf den lange erwarteten antideutschen Kurswechsel der beiden europäischen Westmächte hoffen, wurde er doch offenkundig von Washington aus gefördert. Zusammen mit den neuen Entwicklungen, die Minister Beck auf seiner wenige Tage zurückliegenden Rundreise über die französische Riviera, Genf und das deutsche Berchtesgaden beobachtet hatte, schien es geboten, von Deutschland abzurücken. Der endgültige Anschluß der polnischen Politik an den Westen deutete sich auch öffentlich früh an. Am 4. März 1939 berichtete die tschechische Botschaft über einen großen Artikel in der Londoner „Times", der die beschlossene Politik Großbritanniens in Mitteleuropa nach Meinung der Botschaft offen beschrieb:

> *„Das Bestreben der britischen Politik, einen Keil in die Berechnungen der Großmächte der Achse sowie in den mitteleuropäischen und den Balkansektor zu treiben, wird in keiner Weise verschleiert. Die britische Darlegung knüpft dort an die Warschauer Verhandlungen und die polnische Kolonialforderung an, welche sie wohl anerkennt, aber zugleich bremst sie durch Aufstellung des Selbstbestimmungsprinzips der farbigen Völker Afrikas den Auftrieb des Kolonialgedankens, so wie er zwischen Berlin und Rom aufgewirbelt wurde und dem auch Warschau sein Antlitz zuwendet."*[476]

Nun hatte Minister Halifax die erhobenen Kolonialforderungen Becks zunächst einmal abgelehnt, und daß nun gerade die Londoner Regierung mit der Annahme des Selbstbestimmungsrechts für die Kolonien das Ende ihres eigenen Kolonialreichs betreiben würde, konnte eigentlich nur ein Gerücht sein. Aber immerhin erschien es

[475] Vgl. Wigoder, Encyclopedia, S. 119, Artikel über Baruch.

[476] Zit. n. Kral, Abkommen, S. 348, Bericht aus London nach Prag vom 4. März 1939.

der Öffentlichkeit und auch den führenden Kreisen in Polen so, als sei hier etwas zu verhandeln. Man konnte das von außen aber auch als Köder für Polen sehen.

> *„Die ‚Times' setzen dieses Symptom* [sic] *aus mehreren Gründen in Gang, an erster Stelle deswegen, um Warschau mit der Gesamtstimmung Londons bekannt zu machen und so den Manövrierraum Oberst Becks zu erweitern.*
> *Überhaupt wächst durch den Besuch Oberst Becks das entscheidende Schicksal des Prozesses in Mitteleuropa in eine bestimmte Höhe empor, denn – wie wiederum hiesige polnische Kreise andeuten – der polnische Staatsmann wird sich bemühen, den Grundstein zum Ausbau der Großmachtposition des polnischen Staates und zur Garantie zu legen, daß Großbritannien nicht besonders gleichgültig bliebe, wenn sich das polnisch-deutsche Verhältnis verschlechterte."*[477]

Am 25. März 1939 erhielt die Dienststelle Ribbentrop schließlich den Bericht eines Schweizer Gewährsmanns aus der polnischen Botschaft, wonach die Stimmung dort schlecht und negativ sei. Man spreche davon, die bisherige Gleichgewichtspolitik jetzt ganz aufzugeben und auf der bevorstehenden Reise Becks nach London vor allem auf Druck der polnischen Armee eine Westbindung einzugehen, aber nur wenn „ganz bestimmte und feste Garantien von England und Frankreich" zu erhalten seien. „Offenbar ist an Garantien militärischer Art gedacht."[478] Offenbar waren diese Garantien aber auch solche des territorialen Erwerbs. Dies meinte schließlich Heinrich Brüning in Erfahrung gebracht zu haben. Den Kontakt zu Churchill hatte er im Frühjahr 1939 abgebrochen, denn „aus seinen Reden und aus allem, was ich nach meiner Rückkehr gehört hatte, erkannte ich, daß ich die Admiralität und die Gruppe um Churchill nicht daran hindern konnte, den Krieg um jeden Preis zu befürworten".[479] Dies hing offenkundig auch mit einer Information über britische „Garantien" zusammen, die er zu dieser Zeit bekam und die den englischen „Blankoscheck" für einen polnischen Angriff auf Deutschland in einem neuen Licht erscheinen läßt. Erst gegen Kriegsende gab Brüning sie in mehreren Privatbriefen preis, so etwa in einem Schreiben an Jakob Goldschmidt vom 7. März 1945:

> *„Zusätzlich erfuhr ich vor dem Kriegsausbruch von einem Abkommen zwischen der britischen und der polnischen Regierung über die Ab-*

[477] Ebd.

[478] Vgl. PA AA R 27902, Bl. 29285, nicht unterzeichneter Bericht vom 25. März 1939.

[479] Notiz Brünings über „Eindrücke in England", März 1939, zit. n. Brüning, Briefe, I, S. 233.

trennung Ostpreußens und anderer Teile Ostdeutschlands; und ich machte es völlig klar, daß dies jede Aktivität von meiner Seite ausschließen würde und ich nicht bereit wäre, irgendeinen Friedensvertrag mit diesen Bedingungen zu unterschreiben."[480]

In gleichem Sinn schrieb er später auch resigniert an Arnold Brecht:

„Glauben Sie, irgend jemand von uns hätte nach dem Sommer 1940 etwas an der Tatsache ändern können, daß Polen den Krieg wegen des im Frühjahr 1939 gegebenen Versprechens der englischen Regierung riskiert hatte, nicht nur Ostpreußen, sondern auch Oberschlesien zu erhalten?"[481]

Ob Neville Chamberlain ein solches Abkommen selbst unterzeichnet hat, oder ob es sich bei den von Brüning angesprochenen Regierungskreisen um Churchill und die Admiralität handelte, denen er attestierte, den Krieg um jeden Preis zu wollen, läßt sich bisher nicht feststellen. Vor allem die erste Möglichkeit erscheint zudem recht unwahrscheinlich zu sein. Tatsächlich könnten solche Gerüchte auch gestreut worden sein, um die in Deutschland selbst innerhalb der politischen Führung präsenten Teilungsängste zu nutzen.[482]

Daß die polnische Regierung den Krieg von 1939 zuletzt aktiv anstrebte und sich davon einen Gewinn in Form von Land und Rechten in Ostdeutschland versprach, ist durch Äußerungen polnischer Politiker, die enge Zusammenarbeit des Londoner Botschafters Raczynski mit der Churchill-Gruppe, die Ablehnung der mehrfach angebotenen Verhandlungen auf Basis einer deutschen Garantie der bestehenden Grenzen und die entsprechende Propaganda in Polen selbst hinreichend belegt. Nach dem polnisch-britischen Garantieabkommen vom April waren öffentlich und von prominenten Persönlichkeiten Forderungen nach der Oder-Grenze erhoben worden.[483] Auch die noch vorhandenen deutschen Minderheiten wurden noch schlechter behandelt als zuvor.[484] Der im Juni 1939 nach einer Rundreise durch

[480] Brüning an Goldschmidt, 7. März 1945, Privatbesitz Nix, hier zit. n. Volkmann, Brüning, S. 339.

[481] HUG FP 93.10, Box 4, File: Arnold, Clara Brecht. Brüning an A. Brecht, 2. September 1946, S. 1, hier zit. n. Volkmann, Brüning, S. 339.

[482] Die aktuellen polnischen Teilungspläne in bezug auf Deutschland seien „nur als Ausdruck krankhafter Entartung der Vernunft" zu betrachten, äußerte Hitler am 8. August 1939 gegenüber dem ungarischen Außenminister Csaky. Vgl. ADAP, D, VI, Dok. 784, S. 918.

[483] So am 2. April von M. Kowalski, einem führenden Nationaldemokraten, bei einer Rede in Lodz. Vgl. DBFP, III., Vol. V, Doc. 33, S. 69, 8. April 1939.

[484] Außenminister Halifax warnte den polnischen Botschafter am 12. April 1939 davor, wegen des neuen Abkommens jetzt Verhandlungen mit Deutschland generell zu verweigern oder die deutsche Minderheit zu traktieren, wofür er Indizien habe. Vgl. DBFP, III., Vol. V, Doc. 50, S. 99, Gespräch Halifax–Raczynski.

Polen vorgelegte Bericht der britischen Diplomaten Gladwyn Jebb und William Strang über die polnischen Absichten erfaßte nach zahlreichen Gesprächen mit der polnischen Führungsschicht die Dimension der polnischen Pläne hinsichtlich Ostpreußens und der Odergrenze ebenfalls:

> *„Im allgemeinen schien man zu glauben, daß Deutschland in zwei oder mehrere Teile zerstückelt werden müsse und daß der größere Teil aus einem südlichen und katholischen Block bestehen solle, vielleicht unter dem Erzherzog Otto.*[485] *Auf jeden Fall scheint man allgemein anzunehmen, daß Ostpreußen von Polen annektiert wird. Der stellvertretende Leiter der Ostabteilung des Außenministeriums sagte tatsächlich, daß dies der endgültige polnische Plan sei."*[486]

Neben diesem „endgültigen" Plan hatten die beiden Briten aber noch mehr erfahren, darunter etwas, das Jebb seinen Vorgesetzten in London wenige Zeilen später in aller Vorsicht präsentierte:

> *„Wenn ich nicht irre, gibt es noch einen größeren und verschwommeneren Plan für Polens Zukunft nach einem siegreichen Krieg gegen Deutschland. Das ist die Konzeption eines föderalistischen Polens einschließlich Litauens mit einer Art Autonomie für die Ruthenen. Nach dieser Vision würde Warschau das Zentrum eines riesigen Agglomerats sein, dessen westliche Grenzen fast bis zur Oder ausgreifen würden und dessen südliche Grenzen an ein neu aufgebautes Ungarn reichen könnten."*

Groß und verschwommen mochten diese Ambitionen aus Sicht des britischen Foreign Office wirken. Man hatte sich dort nie richtig mit dem gedanklichen Hintergrund des neuen Polen auseinandergesetzt. Wie gesehen, gehörten solche Ansprüche zu dieser Zeit seit Jahrzehnten für wichtige Personen in Politik und Gesellschaft zum Standard polnischen Selbstbewußtseins. Jetzt schien die Zeit für die Umsetzung gekommen. Edward Raczynski, der die Geschäfte der Republik Polen in London zu vertreten hatte, hatte jedenfalls sicher einen guten Grund für seine Erleichterung, als 1940 das erste deutsche Weißbuch mit „polnischen Dokumenten zur Vorgeschichte des Krieges" veröffentlicht wurde. Die Dokumente seien „unzweifelhaft echt". Er habe sie „mit einigen Befürchtungen gelesen, aber sie enthielten nichts, was mich oder die Botschaft kompromittieren" könnte, notierte er in seinem Tagebuch. Die „Aktion Künsberg", mit der das Auswärtige Amt

[485] D.h. Otto v. Habsburg (1912–2011), Oberhaupt des Hauses Habsburg und Erbe des 1918 gestürzten Kaisers von Österreich.

[486] Bericht von Gladwyn Jebb, 6. Juni 1939, FO 371/23020, hier zit. n. Ribbentrop, Geheimdokumente, S. 289.

den Dingen in Warschau und anderswo nachspürte, hatte nur einen Bruchteil der Dokumente zur polnischen Außenpolitik sicherstellen können. Sie erbrachten allerdings den beachtenswerten Nachweis, daß amerikanische Regierungsvertreter gegenüber polnischen Kollegen einen Kriegskurs gegen Deutschland bis hin zum eigenen Kriegseintritt überdeutlich angekündigt und befürwortet hatten.[487]

Wie peinlich es den polnischen Verhandlungsführern war, einen Grund für die Ablehnung von Ribbentrops Vorschlägen zu finden, läßt sich auch der Tatsache entnehmen, daß die Existenz dieser Vorschläge und ihr Inhalt vom Warschauer Außenministerium glatt abgeleugnet wurden, als Hitler sie im April 1939 öffentlich gemacht hatte. Frankreichs Botschafter Leon Noël erkundigte sich dort und meldete am Tag nach Hitlers Rede nach Paris:

> *„Im* [polnischen] *Auswärtigen Amt wird behauptet, die Deutsche Regierung habe im Gegensatz zu den Erklärungen des Reichskanzlers Polen weder eine Verlängerung des Nichtangriffspaktes noch eine Garantie der slowakischen Selbständigkeit durch Deutschland, Polen und Ungarn vorgeschlagen."* [488]

Es wurde gegenüber den französischen Diplomaten in der deutschen und der polnischen Hauptstadt zu dieser Zeit vieles behauptet, was nicht stimmte, aus dubiosen Quellen kam und dennoch in den Berichten nach Paris auftauchte.

Josef Beck zeigte sich insgesamt stolz auf dieses Ergebnis und die Lage im Frühjahr 1939. Er war davon überzeugt, einen bedeutenden Schritt getan und im Sinn des Pilsudski'schen Erbes gehandelt zu haben. Sein politischer und persönlicher Freund Walery Sławek sah dies auf dramatische Weise anders. Seit Pilsudskis Tod und seinem eigenen gescheiterten Versuch, danach das ihm schon zugesagte Amt des Staatspräsidenten zu übernehmen, hatte die politische Entwicklung Sławek im Regierungslager zusehends isoliert. Unter dem Eindruck der jetzigen außenpolitischen Ereignisse beging er am 2. April

[487] Eine volle Auswertung des in Polen erbeuteten Materials erfolgte offenbar nicht, wahrscheinlich wegen der Kriegsbedingungen. Nach 1945 wurde das Material in Deutschland dann von den US-Behörden beschlagnahmt und vom State Department im Jahr 1949 den National Archives übergeben, wobei es ausdrücklich zu den Bedingungen gehörte, daß die Akten in keinem Findbuch auftauchen sollten, ihre Existenz nicht öffentlich bestätigt werden sollte und sie niemandem zugänglich sein sollten, weder Offiziellen noch Privatpersonen. Dies geschah. Am 21. April 1992 wurden die Akten dann, nachdem sie verfilmt worden waren, in Anwesenheit des US-Vizepräsidenten Dan Quayle der nachkommunistischen polnischen Regierung übergeben. Sie sollen in den National Archives unter der Signatur M1751 heute zugänglich sein. Vgl. Eckert, Archivgut, S. 221.

[488] Zit. n. Gelbbuch, Dok. 111, S. 144, Meldung Noëls an Bonnet aus Warschau vom 29. April 1939.

1939 Selbstmord.[489] Um ein Zeichen zu setzen, was sein politisches Motiv war, erschoß er sich exakt zu Pilsudskis Todeszeitpunkt um 20.45 Uhr vier Jahre vorher und mit einer Pistole, die er 1908 zusammen mit Pilsudski erbeutet hatte.[490] Manche zeitgenössischen biographischen Skizzierungsversuche deuteten an, daß Sławek in einem Leben ohne den Marschall schon die Jahre vorher wenig Sinn gesehen hatte. Andere vermuteten ein politisches Motiv für den Freitod. Es war kein Geheimnis, daß die polnische Führung aus Sławeks Sicht Pilsudskis früheren Kurs gründlich mißverstanden hatte – und so wurde dieser Schritt damals bei vielen als eine finale politische Demonstration in diesem Sinn verstanden.

Der offen antideutsche Kurs

„Die wilden Artikel über ‚geschlossen siedelndes Polentum in Deutschland', die Blätter wie der IKC[491] losgelassen haben, sind insofern bezeichnend, als der Pole, wenn er kann, von deutschem Gebiet rauben wird, was er rauben kann. In dieser Beziehung habe ich in letzter Zeit auch von sonst ruhigen, urteilsfähigen Polen erstaunliche Eröffnungen gehört, in dem Sinne, daß Polen sich doch gegen ‚eine Wiederholung der deutschen Gefahr' durch Einverleibung von Ostpreußen und Deutschoberschlesien ‚sichern' müsse."

Bericht der Dienststelle Ribbentrop (Mai 1939)[492]

Für die Annahme des britischen Garantieangebots hatte Beck nach eigener Aussage nicht länger gebraucht, als man benötige, um die Asche von einer Zigarettenspitze wegzuschnippen.[493] Dies war folgerichtig, sowohl wegen der unmittelbaren Vorgeschichte dieses Angebots, das ja von Polen selbst ins Gespräch gebracht worden war, als auch aus mehrjähriger Perspektive. Seit Jahren hatte Beck darauf gewartet, daß der Westen gegen Deutschland Position bezog. „Im Frieden mit Hitler, im Krieg gegen ihn", hatte er als Parole im Vorjahr während der Tschechoslowakei-Krise ausgegeben. Nun war Krieg in

489 Vgl. Roos, Polen, S. 225.

490 Vgl. Watt, Glory, S. 368.

491 Ilustrowany Kuryer Codzienny (Illustrierter Tageskurier), eine polnische Tageszeitung und gleichzeitig ein Zeitungsverlag mit einer Auflage von 400.000 Exemplaren unterschiedlicher Blätter pro Tag.

492 Zit. n. PA AA, R 27 118/279 696, Bericht vom 2. Mai 1939.

493 Vgl. Fest, Hitler, S. 792.

Sicht. Es gab in London wichtige Kreise, die ihn „um jeden Preis" wollten, und diese Kreise winkten anscheinend mit der Bereitschaft, Polen gegebenenfalls für die Rolle des Mitauslösers angemessen zu belohnen. Natürlich war damit aber noch nicht alles gewonnen. Den vollen Gewinn aus dieser Situation konnte nur eine deutsche Niederlage und also ein bewaffneter Konflikt bringen, der einen gewissen Umfang erreichen würde. Dafür galt es, die eventuell noch kompromißbereiten Regierungskreise in London und Paris an – aus polnischer Sicht – faulen Kompromissen auf Kurs zu bringen. „Maßvolle" deutsche Forderungen konnten hier gefährlich sein. Aus diesen Gründen sorgte Beck dafür, daß die deutsch-polnischen Gesprächsinhalte des Herbstes möglichst nicht bekannt wurden.

Internationale Politik ist stets ein Netz aus Wechselwirkungen. Wir haben gesehen, daß Großbritanniens Außenminister im März 1939 die polnische Unterstützung gern für einen erfolgreichen Krieg gegen Deutschland nutzen wollte. In der englischen Armeeführung und Diplomatie kursierten in der Tat ebenfalls Überlegungen, ob es angesichts des sicher erwarteten Krieges zwischen Deutschland und Polen nicht besser wäre, ihn durch eine gezielte Provokation zum jetzigen Zeitpunkt im April 1939 auszulösen.

> *„Während meines Aufenthalts in Warschau zeigte mir der* [britische] *Botschafter eine Nachricht, die er gerade aus Berlin erhalten hatte und in der die Meinung vertreten wurde, es sei jetzt eine gute Gelegenheit für einen Präventivkrieg gegen weitere deutsche Vorhaben gegeben und es wäre sogar zu unserem Vorteil, einen solchen Krieg zu provozieren."*[494]

John Vachell, der englische Militärattaché vor Ort, lehnte die gezielte Provokation eines Krieges ab, als ihm dieser Vorschlag seines Berliner Kollegen unterbreitet wurde, allerdings eher aus technischen Gründen. Der Krieg selbst sei unvermeidlich, das seien seine Eindrücke über die Situation in Polen:

> *„Der Botschafter fragte mich, ob ich diese Ansicht teile, und ich mußte ihm erklären, daß ich vom Standpunkt der Luftstreitkräfte aus im Gegenteil völlig dagegen sei. Ich denke, Sie werden erfreut sein, meine Gründe für die Zurückweisung des Standpunkts der Armee zu erfahren, aber es scheinen mir diese Differenzen offen gestanden relativ unwichtig zu sein. Nach allem, was ich während meines Aufenthalts hier gehört und gesehen habe, wird es in nächster Zukunft so oder so einen Zusammenstoß zwischen Deutschland und Polen in der Korridor- und Danzig-Frage geben."*[495]

---

[494] Zit. n. DBFP, III., Vol. V, Doc. 51, S. 100, 6. April 1939, Ogilvie-Forbes an Strang.

[495] Ebd.

Deshalb und weil Deutschland den gegenwärtigen Rüstungswettlauf mit Großbritannien und Frankreich in jedem Fall verlieren werde und auch weil eine Provokation nur die Deutschen hinter ihrem ungeliebten Regime vereinen würde, wäre es nicht im englischen Interesse, diesen Krieg jetzt zu provozieren.

> *„Ohne hier zu viel in die Details gehen zu wollen, weise ich darauf hin, daß es zum Allgemeinwissen gehört, wie sehr die gegenwärtige deutsche Politik die Finanzen des Landes belastet.* [...] *Es wäre dumm von uns, diesen Wettlauf, den Deutschland offensichtlich verlieren muß, durch die Provokation eines Krieges abzubrechen, der tatsächlich die einzig mögliche Chance für Deutschland darstellt, aus dieser Situation herauszukommen.*
>
> *Aus Sicht der Armee mögen die wichtigen Faktoren tatsächlich solche der Kopfzahlen und der Länge möglicher zu verteidigender Grenzen sein, so daß ein Krieg jetzt provoziert werden sollte, aus Sicht der Luft wäre die Fortsetzung des Wettbewerbs vorteilhaft. Sicher gibt es auch starke Argumente dafür, Deutschland in einen Krieg zu verwickeln, bevor es die Lage in den neu erworbenen Gebieten* [Österreich, Sudetenland und Protektorat Böhmen-Mähren] *stabilisiert hat oder es dort oder aus weiteren Teilen Südosteuropas wirtschaftliche Vorteile herausziehen kann.* [...] *Wenn wir einen Krieg provozieren, würden wir genau das tun, was die Bevölkerung einzig und allein fest hinter dem gegenwärtigen Regime vereinen kann.“*[496]

Unter diesen Umständen mußte also noch etwas gewartet werden, bis die Zeit für einen offenen und gegebenenfalls provozierenden Kurs gegen Deutschland gegeben war. Interessant ist an dieser Stelle auch der Hinweis auf die gerade jetzt gegebene Überlegenheit der Alliierten im Bereich der Bodentruppen („Kopfzahlen“). England hatte so gut wie keine eigenen Bodentruppen, und Frankreichs Armee stand nicht für eine Offensive bereit. Das ganze Memorandum von März/April 1939, das ja zwischen den englischen Botschaften in Berlin und Warschau hin- und hergeschickt wurde, kann daher kaum ohne Kontakt mit polnischen Stellen entstanden sein, denn niemand anders als Polen mußte ja schließlich die hier erwähnten Bodentruppen für eine solche Operation sehr schnell bereitstellen und daher in eine geplante Provokation auch eingeweiht sein. Daß Polen zu einem solchen Schritt bereit war, bezweifelte keiner der Autoren. Es stellte ja eine lange Tradition dar, daß die Mehrheit des polnischen Offiziers-

[496] Zit. n. DBFP, III., Vol. V, Doc. 51, S. 103, 6. April 1939, Ogilvie-Forbes an Strang, mit einem angehängten Memo von Vachell.

korps zu einem Angriff auf Deutschland jederzeit bereit war. Nun schien die Stimmung endgültig gegeben zu sein.

In der deutschen Presse fand der neue Ton aus dem Osten ein Echo. Insbesondere die demonstrativ starken öffentlichen Äußerungen bekannter Persönlichkeiten, verbunden mit weitgehenden Ansprüchen, wurden registriert.

> *„Die pommerellische Bezirksvereinigung des polnischen Westverbandes hat im Rahmen einer vom 15. April bis 22. April durchgeführten Propagandawoche ein Flugblatt verbreitet, im dem es u.a. heißt: ‚Denke an die polnischen, vom Mutterland abgetrennten Gebiete: an Marienburg, an das Ermland, an Masuren, an die Kaschubei, an das Posener Grenzgebiet und an das Oppelner Schlesien!' Es verdient festgehalten zu werden, daß dem ‚Ehrenkomitee', das für diesen Aufruf letztlich verantwortlich ist, eine große Anzahl politisch führender Männer angehört, so vor allem der stellvertretende Ministerpräsident Kwiatkowski,[497] der Kriegsminister Kasprzycki, der Kattowitzer Wojewode Grażynski, der Oberste Staatsanwalt Bninski,[498] der Pelpliner Bischof Okoniewski, der Bischof der Evangelischen Kirche Augsburgischen Bekenntnisses Bursche[499], der Vizeminister Piasecki u.a.m."*[500]

Pilsudski hatte zehn Jahre zuvor gegenüber Gustav Stresemann diejenigen als „Narren" tituliert, die öffentlich den Anschluß zum Beispiel Ostpreußens an Polen forderten. Im Frühjahr des Jahres 1939 gehörte auch diese Forderung zu dem, was aus regierungsnahen Kreisen zu hören war. Der polnische Journalist Kaziemierz Smogorzewski, Berliner Korrespondent der „Gazeta Polska" und als „persönlicher Freund Becks sozusagen Offiziosus des polnischen Außenamts", gab nach einer Warschaureise im Mai 1939 in Berlin vor ausländischen Journalisten dieser Stimmung durch radikale Äußerungen beredten Ausdruck, darunter diejenige,

> *„[…] daß Polen zwar an sich den Krieg nicht wolle, ihn aber auch nicht zu scheuen brauchte, denn Polen werde ihn mit seinen mächtigen Verbündeten am Ende doch gewinnen, und dann allerdings werde das Korridorproblem radikal gelöst werden durch die Einverleibung Ost-*

---

[497] Eugeniusz Kwiatkowski, (1888–1974), Dipl.-Ing., 1926 bis 1930 Minister für Handel und Industrie; 1935–1939 stellv. Ministerpräsident und Finanzminister, maßgeblich verantwortlich für den neuen Hafen von Gdingen.

[498] Gemeint möglicherweise Senatsmitglied Adolf Bninski.

[499] Juliusz Bursche (1862–1942), Sohn eines eingewanderten deutschen Textilarbeiters; als Geistlicher stark um die Polonisierung der evangelischen Kirche im Land bemüht, von der sich deshalb im Frühjahr 1939 eine eigene Deutsche Evangelische Kirche in Polen abspaltete. 1939 vom deutschen SD verhaftet, unter unklaren Bedingungen 1942 in Haft gestorben.

[500] Zit. n. Ostland 1939, S. 197, 1. Mai 1939.

preußens in Polen. Selbst die Ausländer sind darüber betroffen gewesen, daß sich ein offiziöser polnischer Journalist zu einer solchen Äußerung hinreißen ließ. Man spricht daher viel darüber."[501]

Eine diplomatische Tour d'horizon im Frühjahr 1939 erfüllte Josef Beck insgesamt offenkundig mit Stolz. Alle Trumpfkarten glaubte er in seiner Hand versammelt, wie er sich am 24. März ausgedrückt hatte. Polen war formal in die erste Reihe der internationalen Diplomatie aufgerückt. Seine Politik genoß das Wohlwollen der Vereinigten Staaten und konnte – den offiziellen Signalen nach – auch auf die wohlwollende Neutralität der UdSSR rechnen. Es konnte sich formal sogar als Garantiemacht des britischen Empire betrachten und seine Politik auf verbindliche Zusagen der beiden europäischen Westmächte stützen, was – deren Überseeimperien mitgerechnet – insgesamt buchstäblich die Unterstützung der halben Welt und die Billigung der anderen Hälfte bedeutete. Im Gegensatz dazu stand das Deutsche Reich international ohne festen Bündnispartner da. Alle Versuche der Berliner Politik, daran etwas zu ändern, waren erfolglos geblieben, auch in Warschau selbst. Was die scheinbar einzige Ausnahme Italien betraf, so konnte Polens Botschafter aus Rom trotz der nach außen festen Verbindung der Achsenmächte Deutschland–Italien doch zugleich viel italienisches Wohlwollen für die polnische Sache melden. Die internationale Szene war insgesamt in Bewegung geraten, die Vorhersagen Pilsudskis waren insoweit eingetroffen.

Unter dem Eindruck dieser Ereignisse lieferten sich die künftigen Kriegsparteien Polen und Deutschland Ende April und Anfang Mai 1939 einen öffentlichen Schlagabtausch. Der deutsche Staats- und Parteichef tat dies im Rahmen einer Rede vor dem Deutschen Reichstag, die zugleich als Antwort auf eine Initiative des amerikanischen Präsidenten konzipiert war. Franklin Roosevelt hatte von Deutschland wie von Italien eine Garantie dafür verlangt, daß eine ganze Anzahl ausdrücklich genannter Länder nicht von ihnen angegriffen werden würden. Da in der amerikanischen Liste auch Länder genannt worden waren, die zu diesem Zeitpunkt nicht unabhängig waren, sondern einen Kolonialstatus mit Besatzung durch französische oder britische Truppen hatten, gab dies für Hitler die Gelegenheit, sich über diese Geste des US-Präsidenten zu belustigen. Roosevelt erreichte allerdings dennoch sein politisches Ziel, Deutschland vor der internationalen Öffentlichkeit als potentiellen Aggressor und sich selbst als Garant des Friedens darzustellen.

[501] PA AA 27092, Bl. 29412 f., Bericht vom 16. Mai 1939.

Was Polen betraf, so ging Hitler in der gleichen Rede auf die deutsch-polnischen Gespräche ein, die seit Oktober 1938 geführt worden waren. Er schilderte die dabei vorgebrachten deutschen Positionen und zog letztlich die Schlußfolgerung, daß Polen diese Angebote abgelehnt und durch den Vertragsabschluß mit Großbritannien außerdem den bestehenden polnisch-deutschen Nichtangriffspakt praktisch für nichtig erklärt habe. Er betrachte daher nun seinerseits den deutsch-polnischen Nichtangriffspakt von 1934 und außerdem das deutsch-britische Flottenabkommen von 1935 wegen der Natur der neuen polnisch-britischen Absprachen als überholt und nichtig. Diese Formulierung wird heute meistens mit den Worten wiedergegeben, er habe beide Abkommen „gekündigt", was den Sachverhalt nicht ganz trifft. Immerhin gehörte es zu den Eigenschaften beider internationaler Abkommen, nicht vor Ablauf gekündigt werden zu können, worauf beide angesprochene Parteien in ihren Reaktionen auch hinwiesen. Wenn die deutsche Regierung sich auf den Standpunkt stellte, daß neue Abkommen im Widerspruch zu bereits bestehenden stehen würden, konnte das zunächst nicht mehr als eine einseitige Erklärung bedeuten. Es fiel Josef Beck vor diesem Hintergrund nicht allzu schwer, seine Antwort zu formulieren. Eine Woche später trat er am 5. Mai vor den Sejm und hielt eine mit Spannung erwartete Replik. Zu ihrer Wirkung trug bei, daß es eben gerade Beck war, der diese Ansprache hielt. Das breite Publikum hielt ihn nach seinem jahrelangen Täuschungsmanöver immer noch für einen unsicheren, deutschfreundlichen Faktor in der polnischen Politik.

Mit diesem Vorurteil konnte Beck an diesem Tag aufräumen. Daß dabei die Wahrheit aus rhetorischen Gründen erneut etwas gebogen und der Hintergrund der Ereignisse verschwiegen werden mußten, nahm er in Kauf. Möglicherweise wurde der Text sogar mit einer gewissen heiteren Ironie formuliert. In Anbetracht der damals vorausgegangenen Angriffskriegssondierungen gegen Deutschland nahm sich etwa die Passage, der Vertrag von 1934 sei ein Abkommen „der gegenseitigen Achtung und der gutnachbarlichen Beziehungen" gewesen, das die beiden Parteien von „weitergehenden feindlichen Absichten befreit" habe, wie ein zynischer Scherz aus.[502] Humorig konnte man auch die Äußerung sehen, zu keinem Zeitpunkt habe der Vertrag „in einem die Freiheit unserer Politik einschränkenden Sinne" verstanden werden können.[503] Das stimmte insofern, als Beck sich

[502] Vgl. Polnisches Weißbuch, Dok. 77, S. 114.

[503] Ebd.

von diesem Vertrag zu keiner Zeit von einem militärischen Schlag gegen Deutschland hätte abhalten lassen. Es war zugleich insofern kurios, als kein jemals unterzeichnetes staatliches Abkommen einen anderen Sinn haben konnte, als den Handlungsspielraum der Unterzeichner festzulegen und damit deren Freiheit notwendigerweise einzuschränken.

Was die deutschen Verhandlungspositionen anging, so stellte sich Beck weiterhin auf den auch in London gegenüber der britischen Regierung vorgebrachten Standpunkt, sie seien „in den letzten Besprechungen" nie „in eine konkrete Form gebracht" worden. In Wahrheit waren sie zwar so konkret gewesen, daß man im polnischen Außenministerium schon seit dem vergangenen Herbst über technische Lösungen für die Korridorfrage nachdachte, aber dies wußte weder das polnische noch das internationale Publikum. Beide sollten es auch nicht erfahren. In der Antwortnote, die Beck am gleichen Tag offiziell der deutschen Regierung überreichen ließ, bezog er sich nur auf ein Gespräch zwischen Außenminister von Ribbentrop und Botschafter Lipski vom 21. März 1939.[504] Bei dieser Gelegenheit seien andeutungsweise deutsche Vorschläge formuliert worden, auf die sich die deutsche Regierung jetzt beziehen würde. Die Gespräche, die seit fast einem halben Jahr vor diesem Zeitpunkt geführt worden waren, fanden keine Erwähnung.

Vor dem Hintergrund der jahrelang vorgebrachten Forderungen nach einer gemeinsamen Grenze mit Ungarn – über den Kopf von Slowaken und Ukrainern hinweg – dürfte Beck auch bei seiner weiteren Behauptung innerlich geschmunzelt haben: Es sei „nicht unsere Gewohnheit, aus den Interessen Dritter ein Marktobjekt zu machen",[505] ließ der Minister wissen, der den Londoner Vertragsabschluß wenige Wochen vorher mit Zugeständnissen bei den Themen „Kolonien, Juden und Danzig" hatte verknüpfen wollen. Schließlich sei das deutsche Angebot einer Garantie der bestehenden Grenzen sowieso nichtig, da damit „de jure und de facto" nur anerkannt werde, was „ohnehin unser unanfechtbares Eigentum ist". Im Publikum mochte sich noch mancher an den Stolz Becks erinnern, als er ein Jahr zuvor von Litauen die Anerkennung der dort bestehenden Grenzen erzwungen hatte und damit dessen, was Polen ebenfalls seit fast zwanzig Jahren als „sein unanfechtbares Eigentum" betrachtete.

Weitere Gespräche mit Deutschland seien nur möglich, wenn die Grundsätze „friedliche Absichten" und „friedliche Handlungswei-

[504] Vgl. Polnisches Weißbuch, Dok. 78, S. 120.

[505] Vgl. Polnisches Weißbuch, Dok. 77, S. 117.

sen" beachtet werden würden, schloß der Mann, der die Ankündigung seiner Londonreise wenige Wochen zuvor mit einer umfassenden Mobilmachung der polnischen Armee hatte begleiten lassen. Frieden um jeden Preis könne es nicht geben: „Im Leben der Menschen, der Völker und der Staaten gibt es nur ein Gut, das keinen Preis hat: die Ehre!"[506]

Mit diesen Worten schloß Beck und konnte den Jubel genießen. Er hatte den Ton getroffen, den das Publikum hören wollte. Frankreichs Botschafter Leon Noël war Zeuge:

> *„Als er von der Tribüne herabstieg, jubelten ihm alle Mitglieder des Sejm lange stehend zu; die Mitglieder der Regierung und das Publikum der Tribünen beteiligten sich an dieser Kundgebung. Gewisse Mitglieder des diplomatischen Corps, fortgerissen von dem allgemeinen Elan, glaubten das Recht zu haben, auch ihrerseits dem Außenminister ihre sichtbare Ermutigung geben zu dürfen. Alle anwesenden Polen bebten in starker patriotischer Bewegung und brachten durch ihre Begeisterung die Entschlossenheit der ganzen Nation zum Ausdruck. Einige Zwischenrufe hatten gleichzeitig gezeigt, daß wenigstens einige Abgeordnete die Illusionen der Masse über die wirklichen Kräfte Polens teilten. ‚Wir haben keinen Frieden nötig', hatte eine Stimme während des erhebenden Schlußwortes des Ministers in den Saal gerufen."*[507]

Josef Beck durfte es an diesem Tag erleben, im polnischen Parlament aufgenommen zu werden wie der sprichwörtliche „verlorene Sohn". Die Zeit seines öffentlichen Spiels mit den deutschen Ambitionen ging vor den Augen der Welt und der polnischen Innenpolitik zu Ende. Nun bestand dort eine demonstrative Einigkeit, die auf das Gegenteil hinauslief. Was von Berlin aus vorgetragen wurde, sei die Forderung nach einem einseitigen polnischen Zugeständnis. Einseitige Zugeständnisse würde kein Staat von Ehre machen. Verletzung der Ehre bedeute Krieg. So lautete letztlich der Dreisatz dieses Auftritts, dessen sachliche Widersprüche und gewollte Illusionen gravierend waren, aber dem bewegten Publikum nicht auffielen. Es war in dessen Augen unter diesen Vorzeichen die Zeit gekommen, weitere Zeichen demonstrativer Entschlossenheit gegen deutsche Ambitionen im Osten Mitteleuropas zu schaffen. Das bedeutete unter den gegenwärtigen Bedingungen nicht zuletzt weiteren Druck auf die deutsche Volksgruppe in Polen.

---

[506] Vgl. Polnisches Weißbuch, Dok. 77, S. 118.

[507] Vgl. Noël, Angriff, S. 342.

Über das Schicksal dieser deutschen Volksgruppe in Polen während der Zwischenkriegszeit und besonders im Jahr 1939 ist viel Kontroverses geschrieben worden. In vieler Hinsicht gehörten diese Auseinandersetzungen zu den Spätfolgen der seit 1919 entwickelten internationalen Standards. Das früher einmal unbestrittene staatliche „Recht zum Krieg“ war seitdem offiziell suspendiert und an Voraussetzungen gebunden. Es mußte nun dem jeweiligen Gegner die Verantwortung für Gewalttaten nachgewiesen werden, zu deren Abwendung dann ein Verteidigungskrieg legitim war. Das galt zumindest innerhalb Europas, für ihre jeweiligen Herrschaftsbereiche in Übersee hatten sich die Großmächte Sonderrechte zu militärischen Operationen vorbehalten, die auch in Anspruch genommen wurden.

Was den Krieg allerdings einhegen und verhindern sollte, führte zumindest in der deutsch-polnischen Praxis nach 1919 und schließlich im Jahr 1939 lediglich zu ausgedehnten gegenseitigen Beschuldigungen und – das ist der schwierigere Teil der Beweisführung – auch zu Verfolgungsmaßnahmen an Bevölkerungsgruppen. Die Deutschen in Polen wurden so dauerhaft zu den „Waisen von Versailles“. Über die Frage, ob diese Maßnahmen gegen sie ein militärisches Eingreifen rechtfertigen konnten, ist dann zeitnah und nach 1945 gestritten worden.

Frankreichs Warschauer Botschafter Leon Noël verwendete in der Nachkriegszeit nicht wenige Seiten seiner Erinnerungen darauf, erstens zu behaupten, es sei gar nicht die deutsche Minderheit in Polen gewesen, die gewalttätig mißhandelt worden sei, sondern die polnische Minderheit in Deutschland. Außerdem sei, so Noël, ein internationales staatliches Eingriffsrecht bei der Mißhandlung eigener Staatsbürger durch fremde Staaten nicht gegeben gewesen. An dieser Tatsache ändere es nichts, wenn der eingreifende Staat die Mißhandelten zu seiner eigenen ethnischen Mehrheitsgruppe zählen könnte. Kurz gesagt: Wenn die Republik Polen ihre ethnisch deutschen Staatsbürger traktierte, ging das die deutsche Regierung nach Noëls Auffassung grundsätzlich nichts an.[508]

Auf der anderen Seite wurde vor allem von polnischer Seite umfassend über die angeblich fehlende Loyalität der Deutschen im Land gegenüber der Republik berichtet und nicht zuletzt viel von „Diversanten“, also aktiven deutschen Untergrundkämpfern, die es 1939 zu bekämpfen gegolten habe. Bis heute werden in Polen besonders die Ausschreitungen und Tötungen von Deutschen in und um Bromberg (1815–1920 in der Provinz Posen) Anfang September 1939 als Teil dieses Kampfes gedeutet.

[508] Vgl. Noël, Angriff, S. 377 ff.

Diesen Vorstellungen lag stets im wesentlichen eine Projektion des eigenen polnischen Verhaltens gegenüber den früheren Teilungsmächten auf die wahrscheinliche Reaktion der jetzt von der Republik ihrerseits beherrschten fremden Volksgruppen zugrunde. Der Neuaufstieg der Republik Polen verdankte seinen Erfolg eben solchen illegalen Untergrundvorbereitungen auf allen organisatorischen Ebenen, bis hin zu militärischen Übungen. Auf diese Methoden vertraute die polnische Politik für eigene Zwecke auch weiterhin. Für den erwarteten kommenden Erfolg gegenüber der UdSSR wurden von Polen zum Beispiel dort bereits seit Jahren ähnliche Aktivitäten begünstigt. Nichts lag näher als die Annahme, sich unter den inzwischen umgekehrten Vorzeichen vergleichbaren Aktivitäten unter anderem der deutschen Volksgruppe innerhalb Polens ausgesetzt zu sehen. Dazu kam das Bewußtsein über das eigene Verhalten gegenüber der deutschen Minderheit. Falls die Deutschen in Polen Loyalität zur Republik besessen hatten, hatte diese Republik sie trotzdem stets deutlich spüren lassen, als Deutsche in Polen nicht erwünscht zu sein. Es war daher eigentlich sehr naheliegend, daß sie sich entweder aus eigenem Entschluß oder auf Anregung der deutschen Regierung für bewaffnete Untergrundaktionen einspannen lassen würden.

Erstaunlicherweise scheint dies jedoch nicht der Fall gewesen zu sein. Die deutsche Volksgruppe in Polen versuchte nach Kräften, trotz der gegen sie gerichteten Maßnahmen dem Staat gegenüber loyal zu bleiben. Sie organisierte keinen wesentlichen Widerstand, und die deutsche „Fünfte Kolonne" blieb auch in Polen ein Mythos gegnerischer Öffentlichkeitsarbeit.[509] Uns interessiert an dieser Stelle jedoch

[509] Vgl. De Jong, Kolonne, passim. Einen merkwürdigen Beitrag zu diesem Thema hat 1998 Albert Kotowski in seiner Studie über die polnische Minderheitenpolitik veröffentlicht. Unter dem Stichwort „Fünfte Kolonne" berichtet er von Anwerbungsversuchen deutscher Stellen unter der deutschen Minderheit, die allerdings von den Betroffenen nur an die eigenen Verbände weitergemeldet und nach deren Beschwerde in Berlin schließlich vom Auswärtigen Amt in einem Rundschreiben vom 8. Juni 1939 untersagt worden seien. Dennoch geht Kotowski von der Existenz einer „Fünften Kolonne" aus, und dies praktisch ausschließlich unter Berufung auf eine polnischsprachige Veröffentlichung von Andrzej Szefer über „Diversion". Szefer habe im BA-MA Freiburg eine entsprechende Belegquelle aufgetan (Szefer gibt als Quelle für seine fast hundertseitige Dokumentation die Sigel RW 5/143, RW 5/145, RW 5/146, RW 5/147, RW 5/159, RW 5/162, RW 5/172, RW 5/247 an), die Kotowski nach eigenen Angaben im Jahr 1987 im Original eingesehen hat. Er selbst gibt aber keine dortige Fundstelle an und bezieht sich in seiner knappen Darstellung an wenigen Stellen ausschließlich auf Szefer, was nach seinen Worten genüge. Vgl. Kotowski, Minderheit, S. 338 ff. Insgesamt ist das demnach eher ein Beleg für den immer noch merkwürdigen Umgang mit dem Gerücht über die „Fünfte Kolonne". Sollten die von Szefer publizierten Dokumente tatsächlich echt sein, wäre dieses Gerücht verifiziert und die Existenz einer deutschen Tarnorganisation aus früheren und aktuellen deutschstämmigen Bürgern Polens bewiesen. Allerdings hat die Forschung diesem Fund seit 1987 wenig Interesse entgegengebracht, so daß hier Zweifel vorzuherrschen scheinen.

vorwiegend, ob es seitens der polnischen Regierungsstellen seit dem Frühjahr 1939 eine organisierte Verfolgungswelle gegenüber den Deutschen mit polnischer Staatsbürgerschaft gegeben hat und was in diesem Fall die politische Rolle dieser Verfolgungswelle gewesen sein könnte.

Hier ist zunächst noch einmal festzustellen, daß die Verfolgung und auch Vertreibung von deutschen Existenzen im Polen der Zwischenkriegszeit zu jeder Zeit eine Tatsache gewesen ist. Das galt auch für die Ära scheinbarer deutsch-polnischer Zusammenarbeit, etwa im Jahr 1938. Der Einmarsch polnischer Truppen im Oktober 1938 in das eben noch zur Tschechoslowakei gehörende Gebiet um Teschen beispielsweise zog sofort eine umfassende Kündigungs- und Ausweisungswelle unter den dort ansässigen Deutschen nach sich. Entsprechende Berichte lösten bei der deutschen Staatsführung allerdings damals kaum Reaktionen aus. Man war in Berlin noch auf das Bündnis mit Polen fixiert und bereit, dafür über die Diskriminierung der deutschen Volksgruppe in Polen hinwegzusehen. Insofern enthielt die plötzliche Aufregung über das Schicksal der Deutschen in Polen, die seit dem in dieser Hinsicht ernüchternden Aprilanfang 1939 die deutsche Presse erfüllte, durchaus ein Element des Zynismus.

Nun war es eine Sache, wenn man von Deutschland aus in der Hoffnung auf grundsätzliche Einigung an anderer Stelle den sozialen Erstickungstod der eigenen Volksgruppe tatenlos hinnahm. Das geschah im Fall Italien zeitgleich gegenüber den auf italienischem Staatsgebiet lebenden Südtirolern, deren Italienisierung oder Aussiedlung in Berlin als Teil des Preises für einen Bündnisabschluß mit dem italienischen Faschismus gegolten hatte. Nachdem dieses Bündnis im Jahr 1943 endgültig der Vergangenheit angehören sollte, wurde auch diese Haltung zurückgenommen und Südtirol samt seinen immer noch ausharrenden Einwohnern wieder als Teil Deutschlands betrachtet.

Die Beziehungen zu Polen folgten einem ähnlichen, wenig schönen Muster. Es war durchaus eine Herausforderung für die bisher von Deutschland verfolgte Hinnahme der polnischen Unterdrückungspolitik als Preis für außenpolitisches Übereinkommen, wenn diese Aussicht nicht mehr Bestand hatte. Man befand sich hier für diesen Fall im Zentrum des allgemeinen ethnischen Zerstörungs- und Neuordnungskonflikts im östlichen Mitteleuropa, der sich aus dem Ende der drei Kaiserreiche Rußlands, Österreichs und Deutschlands nach dem Ersten Weltkrieg ergeben hatte. Die alte Legitimität war gegangen, es sollte auf ethnischer Basis eine neue geschaffen werden. Das führte zu dramatischen Konflikten, die in diesem Fall 1939 auf die Deutschen in Polen zurückfallen sollten.

Wenn gegenüber dem östlichen Nachbarstaat die Hoffnung auf Bündnisabschluß erloschen war und in Polen als Steigerung dieser Entwicklung von polnischer Regierungsseite zu ungehemmten Gewalttaten gegen die Volksdeutschen aufgerufen wurde oder solche Gewalttaten folgenlos zugelassen wurden, dann wurde zu einer entsprechenden deutschen Reaktion geradezu eingeladen. Solche Ausschreitungen mußten außerdem eine bemerkbare Flüchtlingswelle auslösen, die mit dem beanspruchten Prestige der deutschen Regierung schwer vereinbar war. Dennoch bestand hier auch weiterhin die Möglichkeit, diese Dinge im Inland totzuschweigen, so daß eine gewisse Wahlfreiheit bestand, ob man wie im Oktober / November 1938 auf die damalige polnische Provokation der entzogenen Pässe für die in Deutschland lebenden polnischen Juden seinerseits aggressiv reagieren würde oder nicht. Dies war eine Angelegenheit, in der die Deutschen polnischer Staatsangehörigkeit schließlich von Berlin aus politisches Mittel werden sollten und nicht Zweck politischen Handelns. Trotzdem blieb lange Zeit die polnische gebietspolitische Herausforderung das Hauptziel deutscher Attacken. Seit dem April 1939 hielt sich das deutsche Propagandaministerium zunehmend weniger zurück und machte die in polnischen Zeitungen oder die von der nationaldemokratischen Partei Polens erhobenen Gebietsforderungen zum Thema. Der Propagandaminister ergriff persönlich am neuralgischen Punkt Danzig das Wort:

> *„Die polnischen Großsprecher verlangen jetzt Ostpreußen und Deutsch-Schlesien. Wenn es nach ihnen ginge, läge die nächste polnische Grenze an der Oder. Warum nicht gleich die Elbe oder den Rhein verlangen? Sie würden dort ihren neuen Verbündeten, die Engländer treffen, deren Grenze, wie jedermann weiß, auch am Rhein gelegen ist.“*[510]

An den Wahrheitsgehalt solcher öffentlichen Forderungen glaubte Dr. Goebbels tatsächlich und notierte privat im gleichen Sinn, während die Berichte der von ihm gesteuerten Presse über das Schicksal der Deutschen in Polen in den gleichen Aufzeichnungen mit kaum

[510] Dr. Joseph Goebbels in einer Rede in Danzig, Meldung von Botschafter Coulondre an Außenminister Bonnet 20. Juni 1939, zit. n. Gelbbuch, Dok. 138, S. 194. Die Anspielung der britischen Rheingrenze bezieht sich auf eine Äußerung des früheren Premiers Stanley Baldwin über dortige britische Sicherheitsinteressen. Der daran geknüpften rhetorischen Frage von Dr. Goebbels konnte abgeholfen werden. Tatsächlich bezeichnete im August dann eine polnische Zeitung Köln als polnische Stadt.

einem Wort erwähnt werden.[511] Das nationalsozialistische Verständnis von „großer Politik" hatte hier seine Folgen. Davon unabhängig untersuchten deutsche Behörden aber dennoch das aktuelle Schicksal der deutschen Bevölkerungsgruppe in der damaligen innenpolitischen Lage in Polen. Diese Dinge, die es nun aus Polen zu berichten gab, lasen sich in den internen Berichten für das deutsche Auswärtige Amt unter anderem wie folgt. Dazu gehört etwa dieser aus dem Juni 1939 über die „Stimmung" in Polen:

> *„Die Stimmung von* [polnischer] *Wehrmacht und* [polnischem] *Volk wird durch zahlreiche Hetzschriften und Zeitungsartikel in einer gewissen Kriegsbereitschaft gehalten.* [...] *Eigene Pläne zur Erweiterung Großpolens, der Hinweis auf die zukünftige ‚Schlacht bei Berlin' und die neuen poln*[ischen] *Staatsgrenzen an der Oder unterstützen die Militarisierung der poln*[ischen] *Volkspsyche. Eine weitere Förderung der moralischen Kraft verspricht man sich von der Tannenbergfeier (Grunwald), die zu diesem Zweck auf Anfang Juli 1939 vorverlegt wird.*
>
> *Das Zusammenwirken der Polen in Deutschland mit den Heimatpolen in einem zukünftigen Kriege wird heute schon offen propagiert und vorbereitet. Tschechische Legionen werden hier zusammengestellt, da die Tschechei ihre Befreiung durch einen Krieg Polens mit Deutschland erhofft. Auch sie sind, wenn auch nicht als kampftüchtige, geschlossene Truppe, als Gegner in Rechnung zu stellen.*
>
> *Besonders hervorgehoben* [werden] *muß, daß man zurzeit* [sic] *den Übertritt von Minderheiten nach Deutschland erlaubt und begünstigt. Da es sich hier um Maßnahmen der* [polnischen] *Wehrmacht handelt, kann man sie als weitere Vorbereitungen für den Kriegsfall bezeichnen, um Unzuverlässige aus dem eigenen Lande abzuschieben. In die gleiche Richtung fallen die Schließungen der Krankenhäuser und Vereinshäuser der Minderheiten.*
>
> *Von verschiedenen polnischen Gewährsmännern hört man immer wieder die poln*[ische] *Auffassung über die Erfolgsaussichten in einem zukünftigen Kriege dahingehend, daß Polen ‚den Deutschen zunächst wohl taktische Erfolge zuerkennt, daß sie aber auf weite Sicht das strategische Ziel nicht erreichen werden, genau so, wie sie es im* [Ersten] *Weltkrieg durch Mangel an Rohstoffen nicht erreicht haben'."*[512]

[511] Einzige Ausnahme ist der Eintrag vom 31. August 1939: „Auch die Greueltaten der Polen müssen im Vordergrund bleiben." Vgl. Goebbels, Tagebücher, I/7, S. 86.

[512] Zit. n. BA-MA RL 3/1822, Bericht vom 27.6.39, Bl. 5.

Der Autor hatte hier in trockenen Worten die damals aktuelle polnische Sichtweise gut erfaßt. Sowohl die Expansionsabsichten, die in Zukunft mögliche Odergrenze, als auch das Vertrauen auf die langfristig mit Sicherheit wirksame Unterstützung der westlichen Weltmächte gegen das doch bei bestem Willen eher als Staat mittlerer Macht zu bezeichnende Deutschland waren richtig beobachtet. Recht lapidar fiel die Schilderung der Verhältnisse innerhalb Polens aus, so weit es die Deutschen dort betraf. Ihr Übertritt werde „erlaubt und begünstigt", weil man sie in Polen loswerden wolle und für den Kriegsfall als Gefahr betrachte. Diese Deutung hatte die polnischen Vorstellungen, es mit potentiellen „Diversanten" zu tun zu bekommen, treffend erfaßt.

Diese Welle von Grenzübertritten, Fluchten und Ausweisungen Deutscher begann mit dem Einzug polnischer Truppen im bis dahin tschechoslowakischen Teschen und in der Stadt Oderberg. Für die Einschätzung der Gesamtdimension ist das nicht unwichtig, denn in der oft genannten Gesamtzahl von siebzigtausend Deutschen, die bis Ende August 1939 die Republik Polen unter diesen Umständen verlassen hatten oder mußten, sind diese Fälle miterfaßt.[513]

Ab dem Frühjahr 1939 veränderten sich die Aggressionen gegen die Deutschen in Polen. Sie nahmen zahlenmäßig erheblich zu und enthielten neue Elemente staatlicher Einflußnahme. Dazu gehörten die Vorbereitungen für jene Zwangsmaßnahmen, die im Herbst des gleichen Jahres zu den Massenverhaftungen Deutscher nebst nachfolgendem Deportationsmarsch in vorbereitete Internierungslager führen sollten. Zu diesem Zweck mußten Listen der in Frage kommenden Personen angelegt, Befehlsketten für die ausführenden Personen festgelegt und außerdem die Lager selbst vorbereitet werden. Das geschah seit dem Frühjahr. Einem solchen Ansatz folgten auch die Massenausweisungen deutscher Verdächtiger, die sich nach dem Muster des im Herbst 1938 besetzten Oderberg in Richtung Polen ausdehnten. Daß behördlicherseits Ausweisungslisten für mißliebige Deutsche angelegt wurden, war nichts Neues.

Im November 1936 hatte das Innenministerium die Wojewoden und Starosten angewiesen, eine Liste aller Pastoren deutscher Staats-

[513] Vgl. Bierschenk, Volksgruppe, S. 351. Bierschenk führt im Detail eine große Anzahl von Beispielen für brutale Ausschreitungen, willkürliche Verhaftungen und Verurteilungen, Zerstörung von Eigentum, Verbotsmaßnahmen gegen deutschsprachige Veröffentlichungen, Auflösung von Organisationen und Zwangsausweisungen von Deutschen seit April 1939 an sowie ebenfalls die in einer polnischen Zeitung publizierte Drohung, im Kriegsfall dürfe kein „einheimischer Feind" lebend entkommen. Ebd., S. 348.

angehörigkeit zum Zweck ihrer Ausweisung aus Polen vorzubereiten. Zusammen mit Reisebehinderungen und Vorbereitungen zum Entzug der polnischen Staatsbürgerrechte für andere Angehörige der evangelisch-augsburgischen Kirche gehörte das zu den Maßnahmen für deren Polonisierung, die im gleichen Schreiben als Ziel der Regierung angegeben wurde.[514]

Der Natur der Sache nach sind diese Dinge zeitgenössisch hauptsächlich durch deutsche Stellen und deutsche Medien dokumentiert und stehen damit unter dem durchaus berechtigten Verdacht, zu politischen Zwecken nicht nur instrumentalisiert, sondern gleich frei konstruiert – mit anderen Worten: erfunden – worden zu sein. Das Siegel auf diese Annahme setzte der deutsche „Propaganda"-Minister offenbar selbst, als sein Ministerium am 7. Februar 1940 schließlich die Zahl der in Polen und durch Polen getöteten Deutschen „amtlich" auf 58.000 festsetzte, also etwa das Zehnfache der tatsächlich zu diesem Zeitpunkt vor Ort ermittelten Zahl. Damit waren alle aufklärenden Bemühungen der deutschen Behörden vor Ort durch eine „politische Zahl" beendet, ersetzt und überlagert. Deren grobe und offensichtliche Fälschung begünstigte zudem die zahlreichen Versuche, organisierte Ausschreitungen und Tötungen an der deutschen Zivilbevölkerung innerhalb der Republik Polen ins Reich der Phantasie zu verweisen.

Der Rest in bezug auf die Ermittlung des Geschehens von 1939 bestand als Konsequenz daraus praktisch aus Schweigen. So steht der Historiker der internationalen Beziehungen des Jahres 1939 in dieser Angelegenheit vor der mehrfachen Aufgabe, nicht nur das tatsächliche Geschehen zu berücksichtigen, sondern zusätzlich dessen zeitgenössische politische Auswertung im Blick zu behalten. An dieser zeitgenössischen Auswertung und Aufblähung der Fakten und dem gleichzeitigen Abstreiten durch die jeweilige Gegenseite bestehen keine Zweifel. Dem gegenüber steht ein erheblicher Mangel an zeitnahen und belastbaren polizeilichen Untersuchungen. Schließlich ist deshalb die Frage schwer zu beantworten, in welchem Umfang das Geschehen von beiden Kriegsparteien bewußt als Provokation inszeniert und von der Gegenseite dann verwendet wurde.

Sehen wir uns einige der deutschen Berichte an, etwa über die polnischen Planungen für Deportationsmärsche. Mehrfach wird in

[514] Rundschreiben des polnischen Innenministeriums an die Wojewoden vom 13. November 1936, hier n. Kotowski, Minderheit, S. 262.

diesem Zusammenhang berichtet, daß deutsche Organisationen von polnischen Stellen seit Mitte Mai 1939 aufgefordert wurden, Namenslisten mit Angaben zu verantwortlichen Personen vorzulegen. Mit daran beteiligt sei unter anderem der frühere Parlamentspräsident und damalige Wojewode von Pommerellen / Westpreußen gewesen, Władysław Rackiewicz,[515] der dann ab dem 30. September 1939 polnischer Staatspräsident im Exil werden sollte.[516] Solche Prominenz und die Wiederholung der Aufforderungen durch andere Wojewoden deutet auf eine allgemeine Zielsetzung hin. Ministerialdirektor Wacław Żyborski[517] aus dem polnischen Innenministerium erklärte einem Vertreter der deutschen Minderheit, Hans Kohnert, Anfang August 1939, man habe für den Fall des Kriegsausbruchs für „jeden Deutschen mit Namen etwas ‚Besonderes' in Aussicht genommen".[518] In der Tat fanden nach dem 1. September 1939 Verhaftungen und Deportationen von Deutschen in ganz Polen statt, nicht nur in Grenzregionen oder den früheren Teilen des Deutschen Kaiserreichs.

Dies läßt sich als Folge des allgemeinen polnischen Mißtrauens gegenüber der eingesessenen ethnisch-deutschen Bevölkerung teilweise begründen. Einige Behörden vor Ort gaben zu, daß dieses Mißtrauen entweder ganz unbegründet sei oder nur bei wenigen Personen innerhalb dieser Bevölkerungsgruppe seine Berechtigung habe. In diesem Sinn äußerte sich etwa der Bromberger Starost Julian Suski gegenüber Hans Kohnert.[519] Gerade in Bromberg stand dem allerdings ein Verbalradikalismus in der Presse entgegen, der sich an diesem Ort bis zum offenen Aufruf steigerte, alle Angehörigen der deutschen Minderheit in Polen totzuschlagen.[520]

Über diese Stimmung berichteten auch die bereits erwähnten britischen Diplomaten Gladwyn Jebb und William Strang nach ihrer Informationstour durch Polen im Juni 1939:

---

[515] Władysław Rackiewicz (1885–1947), Jurist, während des Ersten Weltkriegs zuerst in der russischen Armee, in der späten Phase dann bei Pilsudskis Legion, seit 1921 durchgehend in politischen Ämtern.

[516] Vgl. Bierschenk, Volksgruppe, S. 352.

[517] Wacław Żyborski (1893–1946), Legionär, 1929 Wojewode im Gebiet Tarnopol, 1937 Ministerialdirektor.

[518] Vgl. Bierschenk, Volksgruppe, S. 352 f.

[519] Vgl. den Bericht von Kohnert aus dem Mai 1939, in: PA-AA GKP, Minderheiten, Bd. Bericht vom 20.5.1939, hier n. Kotowski, Minderheit, S. 330.

[520] Dies in einem Aufsatz von Zofia Żelska-Mrozowicka im „Dziennik Bydgoski" vom 11. Mai 1939, hier n. Kotowski, Minderheit, S. 330.

„Seiner Majestät Vizekonsul in Kattowitz sagte mir z.B., daß die dortigen polnischen Beamten seit unserer Garantie ‚sehr obenauf' seien und von einer raschen Niederlage Deutschlands und einer Besetzung Breslaus sprechen. Auch die Bauern auf einem Gut südlich von Thorn, wo ich ein erquickliches Wochenende verlebte, wollten die Deutschen attackieren, wie mir der Sohn des Hauses versicherte. Dies wurde mir auch von dem sehr intelligenten Chef der Wirtschaftsabteilung im Außenministerium bestätigt, Herr Wszelaki, der sagte, daß die Kriegslust und der Antigermanismus der Bauern teils auf rassischen und teils auf wirtschaftlichen Gründen beruhe – Bevölkerungszuwachs und dadurch Appetit auf deutsches Bauernland. Wszelaki sagte tatsächlich, daß er bei Kriegsausbruch ein schreckliches Massaker unter den deutsch-polnischen Bauern befürchte und daß man dies schwerlich werde verhindern können."[521]

Das Mißtrauen gegen mögliche staatsgefährdende Aktivitäten der Deutschen in Polen muß deshalb auch als Absichtserklärung verstanden werden, der Existenz eines Stücks von Deutschland im jetzigen und im kommenden polnischen Staatsbereich im Rahmen des Krieges ein endgültiges Ende zu bereiten. Dies war das allgemeine Ziel der polnischen Politik. Ein Rundschreiben aus dem Warschauer Innenministerium erinnerte die verantwortlichen Stellen am 15. Juni 1939 an diese Zielsetzung für die kommenden Monate. Sie ließ sich in vier Punkten zusammenfassen:

„1) Die Auflösung des Deutschtums in Polen sei das wichtigste Ziel der polnischen Minderheitenpolitik.

2) Die Polen in Deutschland sollen im Hintergrund bleiben.

3) Die Auflösung des Deutschtums in Polen könne nicht nur als Reaktion auf eine eventuelle Auflösung der polnischen Minderheit in Deutschland erfolgen. Die Nationalitätenpolitik in den westlichen Wojewodschaften sei eine eigene, von Vorteilen für die Polen in Deutschland unabhängige Staatsangelegenheit.

4) Die Notwendigkeit der Ausgabe von aktuellen restriktiven Anordnungen dürfe die Tatsache nicht verhüllen, daß die deutsch-polnische Frage ein ständiger Nationalitätenkampf sei. Daher bestehe die Notwendigkeit einer allmählichen Liquidierung der deutschen Wirtschaft. In diesem Bereich bereite das Innenministerium die Änderung des Genossenschaftsgesetzes und des Gesetzes über die Aufsicht über die privaten Versicherungsinstitutionen und -agenten sowie über die Zu-

[521] Bericht von Gladwyn Jebb, 6. Juni 1939, FO 371/23020, hier zit. n. Ribbentrop, Geheimdokumente, S. 288.

sammenlegung der Übereignungsgesetze vor. Hierbei sollen die alte preußische Gesetzgebung und die Vorschriften des Ministeriums des ehemals preußischen Teilgebiets für die Bestimmung der Nationalitätenpolitik nützlich sein.“[522]

Damit war nun landesweit noch einmal klargestellt, daß die Existenz der deutschen Volksgruppe mit ihren sämtlichen Verbänden und Besitztümern nicht länger geduldet werden sollte und alle berechtigen oder unberechtigten Klagen über die Behandlung in Deutschland lebender Polen mit dieser Zielsetzung überhaupt nichts zu tun hatten. Sicher konnte sich der polnische Staat dabei teilweise auf die listenreiche Germanisierungspolitik der preußischen Behörden vor 1919 berufen. Solche Radikalität war damals allerdings nicht erreicht worden.

Unter dieser Zielvorgabe gerieten denn auch nicht nur die Funktionäre deutscher Verbände ins Visier. Der Alltag der polnischen Kriegshysterie im Sommer 1939 traf auch als vertrauenswürdig eingestufte Personen wie den Lodzer Journalisten Otto Heike. Man kann ihn wohl als typischen Repräsentanten der damals sprichwörtlichen „Lodzer Menschen“ einstufen, da sich in dieser Stadt, anders als im sonstigen Polen, so etwas wie eine positive multikulturelle Mentalität entwickelt hatte. Heike selbst beherrschte Polnisch, Deutsch und Russisch in Wort und Schrift. Seine bekannte Loyalität zum polnischen Staat führte dazu, daß er nach dem Kriegsbeginn im September für einige Tage die einzige deutschsprachige Zeitung betreute, die in Polen noch herausgegeben werden durfte. Alle anderen wurden umgehend verboten. Dennoch hatte Heike vor und nach dem 1. September 1939 die damals üblichen Erlebnisse mit der polnischen Bevölkerung und den Behörden, die auch sein Haus nach Waffen durchsuchen ließen. In seinem Fall wurden die Konsequenzen allerdings gemildert durch den Schutz einiger polnischer Nachbarn.

„August 1939. In der Stadt Lodz und in verschiedenen Orten Polens, so auch im Lodzer Vorort Chojny, in dem ich wohne, werden deutsche Wohnungen demoliert. In den Nächten vom 25., 26. und 27. August schlagen herumziehende Gruppen in mehreren Straßen in den deutschen Wohnungen die Fensterscheiben ein und demolieren die Wohnungseinrichtungen. Als die Verwüstungsaktion an die näher zur Hauptverkehrsader, der Rzgowskastraße, liegenden Straßen heranrückte, bilden Nachbarn eine Schutzwache. Es gelang die-

[522] Zit. n. Kotowski, Minderheiten, S. 326.

sen Männern, die verhetzte Menge von weiteren Ausschreitungen abzuhalten.“[523]

Dies bedeutete allerdings noch keine Entwarnung. Schließlich sah sich Heikes Familie doch gezwungen, sich aus dem Haus zu schleichen, um das eigene Viertel in Richtung anderer Teile von Lodz zu verlassen. Dort angekommen, wurde Heike im Luftschutzkeller als Fremder identifiziert und wäre beinahe als „Spion“ verhaftet worden. Schließlich hörte er davon, was sich inzwischen zu Hause zugetragen hatte, auch dies eine typische Geschichte:

> *„Wirklich gefährlich, weil auf eine Provokation zurückzuführen, hätte es für mich am darauffolgenden Montag, dem 4. September, bei mir zu Hause werden können, wäre ich dagewesen. Mittags gegen 11.30 Uhr marschierte eine polnische Militäreinheit die Tuszynska-Straße entlang, die sich zwei Grundstücke von meinem Haus parallel zur Rzgowskastraße, der Hauptstraße von Chojny, hinzieht. Als die Abteilung Soldaten an der Slowackistraße, an der mein Haus liegt, anlangte, fällt ein Schuß. Niemand kann erkennen, wo geschossen wurde, aber schon ruft jemand aus der Menge: ‚Heike strzelał do wojska‘ (Heike hat auf die Soldaten geschossen). Sofort rennt eine Gruppe junger Männer zu meinem 30 Meter entfernten Haus. Da die Pforte verschlossen war, kletterten sie über den Zaun auf mein Grundstück. Meine polnische Einliegerin, Frau Dębinska, sagt nun den Eindringlingen, daß ich und meine Familie schon seit gestern nicht mehr zu Hause seien. Enttäuscht ziehen die Burschen ab. Wäre ich zu Hause gewesen, wäre ich derjenige gewesen, der geschossen hatte. Man konnte mir sonst in keiner Weise beikommen, darum versuchte man es mit dieser Provokation. Wäre die geglückt, die Folgen wären für mich schlimm gewesen.“*[524]

An vielen Orten Polens, insbesondere am so berüchtigten Tatort Bromberg, hatten ähnliche Ereignisse in der Tat tödliche Folgen für deutschstämmige Zivilisten. In Bromberg weiteten sich die Ausschreitungen nach solchen Schüssen – von denen auch in diesem Fall niemand wußte, woher sie kamen, und die niemanden getroffen hatten – schließlich in einen Massenmord aus. Ihm fielen Hunderte Deutsche zum Opfer, was den „Bromberger Blutsonntag“ schließlich zum Hauptsymbol für den polnischen Großangriff auf deutsche Zivilisten werden ließ.

---

[523] Heike, Spannungsfeld, S. 116 f.

[524] Ebd., S. 126 f.

Orte wie Gleiwitz

Die deutsche Offensive gegen Polen fand am Morgen des 1. September 1939 eine lautstarke Begründung durch den deutschen Reichskanzler. Seine Formulierung vor dem Deutschen Reichstag und damit der Weltöffentlichkeit, es werde jetzt „zurückgeschossen“, gehört gewissermaßen zu den Ikonen des Zweiten Weltkriegs. Über den Wahrheitsgehalt dieser Behauptung wurde naturgemäß nach dem 1. September viel gestritten. Das vom deutschen Auswärtigen Amt herausgegebene Weißbuch listete zahlreiche Orte und Daten auf, an denen im August 1939 militärische oder paramilitärische Übergriffe der polnischen Seite stattgefunden haben sollen. Nach Kriegsende unternahmen dann die alliierten Siegerstaaten den weitgehend erfolgreichen Versuch, diese ganze deutsche Argumentationslinie mit dem Verweis auf den Sender Gleiwitz zu unterlaufen. Der angebliche polnische Überfall auf den dortigen deutschen Radiosender sei in Wahrheit von den Deutschen fingiert gewesen, wurde im Nürnberger Prozeß behauptet. Damit waren alle anderen im deutschen Weißbuch genannten Zwischenfälle aus der Diskussion weitgehend verschwunden, ohne je genauer untersucht worden zu sein. Das Gericht beschäftigte sich nicht mit ihnen. Die danach noch übriggebliebene, einfache Argumentationskette, NS-Deutschland habe in Gleiwitz einen „Vorwand“ inszeniert, um „Polen zu überfallen“ oder gar gleich „einen Weltkrieg zu entfesseln“, hat in den Jahren seitdem viele überzeugt.

Es muß hier nicht noch einmal ausführlich wiederholt werden, daß „Gleiwitz“ in der NS-Propaganda und der NS-Geschichtsschreibung als Begründung für den deutschen Angriff auf Polen so gut wie keine Rolle gespielt hat. Das wurde an anderer Stelle bereits getan.[525] Immerhin sei erwähnt, daß der stets zu zynischen Randbemerkungen zu seinen eigenen Erfindungen neigende Propagandaminister Dr. Goebbels den „polnischen Angriff auf den Sender Gleiwitz“ am 1. September 1939 in seinen Privataufzeichnungen als echtes Ereignis abbuchte.[526] Er kündigte an, dies „groß rausbringen“ zu wollen.

Das geschah jedoch lediglich in den Folgetagen dieses Monats an wenigen Stellen der deutschen Presse, dann trat Gleiwitz in den Hin-

[525] Vgl. Scheil, Vereinte Entfesselung, S. 101 ff. Auch im Internet zugänglich unter http://symposion.org/Gleiwitz.htm.

[526] Vgl. Goebbels, Tagebücher, I/7, S. 88, 1. September 1939.

tergrund. Wenn vor 1945 deutsche Begründungen für die Offensive gegen Polen genannt wurden, waren es regelmäßig andere. Es sollte bis hierher auch deutlich geworden sein, daß der polnisch-deutsche Konflikt nicht auf erfundenen Vorfällen, sondern auf substantiellen beiderseitigen Interessengegensätzen beruhte. Konzentrieren wir uns daher darauf, ein Bild der Verhältnisse anhand der heute zugänglichen Quellen zu zeichnen.

An der deutsch-polnischen Grenze wurde Ende August des Jahres 1939 tatsächlich täglich geschossen – von beiden Seiten. Zahlreiche im Bundesarchiv erhaltene Dokumente belegen dies, die damals nicht für propagandistische Zwecke erstellt oder veröffentlicht wurden. Ein deutscher Armeebefehl gab das Feuer bereits am 21. August frei, für den Fall polnischer Grenzverletzungen „in offensichtlich kriegerischer Absicht".[527] Ein anderer Befehl wies zugleich darauf hin, daß aus polnischen Grenzverletzungen durch reguläre Truppen oder irreguläre Verbände keine ausgedehnten Kampfhandlungen entstehen dürften. Es ging für beide Seiten darum, die Verantwortung für einen heißen Krieg möglichst offensichtlich auf den Gegner abzuladen. Dagegen lehnte Polens Militärchef Edward Rydz-Śmigły den von polnischen Generälen vorgeschlagenen Angriff auf den deutschen Truppenbestand in Schlesien ab – wegen der ungünstigen außenpolitischen Folgen.[528]

Auch Gleiwitz selbst wurde bereits vor dem Kriegsausbruch zum Gegenstand militärischer Spekulationen.[529] Die spätere symbolische Bedeutung des Ortes kündigte sich kurz vor und nach dem 1. September 1939 bereits an. So sei die Stadt nach Ansicht des polnischen Militärs im Kriegsfall von den Deutschen nicht zu halten, meldete ein Verbindungsmann aus Polen am 27. August.[530] Die polnische Schule im Nachbarort Hindenburg sei bereits von polnischen Bewaffneten mit Maschinengewehren besetzt, die nicht aus dem Gebäude vertrieben werden könnten und in den Ort hineinschießen würden, stellte ein Bericht des Hauptzollamts Gleiwitz mit Datum vom 1. September

[527] Vgl. BA-MA RH 24-8/13, Befehl des VIII. AK vom 21.8.39, 18.30 Uhr.

[528] Vgl. die Darstellung des polnischen Generals Rómmel in: Za honor i ojczyne (Für Ehre und Vaterland), Warschau 1958, S. 29, sowie Hans Roos, Der Feldzug in Polen vom September 1939, in: Wehrwissenschaftliche Rundschau, 9/1959, S. 496.

[529] Eigentlich sogar sehr lange. Der Oberpräsident der Provinz Oberschlesien meldete dem Auswärtigen Amt am 21. Januar 1931 (sic), Teile einer polnischen Kompanie hätte sich nach Abschluß einer Militärübung die Grenze bei Pilschowitz im Kreis Gleiwitz „angesehen". Schließlich hätten etwa zwanzig Mann sie auch bewaffnet „überschritten", seien aber auf Aufforderung durch polnische Zollbeamte wieder zurückgekehrt. Vgl. BA NL 1005/62, Bl. 15.

[530] Vgl. BA-MA RH 24-10/244, Bl. 83, Lagebericht Polen Nr. 12 vom 27.8.39.

fest.[531] Auch habe reguläres polnisches Militär dort einen Übergriff deutscher Freikorps auf polnisches Gebiet erfolgreich zurückgeschlagen.

Die polnische „Besetzung von Gleiwitz" werde auf der polnischen Seite der Grenze lebhaft begrüßt, diese Nachricht brachte ein Verbindungsmann aus Myslowitz.[532] Es kam in Gleiwitz demnach tatsächlich zu Ereignissen, die sich bis nach Polen herumsprachen. Man erwarte in der Bevölkerung dort mehr Aktionen dieser Art. Ähnliches enthielten die Nachrichten aus der polnischen Armee. Polnische Offiziere unterrichteten die Einheiten mündlich über das ‚Vorrücken der polnischen Armee nach Berlin', hieß es am 6. September 1939. Es werde den Mannschaften erklärt, daß die polnischen Truppen bereits Danzig, halb Ostpreußen und Gleiwitz besetzt hätten. Auf den Einwand der Soldaten, daß sie sich dauernd zurückziehen müßten, würde ihnen von den Offizieren erklärt, hier hätten die Deutschen eben die schwächste Stelle der polnischen Front gefunden.[533] So ergänzten sich bereitwillig gelieferte mit gerne geglaubten Desinformationen zu einem Gesamtbild, an dem wenigstens eines richtig war: Wie der polnische Grenzbeamte gesagt hatte, hatte Deutschland den Krieg bereits verloren, wenn nicht den militärischen Krieg gegen Polen, so doch den Nervenkrieg und den kommenden Weltkrieg.[534] Denn ein Weltkrieg wurde aus dem polnisch-deutschen Konflikt, anders als das in Warschau oder Berlin geplant war. Die Regierung Hitler führte schließlich einen militärischen Angriff aus, bei dem das Wort „Krieg" ursprünglich ausdrücklich vermieden wurde, um die Operationen begrenzen zu können. Die Reichsregierung erklärte am 2. September über die deutsche Botschaft in London ausdrücklich, im Fall von Zugeständnissen und dem Ende polnischer Provokationen ihre Truppen wieder zurückziehen zu wollen.[535]

---

531 Vgl. BA-MA RH 24-14/80, Bl. 92.

532 BA-MA RH 24-14/80b, Bl. 109, Bericht vom 2.9.39, Quelle: Flüchtling aus Msylowitz.

533 BA-MA RH 24-14/80b, Bl. 140, Bericht vom 6.9.39 Quelle: V-90. Gleiwitz wird dort ausdrücklich erwähnt.

534 Zu diesem Kalkül: „Von verschiedenen polnischen Gewährmännern hört man immer wieder die polnische Auffassung über die Erfolgsaussichten in einem zukünftigen Kriege dahingehend, daß Polen ‚den Deutschen zunächst wohl taktische Erfolge zuerkennt, daß sie aber auf weite Sicht das strategische Ziel nicht erreichen werden, genau so, wie sie es im Weltkrieg durch Mangel an Rohstoffen nicht erreicht haben'." Zit. n. BA-MA RL 3/1822, Bericht vom 27. Juni 1939, Bl. 5.

535 Vgl. die auf Zeugenangaben und den Spuren dieser Aktion in den britischen Aktenpublikationen beruhende Darstellung in Scheil, Vereinte Entfesselung, S. 251 ff.

Politisch-militärische Feinabstimmung

„ [Jebb] Gladwyn, frisch aus Polen zurück, sagte, daß die Polen in jedem Fall kämpfen würden. Sie rechnen damit, sich eventuell von ihrer westlichen Grenze zurückziehen zu müssen, aber ihrerseits Ostpreußen zu überrennen und die Deutschen zwei Monate lang zu beschäftigen. Am Ende dieser zwei Monate rechnen sie mit dem inneren Zusammenbruch des deutschen Regimes." Hugh Dalton (Juni 1939)[536]

„Wir gedenken, einen Bewegungskrieg zu führen und gleich bei Beginn der Operationen in Deutschland einzufallen."
General Kasprzycki (Mai 1939)[537]

„Polnischer Grenzbeamter sagt zu ausgewiesener Deutscher beim Grenzübertritt am 26.8.39, sie solle doch nicht dort rübergehen. Deutschland habe den Krieg bereits verloren."
Bericht der deutschen Feldpolizei (August 1939)[538]

1932/33 hatte Josef Pilsudski die Westmächte durchaus gezielt brüskiert. Er hatte zeigen wollen, daß Polen auch anders könne, als sich seine Politik ohne Gegenleistung von Frankreich und London vorschreiben zu lassen. Wenn Polen eine Großmacht werden sollte, mußte man im Westen den Wert eines Bündnisses mit Polen begreifen. Es waren diese Art Prinzipien, aus denen Minister Beck dann sein Verhalten ableitete, wie er zum Beispiel im Mai 1939 dem Botschafter in Rom, Bolesław Wieniawa-Długoszowski, mit den eingangs zitierten Worten erläuterte: Der Kommandant, also Josef Pilsudski, habe für den Fall von „Romanzen" mit den Deutschen politische Schwierigkeiten vorausgesehen, aber eine zumindest phasenweise eigenständige, von den Westmächten unabhängige polnische Deutschlandpolitik trotzdem für unvermeidlich gehalten.[539]

In diesen Worten kam der begrenzte Wert offen zum Ausdruck, den die scheinbare Ausgleichs- und Bündnispolitik mit Deutschland so-

---

536 Zit. n. Dalton, Diary, S. 271, Eintrag vom 21. Juni 1939.

537 Polnischer General und Kriegsminister während der polnisch-französischen Generalstabsbesprechungen in Paris im Mai 1939. Zit. n. Bonnet, Katastrophe, S. 224. Dazu auch gleichlautend der polnische Botschafter in Paris, Lukasiewicz: „Die polnische Armee wird vom ersten Tage an nach Deutschland eindringen." Ebd., S. 252.

538 RH 24-14/80 Bl. 12, Bericht Geheime Feldpolizei vom 28.8.39.

539 Vgl. PDD, 1939, I, S. 592, hier zit. n. Kornat, Polen, S. 77.

wohl in Becks wie in Pilsudskis Augen immer gehabt hatte. Sie sollte die Zeit überbrücken, bis eine günstige internationale Konstellation hergestellt war, und sie sollte die Entstehung dieser Konstellation fördern. Sie war aber zu keinem Zeitpunkt als dauerhafte Option konzipiert, die letzten Endes zu einem deutsch-polnischen Bündnis als möglichem Teil eines autoritären Blocks unter Einschluß Italiens oder Ungarns hätte führen können.

Das polnische Militär war augenscheinlich wirklich von der Möglichkeit einer Offensive gegen Deutschland ausgegangen, wie es von General Kasprzycki bei den Militärbesprechungen in Frankreich bekanntgegeben und vom polnischen Botschafter in Deutschland Lipski am Vortag des Krieges wiederholt worden war. Er hatte gegenüber dem englischen Botschaftsvertreter George Ogilvie-Forbes klargestellt, keine Veranlassung zu haben, sich für irgendwelche deutschen Angebote zu interessieren: Die polnischen Truppen würden bald auf Berlin marschieren.[540] Lipski bestritt in seiner eigenen Darstellung von 1947 nicht, dies gesagt zu haben.[541] Es entsprach auch dem, was der britische Diplomat Jebb im Sommer 1939 bei seinen Diskussionen in Polen erfahren hatte und nach London berichtete:

> *„Die Polen weisen meiner Meinung nach mit Recht darauf hin, daß die deutsche Lage, ob militärisch, wirtschaftlich oder* innenpolitisch, *viel weniger stark ist, als die deutsche Propaganda uns glauben machen will. Sie meinen, daß der deutsche Zusammenbruch in irgendeiner Form innerhalb eines Jahres nach Ausbruch* [eines Krieges] *eine sehr reale Möglichkeit ist.“*[542]

Auch Graf Potocki, der polnische Botschafter in Washington, eilte am 9. August 1939 wenige Stunden nach seiner Rückkehr von einer Polenreise zu US-Unterstaatssekretär Sumner Welles, um ihn von diesen Offensivplänen wissen zu lassen, die man in Warschau sehr sorgfältig vorbereitet hatte und gut getarnt glaubte. Welles notierte:

> *„In Polen selbst bemerkt der durchschnittliche Beobachter nach seinen Angaben nur wenig militärische Aktivitäten. Er sagte, daß die meisten Manöver nachts und mit größter Effektivität durchgeführt werden. Für den Kriegsfall habe der polnische Generalstab entschieden, sich*

[540] Vgl. Bonnet, Katastrophe, S. 222 und Dahlerus, Versuch, S. 110.

[541] Lipski beschrieb die Ereignisse in: Sprawy Miedzynarodowe (London), 1947, No. 4 unter dem Titel: Stosunki polsko-niemickie w swietle aktow norymberskich. Sie wird hier zitiert nach Lipski, Diplomat, S. 574 ff., zum Treffen mit Forbes vgl. ebd. S. 609.

[542] Bericht von Gladywyn Jebb aus Polen, 6. Juni 1939, FO 371/23020, hier n. Ribbentrop, Geheimdokumente, S. 290. Hervorhebung im Original.

> *nicht auf die defensive Kriegsführung zu beschränken, sondern in Deutschland einzudringen. Bei Einsatz der hochbeweglichen Streitkräfte, besonders der Kavallerie, glaubt der polnische Generalstab an eine gute Erfolgschance für dieses Unternehmen."*[543]

Die polnische Regierung sei außerdem der Ansicht, das Hitler-Regime stehe vor dem Kollaps und werde, falls *kein* Krieg ausbreche, bis zum nächsten Frühjahr durch ein moderateres ersetzt werden. Diese Erwartung erklärt zum Teil den Optimismus, mit dem die Warschauer Regierung in die Zukunft sah. Nach dieser Interpretation würde Hitler stürzen, ob es Krieg gab oder nicht. In einem Fall durch einen innerdeutschen Putsch, im anderen durch den Eindruck, den eine erfolgreiche polnische Offensive hinterlassen würde.

In Paris kursierten ganz ähnliche Informationen. Außenminister Bonnets Vortrag, man müsse wegen der herrschenden Kräfteverhältnisse im Notfall Polen eben nötigen, Danzig und den Korridor an Deutschland abzutreten, wurde von den französischen Militärs unter anderem mit ebendiesem Argument zurückgewiesen:

> *„Daladier und die Militärs widersprachen der Ansicht Bonnets. Der Ministerpräsident* [tat es] *aufgrund polnischer Informationen, daß ‚keine vier Wochen nach Ausbruch des Krieges die Revolution in Deutschland herrsche'."*[544]

Anders als Botschafter Potocki vermutete, waren am 24. August zudem Nachrichten über die neuen polnischen Truppenkonzentrationen im Korridor nach Berlin gelangt, und unabhängig davon kam aus Budapest eine Nachricht, wozu sie dienen sollten: Es war von einem für 24. oder 25. August 1939 geplanten Einmarsch polnischer Truppen in Danzig die Rede.[545] Josef Davies, der ehemalige amerikanische Botschafter in Moskau, der jetzt die Geschäfte in Brüssel führte, wußte ebenfalls zu berichten, daß die polnische Regierung den Streit um Danzig mit einer siegreichen militärischen Offensive beenden wollte.

> *„Charakteristisch für diese Einstellung ist, daß erst im vergangenen Frühjahr einer der höchsten Beamten unter Beck, Minister* [Auslassung im Original], *zu mir äußerte, und zwar sehr bestimmt, seine Regierung würde nie zugeben, daß Polen und Deutschland zusammenkämen, um ihre Schwierigkeiten wegen des polnischen Korridors*

[543] Zit. n. Biddle, Papers, S. 348, vgl. auch FRUS 1939, I, Doc. 208-8.

[544] Zit. n. Spanaus, S. 217. Daladier hatte diese Informationen offenbar vom polnischen Botschaftsrat an der Berliner Botschaft, Prinz Lubomierski. Bestätigt wird diese Äußerung auch von General Gamelin, in: Gamelin, Servir, (Paris 1946), Bd. I, S. 24 ff. u. Bd. II, S. 445, Anm. 2 u. 3.

[545] Vgl. Halder, KTB, I, S. 29, 24. August 1939.

> *und Danzigs beizulegen. [...] Er sprach sich empört über das aus, was er die übliche Übertreibung der deutschen Militärmacht nannte. Seine Regierung, sagte er, würde es der Welt zeigen; drei Wochen nach Kriegsausbruch würden polnische Truppen in Berlin sein. Der ‚Westwall' oder die ‚Siegfriedlinie' seien nichts als ein Baumwollfaden. Polen brauche keine russische Hilfe. Sie könnten mit den Deutschen allein fertigwerden."*[546]

Aus der Fülle ähnlicher Äußerungen könnte man auf die Existenz einer entsprechenden Sprachregelung schließen, um den ausländischen Stellen ein attraktives Bild der polnischen Stärke und zugleich der deutschen Schwäche zu bieten. Allerdings wurde intern in Polen auch nicht anders gesprochen. Außenminister Beck selbst ging wie seine Mitarbeiter davon aus, für einen Konflikt bestens gerüstet zu sein. Er betonte das wenige Tage vor Kriegsausbruch bei einem Abendessen:

> *„Beck rühmte die Luftverteidigung der Hauptstadt, die angeblich eine Hundertschaft schwerer Artilleriegeschütze umfaßt. Ganz allgemein scheint er wie üblich mit unserer militärischen Kraft sehr zufrieden zu sein."*[547]

In dieser Art und Weise äußerten sich viele polnische Offizielle auch nach dem 1. September 1939 noch öffentlich. Der Rundfunk brachte etwa am 4. September eine Rede des Oberstleutnants Roman Umiastowski von der Propaganda-Abteilung, die unter anderem diese Passage enthielt:

> *„Unsere Armee ist auf den Krieg vorbereitet wie keine andere. Es ist wahr, sie hat weniger Ausrüstung als der Gegner, aber dafür hat sie Soldaten und Offiziere von einer Qualität, die der Gegner nicht vorweisen kann – ganz besonders bei den jungen Offizieren."*[548]

Man könnte dies als unvermeidliche Aufmunterung der Truppe trotz besseren Wissens deuten, aber das scheint es nicht gewesen zu sein. Man glaubte in Polen an seine Chance. Neben den Plänen für eine Offensive gegen Deutschland blieben die Absichten für die Defensive wenig konkret. Eine Verteidigung gegen einen deutschen Angriff sei nicht ernsthaft vorbereitet worden, das räumte General Adrian Carton de Wiart, der Leiter der britischen Militärdelegation in Polen, nach seiner Rückkehr Ende September lapidar ein:

> *„Die Polen hatten* überhaupt keine *Verteidigungspositionen vorbereitet."*[549]

---

[546] Zit. n. Davies, Botschafter, S. 355, Tagebucheintrag vom 26. August 1939.

[547] Zit. n. Lipski, Diplomat, S. 566.

[548] Zit. n. Polonsky, Crisis, S. 493.

[549] Zit. n. Cadogan, Diaries, 25. September 1939, S. 219. Hervorhebung im Original.

Polens Kriegsminister Kasprzycki hatte entsprechende Anregungen auch deutlich zurückgewiesen:

> *„Man gibt uns üble Ratschläge. [...] Wir denken nicht daran, uns danach zu richten. Man rät uns zum Bau von Festungen und zur Vorbereitung eines Verteidigungskriegs, empfiehlt uns Rückzugsmanöver und Widerstand an unseren Flußläufen. Nichts davon werden wir tun. Wir kennen nur die Offensive, und im Angriff werden wir siegen.“*[550]

Aus alledem kann man den Schluß ziehen, daß die polnische Armee mit Billigung der politischen Führung weiterhin auf Basis jener Pläne operieren wollte, die bereits Anfang der zwanziger Jahre von Marschall Pilsudski in Zusammenarbeit mit dem französischen Generalstab ausgearbeitet worden waren und während der ganzen Zwischenkriegszeit das Gerüst für die Aufmarschplanung Polens bildeten.[551] Zu Beginn der dreißiger Jahre war auf dieser Basis eine begrenzte Offensive gegen Deutschland ausgearbeitet worden, damals eine sogenannte „Angriffshandlung mit Präventivcharakter“ gegen die Weimarer Republik,[552] die dann aber wie gesehen mangels politischer Unterstützung der Westmächte nicht durchgeführt wurde.[553]

Die polnische Regierung hatte allerhand getan, was diesen Eindruck erweckt, während der genaue Umfang der geplanten Offensive im Dunkeln geblieben ist, weil der Operationsplan der polnischen Streitkräfte „in seiner Gesamtheit weder schriftlich fixiert noch den Armeeführern jemals bekanntgegeben wurde“.[554] Hier behielt sich der engere polnische Führungskreis augenscheinlich alle Schritte selbst vor und konnte möglicherweise deshalb auf die schriftliche Fixierung seiner Pläne verzichten. Das folgte einer Methode, die Marschall Rydz-Śmigły zu Zeiten des Untergrundkampfs während des Ersten Weltkriegs entwickelt hatte.[555]

Im Gegensatz zu den Generalstabsplänen sprachen aber der Aufmarsch der Truppen, die polnischen Diplomaten und ihre Militärs eine unmißverständliche Sprache. Westliche Rückendeckung war ja nun dank der gemeinsamen britisch-französischen Garantie noch mehr

---

550 Zit. n. Cartier, Weltkrieg, S. 18.

551 Vgl. Roos, Polen, S. 6.

552 Ebd.

553 Vorgesehen war die Besetzung von Danzig und Teilen von Pommern, Ostpreußen und Schlesien. Vgl. Zgorniak, in: Michalka, Weltkrieg, S. 448 ff. Erst danach war eine Offensive gegen Berlin geplant, wie sie vom französischen Generalstab gewünscht wurde. Roos, Polen, S. 6 ff. und Roos, Planung, S. 186 f.

554 Zit. n. Roos, Feldzug, S. 497.

555 Vgl. Roos, Planung, S. 194.

gegeben als in den Jahren zuvor durch das französisch-polnische Bündnis allein. Insofern hatte sich die militärstrategische Lage in den letzten Jahren trotz der deutschen Aufrüstung verbessert, nicht verschlechtert. Aus diesem Blickwinkel hatte Edward Raczynski, der polnische Botschafter in London, recht, wenn er mitten in der größten Krise und bei unmittelbarer Kriegsgefahr am 29. August 1939 bemerkte, die Lage sei keineswegs verzweifelt, „alles geht ganz hübsch voran".[556] Raczynski tat denn auch nichts, um etwa noch vorhandene Spielräume für Kompromisse und Verhandlungslösungen auszuloten, wie es die englische Regierung mit Premier Neville Chamberlain gleichzeitig versuchte. Trotz der markigen Erklärungen aus dem Frühjahr 1939 über die Konfrontation mit Deutschland als einem Hauptziel der britischen Diplomatie und Polen als notwendigem Partner für einen erfolgreichen Krieg gegen Deutschland gehörte in den späten Augusttagen auch Außenminister Halifax wieder zu den Bedenkenträgern. Raczynski war sehr erstaunt und empört darüber gewesen, als Halifax nach der Unterzeichnung des englisch-polnischen Bündnisvertrags am 25. August „damit begann, vor mir neue Ideen für einen Kompromiß mit Deutschland auszubreiten".[557] Seither hatte Raczynski alles getan, um solchen Ideen ihren Reiz zu nehmen:

> *„Für mindestens eine Woche ging ich das Risiko ein, mich von einem Diplomaten in eine Partei innerhalb der britischen Innenpolitik zu verwandeln und dies darüber hinaus noch in Opposition zur Regierung. Überaus engagierte Mitarbeiter wurden die Politiker der verschiedenen Lager, die sich um Churchill gruppiert hatten, und dann kaum weniger die Labour Party."*[558]

Diese „Politiker der verschiedenen Lager", mit anderen Worten also Churchills bunter „Focus" aus früheren und kommenden Regierungschefs, Ministern, Beamten, Journalisten, Verlegern, Bischöfen, Gewerkschaften, jüdischen Abwehrorganisationen und anderen mehr, kämpfte seit Jahren gegen Deutschlands politischen Wiederaufstieg unter dem Nationalsozialismus. Der „Focus" hatte prominente Verbindungen zu allen großen Medien geschaffen, auch international, sich bis in die USA ausgedehnt und trug wesentlich dazu bei, den Anführer dieser Anstrengungen schließlich erfolgreich ins Ministerium und dann ins Amt des Premierministers zu hieven. Es war ein Fehlurteil, wenn Raczynski noch im nachhinein glaubte (oder glaubte, behaupten zu

[556] Zit. n. Nicolson, Tagebücher, S. 340.

[557] Vgl. Raczynski, London, S. 20.

[558] Ebd., S. 24.

sollen), diesen Kreis als Mitarbeiter der polnischen Sache gewonnen zu haben. Hier ging es den Partnern um andere Dinge. In den Anstrengungen dieser Gruppe für seine Londoner Aktivitäten sahen deren Mitglieder nicht den schließlichen Zweck, sondern den Einsatz des polnischen Mittels zur Durchsetzung jener Absichten.

Am 31. August 1939 schien seine Strategie kurzzeitig gescheitert zu sein, als sich in London wohl jener 16-Punkte-Plan gerüchteweise herumsprach, den Deutschland kurz nach Mitternacht dem englischen Botschafter in Berlin Nevile Henderson bekanntgegeben hatte. Henderson hatte ihn, anders als er, die englische und die polnische Regierung später behaupten sollten, sehr wohl verstanden, denn er gab ihn sowohl dem polnischen Botschafter in Berlin als auch seiner eigenen Regierung noch in den frühen Morgenstunden des 31. August zur Kenntnis. Der polnische Botschafter gab den Plan dann in den vier Kernpunkten am späten Morgen nach Warschau weiter.[559] Es ist eine der verbreitetsten Legenden im Zusammenhang mit den Vorgängen kurz vor Kriegsausbruch, Außenminister von Ribbentrop hätte den Plan zu schnell vorgelesen, als daß Henderson ihn hätte verstehen können. Diese Behauptung wurde von Henderson selbst aufgestellt und von weiten Teilen der Historiographie übernommen. Sie ist aus dem genannten Grund offensichtlich falsch: Henderson gab den Plan kaum eine Stunde später korrekt weiter, wie aus dem englischen Blaubuch selbst hervorgeht.[560] Er hatte außerdem in der Nacht über diese Punkte eine mehr als einstündige Unterhaltung mit seinem polnischen Botschafterkollegen Lipski, wie sich der Erste Botschaftssekretär Henryk Malhomme später erinnerte.[561] Der anwesende Dolmetscher Paul Schmidt schreibt in seinen Erinnerungen also korrekt, Ribbentrop habe gegenüber Henderson in normalem Tempo gelesen und sogar „zu einigen Punkten Erläuterungen gegeben". Er zieht aber aus unerfindlichen Gründen trotzdem die falsche Schlußfolgerung, Henderson habe den Inhalt nicht verstanden.[562] Dieses

[559] Er bekam ihn außerdem am gleichen Morgen noch einmal schriftlich in allen 16 Punkten in die Botschaft gebracht. Vgl. Lipski, Diplomat, S. 571 u. Scheil, Logik, S. 212 ff.

[560] Vgl. Henderson, Mission, S. 272 f., Blaubuch, Dok. 92, Dahlerus, Versuch, S. 115 und meine Darstellung des Vorgangs in: Scheil, Logik, S. 212 ff.

[561] Vgl. Lipski, Diplomat, S. 569. Henderson rief Lipski gegen zwei Uhr an, der in die englische Botschaft fuhr und erst gegen vier Uhr zurückkehrte. Lipski erwähnt den Vorgang in einer eigenen längeren Darstellung, die erstmals 1947 erschien. Nach der Ablehnung der deutschen Vorschläge durch Lipski ließ der englische Botschafter den Sekretär Malhomme, den er seit Jahren kannte, am Morgen des 31.8.1939 zu sich kommen und versicherte ihm, er sei Polen nicht „unfreundlich" gesinnt, nur weil er den deutsch-polnischen Konflikt gewaltfrei lösen wolle. Vgl. Lipski, Diplomat, S. 606.

[562] Vgl. Schmidt, Statist, S. 459 f.

Verhalten zog sich durch die Diplomatie auch des nächsten Tages. Man litt auf alliierter Seite unter „plötzlicher Hörschwäche“.[563]

Deutschland forderte in den 16 Punkten weiterhin nicht die Annexion von polnischem Territorium und auch sonst nichts, was dem englischen Botschafter in Berlin unmäßig erschienen wäre. So registrierte Raczynski die Möglichkeit einer Verhandlungslösung, die ihm selbst dann Unbehagen bereiten würde, wenn die britische Seite das berücksichtigen sollte, was sie unter den „vitalen Interessen“ Polens verstanden wissen wollte.

> *„Die Lage hier hat eine ernste Wendung genommen. Die britische Regierung hat unter dem Einfluß der Beschwichtiger neue Verhandlungen angestoßen, in der Hoffnung, doch noch einen Ausgleich zwischen Hitlers Forderungen und den vitalen Interessen Polens zu finden.“*[564]

Mit Hilfe der innerenglischen Opposition konnte dieser Punkt jedoch überwunden werden, so daß es letztlich zur englischen Kriegserklärung an Deutschland kam, wobei die Friedensstrategie Chamberlains, die Raczynski und Churchill gemeinsam nach Kräften bekämpft hatten, am Ende noch großen Nutzen brachte.

> *„Chamberlains Versuche, kurz vor Toresschluß mit neuen Zugeständnissen doch noch den Frieden zu kaufen, wirkten sich zu unserem Vorteil aus, da sie der Welt unseren guten Willen jenseits jedes Zweifels demonstrierte, nicht zuletzt den Vereinigten Staaten.“*[565]

Das funktionierte natürlich nur, indem die deutschen Versuche, mit den spektakulären 16 Punkten seinerseits die Weltöffentlichkeit zu beeindrucken, konsequent totgeschwiegen wurden. In der Tat wurde Chamberlains persönlicher guter Wille künftig mit dem guten Willen der polnischen Regierung gleichgesetzt, nach deren wirklichen Motiven und Handlungen während jener Tage kaum mehr jemand so genau fragte, wie Raczynski richtig vermutete, auch in den Vereinigten Staaten nicht. Die Republik Polen war in Verbindung mit den Westmächten offenbar bereit, den Offensivkrieg gegen Deutschland zu wagen. Die Aufstellung der polnischen Streitkräfte sowie ihr Verhalten in den ersten Tagen nach dem deutschen Angriff stützen diese Interpretation in gewissem Ausmaß, ebenso wie die vielfach geäußerte Ansicht polnischer Politiker, ein Eindringen nach Deutschland werde dort eine Panik und einen Putsch provozieren.

---

[563] Dazu ausführlicher in: Scheil, Ribbentrop, das gleichnamige Kapitel „Plötzliche Hörschwäche“.

[564] Vgl. Raczynski, London, S. 21.

[565] Ebd., S. 25.

Bedeutende Truppenteile der polnischen Armee marschierten in unmittelbarer Grenznähe auf, je eine ganze Armee in Posen und in Westpreußen. Das war in beiden Fällen merkwürdig, da der polnische Generalstab in seinen übrigen Planungen ganz richtig davon ausging, daß die deutsche Wehrmacht im Bereich Posen nicht angreifen würde, in Westpreußen dagegen sehr massiv.[566] Die Posener Armee erhielt später trotz mehrfacher Anträge ihres Befehlshabers auch nach Beginn der deutschen Offensive nicht die Erlaubnis, sich in die Landesverteidigung einzuschalten. In Westpreußen dagegen war die dort stationierte Armee von vornherein dem Hauptangriff der Deutschen von zwei Seiten ausgeliefert und mangels Befestigungen und aufgrund ihrer deutlichen Unterzahl rettungslos verloren. Beide Dislozierungen ergaben daher nur in Verbindung mit polnischen Offensivplänen einen Sinn oder verrieten, wie es Sir Basil Liddell Hart im Tonfall sportlicher Anerkennung formuliert hat, „den polnischen Offensivgeist".[567] Im Juli 1939 waren zwar Vorschläge des polnischen Generals Juliusz Rómmel für einen größeren und sorgfältiger vorbereiteten Offensivkrieg von Marschall Rydz-Śmigły mit einem Verweis auf die politischen Risiken abgelehnt worden.[568] Das hatte ihn jedoch nicht gehindert, zusätzlich ein sogenanntes Interventionskorps aus zwei Infanteriedivisionen in den Korridor zu schicken, das offiziell ein Auge auf deutsche Provokationen in Danzig haben sollte.[569]

Tatsächlich waren diese Pläne aber immer Teil einer sehr politisch orientierten Kriegsführung gewesen, die im Konfliktfall mit schnellen innenpolitischen Rückwirkungen in Deutschland bis hin zum Regierungssturz rechnete. Obendrein wurde das Bedrohungspotential der Westmächte einkalkuliert, wegen dessen Existenz die Zahl des deutschen Militärs in Ostdeutschland eigentlich hätte begrenzt sein müssen. Durch den ausgebliebenen innenpolitischen Putsch gegen Hitler, die unerwartete Geschwindigkeit des deutschen Angriffs und die völlige Konzentration des deutschen Militärs auf Polen waren diese Spekulationen in mancher Hinsicht hinfällig geworden. Sie konnten aber immer noch – wie bereits erwähnt – auf den schnellen Einmarsch der französischen Armee ins Rheinland zutreffen.

Außenminister Beck schärfte seinem Pariser Botschafter diesen Zusammenhang in einem Telegramm vom 6. September erneut ein und ließ

---

566 Diese Stärke der Posener Armee läßt sich in keine Darstellung integrieren, die den polnischen Aufmarsch als defensiv interpretiert. Sie wird daher nicht selten einfach als Ausdruck der Unfähigkeit des polnischen Generalstabs gewertet, so etwa von Hans Roos. Vgl. Roos, Planung, S. 202.

567 Vgl. Rauh, Weltkrieg, Bd. 2, S. 39 ff. u. S. 44 sowie Liddell Hart, Weltkrieg, S. 43 f.

568 Nicht zu verwechseln mit dem deutschen General Erwin Rommel. Vgl. Roos, Feldzug, S. 496.

569 Vgl. Roos, Feldzug, S. 502.

nebenbei auch noch einmal die Grundlagen der polnischen Konzeption deutlich werden, die von einer engen Verknüpfung symbolischer militärischer Erfolge mit innenpolitischen Rückwirkungen ausging:

> *„Der schwächste Punkt des Feindes ist die Moral der Massen. Die deutschen Massen nahmen die Nachricht vom Krieg nicht mit Enthusiasmus auf, sondern mit deutlichem Pessimismus. Es fehlt der Glaube an den Sieg, und zugleich existiert die Angst, daß sich der Krieg innerhalb des Landes bemerkbar machen wird. Die Erfahrungen einiger weniger polnischer Patrouillen, die deutsches Territorium erreicht haben, zeigen, daß die deutsche Bevölkerung schnell zu Panik neigt. Es muß also alles getan werden, um die Moral des Gegners anzugreifen. Deshalb sind notwendig:*
> *1.) Alliierte Luftaktivitäten gegen das deutsche Staatsgebiet; durch die energische Bombardierung militärischer Ziele wird die Bevölkerung den Eindruck bekommen, die Alliierten beteiligten sich am Krieg; das wird helfen, Panik zu erzeugen.*
> *2.) Ein Durchbruch durch die Siegfried-Linie*[570]*, und wenn es nur an wenigen Punkten ist; um den Mythos zu brechen, sie sei undurchdringlich und schütze die deutsche Grenze vor Gefahren an der französischen Front.*
> *3.) Die Durchführung oder wenigstens Ankündigung einer Landung an der deutschen Küste."*[571]

Man hatte also in Warschau ganz gezielt auf eine begrenzte Offensive gegen Deutschland gesetzt, um die NS-Regierung zu stürzen, und erhoffte sich diesen Effekt nun von einem ähnlich strukturierten westlichen Angriff. Luftangriffe und einige kleine Durchbrüche durch den Westwall sollten aus polnischer Sicht für diesen Zweck ausreichen. Das war der Hintergrund der Äußerungen einiger polnischer Botschafter und Generäle vor dem Krieg. Aus Kopenhagen war am 2. September ein Telegramm ähnlichen Inhalts nach Paris gelangt, in dem der bisherige polnische Botschafter in Berlin seine Vorkriegsargumentation nun noch einmal bestätigte und ähnlich argumentierte wie Beck einige Tage später:

> *„Ein schneller Verlust des Vertrauens in die [eigene] Armee wird einen inneren Zusammenbruch [in Deutschland] nach sich ziehen."*[572]

[570] Gemeint ist der deutsche „Westwall".

[571] Zit. n. Lukasiewicz, Diplomat, S. 294.

[572] Gemeint ist die deutsche Armee. Pilsudski Institute, New York, Lipski papers, File 13, zit. n. Lukasiewicz, Diplomat, S. 294. Wohl um eine solche Wirkung zu erzielen, behauptete der polnische Regierungssprecher am 3. September um 22.45 Uhr in Warschau vor der internationalen Presse, es sei ein Durchbruch nach Ostpreußen gelungen. Vgl. Piekalkiewicz, Weltkrieg, S. 91.

August 1939 – Krieg in Sicht

10. August

Zu den besonders effektiven Orten für polnische Machtdemonstrationen gegenüber Deutschland gehörte wie seit zwanzig Jahren auch im Sommer 1939 noch immer die Freie Stadt Danzig. Die Entwicklungen der letzten Jahre hatten die Lage an diesem Ort noch eigentümlicher werden lassen. Wie fast überall im deutschsprachigen Raum regierte auch hier in der Stadt die NSDAP. Die innere Verfassung der Stadt wurde entsprechend ausgestaltet und mit dem Gang der Dinge im übrigen Deutschland synchronisiert. Andererseits bestand für Danzig nach außen weiterhin der Status der „Freien Stadt", in der nach den Bestimmungen des Versailler Vertrags nun gerade das Deutsche Reich als Staat keine Rechte hatte, wohl aber in gewissem Umfang die Republik Polen.

So bildete denn auch Danzig den Anlaß für die erste offene polnische Kriegsdrohung im August 1939. Die Warschauer Regierung drohte am 10. August 1939 exakt jenes offensive Vorgehen in Danzig an, das in der mit Großbritannien verabredeten Garantievereinbarung vorgesehen war. Wenn Polen sich direkt oder indirekt in wesentlichen Rechten durch deutsche Maßnahmen bedroht fühlte, konnte es den Bündnisfall erklären. Dies tat nun die Republik Polen an diesem Szenario entlang, nachdem das deutsche Außenministerium schriftlich sein „Befremden" über ein vorangegangenes polnisches Ultimatum an die Stadtverwaltung von Danzig ausgedrückt hatte:

> *„Die Polnische Regierung wird* [...] *jede künftige Einmischung der Deutschen Regierung zum Schaden dieser Rechte und Interessen* [in Danzig, d. Verf.] *als einen Angriffsakt betrachten."*[573]

Der nächste deutsche Brief zum Thema Danzig konnte also im Extremfall als kriegerischer Akt betrachtet werden und würde die britische Garantiezusage ebenso wirksam werden lassen, wie parallel dazu das französisch-polnische Militärabkommen in Kraft treten würde, in dem dieses Danziger Szenario im Mai 1939 exakt eingeplant

[573] Vgl. Weißbuch der polnischen Regierung, Dok. 86, 10. August 1939, S. 129.

worden war. Die dort getroffenen militärischen Absprachen galten nicht nur im Fall eines deutschen Angriffs auf Polen, sondern auch

> *„im Falle einer Bedrohung seiner Lebensinteressen in Danzig, die eine bewaffnete Aktion von seiten Polens hervorrufen würden."*[574]

Falls also Polen wegen Danzig als erstes zu den Waffen greifen würde, mußte Frankreich diesen Schritt mit seiner gesamten Militärmacht unterstützen. Dazu hatte sich die Pariser Militärführung schriftlich verpflichtet, und die Angelegenheit wurde auch dadurch nicht weniger brisant, daß in der französischen Staatsführung außer dem Außenminister niemand daran dachte, sich an dieses Abkommen zu halten. In Warschau ging man vom Gegenteil aus und war sich sicher, in Frankreich zusammen mit Großbritannien einen entscheidenden Verbündeten gewonnen zu haben. Der Krieg gegen Deutschland sei unvermeidlich, so kommunizierten es die diplomatischen Vertreter Polens auch andernorts. Der Krieg werde gewonnen werden und „Polen neue Macht verleihen", ließ der polnische Botschafter in Rom wenige Tage später Italiens Außenminister Ciano wissen.[575]

Das Vorgehen der polnischen Regierung kann aufgrund der näheren Umstände sogar als Versuch gedeutet werden, den bewaffneten Konflikt jetzt auszulösen. Seine diplomatische Beschwerde über einen angeblichen Vertragsverstoß Danziger Behörden ließ Minister Beck den dortigen Stadtoffiziellen überreichen, ohne vorher Rücksprache mit den Verbündeten zu halten. Dann informierte er am gleichen Mittag die diplomatischen Vertreter Frankreichs und Englands über diesen Schritt und betonte seine Entschlossenheit zur militärischen Aktion gegen Danzig, sollte die Stadt nicht wie gewünscht auf den Protest reagieren. Es war, wie sich der französische Botschafter in Polen Leon Noël später ausdrückte, zumindest ein fahrlässiges Unternehmen, das ohne Rücksprache mit dem Verbündeten sehr wohl den Krieg hätte auslösen können, nämlich eine deutsche militärische Reaktion.[576]

Die Angelegenheit blieb dubios. Schon was in Danzig überhaupt passiert sein sollte, konnte kaum in Erfahrung gebracht werden, da Beck nur vage Andeutungen darüber fallenließ. Einmal hieß es, die Stadt habe polnischen Bevollmächtigten die weitere Mitarbeit bei der Zollüberwachung verbieten wollen, dann war von anderen Beamten

[574] Zit. n. Hofer, Entfesselung, S. 220.

[575] Vgl. Ciano, Tagebücher, 15. Mai 1939, S. 90.

[576] Vgl. Noël, Angriff, S. 375.

die Rede und gar von geplanten Attentaten. Die Stadt Danzig bestritt, daß es überhaupt irgendeinen Vorfall gegeben hatte, und abschließend betrachtet scheint dies die wahrscheinlichste Deutung zu sein.

In dieser Frage alarmiert, ging Leon Noël den rechtlichen Voraussetzungen der polnischen Militärdrohungen auf den Grund. Ein Blick in die entsprechenden Verträge und die Beschlüsse des Völkerbunds brachte schnell die Klärung, die später die französische Regierung in ihrem „Gelbbuch" zur diplomatischen Vorgeschichte des Krieges von 1939 publizieren sollte: Für einen Militäreinsatz in Danzig aus eigenem Entschluß fehlte Polen jedes Recht. Als Freie Stadt unter der völkerrechtlichen Hoheit des Völkerbunds bestimmten entweder der Völkerbund oder dessen Vertreter vor Ort, der Hohe Kommissar, ob die Voraussetzungen für einen solchen Einsatz, sprich: der Verteidigungsfall, gegeben seien. Dann konnte ein Militäreinsatz in der Tat von Polen durchgeführt werden, aber eben erst dann. Die polnische Drohung gegen Danzig war ohne rechtliche Grundlage. Es spricht unter diesen Umständen einiges dafür, daß in Frankreichs Führungsschicht die einen nicht wußten, was die anderen taten. Schließlich hatte die französische Militärführung unter General Maurice Gamelin der polnischen Regierung genau dieses Recht zugesprochen.

Bei dieser Rechtsauffassung blieb Frankreichs Militär auch im August 1939, offenbar unbeeindruckt von den Erkenntnissen des Außenministeriums. Das geht aus den Papieren des englischen Kriegsministers Leslie Hore-Belisha hervor. Nur französischer Druck hatte die polnische Regierung bisher davon abgehalten, Danzig zu besetzen. Dies sagte ihm General Gamelin am 21. August 1939, wie er notierte:

> *„Der General äußerte sich scharf ablehnend zur polnischen Haltung gegenüber den britisch-französischen Militärgesprächen mit Rußland, die Polen setzten auf die Katastrophe* [„playing for disaster"]. *Er* [Gamelin] *habe einen französischen General nach Polen geschickt, um Marschall Rydz-Śmigły zu treffen. Frankreich habe Druck auf die Polen ausgeübt, keine Offensive gegen Danzig zu unternehmen, aber man habe starke Gerüchte gehört, dies würde in jedem Fall geschehen, wenn Danzig sich zur deutschen Stadt erklären sollte. Nach Gamelins Ansicht wären die Polen in diesem Fall im Recht, aber es wäre für die Entwicklung der Weltmeinung günstiger, wenn sie das Fait accompli in Danzig akzeptieren und die Deutschen nur an der Nutzung des Korridors hindern würden."*[577]

[577] Zit. n. Hore-Belisha, Papers, S. 215 f., 21. August 1939.

Im gleichen Sinn äußerte sich Frankreichs Ministerpräsident Daladier, mit dem Hore-Belisha am gleichen Tag telefonierte. Daladier beschrieb die Polen dabei als „Narren, die von den abgedroschenen Ansichten Pilsudskis beherrscht seien".[578] Daran war, wie wir gesehen haben, vieles richtig.

Innerhalb der deutschen Führung wurde die polnische Nachricht vom 10. August als Kriegserklärung verstanden. Man war noch Anfang des Jahres davon ausgegangen, mit dem Vorschlag einer Eingliederung Danzigs in Deutschland bei gleichzeitiger Anerkennung der polnischen Grenzen ein annehmbares Angebot vorgelegt zu haben. Eines, das sogar die Basis für ein künftiges Verhältnis jener Art legen sollte, wie es Deutschland aktuell mit Italien hatte – als eines Partners und potentiellen Bündnisgenossen. Nun bedeutete diese Nachricht aus Warschau nicht weniger, als daß dort nicht nur die tatsächliche Eingliederung, sondern überhaupt jede Beschäftigung der deutschen Regierung mit Danziger Angelegenheiten bereits als Kriegsgrund aufgefaßt wurde. Diese Auffassung hätte – konsequent durchgehalten – jedweden weiteren deutschen Gesprächsvorschlag mit einem Angriff beantworten müssen. Aber so weit war es noch nicht. Die internationalen politischen Rückwirkungen würden zu negativ sein, sollte Polen tatsächlich einen derart banalen Anlaß zum Grund für offensive Kampfhandlungen werden lassen. Daher blieb es bei den Gewalttätigkeiten gegen die Deutschen in Polen und kleineren Grenzgefechten, während sich auf der europäischen Ebene noch einmal ein Schachzug ereignete, an dem Polen nur indirekt beteiligt war.

Seit dem Frühjahr 1939 hatte sich die Sowjetunion in der europäischen Politik verstärkt zu Wort gemeldet. Sowohl in Frankreich wie in England legten die Regierungen Wert darauf, die UdSSR in eine gegen Deutschland gerichtete Bündniskonstellation mit einzubeziehen. Entsprechende Verhandlungen fanden statt und trafen auf den konstanten Wunsch Polens, weder an solchen Gesprächen noch an deren möglichem Ergebnis beteiligt zu werden. Aus Sicht Becks bestand die ideale Bündniskonstellation bereits. Polen, England und Frankreich gemeinsam würden mit Deutschland fertigwerden können. An diesem Optimismus änderte auch der spektakuläre Schachzug nichts, der schließlich von Berlin aus zur Besserung der eigenen Situation vollzogen wurde. Am 22. August 1939 schlossen das sozialistische Rußland und das nationalsozialistische Deutschland einen

[578] Zit. n. ebd., S. 216, 21. August 1939.

Nichtangriffspakt. Aus Sicht der polnischen Regierung änderte auch das nichts. Die Bündniskonstellation blieb weiterhin perfekt.

Das hatte zum einen formale Gründe. Auch nach diesem Pakt blieb die UdSSR gegenüber Polen offiziell streng zur Neutralität verpflichtet, ebenso wie die beiden Westmächte offiziell zu sofortiger militärischer Hilfeleistung verpflichtet waren. Polen wurde also durch die gültigen Verträge weiterhin umfassend geschützt und unterstützt. Dies galt für die offiziell publizierten vertraglichen Verpflichtungen. Es ist deshalb spekuliert worden, ob sich die polnische Haltung verändert hätte, hätte man in Warschau zusätzlich das parallel und geheim abgeschlossene deutsch-sowjetische Abkommen über die gegenseitige Abgrenzung von „Interessensphären" gekannt. Diese Frage hat sich mittlerweile als gegenstandslos erwiesen: Man kannte in Polen die Existenz und den Inhalt dieses deutsch-russischen Geheimabkommens aus wenigstens einer Quelle recht genau. Botschafter Raczynski hatte diese Informationen in London noch am Tag der Unterzeichnung in Erfahrung bringen können und übermittelte am 22. August 1939 folgenden Text chiffriert nach Hause:

> *„Von einer inoffiziellen, aber ziemlich seriösen Quelle erhielt ich folgende Auslegung des deutsch-sowjetischen Nichtangriffspakts. Erstens wurde die Verständigung mit aktiver Hilfe der italienischen Diplomatie erreicht. Zweitens basiert sie auf der beiderseitigen Verpflichtung, sich in die Angelegenheiten der anderen Seite nicht einzumischen. Insbesondere werden die Deutschen sich nicht in die ukrainische Angelegenheit einmischen. Drittens gehen Lettland, Estland und Finnland in die sowjetische Interessen-Sphäre über. Viertens überlassen die Deutschen Bulgarien den türkischen Einflüssen und werden dessen revisionistische Tendenzen nicht unterstützen. Fünftens verliert der [...] Antikominternpakt seine antisowjetische Stoßrichtung."*[579]

In dieser recht präzisen Zusammenfassung der Geheimbestimmungen des russisch-deutschen Vertrages fehlt der Hinweis darauf, was darin über Polen vereinbart worden sein könnte. Allerdings wußte Raczynski offenkundig von solchen Vereinbarungen. Das geht indirekt aus seinen Äußerungen gegenüber Lord Halifax am gleichen Tag hervor. Polen würde von diesem deutsch-russischen Abkommen betroffen sein, allerdings nur im Fall eines „lokalen Krieges", an dem Polen beteiligt wäre, ließ Raczynski seinen britischen Gesprächspartner wissen.

> *„Was auch immer über die unveröffentlichten Klauseln der sowjetisch-deutschen Verständigung gesagt werden kann, eines scheint offen-*

[579] Vgl. PDD 1939 I, S. 783, Dok. 454, vgl. auch PDFP, S. 361 f., Doc. 173.

sichtlich zu sein. Von der sowjetischen Seite her spielte neben dem Gewinnwunsch die Befürchtung vor der Dynamik des ‚Dritten Reichs' die größte Rolle. Der Pakt schützt die Sowjets und garantiert ihnen unzweifelhafte Vorteile – sei es im Fall einer internationalen Konferenz, sei es im Fall eines lokalen Krieges. Aber im Fall eines allgemeinen Krieges, an dem neben Polen auch seine westlichen Verbündeten teilnehmen würden, würde es absolut im sowjetischen Interesse sein, neutral zu bleiben. Es ist undenkbar, daß sie sich beeilen würden, Deutschland zu helfen."[580]

Noch plastischer hatte Raczynski sich am Vortag an gleicher Stelle ausgedrückt:

„Ich bin mir sicher, daß die Verbindung der Sowjets mit den Deutschen niemals die Gestalt echter Freundschaft annehmen kann und daher auch keine dauerhafte sein wird. Alles in allem mischen sich auf der sowjetischen Seite die Ängste mit den Zielen. Wenn die Westmächte standhaft bleiben und an der Seite mit uns in den Krieg ziehen, wenn es nötig werden sollte, dann werden die Sowjets (obwohl sie weiter politische Ansprüche verfolgen) sich nicht ‚an der Seite Deutschlands kompromittieren'. Ein Spiel wird verloren sein, aber nicht alles,[581] *und die Situation wird gerettet sein. Aber wenn Polen sich allein verteidigen muß oder wenn eine ‚diplomatische Kapitulation' stattfindet, dann wird die deutsch-sowjetische Zusammenarbeit voll zum Tragen kommen, zum großen Schaden von Frankreich und England, die direkt betroffen sein werden."*[582]

Davon war das meiste richtig, wie die kommenden Wochen zeigen sollten. Der deutsch-sowjetische Vertrag stellte sich nicht als Teil der zwingenden Vorbereitung eines schon feststehenden Krieges heraus. In Berlin wie in Moskau betrachtete man ihn als möglichen Reservevertrag, der die Ergebnisse einer größeren Konferenz über die strittigen Fragen in Osteuropa und auch über Polen günstig beeinflussen sollte. Diese Konferenz versuchten die Deutschen in den kommenden Tagen zu erzwingen, schließlich vergeblich. Selbstredend wollte die polnische Diplomatie keine irgendwie geartete Veranstaltung zulassen, auf der europäische Großmächte zur „Friedenswahrung" nach Gutdünken neue polnische Grenzen zogen. Damit hatte man seit 1772 genügend schlechte Erfahrungen gemacht.

---

[580] Vgl. PDD 1939, I, S. 790, Dok. 459 bzw. 460.

[581] „Przegana okaże się partia, lecz nie rober." PDD, 1939, I, S. 788.

[582] Zit. n. PDFP, S. 365, Dok. 176, 23. August 1939.

Es stimmte auch Raczynskis Vermutung, daß sich die Sowjets keineswegs „beeilen“ würden, auf deutscher Seite in einen Krieg zu ziehen. Sie mußten wenige Wochen später von Berlin energisch zu diesem Schritt gedrängt werden, und sie taten ihn erst am 17. September 1939, nachdem zweifelsfrei feststand, daß die beiden Westmächte ihren polnischen Verbündeten betrogen hatten. Ob dieser Schritt dann nur eine Folge der sichtbaren Passivität des Westens und der militärischen Niederlage Polens war oder ob man in Moskau sogar vom geheimen formellen Beschluß des Kriegsrats der beiden Westmächte am 12. September erfahren hatte, wonach der Krieg auf drei Jahre anzulegen sei, bedarf wohl noch der Klärung. England und Frankreich beteiligten sich jedenfalls nicht militärisch an dem Konflikt, wie es hier Ende August von Raczynski mehr als deutlich gefordert und auch richtigerweise als im eigenen Interesse der Westmächte beschrieben wurde. Was eintrat, war daher zunächst einmal der von ihm erwähnte „lokale Krieg“, in dem Polen sich „allein verteidigen mußte“, und für genau diesen Fall – wie für den Fall der Konferenz – wurden die deutsch-sowjetischen Vereinbarungen vorübergehend nützlich und für Polen politisch desaströs wirksam. Daß sich im weiteren Verlauf auch noch ereignen sollte, was Raczynski am 22. August 1939 bei Halifax im weiteren ankündigte, daß nämlich bei Passivität der Westmächte eine deutsch-sowjetische Zusammenarbeit phasenweise eng genug sein würde, damit Deutschland „mit Frankreich fertigwerden“ könnte, rundet das Bild ab. Die polnische außenpolitische Führung hatte sehr viel richtig gesehen. Sie beging im Grunde nur einen einzigen, allerdings schwerwiegenden Fehler. Dieser Fehler ging unmittelbar aus der polnischen Staatsräson hervor, sich selbst als europäische Großmacht zu verstehen: Sie machte sich deshalb ein falsches Bild von der Wertschätzung Polens in Westeuropa und aus diesem Grund auch vom inneren politischen Entscheidungsprozeß der Westmächte. Sie rechnete deshalb fälschlicherweise mit deren Vertragstreue.

Halifax hätte Raczynski natürlich sagen können, daß er im Kriegsfall ein betrogener Mann sein würde. Das stand längst fest, bevor es am 12. September 1939 noch einmal amtlich beschlossen wurde. Alle – schon seit Jahresanfang 1939 laufenden – gemeinsamen Planungen der beiden Westmächte für einen möglichen Krieg gegen Deutschland gingen davon aus, die militärischen Verpflichtungen gegenüber Polen nicht zu erfüllen. Halifax sagte das aber nicht, so wenig wie andere Eingeweihte. Was die Erklärungen für die unter dem Bündnisaspekt recht merkwürdige Stationierungspraxis der britischen Truppen anging, so reagierten britische Offizielle statt dessen mit teilweise recht dick aufgetragenen Interpretationen. General Edmund Ironside ließ im Juli 1939 bei einem Besuch in Warschau verlauten, es würden wohl die britischen Truppen aus Ägypten über den Weg durch das Schwarze Meer in Polen eingreifen.[583] Allerdings versteckte er die Ironie dieser Ankündigung hinter weiteren massiven Zusagen militärischer Art, darunter die eines sofortigen Angriffs der kombinierten britisch-französischen Luftstreitkräfte im Kriegsfall sowie die der Bereitstellung von einhundert britischen Bombern nebst Jagdschutzbegleitung für den Einsatz in Polen. Nichts davon wurde jemals in die Tat umgesetzt, aber es war wohl der Ton, den man in Warschau hören wollte. Josef Beck meinte noch im nachhinein, diese Militärgespräche hätten damals Anlaß zu Optimismus gegeben.[584]

In anderer Hinsicht deckten sich der Tonfall Ironsides und die späteren britischen Taten jedoch wirklich. Es sind ebenfalls von Beck überlieferte Passagen, die dann aber später nie zitiert wurden:

> *„Ironside brachte die Auffassung der britischen Regierung zum Ausdruck, daß ein Krieg mit Deutschland unvermeidlich sei und er von England gnadenlos bis zum Ende durchgeschlagen werden würde. Er erklärte außerdem, die britische Regierung würde mit Polen den folgenden Standpunkt teilen: ‚Wir dürfen den Deutschen keine Gelegenheit geben, den Anschein zu erwecken, als seien sie provoziert worden, aber wir müssen notfalls mit Gewalt jeden weiteren Versuch der Deutschen vereiteln, ihre unannehmbaren politischen Ansprüche und Gebietsforderungen durchzusetzen'."*[585]

Dies traf die britischen Absichten und Handlungen im weiteren Verlauf besser. Der Krieg wurde trotz aller deutschen Versuche, ihn irgendwann mit einem Kompromiß abzubrechen, schließlich konsequent bis zur deutschen Vernichtung zu Ende geführt. Allerdings bestand, abgesehen von der Passage über den Kriegsausbruch, sonst keine Interessenidentität zwischen Polen und den Westmächten. Die Polengarantie brachte den Krieg, und sie brachte ihn auf eine Weise, in der die Weltöffentlichkeit keine britisch-polnische Provokation erkennen konnte oder wollte. Für etwas anderes war sie in den Augen der britischen Führung zu keinem Zeitpunkt gedacht gewesen, je-

583 Vgl. Watt, Glory, S. 402 f., bzw. Beck, Report, S. 199.

584 Vgl. Beck, Report, S. 199.

585 Zit. n. ebd., S. 198.

denfalls nicht für den laut verkündeten militärischen Zweck einer Unterstützung Polens.

Die britische Regierung zeigte sich Ende August 1939 trotzdem bereit, mit Polen nun ein weiteres Abkommen zu unterzeichnen. Großbritanniens Regierung ergänzte das im Frühjahr gegebene wechselseitige Garantieversprechen mit der Republik Polen am 25. August 1939 um einen förmlichen Bündnisvertrag. Auch dessen Vorgeschichte hatte – wie Edward Raczynski später schilderte – an jenem ominösen 10. August 1939 begonnen. An diesem Tag informierte er Lord Halifax über Polens Wunsch, möglichst bald ein politisches Abkommen zur Ergänzung der im Frühjahr ausgesprochenen gegenseitigen Garantie abzuschließen. Dieses Abkommen sollte nach Raczynskis Vorstellung die speziellen polnisch-britischen Beziehungen festigen, unabhängig vom Ausgang der in Moskau laufenden britisch-französisch-sowjetischen Gespräche über ein gegenseitiges Unterstützungsabkommen. Halifax stimmte zu, Raczynski ließ aus Warschau einen Juristen des polnischen Außenministeriums, Władysław Kulski, einfliegen, und man begann am 16. August zu verhandeln, wobei auf der britischen Seite Cadogan, Strang und William Malkin beteiligt waren. In der Rückschau betonte Raczynski, Beck und das Warschauer Ministerium bewußt nicht mit allen Details der laufenden Gespräche „belastet" zu haben.[586] Alles sei zügig vonstatten gegangen, bis am 19. August neue Punkte zur Sprache gekommen seien, über deren Natur sich Raczynski in seinen Erinnerungen ausschweigt. Sie bremsten die Gespräche. Dann hinterließen auch die Ereignisse des 22. August offenbar doch zunächst einmal ihre Spuren in London. Die UdSSR und Deutschland hatten sich vertraglich geeinigt, und das britische Foreign Office verlor erkennbar die Lust an weiteren Gesprächen mit der polnischen Delegation. Raczynski schrieb es sich selbst zu, diesen toten Punkt mit einem dringenden Appell an Halifax überwunden zu haben. Tatsächlich zeigte sich die britische Regierung am 24. August plötzlich und unerwartet bereit, mit Raczynski – der enttäuschte Kulski war inzwischen nach Warschau zurückgekehrt – doch das gewünschte Papier zu unterschreiben. Der polnisch-britische Vertrag stand, wobei Raczynski die letzten Details wohl auf eigene Verantwortung ausgehandelt hatte und sich „innerhalb einer Viertelstunde" telefonisch und telegraphisch aus Warschau die Genehmigung zur Unterzeichnung holte.[587]

[586] Vgl. Raczynski, London, S. 18.

[587] Ebd., S. 20.

Nr. 459
Britisch-Polnischer Vertrag über gegenseitigen Beistand, 25. August 1939

(Übersetzung)

Die Regierung des Vereinigten Königreichs von Großbritannien und Nordirland und die Polnische Regierung

haben in dem Wunsche, die Zusammenarbeit zwischen ihren Ländern, die sich aus den bereits zwischen ihnen ausgetauschten Zusicherungen gegenseitigen Beistandes defensiver Art ergibt, auf eine dauernde Grundlage zu stellen, beschlossen, zu diesem Zweck ein Abkommen zu schließen, und haben zu ihren Bevollmächtigten ernannt:

Die Regierung des Vereinigten Königreichs von Großbritannien und Nordirland:

den sehr ehrenwerten Viscount Halifax, K. G., G. C. S. J., G. C. J. E., Ersten Staatssekretär für Auswärtige Angelegenheiten;

Die Polnische Regierung:

Seine Exzellenz den Grafen Eduard Raczyński, Außerordentlichen und Bevollmächtigten Botschafter der Polnischen Republik in London;

die nach Austausch ihrer für gut und richtig befundenen Vollmachten über folgende Bestimmungen übereingekommen sind:

Artikel 1

Sollte eine der Vertragsparteien in Feindseligkeiten mit einer europäischen Macht verwickelt werden, und zwar infolge eines Angriffs der letzteren auf diese Vertragspartei, so wird die andere Vertragspartei der in Feindseligkeiten verwickelten Vertragspartei sofort jede Unterstützung und jeden Beistand gewähren, die in ihrer Macht stehen*.

Artikel 2

(1) Die Bestimmungen von Artikel 1 sind auch dann anwendbar, wenn irgendeine Handlung einer europäischen Macht die Unabhängigkeit einer der Vertragsparteien offensichtlich unmittelbar oder mittelbar bedrohen und so geartet sein sollte, daß die betreffende Partei es für lebenswichtig hielte, ihr mit ihrer bewaffneten Macht Widerstand zu leisten.

(2) Sollte eine der Vertragsparteien in Feindseligkeiten mit einer europäischen Macht verwickelt werden infolge einer Handlung dieser Macht, die die Unabhängigkeit oder Neutralität eines anderen europäischen Staates derart bedrohte, daß darin eine offensichtliche Bedrohung für die Sicherheit der erwähnten Vertragspartei läge, so sind die Bestimmungen von Artikel 1 anwendbar, jedoch unbeschadet der Rechte des anderen beteiligten europäischen Staates.

Artikel 3

Sollte eine europäische Macht versuchen, die Unabhängigkeit einer der Vertragsparteien durch ein Verfahren wirtschaftlicher Durchdringung oder auf

* Auf eine Anfrage des Unterhausmitgliedes Harvey, ob die Beistandsverpflichtungen des britisch-polnischen Vertrages vom 25. August 1939 auch den Fall des Angriffs durch nichtdeutsche Mächte, einschließlich Rußlands, decken sollten, gab der Britische Unterstaatssekretär für Auswärtige Angelegenheiten Butler am 19. Oktober 1939 folgende schriftliche Antwort: »Nein. Während der Verhandlungen, die zur Unterzeichnung des Abkommens führten, wurde zwischen der Polnischen Regierung und der Regierung Seiner Majestät vereinbart, daß das Abkommen nur den Fall eines Angriffs durch Deutschland decken sollte; die Polnische Regierung bestätigt, daß dies zutrifft.«

irgendeine andere Weise zu untergraben, so werden die Vertragsparteien einander bei dem Widerstand gegen solche Versuche unterstützen. Sollte die betreffende europäische Macht daraufhin Feindseligkeiten gegen eine der Vertragsparteien eröffnen, so sind die Bestimmungen von Artikel 1 anwendbar.

Artikel 4

Die Methoden für die Durchführung der in diesem Abkommen enthaltenen gegenseitigen Beistandsverpflichtungen werden zwischen den zuständigen Marine-, Heeres- und Luftwaffenbehörden der Vertragsparteien vereinbart.

Artikel 5

Unbeschadet der obigen Verpflichtungen der Vertragsparteien, einander beim Ausbruch von Feindseligkeiten unverzüglich gegenseitige Unterstützung und gegenseitigen Beistand zu gewähren, werden sie über alle Vorgänge, die ihre Unabhängigkeit bedrohen könnten, und insbesondere über alle Vorgänge, die dazu zu führen drohen, daß die erwähnten Verpflichtungen zur Auswirkung kommen, einen vollständigen und schleunigen Nachrichtenaustausch vornehmen.

Artikel 6

(1) Die Vertragsparteien werden einander die Bedingungen jeglicher Beistandsverpflichtungen gegen Angriffe mitteilen, die sie anderen Staaten gegenüber bereits eingegangen sind oder künftig eingehen sollten.

(2) Sollte eine der Vertragsparteien beabsichtigen, nach dem Inkrafttreten dieses Abkommens eine derartige Verpflichtung einzugehen, so ist die andere Vertragspartei davon zu benachrichtigen, damit das ordnungsmäßige Arbeiten des Abkommens gesichert wird.

(3) Alle neuen Verpflichtungen, die die Vertragsparteien etwa künftig eingehen sollten, sollen weder ihre Pflichten aus diesem Abkommen einschränken noch mittelbar neue Pflichten zwischen der an diesen Verpflichtungen nicht beteiligten Vertragspartei und dem dritten Staat schaffen.

Artikel 7

Sollten die Vertragsparteien infolge der Durchführung dieses Abkommens in Feindseligkeiten verwickelt werden, so werden sie keinen Waffenstillstand oder Friedensvertrag schließen, es sei denn im Einvernehmen miteinander.

Artikel 8

(1) Dieses Abkommen soll für einen Zeitraum von fünf Jahren in Kraft bleiben.

(2) Wird es nicht sechs Monate vor Ablauf dieses Zeitraums gekündigt, so soll es weiter in Kraft bleiben; jede Vertragspartei hat nach diesem Zeitpunkt das Recht, es jederzeit mit sechsmonatiger Frist zu kündigen.

(3) Dieses Abkommen soll mit der Unterzeichnung in Kraft treten.

Zu Urkund dessen haben die eingangs genannten Bevollmächtigten dieses Abkommen unterzeichnet und mit ihren Siegeln versehen.

Geschehen in doppelter Ausfertigung in englischer Sprache in London am 25. August 1939. Eine polnische Fassung soll nachträglich zwischen den Vertragsparteien vereinbart werden, und es werden dann beide Texte maßgebend sein.

(L. S.) **Halifax**
(L. S.) **Eduard Raczyński**

Geheimes Zusatzprotokoll

Die Polnische Regierung und die Regierung des Vereinigten Königreichs von Großbritannien und Nordirland sind sich einig, daß allein die folgende Auslegung des gegenseitigen Beistandsabkommens, das am heutigen Tag unterzeichnet wurde, authentisch und bindend sein soll:

I. A) Unter dem Ausdruck ‚eine europäische Macht', der in diesem Abkommen angewandt wird, soll Deutschland verstanden werden.

B) Im Fall einer Aktion im Rahmen der Artikel 1 oder 2 des Abkommens durch eine andere europäische Macht als Deutschland werden die vertragschließenden Parteien miteinander in Beratungen über die gemeinsam zu ergreifenden Maßnahmen eintreten.

II. A) Die beiden Regierungen werden von Zeit zu Zeit durch gegenseitige Vereinbarung die hypothetischen Fälle deutscher Aktionen, die unter den Artikel 2 des Abkommens fallen, festlegen.

B) Bis zu dem Zeitpunkt, an dem die beiden Regierungen übereingekommen sind, die folgenden Bestimmungen dieser Paragraphen zu modifizieren, werden sie annehmen: daß der Fall, der in Paragraph 1 des Artikels 2 des Abkommens in Betracht gezogen wurde, der der Freien Stadt Danzig ist; und daß die Fälle, die mit Paragraph 2 des Artikels 2 in Betracht gezogen wurden, die von Belgien, Holland und Litauen sind.

C) Lettland und Estland sollen von den beiden Regierungen als in die Liste der im Paragraph 2 des Artikels 2 in Betracht gezogenen Länder eingeschlossen angesehen werden, sobald eine gegenseitige Beistandsverpflichtung zwischen dem Vereinigten Königreich und einem dritten Staate, die diese beiden Länder einschließt, in Kraft tritt.

D) Hinsichtlich Rumäniens verweist die Regierung des Vereinigten Königreichs auf die Garantie, die sie diesem Lande gegeben hat; und die Polnische Regierung verweist auf die reziproken Verpflichtungen des rumänisch-polnischen Bündnisses, das Polen niemals für unvereinbar gehalten hat mit seiner traditionellen Freundschaft zu Ungarn.

III. Sollten die Verpflichtungen, die im Artikel 6 des Abkommens aufgeführt werden, durch eine der vertragschließenden Parteien mit einem dritten Staate eingegangen werden, müßten sie notwendigerweise so abgefaßt werden, daß ihre Ausführung zu keiner Zeit die Souveränität oder die territoriale Integrität der anderen vertragschließenden Partei beeinträchtigt.

IV. Das vorliegende Protokoll stellt einen integralen Bestandteil des heute unterzeichneten Abkommens dar, dessen Reichweite es nicht überschreitet. Im Vertrauen darauf haben die Unterzeichnenden, im Besitz entsprechender Vollmachten, das vorliegende Protokoll unterzeichnet.

gez.: Halifax
gez.: Eduard Raczynski

Quelle: Documents on International Affairs 1939–1946, Vol. I, P. 471

Wie das sowjetisch-deutsche enthielt auch das polnisch-britische Vertragswerk ebenfalls ein Geheimabkommen schwerwiegenden Inhalts: Als möglicher Feind wurde im Geheimabkommen ausschließlich Deutschland genannt.[588] Dies stellte eine Einschränkung des bisherigen Garantieversprechens vom März 1939 dar, das keine näheren Bestimmungen über den Angreifer enthielt und deshalb im Prinzip auch für den Fall eines sowjetrussischen Angriffs auf Polen gegolten hätte. Jetzt wurde die mögliche Feindschaft der UdSSR gegenüber Polen ebenso wie alle anderen Staaten ausdrücklich vom britischen Beistandsversprechen ausgenommen. Der mögliche Gegner hieß ausschließlich Deutschland. Diese Bestimmung sollte innerhalb von nur wenigen Wochen drastische Folgen haben, denn genau diese Bestimmung erlaubte es der britischen Regierung, den Einmarsch der sowjetischen Truppen in Polen am 17. September ohne juristische Folgen wie die einer Kriegserklärung an Moskau geschehen zu lassen. Was öffentlich wie eine Bekräftigung des britisch-polnischen Bündnisses aussah, stellte in der Konsequenz seine Teilkündigung dar.

Es stellt sich die Frage, ob Edward Raczynski und Josef Beck dies nicht gesehen haben oder ob es ihnen gleichgültig war. Gleichgültig

---

[588] Vgl. PDFP, S. 373, Doc. 181, 25. August 1939, Geheimprotokoll zum britisch-polnischen Vertrag vom gleichen Tag. Vgl. Hofer, Entfesselung, Dok. 31 und Dok. 32, S. 196 ff. Dort der Text des Bündnisvertrags und des Geheimabkommens. Interessanterweise sind die Meldungen der deutschen Botschaft in London über den Abschluß des Bündnisabkommens von den alliierten Herausgebern der ADAP trotz Vorliegens dort nicht abgedruckt worden. Statt dessen verweisen die Herausgeber auf die nationalsozialistische Publikation „Dokumente der Deutschen Politik", die aus naheliegenden Gründen nur den offiziellen Bündnistext enthält, nicht das Geheimabkommen. Vgl. ADAP, D, VII, S. 253, Anmerkung der Herausgeber, bzw. DDP 7/1, Nr. 23b, S. 120, Anm. 3. Der britisch-polnische Pakt sollte ab dem Tag der Unterzeichnung für fünf Jahre gelten. Er wurde 1944 von der britischen Regierung nicht verlängert. Vgl. Jędrzejewicz, Parliament, II, S. 418, Erklärung von Außenminister Eden auf eine Anfrage des konservativen Abgeordneten Bullock am 9. März 1944. Diese Erklärung fehlt in der von Stephen King-Hall 1945 herausgebrachten Sammlung von Äußerungen des britischen Parlaments zu polnischen Themen, obwohl der Herausgeber ausdrücklich einen Anspruch auf Vollständigkeit erhebt. Vgl. King-Hall, Parliament, Preface. Das immer noch verschwiegene Geheimabkommen stellte nach der Nichtverlängerung des Paktes weiterhin ein politisches Problem dar. In der Sitzung des Kriegskabinetts vom 22. März 1945 sprach Eden dann von „Briefen, die in den vergangenen Jahren gewechselt worden sind und die peinliche Erklärungsnöte hervorrufen würden, wenn die Polen sie veröffentlichen sollten". Vgl. http://www.nationalarchives.gov.uk/documents/cab_195_3_transcript.pdf, zuletzt eingesehen am 5.5.2012.
Eden sprach sich an gleicher Stelle für eine Veröffentlichung des Geheimprotokolls aus, was im Jahr 1945 unter der Herausgeberschaft des Foreign Office als Cmd. 6616 geschah, als „Agreement between the Government of the United Kingdom and the Polish Government regarding Mutual Assistance, (with Protocol)". Bei der Erstveröffentlichung im Jahr 1939 (Cmd. 6144) war das Geheimprotokoll weggelassen worden. Erstmals abgedruckt wurde das Geheimprotokoll schließlich in dem von Arnold Toynbee herausgegebenen Band „Documents on International Affairs", London 1951, S. 469 f.

konnte es ihnen insofern sein, als sich an der Situation formal gesehen immer noch nichts geändert hatte, besonders im bilateralen polnisch-sowjetischen Verhältnis nicht. Beck hatte von der Sowjetunion in den Jahren 1932, 1934 und 1938 gleich dreimal die schriftliche Erklärung erhalten, Polen in keinem Fall anzugreifen. Im April des Jahres 1939 hatte der stellvertretende sowjetische Außenminister Wladimir Potemkin dies in Warschau noch ein viertes Mal bekräftigt und für den Kriegsfall mit Deutschland außerdem Waffenlieferungen an Polen in Aussicht gestellt. Im Ergebnis: Wurden alle bis August 1939 mit Polen geschlossenen Verträge eingehalten, dann waren im Kriegsfall die Westmächte mit den USA im Hintergrund[589] „drin", die Sowjetunion „draußen" und die Deutschen „unten" – gewissermaßen eine Vorwegnahme der später vom ersten NATO-Generalsekretär Lord Hastings Ismay mit diesen Worten zusammengefaßten Konstruktion des Nordatlantikpakts nach 1945. Die von Beck am 23. August per Rundtelegramm herausgegebene Sprachregelung für die polnischen Auslandsvertretungen betonte insofern richtig, die Lage sei unverändert und entsprechend zu kommentieren.[590]

Dennoch mußte von britischer Seite an irgendeiner Stelle erstmals der Wunsch geäußert worden sein, die militärisch-politischen Vereinbarungen ausschließlich auf den Gegner Deutschland zu beschränken. Dies mußte gegenüber Edward Raczynski geschehen sein, der sich gerade auf drastische Weise über einen möglichen sowjetischen Bruch des Polnisch-Sowjetischen Nichtangriffsvertrages geäußert hatte. Nun unterschrieb er zwei Tage später ein Papier, das Polen für genau diesen Fall der britischen Unterstützung beraubte. Das Studium der Aktenpublikationen zu dieser Frage hilft wenig weiter. Zunächst einmal führt es zu der erstaunlichen Feststellung, daß die neuen, umfangreichen, vom Polnischen Institut für Internationale Beziehungen herausgegebenen Polskie Dokumenty Dyplomatyczne (PDD) dieses Abkommen in ihrer Darstellung nicht enthalten. Das gilt sowohl für das Geheimprotokoll wie für das offen

[589] Beck konnte im Sommer 1939 mit Genugtuung lesen, wie ein wichtiger Berater des US-Präsidenten wie „Assistant Secretary" Messersmith dem polnischen Geschäftsträger in Washington erklärte, daß „die unnachgiebige Haltung der demokratischen Staaten, darunter auch Polen" zur Vernichtung des nationalsozialistischen Regimes führen werde. Diese Zuordnung durch Messersmith mußte in Becks Augen auch deshalb an Wert gewinnen, weil George Messersmith zu jenen gehörte, die über zahlreiche Förderer verfügten und zugleich Zugang zum Präsidenten selbst hatten. Vgl. AA, Roosevelts Weg, S. 84 ff. Bericht des Geschäftsträgers W. Wankowicz an Außenminister Beck über Gespräche mit Sumner Welles und Staatssekretär George Messersmith vom 11. Juli 1939.

[590] Vgl. PDD 1939 I, S. 786, Dok. 457, Telegramm vom 23. August 1939.

verkündete Abkommen. Zwar wird dieser Mangel durch deren Präsentation in der englischsprachigen Teilübersetzung teilweise geheilt, doch bleibt diese Lücke in der polnischsprachigen Ausgabe trotzdem merkwürdig.[591] Schließlich handelt es sich um eines der wichtigsten Abkommen, die von der Republik Polen geschlossen wurden. In den sonstigen publizierten Dokumenten findet sich von den Verhandlungen zu diesem Thema kaum eine Spur, so daß man in der Frage nach den Gründen seines Zustandekommens unter polnischer Perspektive auf Mutmaßungen angewiesen ist. Es ging Beck wie Raczynski wohl darum, die britische Politik noch einmal öffentlich an die Zusagen aus dem Frühjahr zu erinnern und sie damit weiter festzulegen. Dafür wurde die Einschränkung der Garantie in Kauf genommen, weil man – getreu Raczynskis ausgesprochener Überzeugung – für den Fall des tatsächlichen Kriegseintritts der Westmächte auf polnischer Seite sowieso nicht an ein „kompromittierendes" sowjetisches Eingreifen auf deutscher Seite glaubte. Das könnte allerdings nur das Abkommen selbst erklären, nicht den merkwürdigen Umgang mit der Dokumentation seines Zustandekommens.

Gewissermaßen zum Ausgleich behielt das neue Abkommen samt seinem geheimen Zusatz eine weiter sorgfältig formulierte Lizenz für eine mögliche polnische Offensive gegen Deutschland. Zwar galt es offiziell nur für den Fall eines Angriffs „einer europäischen Macht" auf einen der Vertragspartner, doch wurde unter „Angriff" nicht weniger als „irgendeine Aktion [sic] einer europäischen Macht" verstanden, die „direkt oder indirekt [sic] die Unabhängigkeit einer der Vertragsparteien bedroht und so geartet ist, daß die betreffende Partei den bewaffneten Widerstand als von lebenswichtiger Bedeutung erachtet".[592] Unter diesem Punkt sollte ausdrücklich der „Fall Danzig" verstanden werden, wie das Geheimabkommen festlegte. An anderer Stelle dehnte es diese Bestimmung auf dritte Länder und Gebiete aus, deren „Unabhängigkeit und Neutralität" gefährdet werden könnten, und nannte ausdrücklich Belgien, Holland und Litauen als mögliche „Fälle". Um noch einmal sicherzustellen, daß kein militärischer deutscher Angriff nötig war, um den *Casus belli* herzustellen, sprach ein Artikel noch die Gefährdung der Unabhängigkeit einer der Vertragsparteien durch den Versuch einer „wirtschaftlichen

[591] Im Vorwort der englischen Ausgabe findet sich dazu lediglich der dürre Hinweis, es seien hier sieben – an dieser Stelle nicht einzeln genannte – Dokumente mit abgedruckt, die in der polnischen Ausgabe „aus verschiedenen Gründen" nicht enthalten seien. Vgl. PDFP, S. XIV.

[592] Zit. n. Hofer, Entfesselung, S. 197.

Durchdringung" oder „auf irgendeine andere Weise" (sic) als Kriegsgrund an.[593] „Irgendein" Kriegsgrund würde sich also bei Bedarf auf dieser Liste immer finden lassen. Ganz besonders der nur insgeheim eingeschlossene „Fall Danzig" mit seiner rein nationalsozialistischen Regierung und dem steten Streit um dort stattfindende wirkliche oder angebliche Schikanen zwischen Polen und Deutschen ließ den Krieg jederzeit möglich werden. Dieser Punkt war von besonderer Brisanz.

Wenn diese geheime Absprache irgendeinen Sinn haben sollte, dann konnte es nur der sein, jede Beschränkung polnischer oder Erweiterung deutscher Rechte in Danzig als Kriegsgrund anzusehen. Ebendies aber wurde von der englischen Regierung in den folgenden Tagen gegenüber der deutschen Regierung immer wieder bestritten. Danzig wurde durchaus als mögliches Verhandlungsobjekt angesehen und schließlich der Gegenstand der von Deutschlands Außenminister von Ribbentrop am 31. August vorgetragenen Verhandlungsvorschläge. Dies konnte für den Kurs der polnischen Diplomatie gefährlich werden. Jede solche Einigung zwischen den beiden Westmächten und Deutschland würde unweigerlich auf Kosten der polnischen Ambitionen zustande kommen. Entsprechend handelten die polnischen Vertreter in Berlin und London auf Anweisung von Josef Beck aus Warschau. Der eine weigerte sich beharrlich, an Vorgesprächen für mögliche Verhandlungen teilzunehmen. Der andere ging zusammen mit der kriegsgeneigten Fraktion der britischen Politik in Opposition zum britischen Regierungschef. So wurde eine gewagte Strategie umgesetzt.

Raffinesse, Illusion und der Betrug der Westmächte

Diese Haltung bezog die „16 Punkte" der deutschen Verhandlungsvorschläge mit ein, die dem Botschafter Lipski gerade an diesem Morgen von einem britischen Diplomaten und dem schwedischen Vermittler Birger Dahlerus überreicht worden waren. Sie enthielten unter anderem den Vorschlag von Volksabstimmungen über die strittigen Fragen und die deutsche Bereitschaft, bei einer Abstimmungsniederlage die aktuellen polnischen Grenzen anzuerkennen. Für eine Präsentation in der Weltöffentlichkeit waren sie zu gemäßigt, also wollte man sie buchstäblich nicht gehört haben. Die Londoner Kriegs-

[593] Vgl. ebd.

partei um Winston Churchill kümmerte sich persönlich darum, daß auch die britischen Zeitungen nicht darüber berichteten. Polen wollte es auf einen militärischen Schlagabtausch ankommen lassen. Gestützt wurde diese Absicht nicht zuletzt durch irreführende Annahmen über die innere Schwäche des NS-Staates, wie sie von der innerdeutschen Opposition gefördert wurden. Von teilweise hohen Stellen wurde dem westlichen Ausland und Polen signalisiert, der Nationalsozialismus würde kaum den Kriegsausbruch überstehen. Der nicht immer zuverlässige Georges Bonnet gab nach dem Krieg zwar an, selbst nicht daran geglaubt zu haben, doch sei der Umsturz in Deutschland „verbindlich zugesagt" gewesen.[594] Lipskis Vorstellungen über diese Sache beschäftigten den deutschen Staatschef noch zwei Jahre später:

> *„Im allgemeinen war doch die Auffassung, daß Deutschland sofort zusammenbrechen werde. Der polnische Botschafter Lipski schreibt in einem Bericht, er wisse aus amtlicher Quelle, bei der er verkehrt, innerhalb von acht Tagen werde Deutschland zusammenbrechen."*[595]

Es war nur folgerichtig, wenn die deutsche Aufklärung am letzten Friedenstag des Jahres 1939 ein Telegramm aus Warschau entschlüsselte, das Lipski noch einmal in diesem Sinn instruierte und in der damals vorgelegten deutschen Übersetzung so lautete:

> *„Lassen Sie sich unter keinen Umständen in sachliche Diskussionen ein; wenn die Reichsregierung schriftliche Vorschläge macht, müssen Sie erklären, daß Sie keinerlei Vollmacht haben, solche Vorschläge entgegenzunehmen oder zu diskutieren, und daß Sie ausschließlich obige Mitteilung Ihrer Regierung zu übermitteln und erst weitere Instruktionen einzuholen haben."*[596]

Das war konsequent. Beck hatte Garantiemächte für eine polnische Politik besorgt, die auf eine offensive Bereinigung des angeblich unvermeidlichen deutsch-polnischen Konflikts zielte, im Rücken geschützt durch den polnischen Nichtangriffspakt mit der Sowjetunion und im Westen unterstützt durch das Offensivbündnis mit England und Frankreich. In Warschau dachte man gar nicht daran, sich diese einzigartig günstige Situation, auf die Beck seit Ende 1932 hingearbeitet hatte, durch Verhandlungen verderben zu lassen oder den noch zögerlichen Teilen der britischen Diplomatie die Gelegenheit zum Absprung zu geben.

---

[594] Vgl. Bonnet, Katastrophe, S. 308.

[595] Hitler in einem seiner Tischgespräche, zit. n. Jochmann, Monologe, S. 253, Eintrag vom 2. Januar 1942.

[596] Zit. n. Dahlerus, Versuch, S. 113.

Doch bleiben wir kurz bei diesem Telegramm. Es hat seine eigene Geschichte, die es wert ist, beschrieben zu werden. Zitiert wurde der Text hier nach den Angaben des schwedischen Vermittlers Birger Dahlerus. Der flog in den letzten Augusttagen zwischen London und Berlin hin und her, bis er zuletzt am Morgen des 31. August 1939 die deutschen Verhandlungsvorschläge in Begleitung des britischen Diplomaten Ogilvie-Forbes in der polnischen Botschaft in Berlin überreichte. Es folgte jene Szene, bei der Polens Botschafter Lipski erklärte, kein Deutsch mehr verstehen zu können.

Ogilvie-Forbes und Dahlerus kehrten daraufhin in die britische Botschaft zurück und berichteten dem dortigen britischen Botschafter Henderson über den Besuch bei Lipski. Dieser war vom negativen Verlauf wohl kaum überrascht und dachte offenbar keineswegs daran, die Entwicklung zügig nach London zu übermitteln. Er ließ sich aber von Dahlerus überreden, daß dieser dort „mündlich berichten dürfe". Dahlerus „bekam binnen kurzem Verbindung mit Sir Horace Wilson und teilte ihm mit, was geschehen war.[597] Inzwischen war Dahlerus also nicht nur der aktivste, sondern fast der einzige, der die Kommunikation unter den Alliierten vorantrieb.

Kurz nach dem Telefongespräch mit Wilson verließ Dahlerus schon wieder die britische Botschaft und kam kurz vor 13 Uhr in Hermann Görings Berliner Residenz an, gerade rechtzeitig, um Görings empörte Reaktion auf ein von dessen „Forschungsamt" abgefangenes polnisches Chiffretelegramm an Lipski zu erleben, dessen Übersetzung gerade eingetroffen war. Es war genau dieses Telegramm, das eben zitiert wurde, in Warschau abgeschickt um 12.40 Uhr.[598] Von diesem Telegramm nun gibt es mehrere Versionen. Oder um es anders zu sagen: Es war wichtig genug, um verfälscht zu werden, denn es belastete die polnische Regierung ganz eindeutig. Sie hatte gegenüber Berlin und den eigenen Verbündeten den falschen Eindruck erweckt, zu Gesprächen bereit zu sein. Jetzt ließ sich dieser Anschein für diesen Moment nicht mehr aufrechterhalten. Der deutsche Schachzug, ein derart überraschend konsensfähiges Angebot vorzulegen, um Polen ins Unrecht zu setzen, tat für den Moment seine Wirkung. Beck blieb nichts anderes übrig, als Lipski tatsächlich ins deutsche Außenministerium zu schicken. Allerdings wies er ihn an, von dort ja nichts mitzubringen.

---

[597] Vgl. ebd., S. 111.

[598] Vgl. PDD 1939, I, Dok. 511, S. 849, Telegramm Beck an Lipski.

24 IN ALLIED LONDON

under-passes, bridges, canals from Gdynia to the Vistula, or the deflection of the course of that much-tortured river so that it should find its way to the sea through Lithuania, Latvia or even Estonia.

Lukasiewicz, our Ambassador in Paris, kept telephoning agitatedly as often as fifteen times a day, to compare notes, to share our fears, and to put forward honest and patriotic ideas which, however, were sometimes impracticable or ill thought out. Besides Dalton and Harcourt Johnstone, I received telephone calls daily from Churchill, Bracken, Sandys and others, in which the same anxieties recurred: would the Prime Minister keep his word to us, and would we ourselves stand firm as the corner-stone of Britain's 'peace front' on the Continent?

In these circumstances my apprehensions and doubts are easy to understand. I do not think they were quite without foundation, and they might have had even more substance if Hitler's drastic methods had not simplified matters for us at the last moment. During this anxious time I called almost daily on Lord Halifax, whose confidence I had gained and who from time to time showed clearly that he shared my own view of the situation, though he felt obliged to put to me very different arguments evolved by the inner Cabinet. He usually noted down my comments, evidently as ammunition for use in that forum. I remember that once—his righteous indignation scarcely concealed by his usual quietness of voice and demeanour—he remarked with a contemptuous grimace that, provided Britain would show a spirit of conciliation, Hitler had declared himself ready to 'guarantee the British Empire'.

Halifax himself did not doubt for a moment that any attempt to patch matters up had been out of the question since the conclusion of the German-Soviet agreement. I, for my part, was still terrified of such an attempt, and did my best to prevent it. For at least a week, I took the risk of transforming myself from a diplomat into an agent in the sphere of British internal politics, and, what is more, in opposition to the Government. My most willing co-workers were the politicians of various shades grouped around Churchill, and, after them, the Labour Party.

When we went to bed on Thursday evening, August 31st, after a nerve-racking day and an exhausting evening, we knew, though the details were still hidden from us, that the supreme moment was

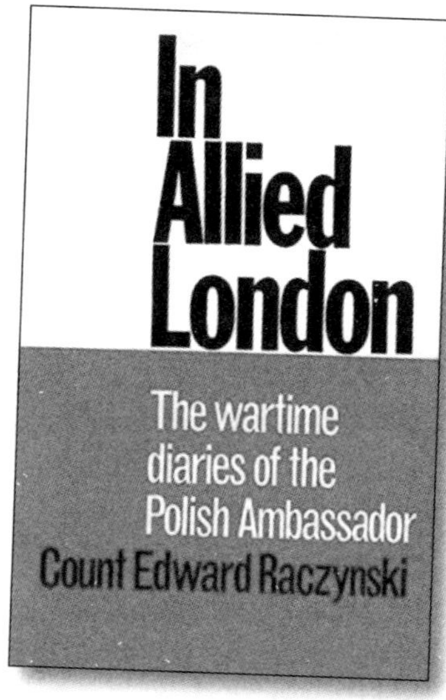

In seinen Erinnerungen gibt Raczynski offen zu, auf den Krieg hingearbeitet zu haben.

Selbst die offizielle Version des Beckschen Telegramms, die ins „Weißbuch" von Dokumenten der polnischen Regierung über den Kriegsausbruch aufgenommen wurde, war nicht ohne Brisanz. Lipski wurde laut dem darin abgedruckten Text angewiesen, dem deutschen Minister (oder Staatssekretär) des Auswärtigen folgendes mitzuteilen:

> *„Diese Nacht wurde die Polnische Regierung durch die Britische Regierung über ihren Meinungsaustausch mit der Reichsregierung bezüglich der Möglichkeit direkter Besprechungen zwischen der Reichsregierung und der Polnischen Regierung benachrichtigt. Die Polnische Regierung prüft in günstigem Sinne die Anregungen der Britischen Regierung, auf welche eine diesbezügliche förmliche Antwort spätestens in einigen Stunden erteilt werden wird."*[599]

[599] Vgl. Weißbuch, Dok. 110, S. 159.

Es war demnach also ein falsches Versprechen gegenüber der britischen Regierung gewesen, Deutschland müsse zu direkten Gesprächen bereit sein, dann sei man dies auch. In Polen „prüfte" man nach dem deutschen Zugeständnis statt dessen erst einmal erneut. Zu den näheren Umständen möglicher Gespräche, wie Zeit und Ort, wollte man sich gegenüber der deutschen Regierung nicht äußern. Nicht davon wurde Göring allerdings so in Rage versetzt, sondern von dem oben zitierten Schlußabsatz des Textes, der sich an Lipski persönlich richtete und in der offiziellen polnischen Version von 1939 dann gestrichen werden sollte: Er solle sich auf keine Diskussionen einlassen.[600]

Im Grunde entsprach das dem, was Lipski schon Ogilvie-Forbes unter vier Augen erklärt hatte. Entgegen allen offiziellen Erklärungen wollte Polen keinerlei Gespräche mit der deutschen Regierung, weder auf einer Konferenz noch direkt und bilateral. Warschau wollte es auf einen Schlagabtausch ankommen lassen, von dem es zuversichtlich hoffte, die Stärke der eigenen Verbündeten und die innere Schwäche des NS-Staates würde ihn positiv verlaufen lassen.

Dennoch belastete diese klare Absage an Verhandlungen die polnische Politik mit dem Odium der Verweigerung und ließ ihre Mitschuld an der Situation erkennen. Also unterdrückte die polnische Regierung diese Äußerung später in der eigenen Darstellung des Kriegsausbruchs. Möglicherweise wäre diese Passage nach dem Krieg zunächst einmal ganz verschollen geblieben, wenn nicht Göring persönlich den Text abgeschrieben und augenblicklich Dahlerus in die Hand gedrückt hätte. Er solle ihn Henderson zeigen, als Beleg dafür, wer hier die Verhandlungen sabotiere. Schließlich publizierte ihn Dahlerus nach dem Krieg in seinem Buch über den „letzten Versuch". Allerdings heilte in diesem Fall tatsächlich einmal die Zeit die Wunden. In der 2005 erschienenen, in ihrer Dokumentenauswahl leider sonst nicht immer ganz zuverlässigen Edition der „Polskie Dokumenty Dyplomatyczne" (PDD) ist das Telegramm vollständig abgedruckt. Auch die englischsprachige Ausgabe der PDFP enthält die fragliche Stelle, die im Original so lautet:

> *„Die folgende Passage ist für Ihre Information bestimmt:*
> *Lassen Sie sich bitte nicht auf irgendwelche inhaltlichen Debatten ein, und falls die andere Seite mündlich oder schriftlich irgendwelche spe-*

[600] Zit. n. Dahlerus, Versuch, S. 113.

zifischen Forderungen zur Sprache bringt, sagen Sie, daß Sie nicht ermächtigt sind, sie anzunehmen oder zu diskutieren und weitere Instruktionen von Ihrer Regierung einholen müssen."[601]

Die 1939 vorgelegte deutsche Übersetzung war demnach recht akkurat. In diesem Sinn wurde Lipski auch tätig. Er sprach bei Ribbentrop vor und beantwortete dessen Frage nach seiner Bevollmächtigung weisungsgemäß negativ. Dann ging er wieder. Damit endeten die Verhandlungen vor Kriegsbeginn, ohne recht eigentlich überhaupt stattgefunden zu haben. Es begann statt dessen der öffentlich-propagandistische Schlagabtausch über diese Frage. Der Natur der Dinge nach begann die deutsch-nationalsozialistische Geschichtsschreibung damit, die Information in die Welt zu setzen, es sei dem polnischen Botschafter von Warschau aus ausdrücklich „untersagt" gewesen, sachlich zu verhandeln. Dies tat etwa Axel von Freytagh-Loringhoven, dem für seine 1941 erschienene Gesamtdarstellung von „Deutschlands Außenpolitik 1933–1941" die entsprechenden Informationen von seiten des Auswärtigen Amts vorgelegen haben dürften.[602] Leon Noël, Frankreichs diplomatischer Vertreter in Warschau im Jahr 1939, nahm das in seinen – interessanten, aber teilweise zur Abrechnung mit den französischen Kollegen, der polnischen Ignoranz und der deutschen Perfidie geratenen – Memoiren zum Anlaß, alles abzustreiten und sofort zur Kollektivanklage zu schreiten:

„Derselbe Autor, dessen zynische Geständnisse zu vermerken immer wertvoll ist, spricht auch von dem an Herrn Lipski ergangenen ausdrücklichen Verbot, die Vorschläge ‚anzunehmen', entgegen den von Lord Halifax erteilten Ratschlägen. [...] *Soviel Behauptungen, soviel Unrichtigkeiten: Herr Lipski konnte gar nicht ein solches Verbot bezüglich Forderungen erhalten, die der Regierung offiziell mitgeteilt worden waren* [sic] *und die sie nur indirekt und unvollständig kannte.* [sic] *Ebensowenig konnte Lord Halifax dem polnischen Botschafter einen Rat erteilen, die Forderungen anzunehmen. Das Vorgehen der angeblichen Historiker wie Grimm und Freytagh ist die Verurteilung einer Schule, eines Regimes und eines Volkes, das sich dem unterworfen hat."*[603]

---

601 Vgl. PDFP, S. 385, Dok. 194. Polnisch in den PDD: „Proszę żadnych rzeczowych dyskusji nie prowadzić, a w razie wysunięcia ze strony niemieckiej ustnie czy pismenie jakichkolwiek konkretnych żądań, – powiedzieć, że nie ma Pan pelnomocnictw do ich przyjęcia lub dyskutowania i że musiałby Pan się zwrócić do swego rządu o dalsze instrukcje." Vgl. PDD 1939, I, Dok. 511, S. 849, Telegramm Beck an Lipski, 31.8.39, 12.40.

602 Vgl. Freytagh-Loringhoven, Außenpolitik, S. 238.

603 Zit. n. Noël, Angriff, S. 426.

Nun, Lipski konnte das Verbot offenkundig eben doch erhalten, und zu verurteilen wäre dann demnach neben der Neigung zur unbegründeten Pauschalanklage fremder Völker zunächst einmal die Raffinesse polnischer Verhandlungsverweigerung. Daß Lord Halifax gegenüber dem Londoner Botschafter Raczynski in den letzten Augusttagen des Jahres 1939 in der Tat Ideen für einen möglichen polnisch-deutschen Kompromiß entwickelte, ist ebenso bekannt wie das Unverständnis des britischen Botschafters in Warschau, Kennard, warum es denn wohl nicht möglich sein sollte, daß ein polnischer Bevollmächtigter in Berlin ein deutsches Dokument entgegennahm. Schließlich wurde der Öffentlichkeit verkündet, deutsche Verhandlungsvorschläge seien stets zu schnell vorgelesen worden, um verstanden werden zu können. Damit konnten, wie es schien, alle beteiligten Parteien leben, wenn auch nicht gut.

Der polnische Vertreter in London, Raczynski, arbeitete Hand in Hand mit den kriegsgeneigten Kreisen um Winston Churchill daran, die noch vorhandenen Widerstände bei der britischen Regierung zu überwinden. So waren Ende August 1939 alle guten Karten scheinbar immer noch auf der Hand der Beckschen Außenpolitik, wie er schon im März 1939 vermutet hatte. Jahrelange außenpolitische Anstrengungen hatten Erfolg gehabt. Beck hatte

- die Sowjetunion neutralisiert und Polen damit Rückendeckung verschafft. Die UdSSR hatte nicht nur wohlwollende Neutralität, sondern auch Waffenlieferungen zugesagt;
- ein bedingungsloses und für jedes Kriegseröffnungsszenario gültiges Bündnis mit den Westmächten Großbritannien und Frankreich abgeschlossen. Zusammen waren sie Deutschland nicht nur wirtschaftlich und militärisch überlegen, sondern kontrollierten damals direkt oder indirekt fast vierzig Prozent der Erdoberfläche. Sie würden damit auch die polnischen Kolonialwünsche erfüllen können;
- sich das Wohlwollen und die aktive Unterstützung der Vereinigten Staaten für die eingeschlagene Politik der drei Bündnispartner zusichern lassen. Einer der US-Chefdiplomaten, der Pariser Botschafter Bullitt, hatte seinem polnischen Kollegen sogar den amerikanischen Kriegseintritt versprochen;
- aus Deutschland deutliche Signale vorliegen, daß der nationalsozialistische Staat grundsätzlich und erst recht angesichts der hoffnungslosen Kriegsaussichten bis in die höchsten Kreise von Diplomatie und militärischer Führung zerstritten war und eine Krise innenpolitisch nicht überstehen würde.

Damit mußte eigentlich mit großer Sicherheit folgen, was Polens Berliner Botschafter Lipski am Morgen des 31. August 1939 in Berlin dem britischen Diplomaten Ogilvie-Forbes ankündigte: ein militärischer Schlagabtausch, innere Unruhen in Deutschland und der Marsch der polnischen Truppen auf die deutsche Hauptstadt. Unterstützt würde das durch britische Luftangriffe und den Großangriff der französischen Armee im Westen, der verbindlich innerhalb von vierzehn Tagen zugesagt war. Das würde Polen wenigstens den Erwerb von Danzig und Umgebung sowie den Rest Oberschlesiens bringen. Dazu käme die Abspaltung des nördlichen Teils von Ostpreußen von Deutschland und als zusätzliche Belohnung jene Kolonien, die Beck im Frühjahr bei den Bündnisverhandlungen hatte haben wollen und die man bei der Abfassung der Friedensbedingungen nach dem Sieg auf keinen Fall vergessen solle, wie es im polnischen Außenministerium wenige Tage nach Kriegsbeginn hieß.[604]

Dieses optimistische Szenario erhielt nach dem 1. September einen ersten Dämpfer durch die überraschende Stabilität des NS-Staates. Vom Generalstab bis zur konservativen Opposition in hohen Regierungskreisen war den Alliierten durch etliche Personen ein Umsturz versprochen worden. Er kam nicht. Das Szenario wurde aber hauptsächlich vom umfassenden Betrug an der Republik Polen durch sämtliche Vertragspartner zerstört. Der verbindlich zugesagte französisch-britische Großangriff hätte den Krieg im Herbst 1939 mit einer deutschen Niederlage beendet. Es gab im Westen kaum verfügbare deutsche Streitkräfte. Die Masse des deutschen Heeres war im Osten gegen Polen im Einsatz. Die bei Kriegsausbruch vorhandene Munition war in Polen in einem Ausmaß verschossen worden, daß sogar dort der Vormarsch phasenweise abgebrochen werden mußte. Eine Verteidigung gegen einen französischen Großangriff im Westen hätte nicht viel Aussicht auf Erfolg gehabt. Die Westmächte brachen aber sämtliche Zusagen in dieser Sache, ebenso wie die Sowjetunion. Das wurde nicht gleich erkennbar, und in Warschau war man deshalb noch in der zweiten Kriegswoche optimistisch. Man drängte die Westmächte zum versprochenen Eingreifen, das terminlich noch im zugesagten Zeitrahmen möglich gewesen wäre. In der polnischen Armee wurde die Parole ausgegeben, zwar sei die jeweilige Einheit auf dem Rückzug, doch seien andere auf dem Weg nach Berlin, wohin man selbst auch noch kommen würde. Der französische Großangriff sei bereits angelaufen. Auch die UdSSR verhielt sich zunächst wie erwartet neutral.

[604] Vgl. Łubienski, Polen, S. 80.

Spät begann sich die Erkenntnis durchzusetzen, daß von den Westmächten nichts zu erwarten sei. Am 8. September 1939 soll es in Lublin zu einer Krise der inzwischen dorthin geflüchteten polnischen Regierung gekommen sein. Angeblich soll sogar ein Beschluß gefaßt worden sein, Verhandlungen mit Deutschland aufzunehmen oder sich wenigstens darum zu bemühen. Nur der massive Einsatz des britischen Botschafters soll das dann verhindert haben, begleitet von Falschmeldungen über britisch-französische Angriffe auf Westdeutschland.[605]

Am 11. September traf Hugh Dalton schließlich einen verstörten Edward Raczynski, der mit der französischen Passivität an der deutsch-französischen Grenze nichts anfangen und den von ihm so geschätzten Winston Churchill plötzlich nicht mehr erreichen konnte. Auch Lord George Lloyd sei plötzlich seit Tagen verschwunden. Dem polnischen General, der seit einiger Zeit in einer Spezialmission in London weilte, hatten seine britischen Kollegen tatsächlich selbst jetzt noch das Märchen aufgetischt, man hätte „eine großräumige und beharrliche Bodenoffensive im Westen" gestartet, unterstützt von koordinierten Bombardements durch die britisch-französischen Luftstreitkräfte. Noch glaubte Raczynski dies anscheinend, vermißte aber die zugesagte direkte Unterstützung der polnischen Front.[606]

Dann brach alles zusammen. Der Alliierte Kriegsrat beschloß am 12. September noch einmal offiziell, was die Generalstäbe Frankreichs und Großbritanniens bereits im Frühjahr durchdacht hatten. Polen würde trotz aller mündlichen Versprechen und der völkerrechtlich bindenden Unterschriften auf besiegeltem Papier am Ende keinerlei Unterstützung bekommen. Man wollte den Krieg gegen Deutschland lieber auf drei Jahre Dauer anlegen; was mit dem inzwischen besiegten Polen danach geschehen würde, könne man immer noch sehen. Dann – und vielleicht auch deswegen – griff am 17. September im Osten zusätzlich die UdSSR die Republik Polen – ebenfalls völkerrechtswidrig – unter Bruch des polnisch-sowjetischen Nichtangriffsvertrags an. Die polnische Regierung wich schließlich über die Grenze nach Rumänien aus, wo ihre bisherigen verbündeten Westmächte umgehend dafür sorgten, daß nur die willfährigen Teile von dort in Richtung Westen weiterreisen konnten. Josef Beck gehörte nicht dazu. Er wurde in Rumänien festgehalten, blieb aber ansonsten un-

---

605 Diese Begebenheit wird mehrfach berichtet, unter anderem schilderte sie auch Hitler beim Abschiedsbesuch des Grafen Magistrati, der 1940 von der italienischen Botschaft in Berlin als Gesandter nach Sofia wechselte. Vgl. ADAP, D. VIII, Dok. 591, S. 577.

606 Vgl. Dalton, Political Diary, S. 298 f., 11. September 1939.

behelligt und starb dort nach vier Jahren des Modellschiffbaus und Memoirenschreibens in einem kleinen Haus am 5. Juni 1944.[607]

Man wird nach historischen Parallelen suchen und kaum eine finden. Josef Becks Politik, die Politik der Obristen aus Pilsudskis polnischer Legion und das polnische Kriegskalkül wurden schließlich – was immer man sonst von ihnen halten mag – zum Opfer eines dreisten Betrugsmanövers. Alle Bemühungen, in den diplomatischen Kreisen des Westens die Zustimmung und Anerkennung des in Umrissen bestehenden polnischen Imperiums in Osteuropa zu erreichen, waren vergeblich gewesen. Polen wurde dort nicht als Großmacht wahrgenommen, wie sich der polnische Botschafter in Paris Lukasiewicz noch 1939 einzureden versuchte. Der Republik wurde keine vom Westen unabhängige Machtpolitik zugestanden. Etwas anderes anzunehmen, war der große Irrtum im Vermächtnis Pilsudskis, das Josef Beck umzusetzen versuchte. „Polens Zwischenkrieg" ging verloren, insofern er dieses Ziel verfolgte. Aus dem seit 1919 immer wieder erwarteten polnisch-deutschen Schlagabtausch entstand unter anderem deshalb schließlich ein Weltkrieg, hinter dessen Ereignissen dieser Teil seiner Vorgeschichte weitgehend in Vergessenheit geriet – sicher zu Unrecht.

[607] Es gehörte zu den ersten Schritten des nachkommunistischen Polen, seine sterblichen Überreste im Mai 1991 nach Warschau zu überführen und dort auf dem Powazki-Ehrenfriedhof zu bestatten.

Ende und Aus – ein Fazit

Es wurde in dieser Studie die These untersucht, daß das Polen der Jahre 1919 bis 1939 einen permanenten Zwischenkrieg erlebt und selbst geführt habe. Damit war gemeint, daß der polnische Staat – wie viele andere Staaten der damaligen Zeit auch – nicht von der dauerhaften Stabilität der 1919 geschaffenen internationalen Verhältnisse in Europa ausging. Im Fall Polens führte dies zu ausgreifenden Visionen eines polnischen Imperiums in Gestalt einer Föderation oder eines „Commonwealth", das große Teile Osteuropas umfassen sollte. Darin sollten viele Gebiete enthalten sein, in denen ethnisch gesehen keine polnische Mehrheit lebte. Diese Tatsache war den polnischen Politikern überwiegend bewußt. Sie lehnten die Begrenzung des Staates auf unzweifelhaft ethnisch polnisches Gebiet allerdings mehrheitlich ab.

Zu den Besonderheiten dieses polnischen Nationalgedankens gehörten die Ansicht, durch den Lauf der Geschichte um wesentliche Entwicklungsmöglichkeiten betrogen worden zu sein, und die damit verbundene Schlußfolgerung, diese ungerechte Entwicklung sei mit den Mitteln des zwanzigsten Jahrhunderts zu korrigieren. Dieser radikale und expansive Nationalismus hatte sich seit dem neunzehnten Jahrhundert unter den Bedingungen der staatlichen Nichtexistenz Polens entwickeln können. Er prägte die inneren Verhältnisse Polens, wobei die verschiedenen Konzeptionen der Nationaldemokraten und des Pilsudski-Lagers seit Mitte der 1930er Jahre weitgehend zu einem Gesamtkonzept verschmolzen. Eine bedeutende Rolle spielte darin eine „eliminatorische" Haltung gegen die deutsche und die jüdische Volksgruppe im Land. Zusammen mit weiteren Merkmalen, wie der verbreiteten Ablehnung des Parlamentarismus, der Hochschätzung des Soldatischen, ganz besonders des Veteranentums aus dem Ersten Weltkrieg, kann das Zwischenkriegspolen deshalb unter Berücksichtigung der besonderen polnischen Verhältnisse als faschistischer Staat eingestuft werden.

Eine weitere Eigentümlichkeit der inneren Verhältnisse bildete die starke Fixierung der polnischen Elite auf die Anerkennung im Westen. Die polnische Politik richtete sich darauf aus, in den westlichen Hauptstädten grundsätzliche Anerkennung als Großmacht zu erreichen. Das sollte unter anderem dazu führen, daß die Republik Polen in den Augen der westlichen Politiker mit Blick auf Deutschland die frühere Rolle Rußlands einnehmen könnte. Polens Politik richtete sich zudem ganz praktisch danach, welche grundsätzliche Haltung die Westmächte in der deutschen Frage einnehmen würden. Die langfristige polnische Politik, wie sie schließlich von Josef Pilsudski entworfen und dann von seinem ausgewählten Nachfolger Josef Beck durchgeführt wurde, drehte sich im wesentlichen um diese Frage. Sie ging im Grundsatz davon aus, die Westmächte würden zu gegebener Zeit gegen den deutschen Großmachtanspruch auftreten und Polen würde davon profitieren können. Diese Situation schien mit dem Aufstieg des Nationalsozialismus in Deutschland und der folgenden deutschen Revisionspolitik früher oder später eintreten zu müssen.

Getreu dieser Konzeption bot die polnische Regierung bei wesentlichen deutschen Schritten gegen die Nachkriegsordnung – wie etwa im Umfeld des nationalsozialistischen Regierungsantritts, bei der Rheinlandbesetzung, im Vorfeld der Tschechoslowakei-Krise 1938 – in den westlichen Hauptstädten immer wieder an, militärische Maßnahmen gegen Deutschland mittragen zu wollen. Dies geschah stets unter der Bedingung, daß die Westmächte in einem solchen Konflikt als erstes auftreten bzw. sich verbindlich für einen kämpferischen Kurs gegen Deutschland entscheiden müßten. Dann würde Polen nachziehen, was sich 1938 in der Maxime des Außenministers Beck niederschlug, „im Frieden mit, im Krieg gegen Hitler" aufzutreten.

Diese Bedingung wurde von den Westmächten schließlich nur scheinbar erfüllt. Die im Jahr 1939 mit Polen getroffenen Vereinbarungen verpflichteten Frankreich und Großbritannien sowohl zur Kriegserklärung an Deutschland als auch zu sofortigem aktiven militärischen Beistand. Von diesen Zusicherungen wurde nur die erste gehalten. Das geschah wegen der Annahme, daß nicht Polen, sondern Rußland die Großmacht sei, die Frankreich und Großbritannien im Zweifelsfall als den entscheidenden Ansprechpartner einstufen mußten, unabhängig von dessen sozialistischer, antidemokratischer Regierungsform in der Verfassung als Sowjetunion. Die Bemühungen der polnischen Diplomatie, Polen im Westen für den Fall kommender Konflikte mit Deutschland als eigenständige Großmacht zu verankern, waren gescheitert. Unter diesem Gesichtspunkt wurden die englisch-französisch-sowjetischen Militärgespräche im Sommer 1939 mit dem Ziel geführt, die Republik Polen als Aufmarschgebiet sowjetischer Truppen verwenden zu können. Eine Zustimmung dazu hätte von Polen die Aufgabe des eigenen Großmachtanspruchs gefordert, also eine völlige Änderung des staatlichen Selbstverständnisses und ein Ende der von Josef Pilsudski konzipierten Außenpolitik. Dazu waren weder die polnische Staatsführung noch die Öffentlichkeit bereit.

Der letztlich als Ergebnis dieser Situation ausgebrochene Weltkrieg wäre mit hoher Sicherheit vermieden worden, hätten sich die verschiedenen Parteien an die 1938/39 mit Polen geschlossenen Verträge gehalten. Darin kann man eine gewisse Tragik der vom polnischen Außenminister Josef Beck verfolgten Politik sehen. Andererseits hat die vorausgegangene ambitionierte polnische Großmachtpolitik erst mit dazu beigetragen, das Kriegsszenario des Jahres 1939 überhaupt erst zu erzeugen. Von der US-amerikanischen Regierung ermutigt und von den kriegsentschlossenen Kreisen vor allem in Großbritannien unterstützt, bemühte sich die polnische Regierung dann in den Monaten und Wochen vor dem Kriegsausbruch, jede noch mögliche Kompromißlösung zu vermeiden. Sie griff dazu unter anderem auch selbst aktiv in die britische Innenpolitik ein und agierte gegenüber dem in Aussicht stehenden Kriegsgegner Deutschland provokant. Insofern ist sie für den schließlichen Ausbruch der Kampfhandlungen unmittelbar mit verantwortlich. Insgesamt bestätigte der Verlauf der Dinge die Unfähigkeit der internationalen Politik, eine angemessene Antwort auf die deutsche Frage und eine friedliche Reform der Versailler Nachkriegsordnung zu schaffen. Polens Zwischenkrieg war ein wichtiges Element in diesem Szenario, das ohne tatkräftige Mitwirkung der anderen Staaten allerdings nie bis zum Krieg eskaliert wäre.

Nicht in Vergessenheit gerieten die polnischen Ambitionen auf weite Teile des deutschen Staatsgebietes. Sie erlebten im Gegenteil in den Folgejahren eine drastische Entwicklung bis hin zu ihrer schließlich extremen Verwirklichung nach 1945. Als der Danziger Völkerbundkommissar Carl J. Burckhardt im Sommer 1938 notiert hatte, man gehe in Warschau auf die ultimative deutsche Katastrophe aus und auf den maximalen Gewinn daraus, man spreche jetzt von „unserem“ Schlesien, Pommern und Ostpreußen, da lagen diese Dinge zumindest im Ausland noch jenseits der politischen Vorstellbarkeit. Die vor dem Krieg tatsächlich zwischen Polen und Großbritannien getroffenen Vereinbarungen betrafen wie gesehen wohl Danzig, Oberschlesien und das südliche Ostpreußen, was zusammen ebenfalls bereits eine gewichtige Kriegsbeute gewesen wäre.

Im Rahmen der interalliierten Entscheidungsfindung zur dauerhaften Zerschlagung Deutschlands erlebten aber kühnste polnische

Träume eine Belebung. Neben der erneuten Abspaltung Österreichs und der Vernichtung der deutschen Existenzen in Böhmen und Mähren wurde die Oder-Neisse-Grenze inklusive der Vertreibung und teilweisen Tötung der östlich von dort lebenden Deutschen Teil dieses Projekts der „Großen Drei“ Siegermächte. Aus dem Polen vor 1939 schuf man dabei einen Nationalstaat neuer Prägung, ohne die bisherigen Minderheiten. Man könnte daher sagen, der „Zwischenkrieg“ sei unter dieser Perspektive letztlich doch ein polnischer Erfolg gewesen. Die deutsche Katastrophe jedenfalls trat ein.

Anhang

Zeittafel

Polens Staatschef
Josef Pilsudski

Januar 1914 Josef Pilsudski kündigt in Paris einen kommenden europäischen Großkrieg an, der zunächst mit der Niederlage Rußlands, dann Deutschlands und Österreichs enden wird

August 1914 Beginn des Ersten Weltkriegs – Aufstellung und Ausmarsch der Pilsudskischen Legionen

6. August 1914 Pilsudski überquert mit einer ersten Abteilung der Legionen die russische Grenze

Kaiser Wilhelm II. und
Kaiser Franz Joseph

5. August 1915 Deutsche Truppen nehmen Warschau ein

3. Mai 1916 Große Feier zum 125. Jahrestag der polnischen Verfassung im deutsch-österreichisch besetzten Polen

5. November 1916 Proklamation des Königreichs Polen durch die Mittelmächte Deutschland und Österreich

US-Präsident
Woodrow Wilson

22. Januar 1917 US-Präsident Wilson fordert in einem Positionspapier ein unabhängiges Polen

30. März 1917 Die provisorische russische Revolutionsregierung spricht sich für die Unabhängigkeit Polens aus

4. Juni 1917	Frankreich verordnet die Aufstellung eigener polnischer Truppen
22. Juli 1917	Nach dem Scheitern der Anwerbung weiterer polnischer Truppen und der Eidverweigerung der Legionen wird Pilsudski verhaftet und in Deutschland inhaftiert
10. August 1917	In Paris wird Roman Dmowskis polnisches Nationalkomitee gegründet (Komitet Narodowy Polski, KNP)
12. September 1917	Die Mittelmächte billigen die Gründung eines aus drei Mitgliedern bestehenden polnischen Regentschaftsrates
September–Oktober 1917	Frankreich, Großbritannien, Italien und die USA erkennen nacheinander das KNP als politischen Ansprechpartner an
8. Januar 1918	US-Präsident Wilson stellt seinen 14-Punkte-Plan für die neue europäische Friedensordnung vor; Punkt 13 sieht einen polnischen Staat vor
29. April 1918	Der Regentschaftsrat des Königreichs Polen erklärt sich prinzipiell zu einem Bündnis mit den Mittelmächten Deutschland und Österreich bereit
3. Juni 1918	Die Westmächte Großbritannien und Frankreich schließen sich der Forderung nach einem unabhängigen polnischen Staat an
10. Oktober 1918	Der Regentschaftsrat in Warschau proklamiert die Unabhängigkeit Polens

Roman Dmowski, Chef des polnischen Nationalkomitees

Der polnische Regentschaftsrat

Zehn polnische Mark

9.–11. November 1918	Pilsudski wird aus deutscher Haft entlassen; der Regentschaftsrat übergibt Pilsudski den Oberbefehl der Truppen; Waffenstillstand der Kriegsparteien in Europa
21. November 1918	Der deutsche Diplomat Graf Kessler akkreditiert sich in Warschau als erster Vertreter einer ausländischen Macht
15. Dezember 1918	Abbruch der diplomatischen Beziehungen durch Polen, Graf Kessler wird ausgewiesen
26. Dezember 1918	Feierlicher Besuch von Ignaz Paderewski in der deutschen Provinzhauptstadt Posen; Beginn des Posener Aufstands am Folgetag
18. Januar 1919	Beginn der Versailler Konferenz
16. Februar 1919	Waffenstillstand in der Provinz Posen, die fast vollständig polnisch kontrolliert wird; erste Zusammenstöße polnischer Truppen mit der Roten Armee eröffnen den polnisch-sowjetischen Krieg
28. Juni 1919	Unterzeichnung des Versailler Vertrags durch Deutschland
16.–26. August 1919	Erster oberschlesischer Aufstand durch die POW (Polnische Militärorganisation)
27. August 1919	Gescheiterter polnischer Putschversuch in Litauen

Harry Graf Kessler, deutscher Botschafter in Warschau

Eine der wenigen nicht gestellten Aufnahmen aus den oberschlesischen Kämpfen. Im Vordergrund polnische Aufständische.

1919: Bei der Abwehr des ersten polnischen Aufstands waren die deutschen Freikorps noch kriegsmäßig ausgerüstet und bewaffnet.

April 1920 Beginn der polnischen Großoffensive gegen Sowjetrußland

Mai 1920 Eroberung Kiews, Beginn der sowjetischen Gegenoffensive

11. Juli 1920 Polen verliert die Volksabstimmungen in den Abstimmungsgebieten im südlichen Ostpreußen überdeutlich; 92,7 % der Bevölkerung im Abstimmungsgebiet Marienwerder und 97,9 % im Abstimmungsgebiet Allenstein stimmen für Deutschland, in den Kreisen Lötzen, Oletzko und Johannisburg sind es 100 %

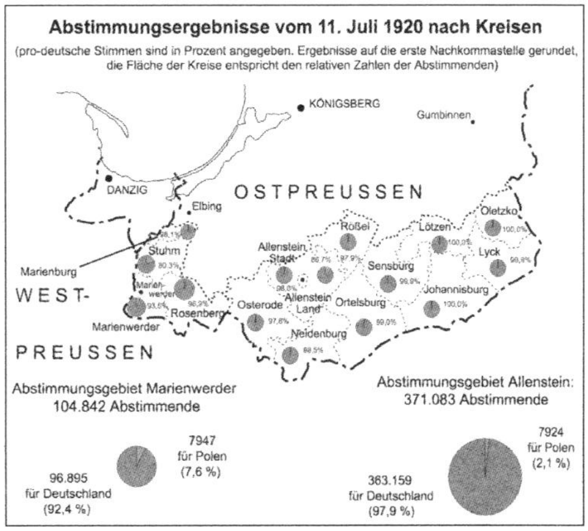

August 1920 „Wunder an der Weichsel“, Polen kann die sowjetische Gegenoffensive stoppen und selbst wieder weit nach Osten vordringen

Polnische Freiwillige 1920 mit Sensen

19.–25. August 1920 Zweiter oberschlesischer Aufstand durch die POW

9. Oktober 1920 Pilsudski beauftragt General Zeligowski, mit einem Handstreich Wilna und sein Umland zu erobern; nach dem Erfolg wird dort „Mittellitauen“ proklamiert

19. Februar 1921 Abschluß des französisch-polnischen Bündnisses in politischer und militärischer Hinsicht

Oberschlesien 1920: Ein englischer Offizier betrachtet prüfend den einem polnischen Aufständischen abgenommenen Totschläger.

17. März 1921 Der Sejm nimmt die polnische Verfassung an

18. März 1921 Der Friede von Riga beendet den polnisch-sowjetischen Krieg und fixiert die polnische Ostgrenze bis 1939

20. März 1921	Polen verliert auch die Volksabstimmung in Oberschlesien, rund 60 Prozent der Bevölkerung stimmt dort für eine Zugehörigkeit zu Deutschland
2. Mai– 5. Juli 1921	Dritter oberschlesischer Aufstand
Februar 1922	Wilna und „Mittellitauen“ werden förmlich von Polen annektiert
16. April 1922	Vertrag von Rapallo (Italien) zwischen der UdSSR und Deutschland
26. Dezember 1922	Ermordung von Ministerpräsident Narutowicz
15. März 1923	Die Pariser Konferenz (Großbritannien, Frankreich, Italien und Japan) erkennt die Zugehörigkeit des Wilnagebiets zu Polen an
Juli 1923	Pilsudski legt alle Ämter nieder
1924	Frankreichs Vertretung in Warschau erhält den Rang einer Botschaft
Juni 1925	Beginn des polnisch-deutschen Handelskriegs
16. Oktober 1925	Polnisch-französischer Garantievertrag
Oktober– Dezember 1925	Verhandlung und Abschluß der Locarno-Verträge zwischen Deutschland und den Siegermächten des Ersten Weltkriegs

1921: Freiwillige des deutschen Selbstschutzes

Deutsche und russische Delegation in Rapallo

Reichsaußenminister Gustav Stresemann

Der französische Ministerpräsident Aristide Briand

Februar 1926	Deutsches Beitrittsgesuch zum Völkerbund
24. April 1926	Berliner Vertrag zwischen Deutschland und der UdSSR
12. Mai 1926	Pilsudskis Staatsstreich beginnt; Ignacy Mościcki wird Staatspräsident, August Zaleski Außenminister
8. September 1926	Deutschland tritt dem Völkerbund bei
7. Juni 1927	Sowjetbotschafter und Zarenmörder Pjotr Woykow in Warschau ermordet
Oktober 1927	Parlamentskrise, Sitzungstätigkeit des Sejm suspendiert
Dezember 1927	Völkerbundauftritt Pilsudskis gegenüber Litauen: „Wollen Sie Frieden oder Krieg?“
März 1928	Parlamentswahl in Polen, vor den Wahlen wird die Partei BBWR gegründet
1929	Italien, die USA und Großbritannien eröffnen in Warschau formell ihre Botschaften
Februar 1929	Litwinow-Protokoll
10. August 1930	Treviranus-Skandal, deutscher Minister fordert offen die Grenzrevision gegenüber Polen

Ignacy Mościcki

August Zaleski

Maxim Litwinow, sowjetischer Außenminister

Gottfried Treviranus

September 1930	September Beginn der Inhaftierung der Oppositionellen in Brest-Litowsk
November 1930	Polnische Parlamentswahlen, absolute Mehrheit für den BBWR
1931	Der polnische Botschafter Filipowicz erklärt dem US-Präsidenten Hoover, Polen sei zum Einmarsch in Deutschland entschlossen
Dezember 1931	Allgemeine Volkszählung in Polen
2. Februar 1932	Genfer Abrüstungskonferenz eröffnet
30. Mai 1932	Der deutsche Kanzler Brüning wird zum Rücktritt gezwungen; er wird später positive französische Signale für einen internationalen Rüstungswettlauf als Grund nennen
25. Juli 1932	Polnisch-sowjetischer Nichtangriffspakt unterzeichnet
November 1932	Josef Beck wird polnischer Außenminister
11. Dezember 1932	Fünf-Mächte-Erklärung erkennt Deutschlands Rang als gleichberechtigte Großmacht an
Jahreswechsel 1932/1933	Pilsudski sondiert wiederholt die westliche Haltung zu einem Militärschlag gegen Deutschland
30. Januar 1933	Regierungsantritt Hitlers

US-Präsident Herbert Hoover

Reichskanzler Heinrich Brüning

Josef Beck, polnischer Außenminister 1932–1939

Reichskanzler Adolf Hitler 1933

7. April 1933 Das deutsche Kabinett bespricht die Bülow-Denkschrift

Volksabstimmung über die Zugehörigkeit zum Völkerbund

Polen protestiert gegen Ratifizierung des Viererpakts

12. November 1933 Volksabstimmung über Deutschlands Austritt aus dem Völkerbund

26. Januar 1934 Polnisch-deutscher Nichtangriffsvertrag unterzeichnet, neue autoritäre polnische Verfassung im Sejm verabschiedet

Besuch von Minister Dr. Joseph Goebbels bei Staatschef Josef Pilsudski im Juni 1934 in Warschau. Rechts im Bild Polens Außenminister Josef Beck, links der deutsche Botschafter von Moltke.

24. Februar 1934 Polnisch-deutsches Presseabkommen sieht Beendigung von antipolnischen Äußerungen in der deutschen Presse vor[1]

5. Mai 1934 Polnisch-sowjetischer Nichtangriffspakt erneuert und auf zehn Jahre verlängert

13. September 1934 Polen kann für seine Zustimmung zum deutschen Völkerbundbeitritt die Minderheitenschutzklauseln des Versailler Vertrags kündigen

Josef Stalin

18. September 1934 Die UdSSR tritt dem Völkerbund bei

[1] Vgl. Wojciechowski, Beziehungen, S. 254.

16. März 1935	Einführung der allgemeinen Wehrpflicht in Deutschland
23. April 1935	Neue polnische Verfassung tritt in Kraft
2. Mai 1935	Französisch-sowjetischer Bündnisvertrag wird unterzeichnet
12. Mai 1935	Pilsudski stirbt
25. Mai 1935	Die deutsche Regierung erklärt, das geplante französisch-sowjetische Bündnis verstoße gegen den Locarno-Vertrag und die Völkerbundsatzung
16. Februar 1936	„Front von Morges“ als Exil-Opposition zum polnischen Obristenregime gegründet (Paderewski, Witos, Korfanty usw.)
19. Februar 1936	Hermann Göring kündigt Beck und Mościcki an, daß die Ratifikation des französisch-sowjetischen Pakts aus deutscher Sicht die Locarno-Vereinbarungen nichtig mache
27. Februar 1936	Ratifizierung des französisch-sowjetischen Pakts
7. März 1936	Deutsche Truppen marschieren ins Rheinland ein; Josef Beck erklärt gegenüber der französischen Politik auf mehreren Wegen und persönlich die polnische Bereitschaft, darauf mit militärischen Maßnahmen zu reagieren

Die Sitzung der Reichsregierung am 16. März 1935, in der die Wiedereinführung der allgemeinen Wehrpflicht beschlossen wurde.

Vereidigung von Rekruten

Reichsminister Hermann Göring

24. Mai 1936 Versammlung des polnischen Legionistenbundes – Rydz-Smigly gibt die „Verteidigung Polens“ als Parole aus.[2]

Polnischer Außenminister Beck in London

Der polnische Marschall Edward Rydz-Smigly

5. November 1937 Polnisch-Deutsche Erklärung zur Minderheitenfrage

Hitler meint in der Hoßbach-Besprechung, Polen werde immer zu den Gegnern Deutschlands zählen und jede deutsche Schwäche zum Angriff ausnutzen

Der polnische Außenminister Josef Beck in England

12. März 1938 Deutscher Einmarsch in Österreich

27. April 1938 Polnisch-britisches Flottenabkommen

23. Mai 1938 Die tschechische Regierung verbreitet falsche Informationen über deutsche Truppenbewegungen und mobilisiert das eigene Militär; Hitler reagiert mit dem Planungsauftrag für einen Angriff auf die Tschechoslowakei

„Anschluß“ Österreichs

Juni 1938 Josef Beck erklärt auf einer Regierungskonferenz in Warschau, „im Frieden mit, im Krieg gegen Hitler“ agieren zu wollen

August 1938 Völkerbundkommissar C.J. Burckhardt notiert sich als Becks Taktik, die deutschen Fehler zu verstärken und auf die deutsche Katastrophe zu spekulieren

Carl Jacob Burckhardt

[2] Vgl. Schenke, Nationalstaat, S. 397, ohne nähere Eräuterung des Inhalts der Rede.

September 1938 Münchner Abkommen; Polen ist nicht beteiligt; polnisches Ultimatum an die Tschechoslowakei zur Übergabe Teschens; umfassende Ausweisung von Deutschen aus dem neuen polnischen Gebiet

Neville Chamberlain, Édouard Daladier, Adolf Hitler und Benito Mussolini (v.l.n.r.) in München

15. Oktober 1938 Polnischer Erlaß über die Ungültigkeit der Pässe in Deutschland lebender polnischer Juden, faktisch wird ihnen die polnische Staatsbürgerschaft aberkannt

19. Oktober 1938 Deutscher Millionenkredit für Polen[3]

Josef Lipski, polnischer Botschafter in Berlin 1934–1939

24. Oktober 1938 Ribbentrop stellt Lipski die deutschen Vorstellungen für ein gemeinsames Bündnis vor

29. Oktober 1938 Grenzkrise; von Deutschland wegen der polnischen Paß-Sperrung vom 15. Oktober abgeschobene Personen sitzen im Niemandsland zwischen beiden Ländern fest

Joachim von Ribbentrop, Reichsaußenminister 1938–1945

19. November 1938 Weiteres Gespräch Ribbentrop–Lipski

November 1938 Die UdSSR und Polen bekräftigen wechselseitig die unveränderte Gültigkeit des 1934 geschlossenen Nichtangriffspakts

2. Dezember 1938 US-Botschafter Biddle äußert Genugtuung über die polnische Kriegsbereitschaft

[3] Vgl. Goebbels, Tagebuch, 19. Oktober 1938.

Ende Dezember 1938 Beck führt Gespräche in Genf und Monte Carlo

Admiral Reginald Drax

Januar 1939 In England wird ein Planungsstab für den kommenden Krieg gegen Deutschland eingerichtet, Leiter wird Admiral Reginald Drax

4. Januar 1939 Josef Beck kehrt von der Riviera zurück und besucht Hitler/Ribbentrop in Berchtesgaden

Jerzy Potocki, polnischer Botschafter in den USA

Botschafterberichte von Jerzy Potocki über die antideutsche Kriegsstimmung in den USA

Sitzung im Warschauer Schloß – Beschluß, den Deutschen in keinem Punkt nachzugeben

26. Januar 1939 Der deutsche Außenminister Ribbentrop ist in Warschau

Heinrich Himmler

18. Februar 1939 Himmler in Warschau

4. März 1939 Beck läßt nach London übermitteln, über „Kolonien, Juden und Danzig“ verhandeln zu wollen

15. März 1939 Deutscher Einmarsch in Prag

Viscount Halifax

21. März 1939 Londoner Vorgespräche zum polnisch-britischen Bündnis – britischer Außenminister Halifax sieht in Polen den notwendigen Partner für einen ‚erfolgreichen Krieg gegen Deutschland‘[4]

[4] Vgl. Newman, Guarantee, S. 136.

22. März 1939 — Rückgabe des Memellandes an Deutschland

Dr. Joseph Goebbels

25. März 1939 — Goebbels notiert Hitlers Absicht, „in den sauren Apfel zu beißen und Polens Grenzen anzuerkennen“

26. März 1939 — Mobilmachung der polnischen Truppen – „Krieg in Sicht“-Krise; Ribbentrop erklärt gegenüber Lipski, daß ein polnischer Einmarsch in Danzig für Deutschland den *Casus belli* bedeuten würde[5]

Danziger Krantor

29. März 1939 — Beck erklärt gegenüber Moltke als Antwort auf Ribbentrops Äußerungen vom 26. Februar, eine von Deutschland ausgehende „Änderung des Status von Danzig“ würde für Polen seinerseits den *Casus belli* bedeuten, und dies gelte auch für den Fall, daß die Änderung vom Danziger Senat ausgehen würde[6]

Deutsche Vorschläge an Polen: Volksabstimmung und Garantie von Verkehrsverbindungen für den Verlierer.

31. März 1939 — Britische „Garantieerklärung“ für Polen

6. April 1939 — Beck in London, schriftliche Abgabe der wechselseitigen britisch-polnischen Garantieerklärung

Britische Flotte bei einer Übung

---

[5] Vgl. ADAP, D, VII, Dok. 101, Treffen Lipski/Ribbentrop.

[6] Vgl. ADAP, D, VII, Dok. 110, Treffen Beck/Moltke.

17. April 1939 Der stellvertretende sowjetische Außenminister Potemkin sagt Beck in Warschau die wohlwollende Neutralität der UdSSR und Waffenlieferungen für den Kriegsfall mit Deutschland zu

Hitler spricht vor dem Reichstag

28. April 1939 Hitler erklärt in einer Rede, die neuen polnisch-britischen Abmachungen seien mit dem polnisch-deutschen Nichtangriffspakt von 1934 und dem britisch-deutschen Flottenabkommen von 1935 unvereinbar, daher seien beide ungültig geworden

5. Mai 1939 Josef Beck bezieht vor dem Sejm gegen Deutschland Stellung

Rücktritt des sowjetischen Außenministers Litwinow wird bekannt

Der polnische Sejm 1938

7. Mai 1939 Polnisches Memorandum in Berlin überreicht[7]

9. Mai 1939 Bevorstehender deutsch-italienischer Pakt wird bekannt

Hitler und Mussolini

22. Mai 1939 Deutsch-italienischer „Stahlpakt" wird unterzeichnet

23. Mai 1939 Hitler erklärt vor der Generalität, nicht „der Idiot zu sein, der wegen Polen in einen Krieg schliddert"[8]; „Trotz Freundschaftsabkommen hat in Polen immer die innere Absicht bestanden, jede Gelegenheit gegen uns auszunutzen."

[7] Vgl. Goebbels, Tagebuch, 7. Mai 39.

[8] Hitler am 23. Mai 1939 vor der Wehrmachtsführung, zit. n. Aussage Generalfeldmarschall v. Brauchitschs im Nürnberger Prozeß. Vgl. IMT, XX, S. 623.

4. Juli 1939 Konferenz in Warschau mit Präsident Mościcki, Rydz-Smigly, Beck, Slawoj-Skladkowski, Koc, Kwiatkowski und Raczynski – letzterer betont die Notwendigkeit, sich nicht nur auf die britische Erklärung vom 31. März zu verlassen[9]

Edward Raczynski, polnischer Botschafter in London

17. Juli 1939 Botschafter Henderson meldet aus Berlin nach London: „Hitler mag bereits den Eindruck haben, daß Britannien den Krieg gegen Deutschland um jeden Preis will. Wenn er ihn noch nicht hat, wird nicht mehr viel fehlen."[10]

Nevile Henderson, britischer Botschafter in Berlin

6. August 1939 Letztes Zusammentreffen und Parade der früheren Legionäre in Krakau; Rydz-Smigly hält dort vor 150.000 Anwesenden eine scharfe Rede und erklärt Hitler zum Staatsfeind.[11] (Vielfach kursierendes, angebliches Zitat aus der Rede: „Deutschland wird den Krieg mit Polen nicht vermeiden können, selbst wenn es das will.")[12]

Karikatur über Rydz-Smigly, der sich schon als Sieger porträtieren läßt

10. August 1939 Die polnische Regierung droht gegenüber Berlin schriftlich mit Krieg

Botschafter Raczynski regt in London den Abschluß eines gemeinsamen Bündnisabkommens an

[9] Vgl. Raczynski, London, S. 17.

[10] Henderson an Halifax, 17. Juli 1939, zit. n. DBFP, Third Series, Bd. VI, Dok. 337, S. 373.

[11] Vgl. Gelbbuch, Dok. 185.

[12] Daily Mail, 6./7. August 1939.

22. August 1939	Abschluß des sowjetisch-deutschen Nichtangriffspakts und Geheimabkommens in Moskau
25. August 1939	Abschluß des britisch-polnischen Pakts und Geheimabkommens in London
31. August 1939	Botschafter Lipski erhält in den frühen Morgenstunden und dann noch einmal am Vormittag in Berlin Nachricht von den deutschen Verhandlungsvorschlägen; er erklärt weisungsgemäß, sich weder für sie zu interessieren noch sie entgegennehmen zu dürfen
1. September 1939	Beginn der deutschen Offensive gegen Polen
3. September 1939	Kriegserklärung Frankreichs und Großbritanniens an Deutschland
12. September 1939	Formaler Beschluß des alliierten Kriegsrats, die Abmachungen mit Polen zu brechen
17. September 1939	Angriff der UdSSR auf Polen
	Flucht der polnischen Staats- und Militärführung nach Rumänien

Stalin und v. Ribbentrop beim Abschluß des sowjetisch-deutschen Nichtangriffspaktes

Entwaffnung polnischer Soldaten

Deutsche und sowjetische Soldaten 1939 in Polen

Abkürzungsverzeichnis

AA	Auswärtiges Amt
ADAP	Akten zur Deutschen Auswärtigen Politik
BA	Bundesarchiv
BBWR	Bezpartyjny Blok Współpracy z Rządem (Parteiloser Block für die Zusammenarbeit mit der Regierung)
BDFA	British Documents on Foreign Affairs
BA-MA	Bundesarchiv-Militärarchiv
DBFP	Documents on British Foreign Policy
DDF	Documents diplomatiques français
DDI	Documenti Diplomatici Italiani
DDP	Dokumente der deutschen Politik
DNB	Deutsches Nachrichtenbüro
Doc.	Document
Dok.	Dokument
DR	Dienststelle Ribbentrop
DVP	Dokumenty vneshnei politiki (Dokumente der Außenpolitik)
FO	Foreign Office
FRUS	Foreign Relations of the United States
GWU	Geschichte in Wissenschaft und Unterricht
Hrsg.	Herausgeber
hrsg.	herausgegeben
HZ	Historische Zeitschrift
IfZ	Institut für Zeitgeschichte
IMT	Internationales Militärtribunal
KNP	Komitet Narodowy Polski (Polnisches Nationalkomitee)
KTB	Kriegstagebuch
MGFA	Militärgeschichtliches Forschungsamt
OKW	Oberkommando der Wehrmacht
OZN	Obóz Zjednoczenia Narodowego (Lager der nationalen Einheit)
PA-AA	Politisches Archiv-Auswärtiges Amt
PDD	Polskie Dokumenty Dyplomatyczne (Polnische Dokumente der Diplomatie)
PDFP	Polish Documents on Foreign Policy
POW	Polska Organizacja Wojskowa (Polnische Militärorganisation)
PPS	Polskiej Partii Socjalistycznej (Polnische Sozialistische Partei)
PRO	Public Record Office London
SKL	Seekriegsleitung
VB	Völkischer Beobachter

Auswahlbibliographie

1. Unveröffentlichte Quellen

Bundesarchiv
Nachlaß Wirth (zit. „BA-NL Wirth")
NL 1342/30
NL 1342/38
NL 1342/44
NL 1342/80
NL 1342/122
Nachlaß Pünder
BA NL 1005/62 Deutsch-polnischer Konflikt bzgl. polnischer Terrorakte gegen die deutsche Minderheit während der Wahlzeit in Polnisch-Oberschlesien. Verhandlungen vor dem Völkerbund in Genf (Dez. 1930–März 1931)

Politisches Archiv des Auswärtigen Amtes
Presseabteilung
Polen 3 122830-33
Polen 6 122841-46
Polen 12 122848-59, 123 715
Abteilung IV (Polen):
Polen (Staatsoberhäupter, Militärs) 82001-08
(Propagandamaterial, Handarchiv) 82339-41
Geheimakten (IV, Polen):
Polen Pol. 2 30704-05, 30711-19
Polen Pol. 5 30780-82
Polen Pol. 11 Nr. 3 30795-97
Polen/Rußland Pol. 23 30858-59
Deutsche Botschaft Warschau
Paket 24 P 3, 5a-8a
Paket 52 P I, 2e, 1-2
Paket 103 P6, 35
PA-AA R 27118 Vertrauliche Berichte der Dienststelle Ribbentrop, untergliedert nach Ländern
Rechtsabteilung AA
PA AA R 42806 Material über „die Auflösung und Abwicklung der polnischen Vertretungen im In- und Ausland". Darin auf Bl. 9: „Angelegenheit von polnischen Juden, die vor dem Krieg Deutschland verlassen hätten und die ihr Vermögen nicht hätten mitnehmen können. [...] Es handelt sich um rd. 170 Millionen RM."
Bl. 15: Schwedische Regierung hat Schutz der in Deutschland lebenden polnischen Staatsangehörigen übernommen.
Schreiben des Reichsführers SS vom 19. September 1939, daß die polnischen Konsulatsmitarbeiter Jan Behrent und Joseph Tworowski von den schwedischen Behörden nicht weiterbeschäftigt werden sollen wg. Spionageverdachts.
Notiz vom 6.12.39 über Behrent/Tworowski, daß mit Note vom 20.11.39 den Schweden mitgeteilt worden sei, ihr Schutzmandat habe sich erledigt. Behrent/Tworowski hätten „mit den übrigen polnischen Konsulatsangehörigen Deutschland zu Beginn der Feindseligkeit ungehindert verlassen können", was jetzt wohl nicht mehr in Frage komme. (Bl. 76)

PA AA R 42807 Briefwechsel der am 5. Dezember 1939 eingerichteten Abwicklungsstelle für die diplomatischen und konsularischen Vertretungen der Republik Polen in Deutschland und später auch den besetzten Ländern (114 Bl., weitgehend belanglos)

Bundesarchiv-Militärarchiv

BA-MA RH 2/504K Darin u.a.: Lage und Feindlagekarten 1.9–15.9.1939

BA-MA RH 2/2323 Polen 1924–Frühjahr 1939 aus militärischer Sicht (Mechanisierung, Luftwaffe, Allgemeines)

BA-MA RH 2/2324 Polen Juni/Juli 1939 Kriegsaufklärungsplan, Landesbefestigung, Eigenarten poln. Kriegsführung

BA-MA RH 2/2325 Polen April/Juli 1939 Flieger und Panzer

BA-MA RH 2/2326k Polnische Befestigungen 1.8.1939

BA-MA RH 2/2953 u.a. Schriftwechsel des O.Qu. IV mit dem Militärattaché in Warschau

BA-MA RH 26-3/1 Kriegstagebuch der 3. Inf.-Div. vom 8.8.39–26.9.39

BA-MA RH 26-3/35 Akten der 3. Inf.-Div. Aussagen des Chefs des Stabes der polnischen Südarmee, Oberst v. Morawski, Abschrift eines Verhörs vor dem Armeeoberkommando 14

Institut für Zeitgeschichte (IfZ):

Vorlagen beim Führer 29.1.1940–16. April 1942, 2 Bd. IfZ Sig. ED 100/80 und ED 100/81

Instytut Józefa Pilsudskiego (New York)

Nachlaß Jan Weinstein: Koll. 103/34: Dziennyk biurkowy (Diensttagebuch Josef Becks aus dem Jahr 1939), Notizen seines Sekretärs Doman Rogoyski

Archivum Akt Nowych

Nachlaß Bołesław Wieniawa-Długoszowski – darin unter Sign. 33 ein Brief von Beck an Wieniawa vom 19.2.1940

2. Zeitschriften

Berliner Monatshefte (hrsg. v. August Bach) 1922–1944

Ostland – Halbmonatsschrift für Ostpolitik, hrsg. v. Bund Deutscher Osten 1939

Völkischer Beobachter

3. Gedruckte Quellen, Nachschlagewerke und Dokumenteneditionen

Akten der Reichskanzlei, Regierung Hitler 1933–1938, Boppard 1983

Akten zur Deutschen Auswärtigen Politik 1918–1945, Serien B, C u. D. Baden Baden bzw. Frankfurt 1950 f. (zit. „ADAP")

Akty i Dokumenty – dotyczące sprawy Granic Polski na Konferencji Pokojowej w Paryzu (Akten und Dokumente über das Problem der polnischen Grenzen auf der Friedenskonferenz. Paris 1920, hrsg. v. der Polnischen Delegation auf der Friedenskonferenz

Auswärtiges Amt (Hrsg.): Dokumente zur Vorgeschichte des Krieges. Berlin 1939 (zit. „Vorgeschichte")

Urkunden zur letzten Phase der deutsch-polnischen Krise. Berlin 1939

Polnische Dokumente zur Vorgeschichte des Krieges. Berlin 1940 (zit. „Dokumente")

Weitere Dokumente zur Kriegsausweitungspolitik der Westmächte. Berlin 1940 (zit. „Weitere Dokumente")

Die Geheimakten des französischen Generalstabes. Berlin 1941 (zit. „Geheimakten")
Roosevelts Weg in den Krieg: Geheimdokumente zur Kriegspolitik des Präsidenten der Vereinigten Staaten, Berlin 1943 (zit. „Roosevelts Weg")
Berber, Fritz: Locarno, Eine Dokumentensammlung. Berlin 1936
Blaubuch der Britischen Regierung über die deutsch-polnischen Beziehungen und den Ausbruch der Feindseligkeiten zwischen Großbritannien und Deutschland am 3. September 1939, Basel 1939 (zit. „Blaubuch")
Bobrzyński, Michal (Hrsg.): Dzieje Polski. Warszawa 1931
Brüning, Heinrich: Briefe und Gespräche 1934–1960, hrsg. v. Claire Nix, 2 Bde. Stuttgart 1974 (zit. „Briefe")
Ciano, Galeazzo: Die Stellung Italiens zum Internationalen Konflikt. Rede vom 16. Dezember 1939, mit Dokumenten im Anhang. Basel 1940 (zit. „Konflikt")
Cianos Diplomatic Papers, hrsg. v. Malcolm Muggeridge. London 1948 (zit. „Papers")
Documents diplomatiques français. Paris 1964–1984 (zit. „DDF")
Documents on British Foreign Policy 1919–1939. London 1947–1955 (zit. „DBFP")
Dokumente der deutschen Politik. Berlin 1938–1943 (zit. „DDP")
Dokumente und Materialien aus der Vorgeschichte des Zweiten Weltkrieges, Hrsg. v. Ministerium für Auswärtige Angelegenheiten der UdSSR, 2 Bde. Moskau 1948/49 (zit. „Dokumente u. Materialien")
Dokumente zur Deutschlandpolitik, 1. Reihe, Bd. 1, Britische Deutschlandpolitik von September 1939–Dezember 1941, bearb. v. Rainer Blasius. Frankfurt 1984 (zit. „Dokumente")
Dokumenty vneshnei politiki. Moscow 1958 (zit. „DVP")
Domarus, Max (Hrsg.): Hitler, Reden und Proklamationen, 2 Bde. Würzburg 1963 (zit. „Hitler")
Freund, Michael (Hrsg.): Weltgeschichte der Gegenwart in Dokumenten. Geschichte des Zweiten Weltkrieges in Dokumenten, 1938–1939, 2 Bde. Freiburg 1955 (zit. „Weltgeschichte")
FRUS (Foreign Relations of the United States), fortlaufende Aktenedition. Washington 1956 ff. (zit. „FRUS")
Gantenbein, James, W. (Edit.): Documentary Background of World War II, 1931 to 1941. New York 1948 (Zit. „Background")
Gelbbuch der Französischen Regierung. Diplomatische Urkunden 1938–1939. Basel 1940 (zit. „Gelbbuch")
General Sikorski Historical Institute (Hrsg.): Documents on Polish-Soviet Relations, 2 Bde. London 1961 und 1967
Gödde, Christoph (Hrsg.): Theodor W. Adorno und Alfred Sohn-Rethel, Briefwechsel 1936–1969. München 1991 (zit. „Briefwechsel")
Handbooks prepared under the direction of the Historical Section of the Foreign Office, H.M. Stationery Office, London 1920; No. 4: Austrian Silesia, No. 40: Upper Silesia, No. 44: Russian Poland, Lithuania and White Russia, No. 45: Prussian Poland, No. 46: Austrian Poland
Hitler: Reden – Schriften – Anordnungen, Februar 1925 bis Januar 1933, 7 Bde. München 1995 ff. (zit. „Schriften")
Hohlfeld, Johannes (Hrsg.): Dokumente der Deutschen Politik und Geschichte von 1848 bis zur Gegenwart. Sonderausgabe für die Staats- und Kommunalbehörden, 6 Bde. Berlin 1951 (zit. „Dokumente")
IMT (Internationaler Militärgerichtshof): Der Prozeß gegen die Hauptkriegsverbrecher, 42 Bde. Nürnberg 1949 (zit. „IMT")
Jackson, Robert H. (Hrsg.): International Conference on Military Trials. A documentary record of negotiations. Washington 1949 (zit. „Conference")
Jochmann, Werner (Hrsg.): Adolf Hitlers Monologe im Führerhauptquartier. München 2000 (zit. „Monologe")

Kral, Vaclav: Das Abkommen von München 1938: Tschechoslowakische Dokumente 1937–1939. Prag 1968 (zit. „Abkommen")

Lageberichte des Sicherheitsdienstes der SS, hrsg. v. Heinz Boberach, 17 Bde. Herrsching 1984/1985 (zit. „Lageberichte")

Picker, Henry (Hrsg.): Hitlers Tischgespräche im Führerhauptquartier. Berlin 1997 (zit. „Tischgespräche")

Polish Documents on Foreign Policy, (24. October 1938–30. September 1939), hrsg. v. Włodzimierz Borodziej und Sławomir Dębski (auszugsweise Übersetzung der PDD). Warsaw 2009 (zit. „PDFP")

Polskie akty dyplomatyczne się do rokowań brytyjsko-francusko-sowieckich w okresie przed wybuchem drugiej wojny światowei. London 1957

Polskie Dokumenty Dyplomatyczne, hrsg. v. Włodzimierz Borodziej. Warszawa 2005–2011 (zit. „PDD")

Protokoły polsko-brytyjskich rozmów sztabowych w Warszawie w maju 1939, hrsg. v. Marian Kukiel. London 1958

Protokoły polsko-francuskich rozmów sztabowych w Paryżu w maju 1939, hrsg. v. Marian Kukiel. London 1958

Ritterbusch, Paul (Hrsg.): Der neue deutsche Osten – eine Bibliographie. Leipzig (Berichte zur Raumforschung und Raumordnung) 1940

Seyda, Marjan: Polska na Przelomie Dziejów – Fakty i Dokumenty, 2 Bde. Posen 1927–1931

Sockow, Lew F. (Hrsg.): Sekrety pol'skoj politiki – Sbornik dokumentow (1935–1945). Moskau 2009 (Enthält die Behauptung, Polen habe 1934 mit Deutschland nicht nur einen Nichtangriffspakt, sondern auch ein Geheimabkommen geschlossen)

Sozialdemokratische Partei Deutschlands (SOPADE): Deutschland-Berichte 1934–1940. Frankfurt 1989 (zit. „Berichte")

Świtalski, Kazimierz: Diariusz 1919–1935, hrsg. v. Andrzej Garlicki und Ryszard Świętek. Warszawa 1992

Trevor-Roper, Hugh R. (Hrsg.): Hitlers politisches Testament. Die Bormann-Diktate vom Februar und April 1945. Hamburg 1981 (zit. „Diktate")

Weißbuch der polnischen Regierung über die polnisch-deutschen und die polnisch-sowjetrussischen Beziehungen im Zeitraum von 1933 bis 1939. Basel 1940 (zit. „Weißbuch")

Weizmann, Chaim: The Letters and Diaries of Dr. Chaim Weizmann, Series A, 1940–1943, hrsg. v. Michael Cohen. Jerusalem 1979

Wieniawa-Długoszowski, Bołesław: Z raportow ambasadorskich Wieniawy Długoszowkiego (Aus den Berichten des Botschafters Wieniawa Długoszowski, hrsg. v. Chudek, J. Warschau 1957 (zit. „Berichte")

4. Memoiren, Erinnerungsliteratur und Tagebücher

Baranowski, Władysław: Rozmowy z Pilsudskim 1916–1931. Warszawa 1938

Bastianini, Giuseppe: Uomini, cose, fatti – Memorie di un ambassadore. Mailand 1959

Beck, Josef: Final Report. New York 1957 (zit. „Report")

Berber, Friedrich: Zwischen Macht und Gewissen. München 1986 (zit. „Gewissen")

Biddle, A.J. Drexel: Poland and the Coming of the Second World War. The Diplomatic Papers of A.J. Drexel Biddle Jr., hrsg. v. Ph. V. Cannistraro, E.D. Wynot u. Th. P. Kovaleff. Columbus 1976 (zit. „Biddle, Papers")

Boothby, Robert: Recollections of a Rebel. London 1978 (zit. „Recollections")

Brüning, Heinrich: Memoiren 1918–1934. Stuttgart 1970

Burckhardt, Carl J.: Meine Danziger Mission. München 1960 (zit. „Mission")

Cadogan, Alexander: The Diaries of Sir Alexander Cadogan, hrsg. v. David Dilks. London 1971 (zit. „Cadogan, Diaries")
Churchill, Winston Spencer: Der Zweite Weltkrieg, 6 Bde. (12 Teile). Bern 1948–54 (zit. „Weltkrieg")
Ciano, Galeazzo: Tagebücher 1939–1943. Bern 1946 (zit. „Tagebücher")
Citrine, Walter: Men and Work. An Autobiography. London 1964 (zit. „Autobiography")
Colbern, William H.: Polska; Styczeń – sierpień 1939 Analizy i prognozy – Komentarze do wydarzeń attaché wojskowego ambasady USA w Warszawie, hrsg. v. Bogdan Grzelonski. Warschau 1986
Cooper, Duff: The Duff Cooper Diaries, 1915–1951, hrsg. v. John Norwich. London 2005 (zit. „Diaries")
Coulondre, Robert: Von Moskau nach Berlin. Bonn 1950 (zit „Moskau")
Curtius, Julius: Sechs Jahre Minister der Deutschen Republik. Heidelberg 1948 (zit. „Minister")
Dahlerus, Birger: Der letzte Versuch. München 1948 (zit. „Versuch")
Dalton, Hugh: Fateful Years. London 1957 (zit. „Years")
Ders.: The Second World War Diary of Hugh Dalton, hrsg. v. Ben Pimlott. London 1986 (zit. „War Diary")
Ders.: The Political Diary of Hugh Dalton 1918–40 und 1945–60, hrsg. v. Ben Pimlott. London 1986 (zit. „Political Diary")
Davies, Josef E.: Als USA-Botschafter in Moskau. Zürich 1943 (zit. „Botschafter")
Dönitz, Karl: Zehn Jahre und zwanzig Tage. Bonn 1964
Forrestal, James: The Forrestal Diaries, hrsg. v. Walter Millis. New York 1951 (zit. „Diaries")
François-Poncet, André: Botschafter in Berlin 1931–1938. Mainz 1962 (zit. „in Berlin")
Ders.: Botschafter in Rom 1938–1940. Mainz 1962 (zit. „in Rom")
Gafencu, Grigore: Europas letzte Tage. Zürich 1946 (zit. „Tage")
Ders.: Vorspiel zum Krieg im Osten. Zürich 1944 (zit. „Vorspiel")
Goebbels, Joseph: Die Tagebücher von Joseph Goebbels, hrsg. v. Elke Fröhlich. München 1987 ff. (zit. „Tagebücher")
Gluck, Leopold: Od ziem postulowanych do ziem odzyskanych (Von geforderten zu wiedergewonnenen Gebieten). Warschau 1971
Grabski, Stanisław: Wspomnienia ze Spa, hrsg. v. Stanisław Kirkor. London 1973
Grzybowski, Waclaw: Byłem świadkiem – Wspomnienia i rozważania. London 1962 (Manuskript, 360 Bl.)
Halder, Franz: Kriegstagebuch, 3 Bde. Bearb. von Hans-Adolf Jacobsen. Stuttgart 1962–1964 (zit. „Kriegstagebuch")
Harvey, Oliver: The Diplomatic Diaries of Oliver Harvey 1937–40, hrsg. v. John Harvey. London 1970 (zit. „Diaries")
Heike, Otto: Leben im deutsch-polnischen Spannungsfeld. Erinnerungen und Einsichten eines deutschen Journalisten aus Lodz. Essen 1989 (zit. „Spannungsfeld")
Henderson, Nevile: Failure of a Mission. London 1940 (zit. „Failure")
Herwarth, Hans v.: Zwischen Hitler und Stalin. Frankfurt 1985
Hesse, Fritz: Spiel um Deutschland. München 1953 (zit. „Spiel")
Ders.: Das Vorspiel zum Kriege. Leoni 1979 (zit. „Vorspiel")
Hoare, Sir Samuel (Viscount Templewood): Neun bewegte Jahre. Düsseldorf 1955
Hore-Belisha, Leslie: The Private Papers of Hore-Belisha, hrsg. v. R.J. Minney. London 1960 (zit. „Papers")
Hull, Cordell: The Memoirs of Cordell Hull, 2 Bde. New York 1948 (zit. „Memoirs")
Hutten-Czapski, Bogdan Graf v.: Sechzig Jahre Politik und Gesellschaft, 2 Bde. Berlin 1936 (zit. „Politik")
Kennan, George: Memoirs 1925–1950. Boston 1967 (zit. „Memoirs")

Kessler, Harry Graf: Tagebücher 1918–1937, hrsg. v. Wolfgang Pfeiffer-Belli. Frankfurt 1961
Ders.: Pilsudski – Erinnerung, in: Die Neue Rundschau, Jg. 46 (1935), S. 605–612
Koitz, Heinrich: Am Rande Europas. Tagebuchblätter polnischer Reisen. Breslau 1935 (zit. „Tagebuch")
Ders.: Europa als Abenteuer. Stuttgart 1937 (zit. „Europa")
Korwyn-Sokołowski, Adam Ludwik: Fragmenty Wspomień 1910–1945. Paris 1985 (zit. „Fragmenty")
Laroche, Jules: La Pologne de Pilsudski. Souvenirs d'une ambassade 1926–1935. Paris 1953 (zit. „Pologne")
Lipski, Josef: Diplomat in Berlin – Papers and Memoirs of Jozef Lipski, ambassador of Poland, hrsg. v. Waclaw Jedrzejewicz. New York 1968 (zit. „Diplomat")
Stosunki polsko-niemiecke w świetle aktów norymberskich, „Sprawy Międzynarodowe" Nr. 2/3, London 1947
Łubieński, Michal: Ostatnie negocjace w sprawie Gdańska (Letzte Verhandlung in der Danziger Frage), in: Dziennik Polski (London), 3. Dezember 1953
Refleksje i Reminiscencje – Wstęp, opracowanie i przypisy Marek Kornat. Warszawa 2012 (zit. „Refleksje")
Lukasiewicz, Juliusz: Diplomat in Paris, 1936–1939, Papers and Memoirs of Juliusz Lukasiewicz, Ambassador of Poland, hrsg. v. Waclaw Jedrzejewicz. New York 1970 (zit. „Diplomat")
Nicolson, Harold: Harold Nicolsons Diaries and Letters, 2 Bde. London 1966 (zit. „Diaries")
Ders.: Tagebücher und Briefe. Frankfurt 1969 (zit. „Briefe")
Nitti, Francesko: Das friedlose Europa. Frankfurt 1922
Paderewski, Ignacy Jan: The Paderewski Memoirs. New York 1939
Pilsudski, Josef: Poprawki historyczne (Geschichtliche Korrekturen). Warszawa 1931 (zit. „Poprawki")
Ders.: Gesetz und Ehre. Jena 1935
Ders.: Pisma zbiorowe, Bd. 5. Warszawa 1937
Pobóg-Malinowski, Władysław: Na rumuńskim rozdrożu (fragmenty wspomień). Warszawa 1990 (zuerst 1948 in „Kultura" erschienen)
Raczynski, Edward: In Allied London. London 1962
Ders.: Od Genewy do Jalty (rozmowy radiowe z Tadeusz Źenczykowskim). London 1988
Ribbentrop, Joachim v.: Zwischen London und Moskau. Leoni 1961 (zit. „Erinnerungen"
Schellenberg, Walter: Memoiren. Köln 1956
Schmidt, Paul: Statist auf diplomatischer Bühne. Frankfurt 1961 (zit. „Statist")
Simoni, Leonardo: Ambassade d'Italie. Paris 1947
Slawoj-Skladkowski, Felician: Prace i czynnosci rzadu we wrzesniu 1939. Paris 1948
Ders.: Strzępy meldunków. London 1965
Spier, Eugen: Focus – A Footnote to the History of the Thirties. London 1963 (zit. „Focus")
Świtalski, Kazimierz: Diariusz 1919–1935, hrsg. v. Andrzej Garlicki und Ryszard Świętek. Warszawa 1992
Szembek, Jean: Journal 1933–1939. Paris 1952
Ders.: Diariusz i teki Jana Szembeka (1935–1945), 4 Bde. Hrsg. v. Tytus Komarnicki. London 1964–72 (zit. „Diariusz")
Vansittart, Lord: The Mist Procession. London 1958 (zit. „Procession")
Weizsäcker, Ernst v.: Erinnerungen, hrsg. v. Richard v. Weizsäcker. München 1950 (zit. „Erinnerungen")
Die Weizsäcker-Papiere 1933–1950, hrsg. v. Leonidas Hill, 2 Bde. Frankfurt 1974 (zit. „Papiere")
Young, A.P.: The „X" Documents, hrsg. v. Sidney Aster. London 1974 (zit. „Documents")

5. Zeitgenössische politische und historische Schriften

Anonym (Bobrzynski, Michal): Wskrzeszenie Państwa Polskiego (Die Wiedergeburt des polnischen Staates), 2. Bd. Krakow 1920–1925
Baginski, Henryk: Poland's Freedom of the Sea. Kirkcaldy 1942 (zit. „Freedom")
Ders.: Poland and the Baltic. London 1942 (zit. „Poland")
Behrendt, Johannes: Die polnische Frage und das österreichisch-deutsche Bündnis 1885–1887, in: Festschrift der deutschen Verlagsgesellschaft für Politik und Geschichte 1927
Berber, Fritz (Hrsg.): Deutschland–England 1933–1939. Essen 1940
Ders.: Die europäische Politik im Spiegel der Prager Akten. Essen 1941 (zit. „Akten")
Beresowski, Feoktist: Das Golgatha des weißrussischen Volkes unter der Ferse der polnischen Okkupanten. Warum zertrümmerte Pilsudski die Hromada? Berlin 1928
Bernhard, Ludwig: Die Polenfrage. Der Nationalitätenkampf der Polen. München – Leipzig 1920
Bloch, Marc: Apologie der Geschichte oder: Der Beruf des Historikers. München 1985
Bocheński, Adolf: Zwischen Deutschland und Rußland (Między Niemcami a Rosja). Warschau 1937, dt. Übersetzung „nur für den Dienstgebrauch", von A. Loessner (zit. „Deutschland")
Boguslawski, Edward: Dowody autochtonizmu Slowian na przestrzeni, zajmowanej przez nich w wiekach srednich. Warszawa 1912 (zit. „Gebiete")
Bonsal, Stephen: Suitors and Suppliants – the Small Nations at Versailles. Washington 1969 (zit „Nations")
Brackmann, Albert (Hrsg.): Deutschland und Polen. Beiträge zu ihren geschichtlichen Beziehungen. München 1933 (zit. „Beziehungen")
Bullitt, William C.: The Great Globe Itself. New York 1946
Citrine, Walter: Auf Wahrheitssuche in Rußland. Zürich 1938 (zit. „Wahrheitssuche")
Cooper, Duff: The Second World War – First Phase. London 1939
Czerwinski, Witold: Le Problème de l'indépendance économique de la Pologne. Paris 1932
Dabrowski, Jan Konstanty: Wielka Wojna (Der große Krieg) 1914–1918, 2 Bde. Warszawa 1937
Dmowski, Roman: Polityka Polska i Odbudowanie Polska. Warszawa 1926
Eroberungspläne der schlesischen Kapitalisten, Kattowitz, Breslau 1947 (laut Schreiben Conze an Rothfels vom 14.6.57 sind dort deutsche Original-Umsiedlungspläne aus dem Ersten Weltkrieg enthalten) BA-KO N 1213/1.
Filasiewicz, Stanislas: La question polonaise pendant la Guerre Mondial. Paris 1920 (zit. „Question")
Freytagh-Loringhoven, Axel Frhr. v.: Kriegsausbruch und Kriegsschuld 1939. Essen 1940 (zit. „Kriegsausbruch")
Ders.: Deutschlands Außenpolitik 1933–1941. Berlin 1941 (zit. „Außenpolitik")
Gathorne-Hardy, G.M.: Kurze Geschichte der internationalen Politik. Gütersloh 1947 (zit. „Politik")
Giertych, Jedrzej: Die litauische Frage (Sprawa Litewska). Wilna 1938 (dt. Übersetzung „nur für den Dienstgebrauch" durch Dr. P. Zöckler 1939 (zit. „Frage")
Die Frage der Wiedergewonnenen Gebiete im Lichte der Ethik. Stuttgart 1949 (dt. Übersetzung des poln. Originals von 1948 „für den Dienstgebrauch" (zit. „Gebiete")
Poł wieku polskiej polityki. London 1947
Golowin, Nikolai: Die Weltmacht Großbritannien. Berlin 1936
Grabski, Stanisław: Uwagi bieczcacej historycznej (Bemerkungen über den gegenwärtigen historischen Augenblick Polens). Warschau 1923 (zit. „Bemerkungen")
Ders.: The Polish-Soviet Frontier. London 1943

Grzybowski, Waclaw: Pax Polonica. Genf 1941 (zit. „Pax") (Kurze 64seitige Geschichte der Jahre 1918–1939)
Heiß, Friedrich (Hrsg.): Deutschland und der Korridor. Berlin 1939 (zit. „Korridor")
Hitler, Adolf: Mein Kampf, XI. Auflage. München 1932
Ders.: Zweites Buch. Stuttgart 1961
Holowko, Tadeusz: Przez Dwa Fronty, 2 Bde. Warszawa 1931
Jakóbczyk, Witold: Reedukacja narodu niemieckiego (Die Umerziehung des deutschen Volkes), in: Przegląd Zachodni 2 (1946), 6, S. 522–539
Jentsch, Gerhart: Das Kabinett Chamberlain und der Ausbruch des Krieges 1939. Berlin 1940
Jessel, Karl Friedrich: Polen und Litauen (Serie: Armeen diesseits und jenseits der Grenze, Oststaaten I). Leipzig 1937
Kellogg, Vernon: Paderewski, Pilsudski and Poland. Two Patriots Who Sank Their Political Difference to Save Their Country (World's Work) 38, 1919
Knoll, Roman: Uwagi o polskiej polityce 1939 (Bemerkungen über die polnische Politik 1939). Warschau 1939 (Dienstl. Übersetzung der Publikationsstelle)
Kowalski, Kazimierz: Polska wobec Niemiec, Przemówienie Kazimierza Kowalskiego, prezesa Zarządu Głównego Stronnictwa Narodowego, wygłoszone na zjeździe działaczy politycznych SN w diu 30.4.1939 r. w Warszawie. Warszawa 1939 (Polen und Deutschland – Rede von Kazimierz Kowalski, Vorsitzender des Hauptvorstandes der Nationalen Partei, gehalten während der Versammlung der politischen Parteifunktionäre der Nationalen Partei in Warschau am 30.4.1939) (zit. „Polska")
Laeuen, Harald: Polnisches Zwischenspiel. Berlin 1940 (zit. „Zwischenspiel")
Lepecki, Mieczysław: Josef Pilsudski in Sibirien. Warszawa (Erscheinungsort auch der dt. Ausgabe) 1937, Vorwort von Ministerpräsident Slawoj Skladkowski (zit. „Sibirien")
Lipinski, W.: Walka Zbrojna o Niepodleglość Polski. Warszawa 1935
Loeßner, Anton: Die polnische See- und Kolonialliga, in: Jomsburg 1/1937, (zit. „Kolonialliga")
Lukasiewicz, Juliusz: Polska jest mocarstwem (Polen ist Großmacht). Warschau 1939 (zit. „Großmacht")
Lutoslawski, Wincenty: The Polish Nation – A Lecture delivered at the Lowell Institute in Boston on October 21, 1907, and at the University of California on March 9, 1908
Ders.: Praca Narodowa – Program Polityki Polskiej. Wilno 1922 (zit. „Program")
Ders.: Gdańsk and East Prussia (Polish Commission of work preparatory to the Conference of Peace). Paris 1919 (auch Neudruck Nendeln 1973) (zit. „Gdańsk")
Ders.: Gdańsk (Danzig or Dantzick) (Polish Delegation to Conference of Peace – Scientific Commission) Paris o.J., (Neudruck Nendeln 1973) (zit. „Danzig")
Ders.: Posłannictwo polskiego narodu (Die Mission des polnischen Volkes). Warszawa 1939
Machray, Robert: The Poland of Pilsudski. London 1936 (zit. „Poland") – Interessante, aber sehr stark pro-polnische Darstellung
Ministerstwo Spraw Zagranicznych (MSZ) 9583, Emigracja Zydowska Zagadenienia Koloniale, 1936
Monatshefte für Auswärtige Politik. In Gemeinschaft mit dem Hamburger Institut für Auswärtige Politik herausgegeben vom Deutschen Institut für Außenpolitische Forschung, Berlin. Hauptschriftleiter: Prof. Dr. Fritz Berber, Jahrgänge 1939, 1940 (zit. „Monatshefte")
Moravec, Emanuel: Das Ende der Benesch-Republik. Die tschechoslowakische Krise 1938. Prag 1941 (zit. „Ende")
Mornik, Stanislaus: Polens Kampf gegen seine nicht-polnischen Volksgruppen. Berlin-Leipzig 1931

Morrow, Ian F.D. (assisted by L.M. Sieveking): The Peace Settlement in the German-Polish Borderlands – A Study of Conditions Today in the Prewar Prussian Provinces of East and West Prussia, Issued under the auspices of the Royal Institute of International Affiars. Oxford 1936

Namier, L.B.: Diplomatic Prelude 1938/39. London 1948 (zit. „Prelude")

Ders.: Diplomatisches Vorspiel 1938/39, Berlin 1949 (zit. „Vorspiel")

Nienaski, Krzysztof: Die ‚Geschichte Polens' von Stanisław Mackiewicz. Berlin (Publikationsstelle) 1942 (zit. „Mackiewicz")

Oertzen, Friedrich Wilhelm v.: Das ist Polen. München 1932

Ders.: Polen an der Arbeit. München 1932

Oertzen, Karl Ludwig v.: Abrüstung oder Kriegsvorbereitung? Berlin 1931

Ostland-Institut (Hrsg.): Polens Zugang zum Meere. Kritischer Bericht über das Buch von H. Baginski: Zaganienie dostepu Polski do morza. Danzig 1930 (zit. „Zugang")

Pałucki, Władysław (Antoni Błonski): Wracamy nad Odre – historyczne, geograficzne i ethnograficzne podstawy zachodnich granic polski, (Rückkehr an die Oder – die Westgrenze Polens aus historischer, geographischer und ethnographischer Sicht). London 1942

Ders.: Ziemie Odzyskane – Skice historyczne (Die Wiedergewonnenen Gebiete – historischer Abriß). London 1947

Pawłowski, Stanisław: Geografia polityczna Polski, in: *Pawłowski* u.a. Hrsg.: Polska współczesna, Lwów/Warszawa 1936, S. 1–99 (zit. „Geografia")

Perdelwitz, Richard: Die Polen in Deutschland im Spiegel der polnischen Presse. Schwerin 1932

Ders.: Die Polen im Weltkriege und die internationale Politik. Leipzig 1940 (zit. „Politik")

Ders.: Von der polnischen Emigration und ihrer Politik bis Katyn. Berlin (Selbstverlag) 1943

Piatkowski, Henryk: Kampania Wrzesniowa 1939 Roku W Polsce. Jedrozolima 1943 (30seitige Broschüre mit Ausführungen über Kriegstheorie und Aufmarschpläne, bestätigt auf Seite 5 Pilsudski Präventivkriegspläne von 1933)

Raczynski, Edward: The British-Polish Alliance – Its Origin and Meaning, (Sikorski-Institute), London 1948 (zit. „Origin")

Rauschning, Hermann: Die Entdeutschung Westpreußens und Posens. Berlin 1930

Recke, Walther: Die Wiederaufrichtung Polens in Versailles. Berlin 1928

Retinger, Jozef: All about Poland – Facts, Figures, Documents. London 1940 (zit. „Poland")

Rheinbaben, Werner Frhr. v.: Die Entstehung des Krieges 1939. Berlin 1940

Roberts, Henry L.: The Diplomacy of Colonel Beck, in: The Diplomats 1919–1939, hrsg. v. Gordon A. Craig u. Felix Gilbert. Princeton 1953, S. 579–614

Roß, Friedrich: Flußdienst Ostpreußen–Reich. Das deutsch-polnische Wasserstraßennetz und seine verkehrspolitische Bedeutung. Königsberg 1935

Ders.: Polnische Kampfverbände und Propaganda-Institute. Vorw. von Theodor Oberländer. Königsberg 1935 (zit. „Kampfverbände")

Ders.: Stadt- und Landbevölkerung in Ostdeutschland, Zentral- und Westpolen. Stuttgart 1939 (zit. „Bevölkerung")

Roth, Paul: Die politische Entwicklung in Kongreßpolen während der deutschen Okkupation. Leipzig 1919 (zit. „Kongreßpolen")

Rück, Fritz: 1919–1939 – Friede ohne Sicherheit. Stockholm 1945

Rudnitzky, Mikolaj: „Germanisierung oder Slavisierung", Slavia Occidentalis Vol. 15, Poznan (Posen) 1936 (zit. „Germanisierung")

Seraphim, Peter-Heinz: Polen – Staat und Volk. Kartenserie des Schulungsmaterials des Bundes Deutscher Osten. Berlin 1935 (zit. „Polen")

Seraphim, Peter-Heinz / *Maurach*, Reinhart / *Wolfrum*, Gerhart: Ostwärts der Oder und Neiße. Tatsachen aus Geschichte-Wirtschaft-Recht. Hannover 1949 (zit. „Tatsachen")
Seton-Watson, Hugh: Eastern Europe between the Wars 1918–1941. Cambridge 1946
Sforza, Carlo: Makers of Modern Europe, New York 1930
Sieburg, Friedrich: Polen – Legende und Wirklichkeit. Frankfurt 1934
Skrzynski, Alexander: Polen und der Friede (Titel des früheren Außenministers, auch auf Englisch erschienen)
Smogorzewski, Kazimierz: Poland's Access to the Sea. London 1934
Singer, Bernard: Od Witosa do Sławka. Paris 1962 (zit. „Witos")
Soborny, V. / *Bukata*, W.: The Truth About Poland. New York 1938
Stachiewicz, Julian: Niemiecke Plany Organizacji Wojska Polskiego w Czasie Wielkiej Wojny Swiatowej, Niepodleglość, Vol. 1, 1933
Stalin, Josef: Werke. Berlin 1952
Starzewski, J.: Zarys Dziejów Polskiej Polityki Zagranicznej 1914–1939. London 1944
Steed, Henry Wickham: Through Thirty Years (1892–1922). A Personal Narrative. London 1924 (zit. „Narrative")
Strasburger, Henryk: Sprawa Gdańska. Warszawa 1937
Studnicki, Władisław: Die wirtschaftliche und kulturelle Entwicklung des wiederauferstandenen Polens. Berlin 1930 (zit. „Entwicklung")
Ders.: Polen im politischen System Europas. Berlin 1936 (zit. „Polen")
Thiele, Ernst Otto: Polen greift an. Breslau 1933
Tomas, Adam: Der polnische „Korridor" und der Friede. Warschau 1930
Unser Kampf in Polen, München 1940
Urban, Rudolf: Demokratenpressen im Lichte Prager Geheimakten. Prag 1943 (zit. „Demokratenpressen")
Völkischer Verlag (Hrsg.): Englands Maske ist gefallen. Düsseldorf 1939 (zit. „Maske")
Wieliczka, Zygmunt: Od Prosny po Rawicz. Wspomnienia z powtsania wielkopolskiego 1918–1919. Posen 1931
Ders.: Wielkopolska a Prusy w dobie powstania 1918–1919. Posen 1932
Wirsing, Giselher: Deutschland in der Weltpolitik. Jena 1933 (zit. „Deutschland")
Ders.: Das Zeitalter des Ikaros, Von Gesetz und Grenzen unseres Jahrhunderts. Jena 1944
(Vindex = Giselher Wirsing) Die Politik des Ölflecks. Der Sowjetimperialismus im Zweiten Weltkrieg. Berlin 1944
Wojciechowski, Zygmunt (Hrsg.): Poland's place in Europe. Posen 1947 (zit. „Place")
Ders.: Rozwój terytorialny Prus w stosunku do ziem macierzystych Polski (Die territoriale Entwicklung Preußens im Verhältnis zu den polnischen Mutterlanden). Thorn 1933 (zit. „Entwicklung")
Ders.: (Jeszcze słowo o Wolinie) Noch ein Wort über Wollin. Berlin 1935 (zit. „Wollin")
Ders.: Pomorze a pojęcje Polski Piastkowskiej (Pommern und der Begriff Polens zur Zeit der Piasten), Übers. von A. Loessner. Danzig 1935 (zit. „Pommern")
Wspomnienia Legjonowe, 2 Bd., Instytut Badania Najnowszej Historij Polskiej. Warszawa 1924–1925
Ziegler, Wilhelm: Wie kam es zum Kriege 1939. Leipzig 1939

6. Sekundärliteratur

Aigner, Dietrich: Das Ringen um England. Das deutsch-britische Verhältnis und die öffentliche Meinung 1933–1939. München 1969 (zit. „Ringen")
Ders.: „For the Defence of Freedom and Peace": Eine politische Neugruppierung in England 1936 im Licht bisher unveröffentlichter deutscher Botschaftsberichte, in:

Heinrich Bodensieck (Hrsg.): Preußen, Deutschland und der Westen. Göttingen 1980 (zit. „Neugruppierung")
On Producing „Chaff"; Materials for an Inquiry Concerning ‚Focus for the Defence of Freedom and Peace' alias ‚The World Non-Secretarian Anti-Nazi Council to Champion Human Rights'. Mannheim 1981 (zit. „Chaff")
Baberowski, Jörg: Macht ohne Grenzen – Herrschaft und Terror im Stalinismus. Frankfurt 2014 (zit. „Terror")
Bartel, Heinrich: Frankreich und die Sowjetunion 1938–1940. Stuttgart 1986 (zit. „Frankreich")
Baumgart, Winfried: Zur Ansprache Hitlers vor den Führern der Wehrmacht am 22. August 1939, in: VfZ 1968, S. 120–149
Benecke, Werner: Die Ostgebiete der Zweiten Polnischen Republik – Staatsmacht und öffentliche Ordnung in einer Minderheitenregion. Köln – Wien 1999
Benz, Wolfgang / *Graml*, Hermann (Hrsg.): Sommer 1939 – Die Großmächte und der Europäische Krieg. Stuttgart 1979 (zit. „Sommer")
Bierschenk, Theodor: Die Deutsche Volksgruppe in Polen 1934–1939. Kitzingen 1954 (zit. „Volksgruppe")
Bloch, Charles: Die Dritte Französische Republik. Stuttgart 1972 (zit. „Republik")
Ders.: Das Dritte Reich und die Welt. Paderborn 1993 (zit. „Reich")
Brandes, Detlef: Großbritannien und seine osteuropäischen Alliierten 1939–1943. München 1988 (zit. „Alliierte")
Ders.: Der Weg zur Vertreibung 1938–1945. München 2001 (zit. „Weg")
Brandes, Detlef / *Ivanickova*, Edita / *Pesek*, Jiri: Erzwungene Trennung. Vertreibungen und Aussiedlungen in und aus der Tschechoslowakei im Vergleich mit Polen, Ungarn und Jugoslawien. Essen 1999 (zit. „Brandes, Trennung")
Brechtken, Magnus: ‚Madagaskar für die Juden' – antisemitische Idee und politische Praxis 1885–1945. München 1997 (zit. „Madagaskar")
Brier, Robert: Der polnische „Westgedanke" nach dem Zweiten Weltkrieg, (Magisterarbeit) Digitale Osteuropa-Bibliothek 2003 (zit. „Westgedanke")
Briesewitz, Gernot: Raum und Nation in der polnischen Westforschung 1918–1948. Osnabrück 2014 (zit. „Westforschung")
Bullock, Alan: Hitler. Eine Studie über Tyrannei. 2 Bde. Frankfurt 1964 (zit. „Studie")
Ders.: Hitler und Stalin – Parallele Leben. Berlin 1991 (zit. „Leben")
Carley, Michael Jabara: 1939 – The Alliance That Never Was and the Coming of World War II. Chicago 1999 (zit. „Alliance")
Carsten, Francis L.: Reichswehr und Politik 1918–1933. Köln 1964 (zit. „Reichswehr")
Charmley, John: Duff Cooper: The Authorized Biography. London 1986 (zit. „Cooper")
Ders.: Lord Lloyd and the Decline of the British Empire. London 1987 (zit. „Lloyd")
Chlewnjuk, Oleg: Stalin – eine Biographie. München 2015 (zit. „Stalin")
Cienciala, Anna M.: Poland and the Western Powers 1938–39. London 1968 (zit. „Poland")
Ders.: The Foreign Policy of Jozef Pilsudski and Jozef Beck – Misconceptions and Interpretations, in: The Polish Review (2011), S. 111–151
Cienciala, Anna / *Komarnicki*, Titus: From Versailles to Locarno – Keys to Polish Foreign Policy 1919–1925. Lawrence 1984 (zit. „Keys") – (Inhalt geprägt vom Co-Autor. Komarnicki war polnischer Diplomat, u.a. Untergrundbotschafter bei Petain in Vichy)
Colley, Linda: Lewis Namier. New York 1989 (zit. „Namier")
Colvin, Ian: Vansittart in Office. London 1965 (zit. „Vansittart")
Conrad, Benjamin: Umkämpfte Grenzen, umkämpfte Bevölkerung – Die Entstehung der Staatsgrenzen der Zweiten polnischen Republik 1918–1923. Mainz (Diss.) 2014 (zit. „Entstehung")
Conze, Werner: Die polnische Nation und die deutsche Politik im Ersten Weltkrieg. Köln 1958 (zit. Nation")

Coutouvidis, John / *Reynolds*, Jaime: Poland 1939–1947. Leicester 1986 (zit. „Poland“)
Cowling, Maurice: The Impact of Hitler, British Politics and British Policy 1933–1940. London 1975 (zit. „Impact“)
Craig, Gordon / *Gilbert*, Felix: The Diplomats 1919–1939. Princeton 1973 (zit. „Diplomats“)
Davies, Norman: God's Playground – a History of Poland, Vol. II. Oxford 1981
Decker, Günter: Das Selbstbestimmungsrecht der Nationen. Göttingen 1955
Dehio, Ludwig: Gleichgewicht oder Hegemonie. Betrachtungen über ein Grundproblem der neueren Staatengeschichte. Zürich 1996 (zit. „Gleichgewicht“)
Demandt, Alexander (Hrsg.): Deutschlands Grenzen in der Geschichte. München 1993 (zit. „Grenzen“)
Doß, Kurt: Zwischen Weimar und Warschau – Ulrich Rauscher, deutscher Gesandter in Polen 1922–1930. Düsseldorf 1984 (zit. „Rauscher“)
Dymarski, Miroslaw: Ziemie postulowane (ziemie nowe) w prognozach i dzialaniach polskiego rucho oporu 1939–45 (Die geforderten Gebiete (neuen Gebiete) in den Prognosen und der Tätigkeit der polnischen Widerstandsbewegung 1939–45). Warschau 1997 (zit. „Gebiete“)
Dworzyński, Witold: Wieniawa – poeta, zołnierz, dyplomata. Warszawa 1993 (zit. „Wieniawa“)
Dziewanowski, Marian K.: Joseph Pilsudski – A European Federalist 1918–1922. Stanford 1969 (zit. „Federalist“)
Eckert, Astrid: Kampf um die Akten – Die Westalliierten und die Rückgabe von deutschem Archivgut nach dem Zweiten Weltkrieg. Stuttgart 2004 (zit. „Archivgut“)
Esch, Michael G.: „Gesunde Verhältnisse“. Deutsche und polnische Bevölkerungspolitik in Ostmitteleuropa 1939–1950. Marburg 1998 (zit. „Verhältnisse“)
Ders.: Bevölkerungsverschiebungen und Bevölkerungspolitik 1939–1950, in: *Borodziej*, Beziehungen, S. 189–213
Feiling, Keith: The Life of Neville Chamberlain. London 1970 (zit. „Life“)
François-Poncet, André: Der Weg von Versailles nach Potsdam. Mainz 1964
Fuchser, Larry William: Neville Chamberlain and Appeasement. New York – London 1982
Gehrke, Roland: Der polnische Westgedanke bis zur Wiedererrichtung des polnischen Staates nach Ende des Ersten Weltkrieges. Genese und Begründung polnischer Gebietsansprüche gegenüber Deutschland im Zeitalter des Nationalismus. Marburg 2001 (zit. „Westgedanke“)
Golczewski, Frank: Das Deutschlandbild der Polen 1918–1939. Eine Untersuchung der Historiographie und der Publizistik. Düsseldorf 1974 (zit. „Deutschlandbild“)
Greffrath, Mathias (Bearb.): Die Zerstörung einer Zukunft – Gespräche mit emigrierten Sozialwissenschaftlern. Hamburg 1979 (zit. „Zerstörung“)
Gröschel, Cornelius: Zwischen Antisemitismus und Modernisierungspolitik: Die Bedrohung des jüdischen Wirtschaftslebens in der Zweiten Polnischen Republik (1918–1938). Marburg 2010
Guske, Claus: Das politische Denken des Generals von Seeckt. Lübeck 1971 (zit. „Seeckt“)
Hackmann, Jörg: Deutsche Ostforschung und Geschichtswissenschaft, in: Piskorski, Ostforschung, S. 25–46
Hartmann, Christian / *Slutsch*, Sergej: Franz Halder und die Kriegsvorbereitungen im Frühjahr 1939. Eine Ansprache des Generalstabschefs des Heeres, (VfZ) 45 (1997), S. 467–495
Hausmann, Kurt Georg: Pilsudski und die Mission des Grafen Keßler in Polen – Ein Fragment deutsch-polnischer Beziehungen im November / Dezember 1918, in: Hartmut Boockmann (Hrsg.): Geschichte und Gegenwart – Festschrift, S. 233–273 (zit. „Mission“)

Hein-Kircher, Heidi: Der Pilsudski-Kult und seine Bedeutung für den polnischen Staat 1926–1939. Marburg 2002

Hensel, Jürgen / *Nordblom*, Pia (Hrsg.): Hermann Rauschning. Materialien und Beiträge zu einer politischen Biographie. Osnabrück 2003 (zit. „Rauschning")

Hömig, Herbert: Brüning – Kanzler in der Krise der Republik. Paderborn 2000 (zit. „Kanzler")

Brüning – Politiker ohne Auftrag. Paderborn 2005 (zit. „Politiker")

Hörster-Philipps, Ulrike: Joseph Wirth – Eine politische Biographie. Paderborn 1998 (zit. „Wirth")

Horak, Stephen: Poland and Her National Minorities 1919–1939. New York 1961

Jansen, Hans: Der Madagaskar-Plan. München 1997 (zit. „Madagaskar")

Jedrzejewicz, Wacław: The Polish Plan for a ‚Preventive War' against Germany in 1933, in: Polish Review 11 (1966), S. 62–91

Jena, Karl v.: Polnische Ostpolitik nach dem Ersten Weltkrieg. Stuttgart 1980 (zit. „Ostpolitik")

Joseph, Marcus: Social and Politcal History of the Jews in Poland 1919–1939. Berlin 1983 (zit. „Jews")

Jurkiewicz, Jarosław: Z tajnej korespondenji Beck-Wieniawa (Der geheime Briefwechsel Beck – Wieniawa), in: Sprawy międzynarodowie, 10 (1957), 6, S. 57–61

Kacewicz, George: Great Britain, the Soviet Union and the Polish Government-in-Exile. Den Haag 1979

Kennedy, Robert: The German Campaign in Poland 1939. Washington 1956 (zit. „Campaign")

Kettenacker, Lothar: Krieg zur Friedenssicherung. Die Deutschlandplanung der britischen Regierung während des Zweiten Weltkrieges. Göttingen 1989 (zit. „Deutschlandplanung")

Kissinger, Henry: Das Gleichgewicht der Großmächte. Zürich 1986

Ders.: Vernunft der Nationen. Berlin 1994 (zit. „Vernunft")

Kley, Stefan: Hitler, Ribbentrop und die Entfesselung des Zweiten Weltkriegs. Paderborn 1996 (zit. „Entfesselung")

Komarnicki, Titus: Rebirth of the Polish Republic – A Study in the History of Europe 1914–1920. London 1957 (zit. „Rebirth")

Kornat, Marek: Polen zwischen Hitler und Stalin. Studien zur polnischen Außenpolitik in der Zwischenkriegszeit. Berlin 2012 (zit. „Polen")

Kortus, Bronislaw: Der polnische Westgedanke und die Geographie, in: Piskorski, Ostforschung, S. 239–259 (zit. „Westgedanke")

Kosmala, Beate: Der deutsche Überfall auf Polen. Vorgeschichte und Kampfhandlungen, in: *Borodziej*, Beziehungen, S. 19–41

Kossert, Andreas: Ostpreußen: Geschichte und Mythos. Berlin 2005 (zit. „Ostpreußen")

Kotowski, Albert S.: Polens Politik gegenüber seiner deutschen Minderheit 1919–1939. Wiesbaden 1998 (zit. „Minderheit")

Kozlowski, Nina: Die politischen Gruppierungen innerhalb des Pilsudski-Lagers 1926–1939. München (Osteuropa-Institut) 1978 (zit. „Gruppierungen")

Krekeler, Norbert Friedrich: Zur Deutschtumspolitik des Auswärtigen Amtes in den durch den Versailler Vertrag abgetretenen Gebieten 1918–1933. Der Revisionsanspruch und die finanzielle Unterstützung deutscher Volksgruppen in Polen. Bonn (Diss.) 1972 (zit. „Deutschtumspolitik")

Krzoska, Markus: Für ein Polen an Oder und Ostsee – Zygmunt Wojciechowski (1900–1955) als Historiker und Publizist. Osnabrück 2003 (zit. „Wojciechowski")

Laeuen, Harald: Polnische Tragödie. Stuttgart 1955

Latawski, Paul (Hrsg.): The Reconstruction of Poland 1914–1923. Basingstoke 1992

Lawaty, Andreas: Das Ende Preußens in polnischer Sicht. Berlin 1986 (zit. „Ende")

Lewaszkiewicz, Tadeusz: Der polnische Westgedanke und die Sprachwissenschaft, in: *Piskorski*: Ostforschung, S. 105–117 (zit. „Westgedanke")
Lundgreen-Nielsen, Kay: The Polish Problem at the Paris Peace Conference. Odense 1979 (zit. „Conference")
Majchrowski, Jacek: Ulubieniec cezara. Bolesław Wieniawa-Długoszowski – zary biografi. Breslau 1990
Martin, Bernd: Friedensinitiativen und Machtpolitik im Zweiten Weltkrieg 1939–1942. Düsseldorf 1974 (zit. „Friedensinitiativen")
Meier-Welcker, Hans: Seeckt. Frankfurt 1967
Meyer, Klaus: Eine authentische Halder-Ansprache? Textkritische Anmerkungen zu einem Dokumentenfund im früheren sowjetischen Sonderarchiv, in: MGM 2/1999, S. 471–527. (zit. „Halder-Ansprache")
Michalka, Wolfgang (Hrsg.): Der Zweite Weltkrieg. Analysen – Grundzüge – Forschungsbilanz. Weyarn 1997 (zit. „Weltkrieg")
Militärgeschichtliches Forschungsamt (Hrsg.): Das Deutsche Reich und der Zweite Weltkrieg. Stuttgart 1979–1990 (zit. „MGFA")
Moss, Kenneth Basil: Bureacrat as Diplomat. George S. Messersmith and the State Department's Approach to War 1933–1941, Phil. Diss. Minnosota 1978 (zit. „Messersmith")
Mroczko, Marian: Myśl zachodnia 1918–1939. Ksztaltowanie i upowszechnienie (Der Westgedanke 1918–1939, Bildung und Verbreitung). Posen 1986 (zit. „Westgedanke")
Mühle, Eduard: Für Volk und deutschen Osten. Der Historiker Hermann Aubin und die deutsche Ostforschung. Düsseldorf (Schriften des Bundesarchivs) 2005
Müller, Frank: Die ‚Brüning-Papers'. Frankfurt 1993 (zit. „Brüning")
Müller, Rolf-Dieter: Der Feind steht im Osten. Berlin 2011 (zit. „Feind")
Murray, Williamson: The Change of European Balance of Power 1938–1939. The Path to Ruin. Princeton 1984
Musial, Bogdan: „Wir werden den ganzen Kapitalismus am Kragen packen" – Sowjetische Vorbereitungen zum Angriffskrieg in den dreißiger und Anfang der vierziger Jahre, in: ZfG 54 (2006), S. 45–64
Ders.: Über Polen nach Deutschland: Die lange Geschichte der sowjetischen Offensivplanungen, in: FAZ, 12.1.2006, Nr. 10, S. 42 (zit. „Offensivplanungen")
Myllyniemi, Seppo: Die baltische Krise 1938–1941. Stuttgart 1979 (zit. „Krise")
Namier, Julia: Lewis Namier – a Biography. London 1971 (zit. „Lewis")
Newman, Simon: March 1939 – the British Guarantee to Poland – a Study on the Continuity of British Foreign Policy. Oxford 1976 (zit. „Guarantee")
Niedhart, Gottfried: Locarno, Ostpolitik und die Rückkehr Deutschlands in die internationale Politik nach den beiden Weltkriegen, in: *Niedhart*, Deutschland, S. 3–17
Nolte, Ernst: Der Faschismus in seiner Epoche. München 1990 (zit. „Faschismus")
Ders.: Streitpunkte. Heutige und künftige Kontroversen um den Nationalsozialismus. Frankfurt 1993 (zit. „Streitpunkte")
Ders.: Die Weimarer Republik. München 2006 (zit. „Weimar")
Pagel, Jürgen: Polen und die Sowjetunion 1938–1939. Stuttgart 1992 (zit. „Polen")
Ders.: Der polnisch-litauische Streit um Wilna und die Haltung der Sowjetunion 1918–1938, in: Jahrbücher für Geschichte Osteuropas, Bd. 40 (1992), S. 41–75 (zit. „Streit")
Pease, Neal: Poland, the United States, and the Stabilization of Europe 1919–1933. Oxford 1986 (zit. „Stabilization")
Pietsch, Martina: Zwischen Verachtung und Verehrung. Marschall Pilsudski im Spiegel der deutschen Presse 1926–1935. Wien 1995 (zit. „Spiegel")
Piskorski, Jan M. / *Hackmann*, Jörg / *Jaworski*, Rudolf (Hrsg.): Deutsche Ostforschung und polnische Westforschung im Spannungsfeld von Wissenschaft und Politik. Osnabrück – Posen 2002 (zit. „Ostforschung")

Polonski, Anthony: Politics in Independent Poland – Crisis of Constitutional Government. Oxford 1972 (zit. „Crisis")
Porter, Brian: When Nationalism Began to Hate – Imagining Modern Politics in Nineteenth Century Poland. Oxford 2000
Prazmowska, Anita: Britain, Poland and the Eastern Front 1939 (Soviet and East European Studies). Cambridge 1987
Dies.: Britain and Poland 1939–1943: The Betrayed Ally. Cambridge 1995
Ribbentrop, Annelies v.: Die Kriegsschuld des Widerstandes – aus britischen Geheimdokumenten. Leoni 1974 (zit. „Geheimdokumente")
Rieckhoff, Harald v.: German-Polish Relations 1918–1933. London 1971 (zit. „Relations")
Rohde, Horst: Hitlers erster „Blitzkrieg" und seine Auswirkungen auf Nordosteuropa, in: MGFA 2, S. 79–156 (zit. „Blitzkrieg")
Romański, Romuald: General Bolesław Wieniawa-Długoszowski – polityk czy lew salonowy? (General Wieniawa-Długoszowski – Politiker oder Salonlöwe?). Warszawa 2011 (zit. „Długoszowski")
Romeyko, Marian: Wspomnienia o Wieniawie i o rzymskich czasach (Erinnerungen an Wieniawa in Rom). Londyn 1969
Roos, Hans: Polen und Europa: Studien zur polnischen Außenpolitik 1931–1939. Tübingen 1957 (zit. „Polen")
Roszkowski, Wojciech: Landowners in Poland 1918–1939. New York 1991
Roth, Paul: Deutschland und Polen. München 1958
Scheil, Stefan: Die Entwicklung des politischen Antisemitismus in Deutschland zwischen 1881 und 1912. Berlin 1999 (zit. „Entwicklung")
Ders.: Logik der Mächte. Europas Problem mit der Globalisierung der Politik: Überlegungen zur Vorgeschichte des Zweiten Weltkrieges. Berlin 1999 (zit. „Logik")
Ders.: Fünf plus Zwei. Die europäischen Nationalstaaten, die Weltmächte und die vereinte Entfesselung des Zweiten Weltkriegs. Berlin 2003 (zit. „Vereinte Entfesselung")
Ders.: Churchill, Hitler und der Antisemitismus – Das Dritte Reich, seine politischen Gegner und die Krise der Jahre 1938/39. Berlin 2009
Ders.: Ribbentrop – oder: Die Verlockung des nationalen Aufbruchs. Berlin 2013
Ders.: Polen 1939 – Kriegskalkül, Planung, Vollzug. Schnellroda 2013
Schenke, Cornelia: Nationalstaat und nationale Frage: Polen und die Ukrainer 1921–1939. Hamburg-München (Diss.) 2004 (zit. „Nationalstaat")
Schuker, Stephen A. (Hrsg.): Deutschland und Frankreich – Die Gestaltung der westeuropäischen Sicherheit 1914–1963. München 2000 (zit. „Gestaltung")
Schweiger, Alexandra: Polens Zukunft liegt im Osten – Polnische Ostkonzepte der späten Teilungszeit 1890–1918. Marburg (Phil. Diss.) 2014 (zit. „Ostkonzepte")
Sharp, Samuel L.: Polen – Weißer Adler im Roten Feld. Göttingen 1956 (zit. „Polen")
Sommer, Theo: Deutschland und Japan zwischen den Mächten – Vom Antikominternpakt zum Dreimächtepakt. Tübingen 1962 (zit. „Pakte")
Später, Jörg: Vansittart: Britische Debatten über Deutsche und Nazis 1902–1945. Göttingen 2003 (zit. „Vansittart")
Spanaus, Hans Adolf: Die deutsch-polnischen Beziehungen von 1933 bis zum Ausbruch des Zweiten Weltkriegs (Phil. Diss.). Erlangen 1950
Spieß, Alfred / *Lichtenstein*, Heiner: Unternehmen Tannenberg. Frankfurt 1989
Stachura, Peter: Poland 1918–1945 – an Interpretive and Documentary History of the Second Republic. London 2004
Stern, Fritz: Gold und Eisen – Bismarck und sein Bankier Bleichröder. Hamburg 1988
Stiller, Jesse H.: George S. Messersmith – Diplomat of Democracy. Chapel Hill 1987 (zit. „Messersmith")
Streiter, Karl Heinz: Die nationalen Beziehungen im Großherzogtum Posen (1815–1848). Frankfurt 1986 (zit. „Beziehungen")

Szefer, Andrzej: Wybor Dokumentow Pt. Dywersyjno-Sabotażowa Działalnoŝc Wrocławskiej Abwehry na Ziemiach Polskich w Przededniu Agresji Hitlerwoskiej w 1939 R., in: Biuletyn Głównej Komisji Badania Zbrodni Hitlerowskich w Polsce (XXXII). Warszawa 1987, S. 271–372 (zit. „Dokumentow")
Taylor, A.J.P.: Die Ursprünge des Zweiten Weltkriegs. München 1980 (zit. „Ursprünge")
Terry, Sarah Meiklejohn: Poland's Place in Europe. General Sikorski and the Origin of the Oder-Neisse-Line 1939–1943. Princeton 1983 (zit. „Place")
Villari, Luigi: Italian Foreign Policy Under Mussolini. New York 1956
Volkmann, Hans-Erich: Polen im politisch-wirtschaftlichen Kalkül des Dritten Reiches 1933–1939, in: *Michalka,* Weltkrieg, S. 74–92
Volkmann, Peer Oliver: Heinrich Brüning – Nationalist ohne Heimat. Düsseldorf 2007
Wagner, Gerhard: Deutschland und der polnisch-sowjetische Krieg 1920. Wiesbaden 1979 (zit. „Krieg")
Wandycz, Piotr S.: France and Her Eastern Allies 1918–1925. Minneapolis 1962
Ders.: The Twilight of the French Eastern Alliances 1926–1936. Princeton 1988
Ders.: Polish Diplomacy 1914–1945 – Aims and Achievements. London 1988
Watt, Richard M.: Bitter Glory – Poland and Its Fate 1918–1939. New York 1979 (zit. „Glory")
Wehner, Gerd: Großbritannien und Polen 1938–1939: Die britische Polen-Politik zwischen München und dem Ausbruch des Zweiten Weltkrieges. Frankfurt 1983 (zit. „Polen-Politik")
Weiss, Yfaat: Deutsche und polnische Juden vor dem Holocaust. München 2000 (zit. „Juden")
Werner, Heidrun: Der Einfluß der Deutschen Zentrumspartei auf die Gestaltung der deutsch-polnischen Beziehungen in der Weimarer Republik. Rostock (Diss. Manuskript) 1987 (zit. „Zentrumspartei")
Winkler, Heinrich August: Der lange Weg nach Westen. Deutsche Geschichte vom Ende des Alten Reiches bis zur Wiedervereinigung, 2 Bd. München 2000 (zit. „Weg")
Wojciechowski, Marian: Die polnisch-deutschen Beziehungen 1933–38 (= Studien zur Geschichte Osteuropas XII). Leiden 1971 (zit. „Beziehungen")
Wolfgramm, E.: „Nur für den Dienstgebrauch!" Zur Tätigkeit der Publikationsstelle des Preußischen Geheimen Staatsarchivs, in: Der deutsche Imperialismus und Polen 1918–1939, Rostock 1978, S. 88–97 (zit. „Dienstgebrauch")
Wollstein, Günter: Eine Denkschrift des Staatssekretärs Bernhard von Bülow vom März 1933. Wilhelminische Konzeption der Außenpolitik zu Beginn der nationalsozialistischen Herrschaft, in: MGM 1/1973, S. 77 ff. (zit. „Denkschrift")
Ders.: Die Politik des nationalsozialistischen Deutschlands gegenüber Polen 1933–1939/45, in: *Funke,* Materialien, S. 795–810 (zit. „Politik")
Wołos, Mariusz: Alfred Chłapowski (1874–1940): Biografia ambasadora Polski w Francji, Thorn 1999
Woytak, Richard A.: On the Border of War and Peace – Polish Intelligence and Diplomacy in 1937–39. Columbia 1979 (zit. „Intelligence")
Wrzesiński, Wojciech (Hrsg.): Twórcy Polskiej myśli zachodniej (Die Schöpfer des polnischen Westgedankens). Allenstein 1996 (zit. „Schöpfer")
Zgorniak, Marian: Militärpolitische Lage und Operationspläne Polens vor dem Ausbruch des Zweiten Weltkrieges, in: *Michalka,* Weltkrieg, S. 447–461
Zloch, Stephanie: Polnischer Nationalismus – Politik und Gesellschaft zwischen den beiden Weltkriegen. Köln 2010 (zit. „Nationalismus")

Personenregister

Inhalt

Pour le Mérite

PATRICK J. BUCHANAN
CHURCHILL, HITLER UND DER UNNÖTIGE KRIEG
Wie Großbritannien sein Empire und der Westen die Welt verspielte
368 S. – viele s/w. Abb. – geb. im Großformat – € 29,80. – Der Autor belastet Churchill schwer als Kriegstreiber und Politiker ohne Moral.

FRANZ W. SEIDLER
DIE KOLLABORATION 1939–1945
576 S. – geb. im Großformat – € 32,80. – In diesem lexikalischen Werk stellt der bekannte Historiker fast 200 internationale Künstler, Intellektuelle, Politiker und Militärs vor, die während des Zweiten Weltkrieges mit dem Dritten Reich zusammenarbeiteten.

FRANZ W. SEIDLER
DEUTSCHE OPFER
Alliierte Täter 1945
336 S. – viele s/w. Abb. – geb. im Großformat – € 29,80. – Der Autor hat vor allem westalliierte Verbrechen an Deutschen untersucht. Die Schreckensbilanz: Terrorbombardements, Vertreibungen, Massenvergewaltigungen und andere Grausamkeiten.

FRANZ W. SEIDLER
VERBRECHEN AN DER WEHRMACHT
Kriegsgreuel der Roten Armee
704 S. – viele s/w. Abb. – geb. im Großformat – € 39,80. – Direkt aus den Akten der Wehrmacht-Untersuchungsstelle trug der Autor erschütternde Fälle zusammen – belegt in Fotos und Dokumenten.

VIKTOR SUWOROW
STALINS VERHINDERTER ERSTSCHLAG
Hitler erstickt die Weltrevolution
352 S. – s/w. Abb. – geb. im Großformat – € 29,80. – Der ehemalige russische Geheimdienstoffizier legt weitere Beweise für die 1941 geplante Militäroffensive Stalins gegen Europa vor.

VIKTOR SUWOROW / DMITRIJ CHMELNIZKI
ÜBERFALL AUF EUROPA
Plante die Sowjetunion 1941 einen Angriffskrieg? Neun russische Historiker belasten Stalin
320 S. – viele s/w. Abb. u. Karten – geb. im Großformat – € 25,95. – Eine geballte Ladung von Fakten und Argumenten beweist Stalins Angriffsabsichten auf Westeuropa.

JAMES BACQUE
VERSCHWIEGENE SCHULD
Die alliierte Besatzungspolitik in Deutschland nach 1945
312 S. – geb. im Großformat – € 25,95. – Nicht nur die Rote Armee, sondern ebenso Amerikaner, Briten und Franzosen stillten nach dem Krieg ihren Haß an den Deutschen. Die „Befreier" als Richter und Henker.

JAMES BACQUE
DER GEPLANTE TOD
Deutsche Kriegsgefangene in amerikanischen und französischen Lagern 1945–1946
400 S. – davon 16 s/w. Bildseiten – geb. im Großformat – € 32,80. – Der kanadische Historiker belegt, daß US-General Eisenhower absichtlich fast eine Million gefangene deutsche Soldaten sterben ließ.

Verlag für Militärgeschichte